실천신학의
네 가지 중심 과제

PRACTICAL THEOLOGY:
AN INTRODUCTION

Practical Theology: An Introduction

by Richard R. Osmer
copyright ⓒ 2008 by Richard R. Osmer
All right reserved.
Korean translation copyright ⓒ 2010 by Worship & Preaching Academy
through the arrangement of KCBS

본 저작권의 한국어판 저작권은 KCBS, INC.를 통해
Wm. B. Eerdmans Publishing Co.와 독점계약한 예배와 설교 아카데미에 있습니다.
저작권법에 의해 한국 내에서 보호를 받는 저작물이므로
무단 전재와 복제를 금합니다.

실천신학의 네 가지 중심 과제

초판 1쇄	2012년 3월 14일
3쇄	2024년 11월 4일
지 은 이	리처드 아스머
옮 긴 이	김현애, 김정형
펴 낸 이	김현애
펴 낸 곳	예배와 설교 아카데미
주 소	서울특별시 광진구 광장동 272-12
전 화	02-457-9756
팩 스	02-457-1120
홈페이지	www.wpa.or.kr
등록번호	제18-19호(1998.12.3)
디 자 인	디자인집 02-521-1474
총 판 처	비전북
전 화	031-907-3927
팩 스	031-905-3927
I S B N	978-89-88675-51-9

값 23,000원

• 잘못 만들어진 책은 교환해 드립니다.

실천신학의
네 가지 중심 과제

PRACTICAL THEOLOGY:
AN INTRODUCTION

 리처드 아스머 지음 | 김현애 · 김정형 공역

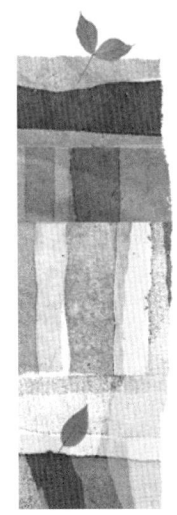
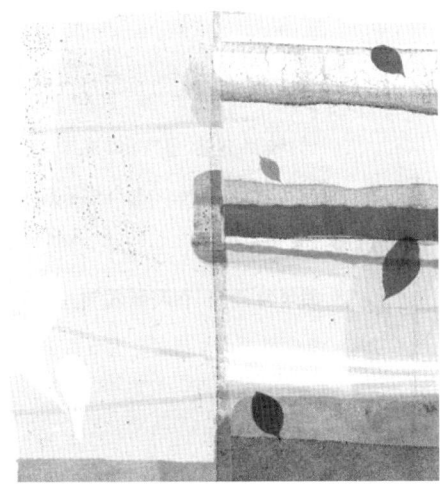

CONTENTS

역자의 글 _ 7
추천의 글1 _ 9
추천의 글2 _ 13
서문 _ 17

서론: 실천신학의 네 가지 과제 _ 23
    실천신학적 해석의 핵심 과제 _ 27
    실천신학적 해석: 다리 개념 _ 38
    해석의 안내자로서 교회공동체 리더 _ 45
    교회공동체 리더의 영성 _ 54

1. 기술적 - 경험적 과제: 제사장적 청취 _ 61
    현존의 영성 _ 67
    학자들의 연구조사로부터 배움 _ 77
    연구 프로젝트 구상 _ 86
    관심의 체계적인 기술: 기술, 관찰, 인터뷰 _ 100
    내러티브 연구: 올리비아 포터의 이야기 _ 108
    1장에 대한 부록: 경험적 연구조사에 있어 메타이론적 관점 _ 123

2. 해석적 과제: 현자적 지혜 _ 131
    현자적 지혜의 영성 _ 136

이스라엘의 지혜 전통 _ 143

예수 그리스도: 하나님의 숨겨진 지혜의 계시 _ 156

의사소통적 합리성 모델에서 본 이론 이해 _ 161

알코올중독에 관한 이론 _ 165

해석적 과제에서 이론에 대한 분석과 평가 _ 178

규범적 과제로 나아가며 _ 197

3. 규범적 과제: 예언자적 분별 _ 199

예언자적 분별 _ 206

신학적, 윤리적 해석 _ 215

실용적 과제로 나아가며 _ 259

4. 실용적 과제: 섬김의 리더십 _ 261

리더십의 세 가지 모델 _ 265

섬김의 리더십의 영성 _ 275

조직 변화: 열린 체계이론 _ 296

교회공동체 변화의 사례 연구 _ 307

에필로그: 신학교에서 실천신학을 가르치기 _ 323

실천신학의 교수법 _ 326

신학백과사전의 마지막에 위치한 실천신학 _ 341

역자의 글
공적 생활로서의 실천신학

　이 책은 실천신학에 대한 풍부하고 명쾌한 입문서로서 이론과 실제를 겸비한 책이다. 그래서 일상생활과 아주 밀접하고 유익한 실례가 많고, 다양한 사역 현장에서 가져온 실질적인 사례 연구를 많이 수록하고 있다. 저자는 이론적인 측면의 학자적인 감성과 실천 현장에서의 경험을 기반으로 교회공동체 안에서 발생될 수 있는 문제 상황에 대해 지도자가 선택할 수 있는 이론과 실제의 지침을 제공한다. 이러한 지침을 위해 저자는 네 가지 과제의 프레임워크를 가지고 전개해 나간다.

어떤 일이 벌어지고 있는가?
왜 이런 일이 일어나고 있는가?
앞으로 무슨 일이 진행되어야 하는가?

리더가 그 상황을 어떻게 만들어 갈 수 있을까?

이런 프레임워크는 독립적이면서도 서로 영향을 주는 것으로 간주된다. 그러므로 실천신학적 성찰에 있어 네 가지 과제 모두에 주목해야 한다. 네 가지 과제의 상호연관성에 대한 이해를 위해 원의 이미지를 이해하면 도움이 된다. 때로는 나선으로 생각하는 것이 도움이 되기도 하지만 실천신학적 해석은 반복해서 돌아가는 것을 볼 수 있다.

아스머는 실천신학적 해석을 위해 학제적 대화와 리더의 신학적 성찰을 기반으로 하고 있고, 이러한 기반은 공적 생활 전반에 실천신학적 해석이 가능함을 논증한다. 실천신학적 해석은 실제 신앙공동체에 대한 비판적 평가와 구체적인 프락시스의 지침에 맞춘 행동 규칙을 지향하여 교회공동체가 공적 생활을 지속하고 회복하도록 기여하게 될 것이라는 점에 초점을 둔다.

그렇다면 이 책의 목표는 무엇일까? 그것은 아마도 현대 기독교인의 공적 생활 전반에 실천신학적 해석을 통해 신학적 형태를 제공하고 하나님의 프락시스(God's praxis)를 분별해 새로운 행동 규칙을 구체화하도록 돕는 방향으로 이끄는 것일 것이다. 그러한 의미에서 이 책은 신학생과 목회 현장의 목회자에게 꼭 필요한 지침서가 될 것이다. 이 책을 통해 갈수록 복잡해지는 목회 현장과 공적 생활에 새로운 활력이 되기를 바라는 마음 간절하다.

2012년 사순절에
아차산 기슭 장신대에서
김현애, 김정형

추천의 글 1
신학의 합성학문인 실천신학의 방법론

그 동안 기독교 신앙에 대한 성찰인 신학함에 있어서 항상 문제가 되는 것이 있었는데, 그것은 이론적인 탐구 속에서 발견된 진리를 교회 가운데 어떻게 효과적으로 적용하고 응용할 수 있느냐 하는 실천적인 과제이다. 이 실천의 과제를 해결하기 위하여 발전한 것이 바로 실천신학이다. 실천신학은 '주님의 몸된 교회'의 중추적인 응용학문으로 발전한 신학으로서, 조직신학, 역사신학, 그리고 성서신학 등에서 정립된 이론신학을 어떻게 교회 속에 현장화 시키느냐 하는 문제에 그 일차적인 관심을 갖고 발전하였다. 그러므로 실천신학이란 '목회현장에서 적용해야 할 신학의 내용과 그 경험적 실천(Praxis)을 연구하는 학문이며 진리와의 만남을 책임진 신학'이라고 할 수 있다. 그래서 니버갈(F. Niebergall)은 실천신학이란 현장적 학문으로서 신학의 합성학문(合成學問)이라고 말하였다.

니버갈의 말에 의하면, 실천신학은 조직신학, 역사신학, 그리고 성서신학의 모든 이론적인 신학의 배경을 통전적으로 섭렵한 다음에야 비로소 제대로 감당할 수 있는 합성학문이다. 즉, 실천신학은 모든 이론신학의 기초를 토대로 하고 그것들을 통전적으로 묶어 교회의 현장에 어떻게 적용할 것인가를 시도하는 학문이라는 말이다. 그러므로 조직신학과 역사신학, 그리고 성서신학적인 훈련이 없이 실천신학을 하겠다는 것은 사실상 불가능하며 올바르고 온전한(wholeness) 신학의 적용을 교회에 할 수도 없다. 실천신학은 모든 이론신학의 분야로부터 연구된 결과들을 통전적으로 모아서 신학의 중심과제인 교회를 온전히 섬기는 사역을 감당한다. 그런 의미에서 실천신학은 모든 신학의 열매라고 할 수 있다. 왜냐하면 나무의 뿌리와 줄기에 해당되는 이론신학들이 통전적으로 모여져 교회에 적용됨으로 아름다운 꽃을 피우고 결국에는 교회 안에 온전한 열매를 맺게 하는 것이 바로 실천신학이기 때문이다.

리처드 아스머의 『실천신학의 네 가지 중심 과제』는 신학의 합성학문으로서의 실천신학의 네 가지 과제가 무엇인가를 설명하면서 실천신학의 방법론을 제시하고 있는 매우 소중하고 유용한 책이다. 그는 이 책에서 실천신학의 네 가지 핵심적인 과제-기술적-경험적 과제, 해석적 과제, 규범적 과제, 그리고 실용적 과제-를 제시하면서 실천신학의 구체적인 방법론을 잘 설명하고 있다. 그는 교회 현장에서 일어나는 사건들을 통해서 먼저 그 상황에서 무슨 일이 벌어지고 있는가를 질문하는 기술적-경험적(descroptive-empirical) 과제를 제시한다. 그 과제는 특정한 사건, 정황, 상황 안에서 우리가 패턴과 역학을 분별할 수 있도록 도움을 주는 정보를 수집하는 기술적-경험적 과제를 말한다. 그 다음에 그는 왜 이 사건이 일어났는가를 질문하는 해석적 과제(interpretive)를 던진다. 이 과제는 어떤 패턴과 역학이 발생하는 이유를 더 잘 이해하고 설명하기 위해 다른 학문의 이론을 참고하는 단계를 말한다. 이렇게 해석적 과제를 거친 다음에는 앞으로 어떤 일이 진행되어야 하는가를 물어보는 규범적 과제(normative)로 넘어간다. 여기서는 특정한 사건, 정황, 상황을 해석하기 위해 신학적 개념을 활용하기, 우리의 반응을 인도할 도덕적 규범을 구축하기, '훌륭한 실천'으로부터 배우기 등의 과제를 이루어 간다. 그리고 마지막 과제로서 우리는 어떻게 반응할 수 있을까를 질문하는 실용적 과제(pragmatic)로 넘어간다. 즉, 우리가 어떻게 하면 신실하고 효과적인 방법으로 대처할 수 있을까를 다루는 마지막 과제를 제시한다.

  아스머는 이렇게 실천신학의 방법론으로서 위의 네 가지 핵심 과제를 제시하면서 학문과 사역(신학과 교회) 사이에 다리 놓기를 시도하였고, 그의 이 책은 합성학문으로서의 실천신학을 한 단계 더 업그레이드시켜 놓았다. 이 소중한 책이 이번에 번역되어 한국교회와 한국의 신학계에 소개되어 기쁘고 반가운 마음을 금할 길이 없다. 이에 신학과 교회 현장에서의 괴리감에 고민하고 있는 한국교회의 모든 목회자들과 또한 신학자들에게 정독을 권한다.

2012년 사순절에
광나루 장신대에서
주승중 교수

추천의 글2

응용신학과 사일로 멘탈리티를 넘어서…

　실천신학에 대한 학문적 논의는 근대 연구대학의 시초라고 할 수 있는 베를린대학이 1819년에 설립되면서 세속대학 안에서 신학의 자리 매김과 더불어 시작되었다고 할 수 있다. 이러한 노력은 근대 신학백과사전적인 틀에 기초한 슐라이어마허의 『신학연구 개론』에 잘 나타나 있다. 그는 신학을 의학이나 법학 같은 실정학문(實定學問, positive science)으로 보면서 삼중적인 형태를 제안하였다. 첫째는 철학신학(philosophical theology)으로 나무의 뿌리, 둘째는 역사신학(historical theology)으로 나무의 몸통, 셋째는 실천신학(practical theology)으로 나무의 머리, 즉 수관(樹冠, crown)에 해당하는 것으로 비유되었다. 그 가운데서 실천신학이 수관이라는 뜻은 신학의 최고 자리를 뜻한다고 잘못 해석되기도 하였다. 그러나 슐라이어마허에게 있어서 실천신학은 독자적인 신학적 성찰을 하기보다는 철학신학과 역사신학의 연구결과를 이어받아서 이를 현장에 적용하는 것으로 인식되어 왔다. 이것은 흔히 "릴레이 모델"이라고 불린다. 따라서 실천신학이 수관이라는 것은 그 연구순서에 있어서 마지막에 위치한다는 것으로 이해해야 한다(철학 → 역사 → 실천신학). 최근까지 실천신학은 이와 같이 소위 이론신학의 내용을 현장에 그대로 실천하는 "응용신학"으로 이해되어 왔으며,[1] 이와 더불어 신학교에서는 사일로 멘탈리티(silo mentality, 영역 구분의식)가 성서, 조직, 역사, 실천신학이라는 4중적으로 전문화되고 파편화된 형태로 이어져 왔다.[2]

그러나 1980년대 이후 실천신학계에서는 실천신학의 독립적 학문성을 모색하며, 동시에 사일로 멘탈리티를 극복하기 위한 새로운 패러다임의 실천신학 운동이 일어나기 시작하면서 신학백과사전적 패러다임을 넘어서려는 시도들이 활발하게 이루어져 왔다. 1993년 국제실천신학회(International Academy of Practical Theology)의 결성과 함께 이 운동은 더욱 본격화되기 시작하였고, 본서의 저자인 리처드 아스머는 이 운동의 핵심에 있는 실천신학자이다.

이 책에서 아스머는 실천신학의 네 가지 과제(측면)를 제시하면서 응용신학으로서의 실천신학이라는 전통적인 이해를 넘어서는 구체적인 모델을 제시하고 있다. 아스머가 제시하는 실천신학의 상호연관된 네 가지 과제(또는 지적 활동), 즉 1) 기술적-경험적 과제, 2) 해석적 과제, 3) 규범적 과제, 4) 실용적 과제는 실용적 과제만을 취급했던 과거 응용신학으로서의 실천신학 또는 교역자의 목회기술 습득을 목표로 하는 교직(clerical) 패러다임에 기초한 실천신학의 한계에서 벗어나려는 시도를 잘 보여준다. 아

---

[1] 실천신학의 신학백과사전적 패러다임의 역사와 이에 대한 비판은 다음을 참고하라. 제1장: "근대 실천신학의 신학백과사전 패러다임에 관한 역사적, 비판적 고찰," 장신근, 『공적 실천신학과 세계화시대의 기독교교육』(서울: 장로회신학대학교출판부, 2007), 19-46.
[2] 사일로 멘탈리티(Silo mentality)는 "영역 구분의식"이라고 번역할 수 있는데 농부들이 수확한 밀과 옥수수를 각각 다른 저장고(silo)에 보관하듯이 신학도 각 분야의 전문화된 연구물을 각 학제의 고유한 저장고에 보관하고 상호 대화가 없는 것을 뜻한다.

스머는 이 책에서 이상 네 가지의 과제를 단순히 이론으로만 제시하지 않고 여러 현장에서의 다양한 사례와 연관시켜서 매우 실천적으로 접근한다. 또한 저자는 실천신학이 조직신학, 성서신학, 역사신학 등과 구별되며, 사회과학과도 차이가 있음을 분명히 밝히지만 동시에 성서적·신학적 자원과 다양한 타학문과 어떻게 학제적 대화를 해 나가야 할 것인지를 모범적으로 잘 보여주고 있다. 따라서 이 책은 실천신학의 정체성 확립뿐만 아니라 신학교에서 이어져 온 사일로 멘탈리티를 극복하고 신학의 각 영역 간의 활발한 대화를 불러일으키는 데 있어서 중요한 촉매제의 역할도 할 수 있을 것이라 확신한다.

본인은 프린스턴신학대학원의 박사과정 시절 아스머 교수의 지도를 받으면서 실천신학에 대한 그의 폭넓고 깊이 있는 이해를 통하여 많은 영향을 받았다. 귀국하여 신학교에서 기독교교육 과목을 강의하는 첫 시간에는 반드시 실천신학의 네 가지 과제를 강조하고 한 학기 수업을 이러한 사중적 구조로 구성하여 가르치고 있다. 이번에 장로회신학대학교에서 예배학으로 박사학위를 취득한 김현애 박사와 버클리연합신학대학원에서 조직신학 박사과정을 졸업한 김정형 목사에 의하여 아스머 교수의 역작이 훌륭하게 번역·출판되게 되어 매우 기쁜 마음으로 추천하게 되었다. 애정이 많이 가는 책이라 번역 초고를 자세히 읽고 더 나은 번역을 위한 여러 가지 조언도 제시하였다. 본서는 목회상담학, 예배학, 설교학, 영성신학, 선교신학, 기독교교육학 등 실천신학의 여러 영역에서 두루 사용될 수 있으며, 신학자와 신학생들에게는 실천신학적으로 신학함의 방법을 학제적 대화를 통하여 제시해 줄 것이며, 목회자들에게는 자신의 사역을 성찰하고, 해석하는 가운데 올바른 실천을 모색해 나가는 데 매우 유용한 지침이 될 것이라고 확신하면서 필독을 권한다.

장신대 기독교교육학
장신근 교수

서문

이 책은 실천신학 분야의 세 거장인 단 브라우닝(Don Browning), 척 거킨(Chuck Gerkin), 한스 밴 더 벤(Hans van der Ven)에게 헌정한다. 소장학자였을 때 나는 그분들의 동료가 되는 기회를 얻었고, 이후 그분들과 깊은 우정을 나누는 행운을 누렸다. 이 책은 그분들의 작품이 나의 사고에 미친 영향을 고스란히 반영하고 있다. 샐리스베리의 존(John of Salisbury)은 거인의 어깨 위에 올라서 있는 난쟁이들에 관한 유명한 이야기가 12세기 샤르트르의 베르나르(Bernard of Chartres)에 의해 처음 회자되었다고 말한다. 『메타로기콘』(*Metalogicon*)에서 존은 다음과 같이 썼다. "샤르트르의 베르나르는 우리가 거인의 어깨 위에 있는 난쟁이들과 같다고 말하곤 했다. 그래서 우리는 거인들보다 더 많은 것을 볼 수 있고, 또 더 멀리 있는 것을 볼 수 있다고 했다. 이것은 우리의 빼어난 시력 때문도 아니고 다른 탁월한 신체적 특징 때문도 아니다. 다만 우리가 거인들의 장대한 신장 위에 올라서 있기 때문이다." 이 은유적인 이야기는 실천신학에 대한 나의 이해가 앞서 언급한 세 실천신학자들의 획기적인 공헌에 얼마나 큰 빚을 지고 있는지 잘 표현해 준다.

또한 나의 동료이자 친구인 네 학자에게 특별히 감사의 뜻을 전한다. 그들은 잭 스튜어트(Jack Stewart), 프리드리히 슈바이처(Friedrich Schweitzer), 벤첼 밴 호이스틴(Wentzel van Huyssteen), 로드니 헌터(Rodney Hunter)이다. 이 네 학자들 역시 나의 실천신학 이해에 지대한 영향을 미쳤다. 잭 스튜어트는 회중 연구와 리더십에 관한 문헌들을 나에게 소개해 주었다. 이 주제에 관한 나의 지식은 잭의 지식을 도저히 따라갈 수 없다. 프리드리히 슈바이처는 유럽의 실천신학 논의를 나에게 소개해 주었다. 프리드리히는 탁월한 실천신학자이다. 『근대화와 세계화 사이에 선 종교교육』(*Religious Education between Modernization and Globalization*)을 집필하기 위해 공동 작업을 할 당시 나는 프리드리히로부터 많은 것을 배웠다. 벤첼 밴 호이스틴은 교차학제적(cross-disciplinary) 이슈에 관한 나의 생각을 형성하는 데 큰 영향을 미쳤다. 마지막으로 내가 에모리대학에서 박사 과정으로 있을 때 교수로서 나를 지도했던 로드니 헌터는 지난 수년간 나에게 중요한 대화 상대자가 되어 주었다. 우리가 함께 나누는 대화는 항상 실천신학에 관한 깊이 있는 논의를 포함했다. 로드니와 대화하면서 나는 많은 것을 배웠다. 내가 처음으로 지혜문학을 실천신학을 위한 유용한 자료로 주목하게 된 것은 수년간의 로드니의 수업을 통해서였다. 그때 얻은 통찰을 나는 마침내 이 책을 통해서 발전시킬 수 있는 기회를 갖게 되었다.

나는 프린스턴신학교의 실천신학 분과에서 여러 탁월한 동료들과 함께 일하고 있다. 우리는 서로를 통해 많은 것을 배우고 또한 서로에게 든든한 후원자가 되고 있다. 그중에서도 나는 기독교교육 분야에서 활동하는 두 명의 학자와 교제하면서 특별한 축복을 누렸다. 켄다 크리시 딘(Kenda

Creasy Dean)과 고든 미코스키(Gordon Mikoski)는 특별히 뛰어나고 창조적인 학자들이다. 우리는 함께 일하고, 함께 가르치고, 또한 함께 기도한다. 우리가 더 이상 무엇을 바랄 수 있을까? 함께 대화한 많은 시간들을 통해 켄다와 고든은 이 책의 집필에 일일이 헤아릴 수 없을 정도로 큰 공헌을 했다. 그 두 학자에게 특별히 감사를 표한다.

어드만(Eerdmans) 출판사의 편집장인 톰 라브(Tom Raabe)에게도 깊은 감사의 뜻을 전한다. 톰은 이 책의 원고를 다듬는 일에 큰 역할을 했다. 또한 나와 처음으로 이 프로젝트에 관해 함께 이야기를 나눈 샘 어드만스(Sam Eerdmans)와 출판 과정에서 편집책임을 맡은 린다 비즈(Linda Bieze)에게도 감사를 표한다.

마지막으로 나의 인생의 동반자들인 나의 아내 샐리와 나의 아이들, 리차드와 사라에게 진심으로 감사의 뜻을 표현하고 싶다. 샐리와 나는 이 책에서 언급되는 많은 일들을 함께 경험했다. 이 일들과 관련해서, 그리고 이 책과 관련해서 그녀가 나누어준 사려 깊은 생각들은 내가 이 책을 집필하는 과정에서 여러 모로 큰 힘이 되었다. 항상 사랑으로 나를 후원해 주는 나의 가족들에게 진심으로 감사한다.

지난 수십 년간 실천신학은 하나의 분야로서 창조적인 발효기를 지났다. 이 시기는 1960년대 실천신학에 대한 소위 "새로운 논의"와 더불어 시작했다. 이 논의는 이후 더욱 심화되어 실천신학과 관련한 수많은 탁월한 저서들의 출판과 국제실천신학학회(International Academy of Practical Theology)의 창설로 이어졌다. 오늘날 실천신학 논의는 진정한 의미에서 국제적인 논의가 되었고, 많은 빼어난 학자들이 이 대화에 고유한 공헌을 하고 있다.

이 기간 동안 과거의 실천신학 모델들로부터 결정적인 단절이 이루어졌다. 최근의 실천신학은 단순히 교회의 삶에 적용되는 유용한 테크닉과 기술만을 다루지 않는다. 오늘날의 실천신학자들은 다양한 연구조사 프로그램들을 실시하며 신학 연구 전반에 걸쳐 고유한 방식으로 학문적 공헌을 지속하고 있다. 또한 최근의 실천신학은 단순히 성직자의 임무나 교회 공동체의 삶에만 집중하지 않는다. 오늘날에는 실천신학의 영역이 교회공동체를 넘어 공적인 중요성을 갖는 문제를 포함하고 있으며, 때로는 공적인 정책 결정과 사회 변화를 의도하기도 한다. 예를 들면, 최근 인권에 관한 청년들의 태도에 관한 연구조사 프로젝트를 진행한 밴 더 벤은 종교가 청년들의 태도에 미치는 영향에 특별히 주목하였다. 비슷한 맥락에서, 브라우닝은 최근 미국 내 가정들을 연구하는 연구팀을 이끌었으며, 이 연구를 통해 미국 내에서 정치적으로 매우 민감한 이슈인 가족의 가치를 둘러싼 논쟁에 중요한 공헌을 하였다. 이것은 실천신학자들이 단순히 교회뿐 아니라 공공선과 관련해서 중요한 문제에 초점을 두고 있다는 사실을 단적으로 보여주는 많은 사례들 가운데 일부에 지나지 않는다. 이 책에서 나는 실천신학의 범위가 삶의 영역 전반을 포괄한다는 점을 논증하려고 한다.

본격적인 논의에 앞서 현대 실천신학의 광범위한 영역을 강조할 필요가 있다. 이러한 강조를 통해 나는 이 책을 실천신학에 대한 '새로운 논의'의 맥락 속에 위치시키고자 한다. 이 책의 주제는 교회공동체 리더의 실천신학적 해석이다. 이 책은 목회학 석사와 목회학 박사 과정에 있는 학생들, 그리고 현재 공동체를 섬기고 있는 교회 리더를 염두에 두고 썼다. 이것이 마치 과거 실천신학의 성직자 중심적 패러다임으로 회귀하는 것처럼 보일 수도 있을 것이다. 하지만 그것은 내가 이해하고 있는 실천신학과는 전혀 다른 것이다.

오히려 이 책에서 다루어지고 있는 실천신학의 방법들은 기술적-경험적, 해석적, 규범적, 실용적 과제를 포함하고 있으며, 고려할 만한 가치가 있는 모든 이슈에 적용이 가능하다. 이것은 앞서 언급한 밴 더 벤과 브라우닝의 프로젝트에서 명백하게 입증된다. 현대 실천신학의 광범위한 영역 안에서 교회공동체 리더십에 초점을 맞추는 것은 실천신학 분야 안에서 선택할 수 있는 많은 다양한 주제 가운데 단지 하나에 불과하다. 하지만 신학교 학생들과 교회 리더들에게 실천신학적 해석을 어떻게 수행해야 할지 가르치는 일은 신학교육의 중요한 목표들 중 하나에 속한다. 교회공동체 리더십의 질은 공동체의 장기적인 전망 및 공적인 삶에 대한 공헌과 밀접한 관계를 맺고 있다. 따라서 나는 이 책에서 이 주제를 특별하게 다루고자 한다. 이것은 현대 실천신학이 고려해야 하는 유일한 주제는 아니지만, 중요한 주제임에는 틀림없기 때문이다.

마지막으로 글쓰기와 관련해서 세 가지 언급할 사항이 있다. 첫째, 이 책에 등장하는 사건, 사고, 인터뷰는 관계된 개인과 공동체의 사생활 보호를 위해 이름들을 변경해서 표기하였다. 둘째, 나는 "그 혹은 그녀(he or she)"라는 다소 성가신 표현을 사용하기보다 "그녀/그녀의(she/her)"와 "그/그의(he/his)" 등 성을 명시적으로 드러내는 대명사 표현을 번갈아가면서 사용하였다. 나는 책 전반에 걸쳐 두 가지 표현을 균형 있게 사용하려고 노력했다(역자 주 - 이러한 영어 표현은 한국어 번역에서는 크게 부각되지 않는다). 마지막으로, 다른 저자들로부터 글을 인용할 때에는 애초 표현을 그대로 남겨두었다. 양성을 포괄하는 언어 표현을 사용하지 않아 오늘날 우리를 자극하는 대목이 있을 때에도 수정 없이 인용하였다.

서론
실천신학의 네 가지 과제

　나와 아내 샐리는 신학대학원을 졸업한 후 테네시 주 동부 산간지역에서 사역할 수 있는 기회를 얻었다. 여기에서 우리 부부는 두 사람 모두 협동목사 자격으로 자매결연 관계에 있는 두 교회를 동시에 섬겼다. 우리가 신학대학원에서 마지막 학기를 보낼 때 첫 아기가 태어났고, 부모 역할이 중요하다는 데에 의견을 같이한 우리 부부는 교회 사역을 분할하기로 결정했다. 우리는 우리가 섬기게 된 두 교회 중 한 교회와 그리 멀지 않은 곳에 위치한 목사관에서 살았다. 열정은 있지만 경험이 부족했던 탓에 우리는 결혼생활과 교회 사역을 병행하느라 고된 날들을 보냈다. 어느 날 우리 부부가 음식점을 향해 걸어가고 있는데 뒤에서 누군가 "이봐요, 설교자!"라고 부르는 소리를 들었다. 이런 호칭을 처음 들었을 때 우리는 깜짝 놀랐다. 당시 사람들은 '여자 설교자'를 어떻게 불러야 할지 곤란해 하고 있었다. 그들은 나중에야 샐리가 얼마나 멋진 설교자이자 교회 리더인지 알게 되었다.

우리는 이곳에서 섬기는 동안 우리 자신과 교회공동체와 산간문화에 대해서 많은 것을 알게 되었다. 우리는 교회의 많은 결정들이 내려지는 곳이 교회 운영위원회가 아니라 농부들이 오전 일을 끝내고 커피 한 잔 마시기 위해 모이는 큰길 옆 주유소 매점이라는 사실을 알게 되었다. 또한 외출하지 못하는 환자들을 방문하기 위해 산길을 운전하는 일이 얼마나 위험한 일인지도 알게 되었다. 산길에서는 떡갈나무 그루터기와 버려진 녹슨 자동차가 이정표의 전부였다. 한번은 병원에서 나오는 할머니와 아주 멋진 대화를 나누고 헤어질 때쯤, 우리는 이분이 바로 우리가 방문하려고 계획하고 있던 에드라 리드우드의 아내 실비아 리드우드라는 사실을 알게 된 적도 있다. 또한 우리는 침례교회 안에 자유의지침례교, 초대침례교, 전천년침례교, 남침례교 등 다양한 교단들이 존재한다는 사실도 알게 되었다. 그 지역의 다른 목사들과 함께 장례예배를 인도하면서 우리는 그들이 관을 가리키며 모인 사람들에게 다음과 같이 말한다는 사실도 알게 되었다. "바로 저 관이 지금 우리가 하나님과의 관계를 바로 해야 하는 이유랍니다. 내일이 아니라, 바로 이 시간에 말입니다. 내일로 미루지 마십시오. 언젠가 우리 모두가 저 자리에 있게 될 것입니다."

내가 기독교교육에 특별히 관심을 갖게 된 것은 이곳에서 사역을 시작한 지 얼마 되지 않은 때의 일이다. 나는 미국연합감리교회가 주날루스카 호수에서 주최했던 여름학교에서 많은 깨달음을 얻었다. 하지만 나는 교회 사역을 통해서 교회공동체 전체의 건강과 사명에 기독교교육이 얼마나 중요한지 몸으로 체험할 수 있었다. 우리가 섬긴 두 교회 중 한 곳에는 20년이 넘도록 주일학교가 없었다. 그 지역에 젊은 가족들이 많이 거주하고 있었음에도 불구하고 교인들 중에는 자녀를 가진 가족이 아무도 없었다. 나는 한 신실한 교인의 며느리로 들어온 낸시 보이드와 함께 주일학교를 시작했다. 낸시와 나는 주일학교에 우리가 가진 모든 창의력과 에너지를 쏟아 부었다. 2년이 지날 때쯤 우리는 유아부, 주일학교 세 학급, 네 교회 청년들이 함께 모이는 청년부 모임을 가지게 되었다. 우리 교회는 조금씩 과거뿐 아니라 미래를 가진 교회로, 젊은 가족들에게 무언가를 줄 수 있는 교회로 알려지기 시작했다. 우리는 지붕이 있는 피크닉 공간 옆에 그네를 설치했다. 예배가 끝난 후 아이들이 그네 주변에서 뛰어노는 동안 부모들이 피크닉 공간에서 대화와 커피를 나누었다. 이제껏 이 공간은 일 년에 한 번씩 교회에서 가족과 친구들을 초청해 홈커밍데이를 가지면서 바비큐를 구울 때에만 사용되었다.

그네를 설치하고 2주가 지난 어느 날, 나는 자동차를 주차하기 위해 교회 주차장으로 들어가다가 뭔가 이상한 것을 느꼈다. 그것은 마치 익숙한 방에 들어갔는데 늘 그 자리에 있던 그림이나 텔레비전이 없을 때의 느낌과 같았다. 그네가 없어졌다는 것을 깨닫는 데에는 채 일 분도 걸리지 않았다. 나는 급히 자동차에서 내려서 피크닉 공간으로 가보았다. 아니나 다를까 그네가 설치되어 있던 곳에는 방금 파헤쳐진 네 개의 구멍만 남아있었다. 나는 교회 건물 뒤로 돌아가 보았다. 그네는 그곳으로 옮겨져 새로 설치되어 있었다. 그로부터 2~3일 안에 나는 어떻게 된 영문인지 알아낼 수 있었다. 작은 마을이라 무슨 비밀이든 오래 갈 수 없었다.

오랫동안 교회 재정을 맡아온 메리 조 제임스가 사람들을 시켜서 한밤중에 그네를 옮겨 설치한 것이다. 그 일을 한 남자들 중 한 사람이 나중에 이렇게 말했다. "그녀가 구멍을 깊이 파고는 콘크리트로 메우라고 시켰어요. 그래서 우리는 그렇게 했습니다." 부모들은 대단히 화가 났다. 그중 한 사람은 운영위원회 모임에서 이렇게 말했다. "무슨 교회가 이렇습니까? 우리는 허수아비입니까? 어떻게 한밤중에 몰래 이런 일을 벌일 수 있습니까?" 다른 교인들도 그 사람과 마찬가지로 놀라고 화가 났다. 그들은 그네를 다시 제자리에 돌려두기로 의결한 다음, 회의를 중단하고 모두 트럭을 타고 집으로 돌아가 해머와 삽을 가지고 왔다. 몇몇은 밤늦게까지 남아서 시멘트를 부수고 그녀를 꺼내어 제자리에 돌려놓았다. 다음날 그네는 피크닉 공간 옆 콘크리트 속에 단단히 박혀 있었다.

젊은 사람들은 만족해했다. 나는 메리 조 제임스를 찾아가보라는 말을 들었다. 이것은 썩은 이를 빼내기 위해 치과를 방문하는 것만큼이나 괴로운 일이었다. 하지만 다른 방도가 없었다. 나는 메리를 좋아했고 그녀가 교회에서 15년 동안이나 성실하게 재정 관리를 담당해 오고 있는 데 대해 감사하고 있었다. 가끔씩 메리가 예배 중에 아이들의 입을 닫게 만들려고 부산하게 다니는 것은 솔직히 나에게도 불만이었다. 하지만 그녀는 여러 번 새로운 교인들과 그들의 재정적 공헌에 대해 만족을 표현했었다. 나는 도대체 무슨 일이 일어나고 있는지 알지 못했다.

메리의 집에 다가가자 그녀는 닫힌 커튼 사이로 누가 들어오는지 밖을 내다보고 있었다. 내가 노크를 하자 그녀는 문 앞에 서서 오랫동안 자신이 조심스럽게 관리해 오던 회계장부들을 내밀었다. "그만두겠어요." 그녀가 그 장부들을 나에게 넘기면서 말했다. "그리고 교회도 그만두겠어요. 들어오실 필요도 없어요. 무슨 말씀을 하셔도 제 마음은 바뀌지 않을 테니까요." 그리고는 무거운 장부 꾸러미를 넘겨받은 내 앞에서 문을 닫아버렸다.

내가 실천신학을 잘 알고 있었더라면, 내가 신학대학교에서 당시 내가 경험하고 있던 것을 파악할 수 있는 지식과 기술을 배웠더라면 이때 많은 도움이 되었을 것이다. 교회 사역에서는 경험이 가장 중요한 교사들 중의 하나라는 사실을 나는 알고 있다. 하지만 생활현장과 일터에서 우리가 겪는 이 같은 경험은 우리를 당황하게 만든다. 인생과 마찬가지로 사역은 소설 같을 때가 있는 법이다.

이 책의 목표는 독자들이 앞으로 이와 같은 상황에 직면하였을 때 활용할 수 있는 지식과 기술을 가르쳐주는 것이다. 여러분이 이것들만 배우면 언제 어디서든지 올바른 결정을 내리고 적절한 행동을 취할 것이라고 내가 약속할 수는 없다. 훌륭한 사역은 단지 몇 가지 문제들을 해결하는 것만으로 성취할 수 있는 일이 아니기 때문이다. 사역은 여러분이 모험하고 탐험해야 하는 신비이다. 하지만 우리는 이 신비로의 여행에서 우리의 이동경로를 찾는 데 도움을 주는 지식과 기술을 미리 가지고서 여행을 시작할 수 있다. 그렇지 않으면 우리는 메리의 집 앞에서 다시 노크를 해야 할지, 아니면 그냥 돌아서야 할지 결정할 때 우리의 직감을 의지하는 수밖에 없을 것이다.

실천신학적 해석의 핵심 과제

당신이 교회공동체의 리더라면 언젠가는 이런 상황에 부딪힐 가능성이 높다. 이 책에서 우리는 이런 상황에 대한 우리의 해석과 반응을 지도할 수 있는 네 가지 질문을 살펴볼 것이다.

무슨 일이 일어나고 있는가?
왜 이런 일이 일어나고 있는가?
앞으로 어떤 일이 진행되어야 하는가?
우리는 어떻게 반응할 수 있을까?

이 질문들 각각에 대한 대답은 실천신학적 해석의 네 가지 핵심 과제 하나하나에 상응한다.

- **기술적-경험적**(descriptive-empirical) **과제.** 특정한 사건, 정황, 상황 안에서 우리가 패턴과 역학을 분별할 수 있도록 도움을 주는 정보를 수집하기
- **해석적**(interpretive) **과제.** 이러한 패턴과 역학이 발생하는 이유를 더 잘

이해하고 설명하기 위해 다른 학문의 이론을 참고하기
- **규범적**(normative) **과제.** 특정한 사건, 정황, 상황을 해석하기 위해 신학적 개념을 활용하기, 우리의 반응을 인도할 도덕적 규범을 구축하기, '훌륭한 실천'으로부터 배우기
- **실용적**(pragmatic) **과제.** 상황에 영향을 줄 행동 전략을 바람직한 방식으로 판단하기, 그 전략을 실제로 적용했을 때 들려오는 '말대답'(talk back)과 더불어 성찰적 대화 속으로 들어가기

이 네 과제는 실천신학적 해석의 기본적인 구조를 형성한다. 나는 내가 이 과제들을 처음으로 설명하고 있다고 생각하지 않는다. 비록 용어는 달라질 수 있지만, 네 가지 과제 모두 임상목회교육, 목회학 박사 과정의 수업들, 설교학, 목회상담, 목회행정, 기독교교육 등에 관한 수업에서 조금씩 다루어진다. 뿐만 아니라, 목사와 교회공동체 리더들은 사역 현장에서 이 과제들을 실제로 수행하고 있다.

각 과제들이 무엇을 요구하는지 좀 더 분명하게 이해하기 위해서 조금 전 우리가 살펴본 그네 사건으로 돌아가 보자. 이 상황에서 무슨 일이 벌어지고 있는가? 이것은 실천신학적 해석에서 기술적-경험적 과제의 핵심 질문이다. 여러 주를 지나는 동안 나는 메리 사건의 전말을 알아낼 수 있었다. 메리는 그 지역에서 회계사로 일하며 오랫동안 독신으로 지내다가 뒤늦게 결혼했다. 지미 제임스의 첫 번째 아내가 교통사고로 사망했을 때, 메리는 지미를 도와준 많은 교인들 중 하나였다. 일 년 후 메리와 지미는 결혼했다. 메리는 아이를 가지기에는 나이가 너무 많았다. 그럼에도 불구하고 그들은 지미가 암으로 세상을 떠나기 전까지 십 년간 행복하게 살았다. 지미가 세상을 떠난 뒤 메리는 자신의 남편을 기념하는 뜻에서 교회가 지붕이 있는 피크닉 공간을 마련할 수 있도록 특별헌금을 했다. 메리의 교회 친구들은 그녀가 당시에 이렇게 말하는 것을 들었다고 한다. "지미

는 사람들이 교회에서 특별헌금을 한 다음, 예를 들면 '레더우드의 방'처럼 자신들의 이름을 남기는 것에 대해 좋게 생각하지 않았어요. 그래서 저도 이 피크닉 공간에 그런 식으로 지미의 이름을 붙이고 싶지는 않아요. 우리는 마음속으로 그를 기억할 거예요. 지미는 바비큐를 좋아했거든요."
문제는 세월이 지나고 새 교인들이 들어오면서 지미를 기억하지 못하는 사람들이 많아졌다는 사실이다. 새 교인들은 그네가 피크닉 공간 바로 옆에 놓이게 된 것 때문에 메리가 깊이 상심했다는 사실을 알 길이 없었다. 메리의 가장 친한 친구들도 그녀의 감정을 헤아리지 못했다. 그녀가 인부들을 고용해서 그네를 다른 곳으로 옮기고 교회 전체가 한바탕 뒤집어지기 전까지는 알지 못했다.

패턴과 역학을 분별하는 데 도움을 주는 정보의 수집은 실천신학적 해석의 기술적-경험적 과제에 속한다. 종종 목회 과정에서 이것은 비공식적으로 진행된다. 당시 나는 교회에서 메리와 가장 친한 친구들을 찾아가서 메리에 대해서 물어보았다. 그리고 무슨 일이 일어나고 있는지 그들의 생각을 들어보았다. 여기에서 얻은 정보는 그녀의 행동을 좀 더 긴 서술적인 맥락에서 이해하는 데 도움이 되었다. 몇 주가 지난 뒤 메리가 나의 방문을 허락했을 때 나는 그녀의 관점에서 정보를 얻기 위해 노력했다. 그때 이미 나는 그녀가 죽은 남편을 기념하면서 피크닉 공간을 위해 헌금을 했다는 사실을 알고 있었지만, 이것이 그녀에게 가진 의미를 그녀 자신의 말로 직접 듣고 싶었다. 그녀가 이야기하는 동안 나는 상담학에서 종종 말하는 '제 삼의 귀'로 그녀의 이야기를 들었다. 나는 그녀의 감정과 몸짓에 주의를 기울였다. 나는 메리에게서 우울증이나 혹은 다른 정서적 불안의 징후는 없는지 유심히 관찰하였다. 또한 교회에서 젊은 층의 새 교인들과 장년층의 기존 교인들 사이에 어떤 긴장관계가 형성되어 있는지 좀 더 면밀한 주의를 기울이기 시작했다.

많은 시간 교회공동체의 리더는 비공식적인 정보 수집, 주의 깊은 경청,

당연시 여겨져 왔던 패턴과 관계에 대한 세심한 관찰 등을 통해 실천신학적 해석의 기술적-경험적 과제를 수행해 왔다. 하지만 많은 경우 리더는 보다 체계적인 방법으로 정보를 수집하고자 한다. 그들은 그 지역에 새로 이사 온 가족들의 인구학적인 통계를 파악하고 싶어 한다. 그들은 젊은 사람들이 신앙생활에서 무엇을 얻고 있는지 분명하게 알고 싶어 하고, 기존의 성인교육 프로그램을 평가해 보기 원한다. 새로 부임한 목사는 부임한 첫 해 회중 연구의 연구조사 방식들을 활용하여 자신이 섬기게 된 교회공동체의 '문화'를 이해하는 데 집중한다. 한 교회에서 오래 일한 목사는 자신의 설교가 지루해지고 있다고 판단하고 교인들이 정말 관심을 가지는 삶의 문제들을 발견할 방법을 간절히 원한다. 많은 교회공동체 리더들이 실천신학적 해석의 기술적-경험적 과제를 보다 체계적이고 훈련된 방식으로 수행할 수 있는 방법을 배우길 소망한다. 제1장은 이와 같은 이유들을 좀 더 살펴본 다음 연구조사 프로젝트와 접근 전략을 소개할 것이다.

일단 메리 사건을 둘러싼 중요한 패턴과 역학을 식별한 나는 한 걸음 물러서서 내가 발견한 내용들을 정리할 필요를 느꼈다. 왜 이 사건이 일어났는가? 내가 발견하기 시작한 패턴과 역학을 더 잘 이해하고 설명하는 데 어떤 이론이 도움을 줄 수 있을까? 이것은 실천신학적 해석의 해석적 과제의 핵심질문이다. 적어도 메리 사건에 대해서는 세 가지 해석이 가능한데, 그중 두 가지는 내가 이미 그때에 생각하고 있었던 것이고, 나머지 한 가지는 내가 나중에 깨닫게 된 것이다.

나는 노스캐롤라이나 주의 한 도시에서 어린 시절을 보냈고, 미국 북동부 지역에서 주립대학과 신학대학원을 졸업했다. 따라서 나는 신학대학원을 졸업한 다음 태어나서 처음으로 동부 테네시의 산간문화를 접하게 되었다. 나는 이 지역문화와 관련해서 메리 사건에 대한 해석에 도움을 줄 수 있는 몇 가지 사실들을 알게 되었다. 그중 특별히 생각나는 한 가지는 이 지역문화가 가족, 교회, 지역공동체에서 남녀 어르신들을 존중한다는 사실이었다. 이것은 전해 내려오는 이야기, 기념식, 동상, 기타 의식과 상징물 등을 통해 알 수 있었다. 이와 같은 활동과 기념물은 집단의 정체성을 세우고 과거와의 연대를 유지하는 중요한 방법들이다.[1] 메리는 피크닉 공간에 이와 같은 상징적 의미를 부여했을 가능성이 크다. 따라서 그녀의 의견을 묻지도 않고 그 공간을 바꾼 것은 그녀의 입장에서 보면 성역을 건드린 것과 같이 느껴질 수도 있었다. 요컨대, 이 사건이 발생한 문화적 상황이 사건 해석의 중요한 단서가 된다.

한편 메리 사건을 가족관계이론의 관점에서 해석하는 것도 가능하다. 에드윈 프리드만(Edwin Friedman)을 비롯한 여러 학자들은 이 이론을 교회공동체에게 적용하였다.[2] 가족관계이론에 따르면, 개인은 때로 가족 전체의 고통을 대변하는 '지정된 환자'의 역할을 수행한다.[3] 메리의 '과민반응'은 교회 가족체계 내에 존재하는 긴장의 표현일 가능성이 있다. 교회 안에서 변화가 일어나고 있었고, 그 변화는 주로 젊고 새로운 교인들이 주도하고 있었다. 변화는 프로그램, 예배, 전도, 행정 등의 다른 분야에서도 일어나고 있었다. 이 과정에서 소외되고 인정 받지 못한다고 느끼는 사람은 비단 메리만이 아니었을 것이다. 따라서 이와 같은 교회공동체적 상황에 대한 이해는 우리가 고려해야 할 두 번째 해석 방법이다.

마지막으로, 메리의 삶에 대해 살펴보자. 그녀는 당시 인생의 어떤 단계에 있었고, 그때까지 그녀의 인생은 어떠했는가? 메리는 중년이 될 때까지 독신으로 살았고, 이것은 그녀의 삶에 흔적을 남겼다. 그녀가 교회의 어른

---

1 John Westerhoff and Gwen Kennedy Neville, *Learning through Liturgy* (New York: Seabury Press, 1978); Westerhoff and Neville, *Generation to Generation: Conversations on Religious Education and Culture* (New York: Pilgrim Press, 1979).
2 Edwin Friedman, *Generation to Generation: Family Process in Church and Synagogue* (New York: Guilford Press, 1985); George Parsons and Speed Leas, *Understanding Your Congregation as a System: The Manual* (Bethesda, Md.: Alban Institute, 1993); Peter Steinke, *Healthy Congregations: A Systems Approach* (Washington, D.C.: Alban Institute, 1996).
3 예를 들면, Virginia Satir, *Conjoint Family Therapy: A Guide to Theory and Technique* (Palo Alto, Calif.: Science and Behavior Books, 1967); William Lederer and Don Jackson, *The Mirages of Marriage* (New York: Norton, 1968).

이자 재산을 많이 가진 남자와 결혼한 것은 단순히 그녀의 사회적 지위만 바꿔놓은 것이 아니라, 그녀의 표현대로 "인생에서 가장 행복했던 날들"을 그녀에게 안겨주었다. 지미와 사별한 후 그녀에게 가장 중요한 사회적 관계는 교회 친구들이었다. 재정 책임자로서의 그녀가 맡은 일 때문에 교회를 섬기는 사람들은 정기적으로 그녀의 의견을 구했으며, 이 때문에 그녀는 교회 내부에 들어갈 수 있었다. 피크닉 공간이 메리에게 갖는 의미를 아무도 알아주지 않는다는 사실은 그녀가 지금까지 투자했던 가장 중요한 관계들이 단번에 무너져 내리는 것같이 느껴졌을 것이다. 노년기에 들어서는 미망인으로서 이런 사회적 관계들은 그녀에게 더욱 중요해졌다. 따라서 우리는 심리학적 측면에서의 해석도 고려할 필요가 있다.

다른 의미 있는 해석도 생각해 볼 수 있을 것이다. 하지만 상황의 다양한 측면에 초점을 맞추는 다양한 이론이 중요하다는 사실은 충분히 설명되었다. 실천신학적 해석의 해석적 과제는 왜 그러한 사건이 발생하는지 그 이유를 더 잘 이해하고 설명하는 데 도움을 줄 수 있는 이런 종류의 이론들을 요구한다. 제2장에서 우리는 이 과제를 좀 더 깊이 있게 살펴보고 특정한 사건, 정황, 상황에 대한 해석에 도움이 되는 이론들을 분석하고 평가하는 모델을 제공할 것이다.

인류학과 심리학과 같은 다른 분야의 이론을 활용하는 것은 실천신학적 해석의 중요한 부분이다. 그러나 그러한 이론이 교회공동체의 리더에게 줄 수 있는 도움은 제한적이다. 기독교공동체의 일원으로서 그들은 더 깊은 질문을 대면해야 한다. 어떤 일이 앞으로 진행되어야 하는가? 우리가 해야 할 일은 무엇이고, 기독교공동체의 일원으로서 우리는 공동체의 삶과 세상의 사건들에 어떻게 반응해야 하는가? 이런 질문들은 실천신학적 해석의 규범적 과제의 핵심에 놓여 있다. 제3장에서는 이 과제를 세 가지 측면에서 살펴볼 것이다. 먼저, 특정한 사건, 정황, 상황을 해석하기 위해 신학적 개념을 활용하는 신학적 성찰의 형태이다. 우리가 알고 있는 하나님은 이 상황에서 어떻게 행동하실까? 하나님의 행동에 대한 인간의 적절한 반응은 어떤 것일까? 두 번째로는 그 상황에 적절한 행동 전략을 지도할 수 있는 윤리적인 원칙, 지침, 규칙을 찾아내는 과제이다. 세 번째로는 기독교인의 삶의 패턴을 형성하는 데 규범적 안내가 되어줄 기독교 전통의 과거와 현재의 훌륭한 실천을 살펴보는 것이다.

메리 사건으로 고민할 때 나는 다른 어떤 과제보다 규범적 과제에 상대적으로 소홀했던 것 같다. 신학교에서 내가 받았던 수업들은 주로 교회교리에 초점을 맞추고 있었기 때문에, 특정한 사건이나 상황을 해석하기 위해 신학을 활용하는 훈련은 거의 배우지 못했다. 지금에 와서야 나는 당시 교회공동체가 이 사건을 해석하는 데 도움을 주기 위해 내가 활용할 수 있었던 몇 가지 신학적 개념들을 분별할 수 있다. 여기에서는 다만 그 중 한 가지만 살펴볼 것이다. 또한 지금 나는 당시 내가 취했던 행동들을 형성했던 윤리적 입장도 분별할 수 있다.

내가 메리의 '과민반응'을 변화를 시작한 교회공동체 내에 존재하는 더 큰 긴장관계의 표현으로 이해하는 게 옳다면, 우리는 하나님의 백성이라는 신학적 개념을 통해 이 상황을 해석할 수 있을 것이다. 그리스도의 몸이라는 유기적 개념과 달리, 하나님의 백성이라는 개념은 시간의 흐름에 따른 변화, 하나님 백성의 새로운 환경으로의 여정, 변화의 한가운데 계시는 하나님의 신실하심 등을 내포한다.[4] 성경 전체를 통해 우리는 하나님의 과거 행동을 회상하는 하나님의 백성을 발견할 수 있으며, 이러한 회상 가운데 그들은 현재와 미래에 하나님이 취하실 행동을 분별한다.[5] 여기에서 우리는 핵심적인 역학을 식별할 수 있다. 출애굽과 광야생활과 같은 사건들 속에서 행하신 하나님의 행동을 기억하는 일은 하나님의 정체성에 대

---

[4] 하나님의 백성 개념과 그리스도의 몸 개념 사이의 차이점에 대한 Hans Küng의 논의를 참고하라. *The Church* (New York: Sheed and Ward, 1967), 107-50.
[5] 제2이사야서에서 발견되는 특별히 적절한 예와 관련해서 Richard Bauckham, *God Crucified: Monotheism and Christology in the New Testament* (Carlisle, U.K.: Paternoster Press, 1998), 71-72쪽을 보라.

한 기술을 제공한다. 하지만 하나님의 정체성에 대한 이 같은 묘사는 하나님의 백성이 순례여정을 계속하는 동안 하나님께서 행하시는 새로운 일들을 이야기할 때 재해석된다.

규범적인 관점에서 볼 때, 당시 내가 감당해야 했던 과제들 중의 하나는 교회공동체가 스스로를 하나님의 백성으로 이해하고, 그들이 변화를 시작하고 미래를 향해 나아갈 때 하나님께서 그들과 함께 동행하신다는 사실을 그들이 신뢰하도록 돕는 일이었을 것이다. 이것은 모종의 전략적 사고방식을 가능하게 한다. 즉, 하나님의 백성이 변화와 위기를 경험할 때 그들을 인도하셨던 하나님의 과거 행동을 떠올리게 하는 성경 이야기들을 설교하고 가르칠 수 있었을 것이다. 혹은 교회공동체의 역사 속에서 변화와 위기의 시기에 있었던 이야기와 이 시기에 그 공동체를 지탱했던 하나님에 대한 이해를 찾아볼 수도 있었을 것이다. 그리고 하나님의 백성으로서 교회공동체의 여정의 새로운 단계를 설명하기 위해 이러한 이해를 이끌어 내고 재해석할 수도 있었을 것이다.

교회공동체의 과거 이야기를 수집하는 일이 우리를 다시 기술적-경험적 과제로 되돌아가게 만든다는 사실은 주목할 만한 가치가 있다. 동시에 나는 메리의 과민반응이 교회 가족들 내의 긴장관계를 표현하고 있다고 해석함으로써 순례여정에 있는 하나님의 백성이라는 신학적 개념을 교회공동체에 적용하였다. 이처럼 실천신학적 해석의 다양한 과제들 간의 상호작용은 흔한 일이다. 그 과제들은 역동적인 사역 현장 속에서 서로 침투한다. 메리 사건에 대한 이해가 사역의 다양한 형태에 영향을 미친다는 사실도 주목할 만하다. 그것은 메리를 위한 목회적 돌봄뿐 아니라 설교, 교육, 행정적 조치 등에 영향을 준다.

사실 당시에 나는 이와 같은 신학적 해석을 활용하지 못했다. 내가 그렇게 할 수 있었다면 얼마나 좋았을까 하는 아쉬움이 있다. 하지만 다른 한편으로 나는 신학적 윤리, 곧 화해의 윤리에 의해 형성된 행동을 취했다.

하지만 여기에서도 나는 분명한 윤리적 원칙을 의식하고 있었다기보다는 직감적으로 행동했다. 그 당시 내 생각은 이러했다. 메리는 오랜 세월 교인으로 있으면서 많은 일들을 했고 이제 과부가 되었는데, 이제 와서 그 공동체에서 내쳐지는 일이 있어서는 안 된다는 것이었다. 이것은 하나님이 원하시는 교회공동체의 참 모습이 아니다. 당시에 내가 화해의 윤리라는 명시적인 관점에서 이 사건에 관해 생각할 수 있었더라면 더 좋았을 것이다. 이 관점은 메리에 대한 교회공동체의 태도에 중요한 함의를 가지고 있기 때문이다. 그녀를 교회의 미래에 방해가 되는 구닥다리 인물로 쉽게 치부해 버려서는 안 될 일이다. 어떤 식으로든 화해가 이루어져야 한다. 이것이 바로 하나님께서 교회공동체에 바라시는 모습이다.

　신학적 해석이나 윤리적 원칙에 대한 명확한 지도가 없는 상태에서 나는 내가 할 수 있는 최선을 다해 이 사건에 대처했다. 나는 메리에게 어떻게 하면 가장 잘 접근할 수 있을지 메리의 친구들과 함께 전략을 짰다. 또한 공적인 일에서는 연세가 많으신 기존 교인들의 공헌을 존중하고 공동체 안의 의사소통을 원활하게 하는 일에 더 신경을 쓸 필요가 있다는 사실을 깨달았다. 동시에 나는 이 교회공동체가 갈등의 문제가 생겼을 때에 효과적으로 대처하지 못하고 있다는 사실도 알게 되었다. 우체통이 겨우 3미터도 떨어져 있지 않을 만큼 서로 이웃한 두 교인이 십 년 전에 있었던 불화로 거의 말도 하지 않고 지내고 있는 것이 늘 나의 마음을 쓰이게 만들었다. 메리가 교회를 떠났을 때 나는 그녀가 이와 같은 방식으로 반응하지 않을까 걱정이 되었다. 이 공동체 안에 오랫동안 존재해 왔던 나쁜 흐름이 더 오래 지속될 수도 있다. 왜 이 교회공동체는 서로의 차이를 기독교의 사랑의 정신으로 해결하는 방법을 배우지 못했을까? 아니면, 최근 내가 즐겨 사용하는 표현으로 말하면, 왜 이 교회 안에서는 화해의 관행이 존재하지 않았던 것일까? '훌륭한 실천'의 모델을 살펴보는 일은 교회 안에서의 나의 리더십에 대해 규범적인 안내를 제공할 수도 있었을 것이다.

이런 유형의 문제들은 우리를 실천신학적 해석의 실용적 과제로 인도한다. 우리는 어떻게 하면 신실하고 효과적인 방법으로 대처할 수 있을까? 실용적 과제는 원하는 목표로 향하여 사건을 이끌어 가기 위해 우리가 활용할 수 있는 전략과 조치에 초점을 맞춘다. 제4장에서 우리는 이와 같은 상황에서 요구되는 리더십에 특별한 관심을 기울일 것이다. 그런 리더십은 설교, 교육, 행정, 목회적 돌봄과 같은 사역의 과제를 탁월하게 수행하는 능력을 요구한다. 하지만 거기에 더 필요한 것이 있다. '전체'를 볼 수 있는 리더, 교회공동체 체계 전체 및 교회와 그 주변 환경 사이의 관계 등의 관점에서 생각할 수 있는 리더가 필요하다.

이제 우리는 이 책의 핵심 논쟁을 기술할 지점에 이르렀다. 실천신학적 해석은 네 가지 핵심과제를 동반한다. 기술적-경험적, 해석적, 규범적, 실용적 과제가 바로 그것이다. 이 네 가지 과제를 해석학적 원의 이미지로 개념화하는 것이 이해에 도움을 줄 수 있을 것이다. 여기에서 해석은 서로 구별되지만 또한 서로 연관된 계기로 이루어진다.[6] 실천신학적 해석의 네 가지 과제는 서로 침투한다. 실용적 과제에서 출현한 문제는 기술적-경험적으로 살펴볼 필요가 있는 문제를 제시한다. 특정한 사건을 해석하기 위해 사용된 이론은 규범적 사고를 요구하는 문제로 이어진다. 네 과제 사이의 상호작용과 상호영향은 실천신학을 다른 학문영역으로부터 구분시킨다. 예를 들어, 사회과학은 연구조사 결과를 해석하는 규범적인 신학적 관점을 발전시키지도 않을 뿐더러, 많은 경우 그들이 조사하고 있는 분야를 변화시키려는 시도도 하지 않는다.[7] 하지만 규범적 과제와 실용적 과제는

---

[6] Richard Palmer, *Hermeneutics* (Evanston, Ill.: Northwestern University Press, 1969), 25-26, 87-88, 118-21.
[7] 사회과학자들이 가치의존적인 방식으로 실제 연구조사를 수행하고 그것을 해석하긴 하지만, 그들이 신학적 관점에 의지하는 경우는 거의 없다. 뿐만 아니라, 어떤 사람은 자신의 연구조사가 공공선에 기여한다고 보며, 이 목적을 성취하기 위한 제언도 제시한다. 나의 요점은 신학적, 윤리적, 실용적 차원이 실천신학적 해석에 핵심적이며, 이 점에서 실천신학적 해석이 사회과학과 구분된다는 것이다. 사회과학자들이 자신들의 작업에 윤리적, 실용적 차원을 포함시킬 때, 실천신학은 어떤 점에서는 그들과 교차하고, 또 다른 어떤 점에서는 그들과 길을 달리한다.

실천신학에 있어 핵심적인 요소들이다.

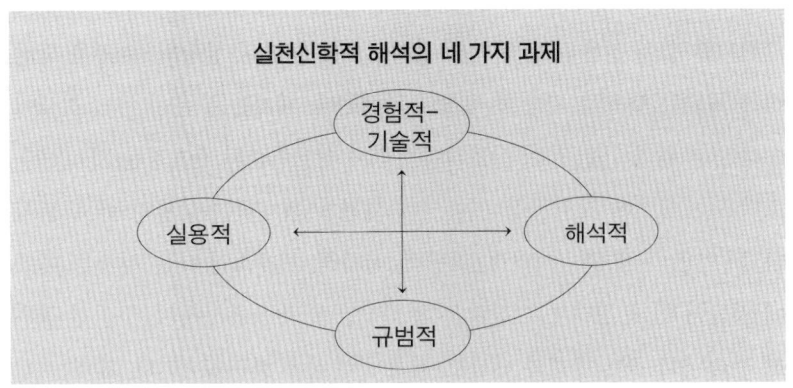

종종 실천신학적 해석을 원보다 나선으로 생각하는 것이 도움이 되는 경우도 많다. 실천신학적 해석은 이미 살펴보았던 과제로 반복해서 돌아간다. 메리와 교회공동체의 관계를 화해의 윤리의 관점에서 해석한 다음, 우리는 그 교회공동체가 갈등을 어떻게 해석하는지를 파악하기 위해 기술적-경험적 과제로 다시 돌아간다. 실천신학적 해석은 종종 통찰이 생겨남에 따라 나선형을 그리며 움직인다.

논의를 더 진행하기에 앞서 이 서론에서 이미 반복해서 사용된 세 가지 범주, 곧 사건, 정황, 상황의 개념을 명확하게 정리하는 것이 도움이 될 것이다. 나는 실천신학적 해석의 다양한 초점을 구별하기 위해 이 범주를 사용한다. 이것은 범위가 점점 커지는 시간과 공간의 단위를 구분하는 데 편리한 방법이다.

사건(episode)은 일상생활의 흐름에서 발생한 일이나 사고를 가리키며, 명백한 관심과 성찰을 유발한다. 사건은 짧은 기간에 걸쳐 단일한 환경에서 발생한다. 내가 메리를 방문했을 때 그녀의 현관문 앞에서 발생했던 일은 하나의 사건에 해당한다. **정황**(situation)은 이러한 사건이 발생하는 보다 넓은 영역과 보다 장기간의 일들의 패턴, 관계, 환경을 가리킨다. 특정한 사건은 보다 긴 내러티브 이야기 속에서 더 잘 이해되는 경우가 많다. 시간이 지나면서 그네를 옮긴 일이 점점 커지고 더 많은 사람들이 이 일에 관련되면서 이 일은 이제 하나의 정황으로 발전했다. **상황**(context)은 사건이 전개되는 사회적, 자연적 체계로 구성된다. 체계는 부분이 아닌 전체에 속하는 자원의 근원으로, 상호작용하면서 상호연관된 관계망을 가리킨다. 조직된 체계로서 교회공동체는 그네 사건이 전개되는 상황의 한 부분이다. 하지만 이 체계는 지역적, 지방적, 국가적, 세계적인 다른 체계들 내부에 깃들어 있다. 그러므로 상황은 유동적인 목적에 봉사하여, 주어진 경우에 관계된 소규모 체계와 대규모 체계에 관심을 불러일으킨다. 체계는 개방적이고 역동적이다. 체계는 다른 체계에 의해 영향을 받는다. 그러므로 상황 해석은 실천신학적 해석의 중요한 차원에 속한다.

실천신학적 해석: 다리 개념

책의 서두에 내가 "실천신학적 해석"이라는 표현을 어떻게 사용하는지 밝히는 것이 도움이 될 것이다. 내가 이 표현을 사용할 때에는 실천신학의 네 가지 과제에 관한 나의 핵심 명제와 관련해서 다음 세 가지 주장을 염두에 두고 있다. 1) 실천신학적 해석은 실천신학의 모든 특수화된 하위학제 안에서 이루어진다. 2) 실천신학자들이 학문적으로 수행하는 실천신학적 해석의 동일한 구조가 교회공동체 리더가 수행하는 해석적 과제 안에서도 동일하게 발견된다. 3) 학문과 사역 모두에서 실천신학적 해석의 공통된 구조를 인식함으로써 교회공동체 리더는 사역의 상호연관성을 이해하는 데 도움을 얻을 수 있다.

학문적 실천신학의 하위학제들 사이에 다리 놓기

첫째, 실천신학적 해석의 기본 구조가 실천신학의 모든 특수화된 하위학제에서 공통적으로 발견된다. 위에서 간략하게 설명한 실천신학적 해석의 네 가지 과제에 대한 관심이 설교, 목회적 돌봄, 전도, 영성, 기독교교육을 비롯한 사역의 모든 실천 현장에서 발견된다.

예를 들어, 설교는 성경본문에 대한 해석 및 이러한 해석을 기초로 예배 환경에서 이루어지는 선포에 특별한 관심을 기울인다. 이와 같이 설교는 본래부터 규범적인 과제를 수행한다. 하지만 설교는 진공상태에서 이루어지지 않는다. 설교는 특정한 교회공동체적 상황에서 특정한 사건과 특정한 그룹의 사람들을 염두에 두고 작성된다. 오늘날 설교에서 많은 목소리들이 문화적, 교회공동체적 상황에 관심을 기울이고 있다. 이것을 나는 기술적-경험적 과제와 해석적 과제라고 불렀다.[8] 게다가 설교는 몸짓 행위와 연설의 패턴을 통해 이루어진다. 설교는 이 사건이 벌어지는 동안 청취자가 느끼고, 생각하고, 행동할 수 있도록 돕는 특정한 형태를 사용한다. 설교는 듣는 사람들의 상상력을 불러일으키려고 노력한다. 설교의 예술적 기교는 실용적 과제에 초점이 맞춰진 전략적 사고와 행위를 정확하게 예증한다.

실천신학적 해석의 기본 구조는 또한 실천신학의 다른 하위학제에서도 발견된다. 이것은 설교, 기독교교육, 목회적 돌봄, 그 밖의 다른 형태의 사역들이 모두 동일하다는 말이 아니다. 각 사역은 고유한 과제에 초점을 맞추며, 이 과제는 특정한 관행, 기술, 개념 등을 포함한다. 내가 말하고자 하는 요점은 이 사역들이 중요한 방식에서 서로 겹치고, 실천신학적 해석의 공통 구조를 공유하고 있다는 사실이다.

---

8 Thomas Long, *The Witness of Preaching* (Louisville: Westminster John Knox, 1989); Leonora Tubbs Tisdale, *Preaching as Local Theology and Folk Art* (Minneapolis: Fortress, 1997); John McClure et al., *Listening to Listeners: Homiletical Case Studies* (St. Louis: Chalice, 2005); Ronald J. Allen, *Hearing the Sermon: Relationship, Content, Feeling* (St. Louis: Chalice, 2004); Mary Alice Mulligan et al., *Believing in Preaching: What Listeners Hear in Sermons* (St. Louis: Chalice, 2005); McClure, *The Four Codes of Preaching: Rhetorical Strategies* (Minneapolis: Fortress, 1991).

학문과 사역 사이에 다리 놓기

둘째, 학문적 실천신학을 형성하고 있는 실천신학적 해석의 근본 구조가 교회공동체 리더의 해석적 과제도 동일하게 특징짓고 있다. 앞서 보았듯이, 목사를 비롯한 교회공동체의 리더는 실천신학적 해석의 네 가지 과제와 관련한 핵심적인 질문에 마주친다. 무슨 일이 벌어지고 있는가? 왜 이런 일이 벌어지고 있는가? 앞으로 어떤 일이 진행되어야 하는가? 우리는 어떻게 반응할 것인가? 실천신학교육의 과제는 학생들이 장차 사역현장에서 실천신학적 해석을 수행할 수 있도록 그들을 준비시키는 것이다.

나는 이런 유형의 준비가 중요하다는 사실을 어머니가 교통사고를 당한 사건에서 몸소 배웠다. 교통사고는 부모님의 집에서 겨우 몇 블록 떨어진 곳에서 발생했다. 아버지가 운전을 하고 있었는데 앞에 서 있던 자동차가 급브레이크를 밟았고, 아버지는 제때 차를 멈추지 못했다. 이때 어머니의 몸이 앞으로 쏠리면서 머리를 자동차 앞판에 부딪혔다. 어머니는 병원으로 옮겨졌지만, 외관상 괜찮아 보여서 곧장 집으로 돌아왔다. 하지만 그날 밤 늦은 시각 어머니는 갑자기 의식을 잃고 쓰러졌고, 생명연장도구에 의지한 채 급히 병원으로 이송되었다. 아버지가 전화를 하셨을 때 얼마나 당황하셨던지, 나는 사건의 전말을 힘들게 알아들을 수 있었다. 이튿날 아침 나는 급히 비행기를 탔고, 삶과 죽음의 문제에 직면했다. 교통사고로 어머니의 뇌와 두개골 사이에 피가 고여 경막하두피혈종을 일으켰다고 한다. 이것은 어머니와 같이 피가 옅은 노인들에게는 특히 위험한 상황이었다.

아버지는 감정적으로 탈진한 상태였다. 내가 병원에 도착하고 잠시 후에 내가 어린 시절 출석했던 부모님 교회의 목사님이 도착하셨다. 의사가 나에게 어머니 뇌의 모든 부분이 엄청난 손상을 입었고 전망도 좋지 않다는 얘기를 전해줄 때 그 목사님도 자리에 함께 있었다. 의사는 며칠 동안 생명연장도구를 유지하면서 회복의 징후가 있을지 두고 보자고 말했다. 나는 의사의 말을 들은 후 목사님의 해석을 듣고 싶었다. 어머니가 앞으로 회복되지 못하고 생명연장도구가 호흡과 같은 기본적인 생명기능을 맡는 것이 분명해진 시점에서 나는 어머니를 떠나보내기 위해서 목사님의 도움을 필요로 했다. 목사님은 하나님의 사랑은 삶과 죽음을 떠나 분명하다는 점을 나에게 상기시켜 주셨다. 목사님은 내가 어머니에게 마지막 인사를 하지 못했다는 사실 때문에 슬퍼하고 있는 것을 알고, 나를 데리고 병실로 가서 어머니를 함께 만나 뵈었다. 어머니는 많은 튜브와 기계에 의지한 상태에서 삶과 죽음의 경계에 있었다. 목사님의 권유에 힘을 얻은 나는 어머니에게 말을 건넸고, 우리는 함께 어머니를 위해 기도했다. 얼마 후 생명연장도구가 제거되고, 어머니는 숨을 거두셨다. 이 과정에서 나는 목사님이 함께 있었기 때문에 버틸 힘을 얻었다. 또한 목사님이 후에 하신 아름다운 장례 설교를 통해서도 큰 힘을 얻었다.

이 경험을 되돌아보면서 당시 목사님이 실천신학적 해석의 과제를 수행하셨다는 것을 깨닫게 된 것은 이후로도 아주 오랜 시간이 지난 뒤의 일이다. 이 같은 일을 경험할 때 목회적 돌봄을 훈련 받고 세월의 경험을 갖춘 목사님이 곁에 있었다는 사실은 내게 큰 행운이었다. 목사님은 단순히 무슨 일이 일어났는지 파악하는 데 그치지 않았고, 내가 의사의 진단과 예측을 해석할 때 그 자리에 함께 있었다. 이 위기 속에서 아버지는 중요한 결정을 내리기에는 너무 지쳐 있었고, 목사님은 내가 평소보다 더 큰 역할을 감당해야 한다는 사실을 나에게 일깨워 주셨다. 목사님은 이러한 끔찍한 상황을 난해한 신학적 용어를 사용하지 않고서 해석해 주셨다. 목사님은 우리에게 하나님의 약속을 상기시키며, 우리가 그 약속 위에 설 수 있도록 격려하셨다. 목사님은 어머니에게 내가 작별인사를 해야 할 필요를 미리 알아차리고, 내가 그 일을 마무리할 수 있도록 도와주셨다.

내가 이 이야기를 꺼낸 이유는 실천신학적 해석을 적용하는 사역의 중요성을 강조하기 위해서이다. 리더가 이런 일을 수행할 수 있도록 준비시키는 것이 바로 신학교육이며, 여기에는 학문적 전문성보다 훨씬 더 많은 것이 요구된다. 그것은 삶과 죽음의 결정의 순간에 리더십을 발휘하도록 사람들을 준비시키는 일이기 때문이다.

생명의 그물망: 사역의 상호연관성

셋째, 학문적 실천신학과 교회 사역 모두에서 실천신학적 해석의 공통 구조를 인식함으로써 교회공동체 리더가 사역의 상호연관성을 이해하는 데 도움을 얻을 수 있다. 방금 언급한 나의 개인적 예에서, 여러 가지 목회적 도움을 제공한 목사님이 우리 상황에 적절한 설교를 했다는 사실은 우연이 아니다. 사역의 다양한 형태는 서로 연관되어 있기 때문이다.

불행하게도 오늘날의 많은 신학교들은 교회공동체의 리더가 사역의 이같은 상호연관성을 파악하도록 준비시키지 않는다. 이것은 각 분야의 전문화로 인해 발생한 부작용이다. 이로 인해 학문적 영역들 사이에, 그리고 교과 과정 내 수업들 사이에 날카로운 분리가 생겨났다. 실천신학에서 이것은 종종 설교, 목회적 돌봄, 기독교교육 등 한 가지의 사역 형태에만 배타적으로 집중하는 결과를 낳고 있다. 이런 교육패턴은 교회공동체 체계에서 발견되는 사역의 상호연관성과 교회공동체가 주변 환경과 맺는 상호작용을 적절하게 다루지 못하고 있다.

이 문제와 관련해서 목회신학자 보니 밀러-맥레모어(Bonnie Miller-McLemore)는 우리에게 유익한 관점을 제공한다. 그녀는 실천신학적 해석의 핵심을 "살아있는 인간 그물망"이라고 묘사하면서 상호연관성의 다양한 형태에 관심을 기울인다.[9] 거미줄이 서로 얽혀져 있는 것처럼 개인과 가

---

9 Bonnie J. Miller-McLemore, "The Living Human Web: Pastoral Theology at the Turn of the Century," in *Through the Eyes of Women*, ed. Jeanne Stevenson Moessner (Minneapolis: Augsburg Fortress, 1996), chapter 1. 또한 Miller-McLemore, "The Human Web: Reflections on the State of Pastoral Theology," *Christian Century*, April 7, 1993, 366-69쪽을 보라. 이 두 글에서 밀러-맥레모어(Miller-McLemore)는 개인주의적이고 치유 중심적인 접근 방법을 수정할 뿐 아니라, 목회신학을 "살아있는 인간자료"에 대한

족, 교회공동체와 지역공동체, 그리고 더 큰 규모의 사회체계를 연결하는 끈도 서로 이어져 있다. 이 같은 이미지는 개인과 공동체와 세상의 시스템을 연결하면서 정보의 흐름을 창출하는 인터넷을 연상시킨다.

밀러-맥레모어는 이 이미지를 부분적으로 발전시키면서 과거의 개인주의적이고 치유 중심적인 목회적 돌봄을 수정하려고 한다. 그녀는 과거의 접근 방식이 협소한 관심 때문에 개인과 가족과 공동체 사이의 상호연관성을 돌아보지 못한다고 주장한다. 이와 같은 상호연관성을 미리 보지 못함으로 인해서 위기가 처음 발생하는 경우도 종종 있다.[10] 오늘날 광범위한 영향을 미치고 있는 시워드 힐트너(Seward Hiltner)의 목회적 돌봄에 관한 정의에 따르면, 목회적 돌봄은 도움을 필요로 하는 개인에게 치유, 지탱, 지도를 제공하는 것보다 더 큰 일이다.[11] 목회적 돌봄은 공감, 저항, 격려, 양육, 해방 등의 사역을 통해 고통을 불러일으키는 관계와 체계의 그물망에 관심을 기울인다.[12]

나는 밀러-맥레모어의 이미지를 프리조프 카프라(Fritjof Capra)의 작품을 참고하며 더욱 확대시키고자 한다.[13] 카프라는 사회적 체계들이 자연적 체계의 상호연관적인 그물망 안에 위치하고 있다는 사실을 우리에게 일깨워준다. 따라서 단순히 살아있는 인간의 그물망보다는 생명의 그물망이라는 표현을 사용하는 것이 더 적절하다. 카프라는 생명과학의 '새로운 종합'에 대해서 말하는데, 여기에 따르면 생명체계는 세 가지 특징을 공유하고 있다. 그것은 조직의 패턴, 이 패턴을 구현하는 구조, 한 생명체계가 다른 체

연구로 본 안톤 보이센(Anton Boison)의 이해를 더욱 확장시킨다.
10 이러한 살아있는 인간 그물망을 고려하는 목회적 돌봄의 탁월한 예와 관련해서는 Pamela Couture, *Blessed Are the Poor? Women's Poverty, Family Policy, and Practical Theology* (Nashville: Abingdon, 1991)을 보라.
11 Seward Hiltner, *Preface to Pastoral Theology: The Ministry and Theory of Shepherding* (Nashville: Abingdon, 1958). W. A. Clebsch와 C. R. Jaekle은 *Pastoral Care in Historical Perspective* (Englewood Cliffs, N.J.: Prentice-Hall, 1983)에서 목회적 돌봄에 대한 이 같은 정의에 화해의 사역을 덧붙였다.
12 Bonnie Miller-McLemore, "Feminist Theory in Pastoral Theology," in *Feminist and Womanist Pastoral Theology*, ed. Bonnie J. Miller-McLemore and Brita L. Gill-Austern (Nashville: Abingdon, 1999), 80.
13 Fritjof Capra, *The Web of Life: A New Scientific Understanding of Living Systems* (New York: Anchor Books, 1996).

계와의 상호작용 속에서 결과물을 받아들이고 변화시키고 창출하면서 자신의 패턴과 구조를 새롭게 만들어 가는 과정 등을 가리킨다.[14] 이 같은 특징은 세포에서부터 유기체, 사회체계, 전 우주체계에 이르기까지 모든 생명체계에서 공통적으로 발견된다. 게다가 생명체계는 다른 체계들 속에 깃들어 있으며, 함께 생명의 그물망을 만들어나간다.

생명의 그물망이라는 개념은 밀러-맥레모어의 처음 통찰을 확장시키며 다음 세 가지 방식으로 실천신학적 해석에 대한 우리의 이해를 돕는다. 첫째, 생명의 그물망 이미지는 개인에게 지나치게 초점을 맞추는 것은 너무 제한적이라는 점을 우리에게 상기시킨다. 우리는 상호연관성, 관계, 체계의 관점에서 생각해야 한다. 최근 목회적 돌봄의 개인주의적 초점에 대한 밀러-맥레모어의 비판은 다른 형태의 사역에도 적용된다. 둘째, 생명의 그물망 이미지는 사역의 다양한 형태 사이의 상호연관성에 관심을 기울이게 한다. 경험이 많은 목사는 자신의 설교가 청중의 성경지식 수준과 깊이 연관되고 있음을 인식하는 첫 번째 사람이다. 청중의 성경지식 수준은 교회의 교육 사역을 통해서 향상될 수 있다. 청중의 성경지식 수준은 또한 가정에서 제공되는 기독교교육의 수준과도 연관되며, 가정교육의 수준은 부모의 영성과 연관된다. 사역의 과제들은 전체적으로 상호의존적이다. 셋째, 생명의 그물망 이미지는 교회공동체가 교회를 넘어서 자연적, 사회적 체계의 그물망에 얽혀 있음을 우리에게 상기시킨다. 의료보험체계가 노인들에게 약과 음식 중에 하나만을 사도록 강요한다면, 이것은 노인들에 대한 교회공동체의 돌봄과 정의의 구현자로서 교회의 사명에 영향을 미친다. 한 작은 마을의 지대설정위원회가 부동산개발업자들에게 휘둘려 습지가 줄어들게 만들고 대기오염을 유발하며 상하수도 시스템에 문제를 발생시키는 상가 및 주택 개발을 결정한다면, 그 지역의 교회들은 좋든 싫든 이런 변화에 연루된다. 교회공동체가 위치하고 있는 자연적, 사회적 체계의 그

---

14 Capra, *The Web of Life*, chapter 7.

물망을 고려하는 것은 실천신학적 해석의 중요한 부분이다. 체계는 다른 체계 안에 깃들어 있다. 그러므로 실천신학적 해석은 심오한 의미에서 상황적이다. 그것은 상호연관성, 관계, 체계의 관점에서 사고한다.

요약하자면, 실천신학적 해석은 이 책에서 중요한 다리 개념이다. 이것은 학문적 실천신학의 하위학제 사이에, 신학교와 교회 사이에 다리를 놓는다. 이것은 사역이 이루어지는 생명의 그물망에 관심을 집중시킨다. 이러한 관점은 잠재적으로 교회공동체 리더십과 관련해서 리더십의 다양한 과제를 통합하는 새로운 사고방식을 가능하게 한다. 이 새로운 사고방식은 교회공동체 리더를 해석의 안내자로 보는 모델에서 발견한다.

해석의 안내자로서 교회공동체 리더

에모리대학(Emory University)의 박사 과정에 있을 동안 나는 목회신학자인 찰스 거킨(Charles Gerkin)과 함께 연구하는 행운을 누렸다. 내가 그의 연구조교로 일할 당시 거킨은 『살아있는 인간 기록』(*The Living Human Document*)이라는 책을 쓰고 있었다. 이후 그는 내 박사논문 심사위원들 중 한 사람이 되었다.[15] 거킨이 자신의 학문적 여정의 마지막에 내놓은 가장 중요한 공헌은 목회적 리더십의 새로운 모델, 즉 해석의 안내자(interpretive guide)로서의 목사 모델을 발전시킨 것이다.[16]

부분적으로 이 모델은 현대의 많은 교회와 교단이 목사의 권위에 대한

---

15 Charles Gerkin, *The Living Human Document: Re-Visioning Pastoral Counseling in a Hermeneutical Mode* (Nashville: Abingdon, 1984).
16 Charles Gerkin, *An Introduction to Pastoral Care* (Nashville: Abingdon, 1997), 113-14. 내가 알기에, 이 이미지가 처음 등장한 곳은 *The Living Human Document*, 54쪽이다. 이것은 *Widening the Horizons: Pastoral Responses to a Fragmented Society* (Philadelphia: Westminster, 1986)에서 더욱 발전된다. 이 책에서 거킨은 실천신학에 대한 내러티브 해석학적 이론을 제시하고, 실천신학적 사고의 전체 과제를 해석의 인도로 묘사한다. 특별히 5장을 보라. 그는 계속해서 *Prophetic Pastoral Practice: A Christian Vision of Life Together* (Nashville: Abingdon, 1991), 68-70쪽에서 이 이미지를 더욱 발전시킨다.

위계질서적 이해에서부터 멀어지고 있는 경향을 반영한다. 이런 현상을 가져온 사회적 흐름에는 다음과 같은 것이 포함된다.

1. 19세기 공교육의 확대 및 20세기 고등교육, 대학교육의 확대. 목사는 더 이상 그가 속한 공동체에서 가장 교육을 많이 받은 사람이 아니다. 사실 목사의 사회적 위상이 의사, 심리학자, 변호사 같은 다른 전문직 종사자보다 훨씬 더 낮은 경우가 종종 있다.
2. 지난 이백 년 동안 이루어진 민주적 가치와 정부의 확장. 사람들은 이제 스스로 생각하도록 격려를 받았으며, 목회적 리더를 포함한 권위자에게 책임을 물었다.
3. 많은 서구 국가들 안에서 종교적, 생활적, 인종적 다양성을 포함한 문화적 다원주의의 확대. 사람들은 어떤 종교공동체에 속할 것인지, 어느 정도로 그 공동체에 참여할 것인지 결정할 자유를 가지고 있다. 목사는 모든 사람이 교회를 다니기 때문에 생겼던 특별한 권위를 더 이상 자동적으로 가지지 못한다. 그 대신 목사는 자신의 권위를 '얻어내야' 한다.
4. 현대 기관의 세속화는 종교가 개인적 의미와 가정생활이라는 사적인 영역 안에 남아 있도록 압박한다. 이렇듯 종교를 삶의 아주 좁은 국면 안에 제한하는 경향은 목사가 직업, 정치, 공교육 등과 같은 삶의 다른 많은 영역의 문제에 대해 더 이상 발언할 권리나 역량을 가지고 있지 못하다는 인식을 가져왔다.

거킨에 따르면, 이런 흐름은 새로운 사회적 상황을 창출하였다. 그리고 이런 상황 속에서 "목사를 경청하고 진지하게 받아들여야 한다는 주장은 목사가 말한 내용의 합리성 및 그들이 소통하는 관계의 질에 대한 교인들의 인식의 관점에서 새롭게 정의될 수 있다."[17] 거킨이 지적하듯이, 이러한 변화들이 모두 부정적인 측면만 갖고 있는 것은 아니다. 목사는 위계질서적 권위를 잃었지만, 보통사람들이 일상생활에서 겪는 경험과 문제에 접근할 수 있게 되었다. 과거에는 사람들이 자신의 개인적 문제와 질문을 목사로부터 숨기고 "선한 그리스도인의 얼굴"만을 보이는 일이 흔했다. 거킨은 현대 사회적 상황에서 목사와 평신도 사이에서 "상호적인 관계와 선택(option)에 대한 반성적인 사고가 가능하며," 이로 인해 양측 모두에게 더 큰 자유와 정직성을 가져올 수 있다고 생각한다.[18] 해석의 안내자로서의 목사 모델을 통해 거킨이 추구하는 것은 목회적 권위에 대한 새로운 인식이다. 그것은 목사가 수행하는 다양한 과제들을 넘어서면서 그것을 통합하는 일종의 '장인 모델'이다.

우리는 종종 그랜드캐년에서 콜로라도 강을 따라 래프팅할 때처럼 안내자를 야외활동에서 주된 역할을 하는 사람으로 생각한다. 안내자는 여러 번 그 루트를 여행해서 가장 위험한 구역이 어딘지, 밤을 지내기에 가장 좋은 장소는 어딘지 알고 있다. 안내자는 또한 특정한 여행에 참가한 사람들에 대해 그들의 신체적 능력, 스태미나, 과거 래프팅 경험 등을 파악하는 훌륭한 판단자여야 한다. 이 모든 것이 거킨의 해석의 안내자 모델에서 암시되고 있는데, 단 하나의 중요한 차이가 있다. 목회적 안내는 사람들을 늘 같은 여행으로 데려가는 것이 아니라, 새로운 지역으로 그들과 함께 여행한다. 그들은 땅의 지형과 가능한 경로를 함께 배워야 한다. 이것은 협력을 요구하는 활동이다. 안내자는 자신의 전문성을 가지고 여행자들이 가진 자원 및 그들이 가고자 하는 여정을 조심스럽게 점검해야 한다.[19]

---

[17] Gerkin, *Widening the Horizons*, 99.
[18] Gerkin, *Widening the Horizons*, 99.
[19] 밀러-맥레모어와 마찬가지로, 거킨은 목회적 돌봄과 관련해서 개인주의적이고 치유 중심적인 패러다임을 넘어서고자 한다. 하지만 그는 지난 세기 목회적 돌봄에서 중요하게 간주된 개인의 구체적인 형편에 주의 깊은 관심을 기울이는 것을 가치 있게 생각한다. 그는 목욕탕 물과 함께 아이마저 버리는 것을 원하지 않는다. 20세기 목회적 돌봄과 상담 운동에서 발견되는 이 요소에 대한 탁월한 요약을 위해서는 Rodney Hunter and John Patton, *Pastoral Care and Social Conflict*, ed. Pamela Couture and Rodney Hunter

목회 안내에 의해 수행되는 핵심과제는 해석이다. 이것은 거킨의 목회적 리더십과 (함축적으로) 교회공동체의 일반적인 리더십에 있어 중추적이다. 더구나 해석 혹은 해석학으로의 '전환'은 이 책에서 우리가 살펴볼 거의 모든 이론을 형성하고 있다. 그러므로 여기에서 잠시 멈추어 해석학의 의미를 설명하는 것이 좋을 것이다. 우리는 이후에 목회 안내자가 제공하는 해석적 활동에 대한 거킨의 설명으로 돌아갈 것이다.

해석학: 해석의 기술과 과학

근대 시대에 걸쳐 해석에 관한 학문적 성찰은 해석학의 영역과 연관되어 있었다. 처음에 해석학은 고대 문헌들을 해석하는 기술과 학문에 초점을 맞추었다. 고전시대의 문학작품과 종교공동체의 경전은 지금과는 사뭇 다른 역사적 시대와 문화적 상황에서 기록되었기 때문에 사람들이 이해하기 어려울 때가 많이 있다.

사람들이 과학적이고 산업화된 세상에 살기 시작하면서 사람들은 과거와 현재의 차이를 더욱 잘 이해하게 되었다. 해석학은 처음에는 이러한 문제를 해결하기 위해서, 고대 문헌을 해석하는 지침을 제공하기 위해 생겨났다. 해석학은 사람들이 자신의 문화적, 종교적 유산의 중요한 부분인 문헌 안에서 의미를 발견하는 데 도움을 주었다.

20세기 들어 고대 문헌의 해석에 초점을 맞추었던 '국지적' 해석학은 해석학적 철학에 의해 다음 두 가지 중요한 방식으로 확대되었다. 1) 해석학은 일상생활에서 일어나는 보통 사람들의 해석적 활동을 포함하도록 확장되었다. 2) 또한 해석은 자연과학과 인문사회과학을 모두 포함하여 학문의 모든 형태에서 공통적인 차원으로 인식되었다.[20]

(Nashville: Abingdon, 1995), 24, 35-36쪽을 보라.
20 해석학에 대한 이 같은 이해는 Paul Ricoeur, *The Conflict of Interpretations: Essays in Hermeneutics*, ed. Don Ihde (Evanston, Ill.: Northwestern University Press, 1974), 특히 1장에 근거하고 있다. 앞서 인

해석적 존재로서의 인간

첫 번째 요점은 해석이 인간 존재의 핵심에 자리하고 있는 활동으로 이해되기 시작했다는 것을 가리킨다. 철학자 마틴 하이데거(Martin Heidegger)는 『존재와 시간』(Being and Time)에서 이것을 인간 실존의 실존성(existentiale)이라고 불렀다.[21] 인간은 근본적으로 '해석학적' 존재이며, 자신의 경험을 해석하고 이해하는 활동에 관여한다. 하이데거는 이런 해석적 활동이 인간이 그 안에서 태어나서 사회화하는 이미 해석된 세상에 기반을 두고 있다고 기술한다.

일상생활에서 이런 해석적 활동의 상당 부분은 본질상 실천적이다. 물건과 사람은 개인이 자신의 일상적인 일과를 해나가도록 돕는 방식의 관점에서 해석된다. 아침에 우리는 자명종 시계소리에 잠이 깬다. 화장실에 가서 씻고, 부엌에 가서 식빵과 그릇을 꺼내고, 냉장고에서 우유를 꺼낸다. 우리는 그 어느 순간에도 잠시 멈춰 서서 '이것이 시계, 화장실, 식빵, 그릇, 우유구나.'라고 생각하지 않는다. 우리는 이런 대상들을 이미 해석된 세상, 곧 실천적 목적에 맞추어 형성된 세상의 한 부분으로 해석하고 그것들과 관계를 맺는다.

대개 어떤 대상이 부재할 때의 경험을 통해 우리는 우리가 당연시 여겨 왔던 해석적 활동을 의식하게 된다. 자명종 시계의 배터리가 한밤중에 방전되어서 아침에 소리를 내지 않았다거나, 냉장고에서 우유를 꺼내려고 몸을 굽혔다가 허리를 삐끗하는 등의 사건은 우리가 당연하게 받아들였던 세상에 흠집을 내고 우리가 이미 관계하고 있던 해석적 활동을 인식하게 만든다. 심각한 사건의 경우 세상에 대한 우리의 해석의 핵심요소마저 의문에 빠지게 만든다. 예기치 못한 실직은 가정의 재정적 건전성에 대한 의식이나 회사의 떠오르는 별로서의 자아에 대한 인식을 훼손할 것이다. 자

용한 Palmer, *Hermeneutics*와 A. C. Thiselton, *New Horizons in Hermeneutics* (London: HarperCollins, 1992)는 이 과정에 대한 유익한 개관을 제공한다.

21 Martin Heidegger, *Being and Time* (New York: Harper and Row, 1962), 182-95.

녀의 죽음은 하나님이 '선한 사람'을 지켜주시고 나쁜 일이 그들에게 일어나지 않도록 보호하신다는 우리의 믿음에 구멍을 낼 것이다.

어떤 사건이 우리가 당연하게 여겨왔던 세상에 대한 우리의 가정을 의문에 부칠 때, 우리는 우리의 해석적 활동이 매우 인간적이며 연약한 기반 위에 세워져 있다는 사실을 의식하게 한다. 이것은 불안이나 심지어 좌절을 불러일으킬 수도 있다. 이러한 경험은 심오한 차원에서 우리의 세계-내-존재 방식에 대한 비존재의 위협을 대변한다. 하이데거는 이런 위협에 대한 우리의 반응이 다음 두 가지 기본적인 형태를 취한다고 말한다. 우리는 움츠러들어 그러한 경험이 제기하는 도전을 거부하고, 우리가 이미 확립한 해석의 패턴을 고수하려고 시도할 수 있다. 혹은 그러한 경험이 우리의 세계-내-존재 방식에 대해 제기하는 도전을 받아들이고, 그 경험으로부터 배우며 새로운 해석적 패턴의 창출이라는 책임을 받아들일 수도 있을 것이다. 이 두 가지 형태는 각각 올바르지 않은(inauthentic) 반응과 올바른(authentic) 반응을 기술한다.

학문의 해석적 차원

하이데거의 학생이었던 한스 게오르그 가다머(Hans-Georg Gadamer)는 위에서 말한 해석학의 두 번째 확장, 곧 학문의 해석적 차원에 대한 인식에서 중요한 인물이다. 그는 하이데거처럼 모든 해석이 이미 해석된 세상에서 시작된다고 주장한다. 가다머는 『진리와 방법』(*Truth and Method*)에서 이것이 학문적 활동에도 참되다고 지적한다.[22] 그는 특별히 계몽주의 이후 근대 과학이 과학적 질문의 해석적 출발점을 제거하고 과학의 객관성을 위협하는 모든 '선입견' 혹은 전이해를 솎아내려 했던 방식에 대해 비판적이다. 오히려 가다머는 모든 해석이 과거에서 우리에게 전해진 전이해로부터 시작된다고 주장한다.

---

22 Hans-Georg Gadamer, *Truth and Method* (New York: Continuum, 1975).

과학에서 (그리고 학문 일반에서) 이것은 과학자들에게 그들이 탐구를 시작할 때 필요로 하는 특정한 언어, 개념틀, 연구실천을 제공하는 연구 전통의 형태를 취한다. 학자들이 중립적이고 객관적인 관점을 가지려는 헛된 시도에서 모든 전이해를 숨아내려 애쓰기보다는, 자신의 작업을 안내하는 특정한 연구 전통이 자신의 해석적 출발점임을 인정하는 것이 바람직하다. 이것은 근대 과학과 학문에서 전이해가 가진 긍정적인 역할을 부정하도록 만든 계몽주의의 "선입견에 대한 선입견"일 뿐이다.

하지만 가다머는 여기에서 멈추지 않는다. 가다머의 주장에 따르면, 해석의 출발점에 자리하고 있는 전이해가 반드시 해석의 종착점을 결정하는 것은 아니다. 그는 해석학적 경험이라는 중요한 개념을 발전시키면서 진정으로 새로운 것을 만나고 배우는 일에 열려 있는 해석적 활동을 설명한다.[23] 가다머는 이런 유의 경험을 다음 다섯 단계로 구성된 해석학적 순환의 모델로 기술한다.

- **전이해**(preunderstanding). 전이해는 우리가 해석을 시작하는 해석적 판단과 이해로 이루어져 있다. 이러한 판단과 이해는 과거로부터 우리에게 전해진다.
- **중단의 경험**. 이것은 우리가 탐구 중에 무언가에 충돌하는 경험으로서 우리의 전이해의 특정 측면을 의문에 부친다.
- **대화의 상호작용**(dialogical interplay). 특정 본문, 사람, 대상이 새로운 방식으로 우리에게 스스로를 드러내도록 하기 위해 우리는 그것들의 '목소리'를 듣고 그것들이 투사하는 '지평'에 우리 자신을 열어놓는다. 지평이라는 개념은 가시적인 은유이다. 지평이란 특정한 관점에서 볼 수 있는 가장 먼 지점을 나타낸다. 가다머에게 이것은 특정한 관점의 범위와 한계 모두를 나타낸다. 그러므로 해석은 해석자의 지평과 해

---

[23] Gadamer, *Truth and Method*, 310–25.

석되는 본문, 인간, 대상의 지평 사이에서 상호작용이 일어나는 대화와 같은 것이다.
- **지평 융합**(fusion of horizons). 대화와 마찬가지로 해석은 해석자의 지평과 해석 대상의 지평이 함께 결합되는 새로운 통찰을 낳는다. 두 지평 모두 새로운 통찰에 일정한 공헌을 한다.
- **적용**(application). 새로운 통찰은 세상 속에서 새로운 방식의 사고와 행동을 가능하게 한다.

학문적 활동 역시 이러한 해석학적인 순환에 참여한다. 학자들이 해석학적 경험에 열려 있을 때, 곧 그들이 해석적 활동을 시작하는 전이해를 의식하게 되고 그 전이해를 그들이 해석하고 있는 대상, 사람, 본문과의 대화 속에 가져가는 위험을 무릅쓸 때 새로운 이해가 출현한다. 학문적 활동의 해석학적 혹은 해석적인 차원은 오늘날 널리 인식되고 있다. 계몽주의의 "선입견에 대한 선입견"을 비판한 가다머의 영향력은 절대 과소평가 될 수 없다.[24]

해석의 인도:
교회공동체 리더의 통합적 과제

목사와 교회공동체 리더를 해석의 안내자로 묘사하는 거킨(Gerkin)의 모델은 오늘날의 해석학적 철학 내에서 발생한 발전에 기초하고 있다. 거킨의 작품에서 우리는 해석의 세 가지 과제를 발견할 수 있다. 그는 이 과제들을 대화의 모델로 묘사한다.

1. **해석공동체로 이해된 교회공동체를 지도함.** 거킨은 인간을 이미 해

---

[24] "Appendix: Hermeneutic Social Science and Practical Theology," in Don Browning et al., *From Culture Wars to Common Ground: Religion and the American Family Debate*, 2nd ed. (Louisville: Westminster John Knox, 1997), 335-41쪽은 사회과학들 안에서 발생한 '해석학적' 전환에 관한 탁월한 입문을 제공한다.

석된 세상 속으로 사회화하는 해석적 존재로 묘사한다. 그리스도인들이 참여하는 관계와 공동체의 그물망 안에서 그들이 속한 교회공동체는 그들의 존재를 형성하는 데에 중요한 역할을 수행한다. 개인이 교회공동체에 들어오거나 그 안에서 성장할 때 그는 특정한 해석공동체, 곧 의례, 실천, 신념 등을 통해서 기독교 전통에 대한 고유한 이해를 구현하고 있는 공동체의 일원이 된다.

교회공동체 리더십이 감당해야 하는 과제들 중 하나는 일종의 해석공동체로 이해되는 교회공동체를 지도하는 것이다. 이것은 이미 이루어지고 있는 해석적 활동과, 성경과 전통을 비롯한 기독교 신앙의 다른 원천으로부터 비롯되는 해석들 사이의 대화를 용이하게 만들어야 한다는 것을 의미한다. 진정한 해석학적 경험 안에서 발견되는 대화의 상호작용과 지평 융합은 이런 대화가 반드시 양방향으로 진행되어야 한다는 것을 의미한다. 해석의 안내자는 사람들이 이미 관계하고 있는 해석적 활동에 조심스럽게 참여해야 한다. 이것은 경청과 감정이입뿐 아니라 그들의 해석적 패턴을 형성하고 있는 사회적 체계에 대한 분석과 비판을 동시에 요구한다. 이와 같은 관심은 해석의 안내자가 기독교 전통의 규범적 자원을 사람들이 일상생활에서 마주치는 문제에 연결할 때 결정적 중요성을 가진다.

2. 중단의 경험이 야기한 해석을 지도함. 교회공동체와 그 구성원들은 삶이 갑작스럽게 중단되는 경험을 할 때가 있고, 이러한 경험은 새로운 해석적 활동을 불러일으킨다. 중년에 직장을 잃거나, 이혼을 하거나, 정부가 잔인한 고문을 실시하고 있다는 사실을 알게 되거나, 교회공동체가 속한 지역공동체 안에서 특별한 변화가 있다거나 하는 등의 경험은 이제까지 당연하게 여겨왔던 하나님, 도덕성, 신실한 그리스도인의 삶의 의미 등에 대한 그들의 전이해에 구멍을 낼 수 있다. 이러한 경험은 개인적, 공동체적 정체성을 의문에 빠뜨린다.

따라서 교회공동체 리더십의 두 번째 과제는 사람들의 삶이 갑자기 중단될 때 그들과 대화하면서 그들이 자아, 결혼, 교회, 직업, 정치적 관심 등에 대한 해석을 다시 시도하도록 돕는 것이다. 사람들이 자아, 교회, 국가 등에 대해 자신들이 이제껏 소중하게 간직했던 생각들에 의문이 생기는 경험을 하면서 그러한 경험으로부터 움츠러들고 진심이 없는 신앙 형태를 고수하는 것을 우리는 드물지 않게 볼 수 있다. 그러므로 리더는 지원, 격려, 직시 등과 같은 적절한 조치를 제공해야 하는 과제를 떠안는다. 리더의 목표는 인생에 대한 해석이 해체된 사람들과 기독교공동체의 자원 사이의 대화를 용이하게 만드는 일이다.

3. 신학과 다른 학문 분야 사이의 대화를 지도함. 해석의 안내자의 세 번째 과제는 얼마간 신학교육을 받은 리더의 특별한 책임영역에 속한다. 신학교육은 그들이 신학을 다른 학문 분야와의 대화 속으로 가져가는 방법을 가르친다. 이 책에서 우리는 이와 같은 일반적 과제를 교차학제적 대화(cross-disciplinary dialogue)라고 부르며, 특히 제3장에서 이 주제를 자세하게 다룰 것이다. 신학과 다른 학문들과의 대화는 교회공동체가 교회 안팎에서 펼쳐지는 사건을 해석하는 데 있어 중요하다. 교회공동체가 의학, 사업, 법률, 교육, 치료 등에 전문성을 가진 사람들을 구성원으로 가지는 것은 흔히 있는 일이다. 그런 전문성은 교회공동체의 삶과 사명을 성찰하는 과정에서 중요한 자원이 되며, 공동체 전체의 실천적 지혜에 공헌할 수 있다. 안내자의 과제는 이러한 전문성을 활용하면서 신학과 윤리학의 관점이 진지하게 받아들여질 수 있도록 지도하는 것이다.

교회공동체 리더의 영성

이제 서론에서 다루어야 할 마지막 한 가지 주제가 남았다. 이 책 전체에서 나는 해석의 안내자를 지칭하기 위해 '목사' 혹은 '사역자'라는 표현

대신 '교회공동체 리더'라는 표현을 사용한다. 이것은 목회적 안내자에 초점을 맞춘 거킨의 접근 방식을 넘어서고자 하는 의도를 갖고 있다. 목사는 교회공동체에서 해석의 안내를 제공하는 유일한 사람이 아니다. 사실 상호간의 안내가 일차적으로는 하나님의 백성 전체에 속하고 단지 이차적으로만 공동체에서 임명을 받은 일부 사람들에게 속한다는 주장은 신학적으로 명확한 근거를 갖고 있다.[25]

의사소통 리더십 모델

우리는 리더십을 공동체나 조직의 공식적인 리더보다 더 넓게 이해하는 관점을 필요로 한다. 마이클 해크만(Michael Hackman)과 크레이그 존슨(Craig Johnson)이 발전시킨 의사소통 리더십이론은 그러한 관점들 중 하나를 제공한다.[26] 그들은 리더십을 "공동체의 공통의 목표와 필요를 만족시키기 위해서 다른 사람들의 태도와 행동을 수정하는 인간의 (상징적) 의사소통"으로 정의한다. 이 정의는 세 가지 핵심 요소를 포함하고 있다.

먼저, 리더십은 **영향력**의 행사이다. 이것은 설교자, 교사, 양육자와 같은 지정된 리더의 영향력을 포함하는 동시에, 공식적이지 않은 사람들의 영향력도 함께 수반한다. 예를 들어, 성경공부를 위한 소그룹 모임에서 성경 본문에 관한 중요한 통찰을 제공하고 토론을 유익한 방향으로 이끌어 가는 사람이 공식적으로 임명된 교사가 아닐 수도 있다. 이런 일은 교회공동체 전체에서 흔하게 발생한다. 영향력은 공식적으로 임명된 리더와 비공식적인 리더로부터 여러 방향에서 흘러나온다.

둘째, 리더십은 **의사소통의 다양한 형태**를 활용한 영향력의 행사이다.

---

25 Long, *The Witness of Preaching*, 1장은 성직자와 교회공동체의 관계에 대한 탁월한 설명을 제공한다. 의식 고양(edification)의 책임이 교회공동체 전체에게 있다는 논의와 관련해서는 Richard Osmer, *The Teaching Ministry of Congregations* (Louisville: Westminster John Knox, 2005), 17-25쪽을 보라.
26 Michael Hackman and Craig Johnson, *Leadership: A Communication Perspective* (Prospect Heights, Ill.: Waveland Press, 1996), 12.

여기서 의사소통은 폭넓게 이해된다. 의사소통은 어떤 그룹이 공통의 목표를 성취하고 구성원의 필요를 채울 수 있도록 도움을 주는 단어, 비언어적 의사소통, 행동 등을 포함한다. 예를 들어, 젊은 사람들은 그들이 신뢰할 수 있는 관계를 제공하고 자신을 존중하고 따뜻하게 받아들여 주는 교회공동체에 참여할 가능성이 높다. 이러한 필요에 응답하는 리더십은 말과 행동을 포함하여 이와 같은 관계를 형성하는 데 도움이 되는 모든 형태의 의사소통을 활용한다. 사실 리더의 행동은 종종 말보다 더 많은 것을 전달해 준다.

셋째, 리더십은 **협력적**이다. 리더는 공통의 목표를 성취할 때 다른 사람들과 함께 일한다. 이것은 동기부여와 참여가 함께 요구되는 자원봉사 단체들에서 특별히 중요하다. 따라서 리더는 다른 사람들에게 힘을 실어주어야 한다. 하지만 협력의 실패는 종종 교회공동체 리더십이 무너지는 곳에서 발생한다. 리더는 교회가 어디로 가야 할지 비전을 가지고 있을 수 있지만, 만약 다른 사람들이 이 비전을 이루는 과정에 참여하도록 그들을 세워주지 못한다면, 그런 리더는 지속적인 변화를 성취할 수 없다.

교회공동체 리더의 영성

기독교공동체 안에서 리더십의 문제는 본질적으로 영적인 문제에 속한다. 다른 이들의 태도와 행위를 수정하기 위해 영향력을 사용하는 것은 가볍게 취급될 수 없다. 설혹 그것이 협력적인 형태로 이루어질 때도 그러하다. 따라서 나는 이 책에서 교회공동체의 리더십에 관한 신학을 발전시킬 때 리더의 영성에 특별한 관심을 기울일 것이다. 영성은 성령님께서 그리스도의 몸 안에서, 또한 교회의 사명수행 가운데 리더를 빚고 변화시킬 때 리더가 성령님의 인도에 열려 있음을 의미한다. 일부 기독교 전통에서는 16세기에 적절하게 여겨졌던 이유들에 호소하면서 '영성'이라는 표현 대신 '경건'이라는 표현을 사용한다. 하지만 오늘날 '경건'과 '경건주의'는 이런 용어들의 사용을 어렵게 만드는 함의를 가지고 있다. 최근 수십 년 동안 성령님에 대한 신선한 신학적 사고는 원래는 영성에 적대적이었던 많은 개신교 공동체들이 그리스도인의 삶에 있어 영성의 긍정적인 역할을 받아들일 수 있도록 만들었다.

교회공동체 리더의 영성에 관한 신학을 발전시킴에 있어 나는 많은 현대 실천신학자들의 저작에서 발견되는 실천신학적 해석의 과제에 대한 일반적인 기술에서 벗어난다. 나는 나의 고유한 신학적 관점을 제공하고자 한다. 그러나 실천신학적 해석의 과제에 대한 나의 설명을 받아들이기 위해서 반드시 나의 고유한 신학적 관점에 동의할 필요는 없다. 많은 실천신학자들은 다양한 신학의 도움을 받아 이 과제를 구성한다. 이것은 실천신학 내의 다원성의 근원들 중 하나이다. 나의 고유한 신학적 관점을 발전시킬 때 나는 개혁신학에서 많은 조명을 받았던 그리스도의 삼중적 직무에 관한 전통에 의지한다. 이것은 개혁 전통이 구약과 신약의 상호관계를 기술하는 한 방법으로서, 교회공동체 내의 리더십에 대한 신학적 성찰을 위해 하나의 출발점을 제공한다.

이 신학 전통은 하나님이 이스라엘을 선택하신 것을 신적 은총의 행위로 본다. 이 행위는 이스라엘에 특권을 수여하는 것이 아니라, 창조세계를 향한 하나님의 목적에 대한 증거와 표지가 될 공동체를 만드시는 하나님의 방식을 가리킨다. 이 선택을 통해 하나님과 이스라엘 사이에는 언약관계가 형성되고, 이스라엘은 언약공동체가 되며, 공동체의 삶을 통해서 하나님에 대한 믿음의 관계와 사람들 사이의 의로운 관계를 구현한다. 이 언약관계가 펼쳐지는 과정에서 하나님은 이스라엘에게 하나님의 성령의 기름부음을 받은 리더를 보내어 그들이 언약에 충실하게 살아가도록 돕는다. 제사장은 이스라엘의 하나님을 향한 예배에서 특별한 역할을 수행하며, 제사를 감독하고, 백성들을 대신하여 하나님께 제물을 드린다. 사사와 현자와 왕은 언약공동체의 조직에서 리더십을 발휘하고, 현명한 가르침을 베풀며, 불화를 조정하고, 정치적 사안을 지도하며, 외부의 위협으로부터 공동체를 보호한다. 예언자는 하나님의 말씀을 이스라엘에게 전달하며, 그들이 언약관계에서 벗어날 때 회개하도록 요구하는 한편, 그들이 하나님께 돌아간다면 소망이 있다고 선언한다.

신약성경은 그리스도를 묘사할 때 이스라엘 내의 이 같은 직무에 연관된 성경 전통을 끌어오며, 이것을 통해 다음 두 가지 주장을 펼친다. 첫째, 이스라엘과 언약관계에 들어오고 이 언약공동체에 신실할 것이라고 약속한 하나님은 "때가 찼을 때" 이 약속을 성취했다. 그리스도는 진정한 제사장이자, 왕이요, 선지자이다. 이스라엘이 기다렸던 그분이 이제 나타났다. 둘째, 그리스도는 이 직무를 완성하고 또한 변화시킨다. 그리스도는 하나님께 제물을 드리는 것 이상의 일을 수행한다. 그리스도의 삶과 죽음이 그 자체로 하나님을 기쁘게 하는 희생제사이다. 그리스도는 하나님의 대리자로 현명하게 통치하는 것 이상의 일을 수행한다. 그리스도는 하나님의 지혜의 성육신으로서 종의 형태로 하나님의 왕적 통치를 확립하신다. 그리스도는 하나님의 말씀을 전하는 것 이상의 일을 수행한다. 그리스도가 곧 하나님의 말씀이다. 하나님의 언약의 약속은 그리스도 예수 안에서 성취되고 또한 변화된다. 그리스도가 가져온 구원 안에서 새로운 가능성이 열리고, 새로운 언약백성이 출현한다.

개혁 전통의 신학자들은 신약성경이 약속과 성취, 그리스도 안에서 나타난 하나님의 새 언약 등의 주제를 묘사하는 방식을 성찰할 때, 그리스도의 삼중적 직무라는 개념을 통해 이 주제를 함께 통합한다. 전문적인 표현을 사용하면, 이것은 세 가지 형태를 가진 하나의 직무이다. 그리스도의 구원 사역의 통일성은 하나님과 창조세계의 깨어진 관계를 바로잡기 위해 하나님과 인간 사이에 서 있는 중재자의 통일성이다. 디모데전서 2장 5절은 이렇게 표현한다. "하나님은 한 분이시요, 또 하나님과 사람 사이에 중

보자도 한 분이시니, 곧 사람이신 그리스도 예수라." 이 하나의 직무는 세 가지 관점, 곧 제사장, 왕, 선지자로서의 그리스도의 관점에서 설명되며, 중재의 다양한 차원을 부각시킨다.

　나는 그리스도의 삼중적 직무의 전통 위에서 리더십에 관한 실천신학을 발전시킬 것이다. 여기에서 실천신학적 해석의 네 가지 과제는 교회공동체가 그리스도의 제사장적, 왕적, 선지자적 구원의 중재에 참여하도록 돕는 역할을 수행한다. 앞으로 다룰 내용을 미리 간략하게 말하자면, 기술적-경험적 과제는 현존의 영성에 근거를 둔 제사장적 청취의 한 형태이다. 이것은 하나님의 현존 안에서 다른 사람들의 특수한 상황에 관심을 가지는 것이다. 해석적 과제는 현자적 지혜의 영성에 근거를 둔 현명한 판단의 한 형태이다. 이것은 하나님의 왕적 통치 안에서 어떻게 살아야 하는지와 관련해서 사람들을 지도하는 것이다. 규범적 과제는 분별의 영성에 근거를 둔 예언자적 분별의 한 형태이다. 이것은 사람들이 그들의 삶과 세상의 특수한 환경에서 하나님의 말씀을 듣고 따를 수 있도록 돕는다. 실용적 과제는 섬김의 리더십의 영성에 근거한 변혁적(transforming) 리더십의 한 형태이다. 이것은 자신을 내어주시는 하나님의 사랑에 대한 징표와 증거로서 교회공동체가 고유한 사명을 더 잘 수행할 수 있도록 돕기 위해 교회공동체를 대신해 위험을 감수한다.

　요컨대, 교회공동체 리더는 그들이 속한 공동체가 그리스도의 제사장적, 왕적, 선지자적 직무에 참여하도록 인도하기 위해 실천신학적 해석의 과제를 수행한다. 리더가 이 과제를 잘 수행하기 위해서는 풍부한 지식과 기술이 필요하다. 하지만 그들은 전문적으로 탁월한 수행능력 이상의 것을 필요로 한다. 그들은 자신들의 영성에 뿌리내리고 있는 성령님의 인도를 의지하는 법을 배워야 한다. 성령님 안에 있는 그들의 존재와 변화는 그리스도의 몸 안에서, 그리고 세상에 대한 그리스도의 몸의 섬김 가운데 그들이 행하고 지도하는 일과 통합적으로 연관되어 있다.

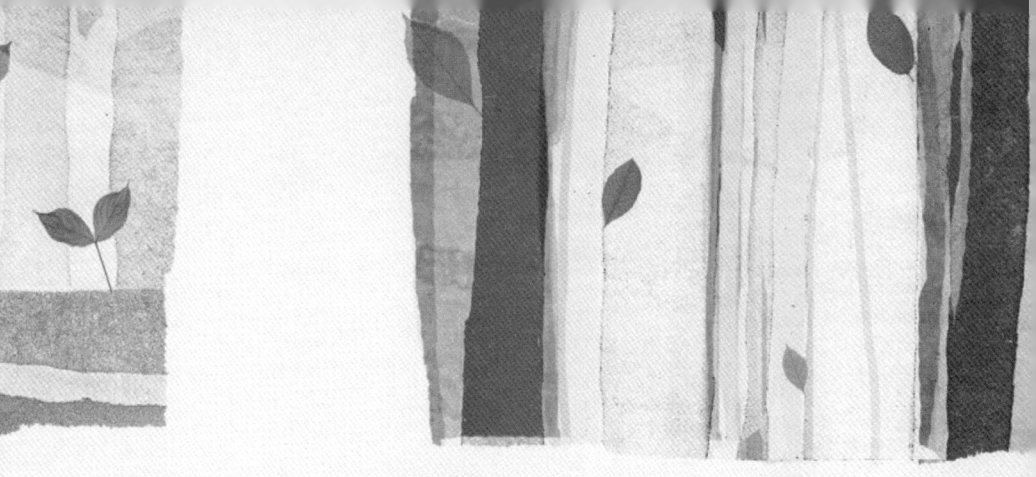

제1장
기술적-경험적 과제:
제사장적 청취

Practical Theology:
An Introduction

제1장
기술적-경험적 과제: 제사장적 청취

올리비아 포터는 공항수화물구역에서 부모님을 기다리면서 손수건을 쥐었다 펴기를 몇 번이고 반복했다. 그녀는 이 순간을 수주 동안이나 기다려 왔다. 하지만 막상 시간이 다가오자 점점 걱정이 앞서기 시작했다. 어머니가 자신의 핼쑥해진 몸과 움푹 들어간 눈을 단번에 알아보실 것이 분명했다. 올리비아는 이 시기에 자신의 인생에 어떤 일들이 벌어지고 있는지 부모님에게 말씀드리려고 다짐하고 있었다. 하지만 공항에서는 아니었다. 그래서 올리비아는 가능한 밝은 미소를 얼굴에 머금고 에스컬레이터를 타고 내려오는 사람들의 얼굴들을 확인하기 시작했다.

그날 저녁 올리비아는 마침내 '고백'의 시간이 찾아왔다고 판단했다. 탁자에서 접시들을 다 치우고 아버지에게 커피를 따라 드린 후 올리비아는 좁은 거실로 부모님을 모셔왔다. "아마도 왜 존이 여기 없을까 두 분 모두

의아해하고 있을 거라 생각해요." 올리비아가 말을 꺼냈다. "얼마 전 존과 제가 헤어지기로 결정했어요. 존이 술을 많이 마신다고 말씀드린 적이 있죠? 하지만 모든 사실을 다 말씀드린 건 아니었어요. 존은 자정이 지나기 전에는 결코 집에 들어오는 법이 없어요. 일이 끝나면 곧장 트럭에 올라타서 술친구들을 만나러 가요. 이번 주에 가장 일찍 집에 들어온 시간이 아마도 새벽 두 시쯤이었을 거예요. 그래서 아침에는 늘 축 늘어져 있어요. 존이 나에게 저녁식사 시간에 맞춰 집에 들어오겠다는 약속을 한 것도 한 두 번이 아니에요. 지난 월요일 존이 똑같은 약속을 반복할 때 저도 마지막으로 믿어보자고 생각했어요. 그런데 저녁식사 시간이 되어도 존이 집에 오질 않았어요. 그래서 집안 구석구석을 뒤져 있는 돈 없는 돈 다 찾아내서는 패티 집에 가서 머무르고 있어요. 아버지 어머니도 지난번 여기 오셨을 때 패티를 만난 적이 있어요. 지금은 두 분이 방문하셔서 이 집에 잠시 들른 거예요. 이제 짐을 싸서 나갈 거예요. 벌써 싸 둔 짐도 있구요."

올리비아는 손을 뻗어 아버지의 머그잔을 집었다. 부엌에 들어갔을 때 올리비아는 더 이상 눈물을 참고 있을 수 없었다. 부모님께서 황급히 부엌으로 달려오셔서 울고 있는 올리비아를 팔로 감싸 안으셨다. 올리비아가 흐느끼며 말을 이어갔다. "이게 전부가 아니에요. 존에게 이런 모든 일들이 벌어지고 있을 때 저도 역시 술을 마시기 시작했어요. 존이 밤에 집에 돌아오지 않으면, 저는 무척 화가 나서 술을 마셨어요. 술을 마시면 마실수록 더 화가 치밀었어요. 그러다가 일이 점점 더 꼬여갔어요. 저는 부동산중개인들과 개발업자들이 그렇게 사기꾼인지는 정말 몰랐어요. 그들은 자신의 고객들뿐 아니라 심지어 직원인 저에게까지 사기를 쳤어요. 제가 자동차와 임금인상을 약속받았다는 말을 두 분께 전할 때 제가 얼마나 흥분했었는지 두 분 모두 기억하시죠? 근데, 지난 두 달간 정말이지 열심히 일했지만, 내가 두 가지 약속 중 하나라도 받을 일은 없을 것 같아요. 이제는 일하러 나가기가 싫어요. 집에 들어오기도 싫어요. 그냥 차를 몰고 도로로 나가 그 길로 끝장을 볼까 하는 생각도 자주 하게 돼요."

올리비아는 다시 흐느끼기 시작했다. 그리고 속삭이듯 말했다. "아빠, 저도 하나님의 뜻대로 살기 원해요. 정말 그래요. 하나님의 뜻을 헤아리려고 애쓰고 있어요. 하지만 지금은 너무 지쳤어요. 그냥 포기하고 싶어요."

잠시 후 아버지께서 말씀하셨다. "올리비아야, 내가 한 가지 확신하는 일이 있단다. 네가 시간을 이렇게 허비하고 이렇게 우울한 결혼생활을 이어가면서 계속해서 불행해 하는 것은 결코 하나님의 뜻이 아니란다. 부디 목사님을 찾아가 도움을 구해 보렴."

2주 뒤 이사를 마친 올리비아는 인근교회에서 부목사로 섬기고 있는 도로시 게인즈 목사를 찾아갔다. 한 직장동료의 아내가 올리비아에게 게인즈 목사를 소개해 주었다. 올리비아가 목양실에 자리 잡고 앉자 게인즈 목사가 말을 건넸다. "어쩐 일로 오셨나요?" "제가 요즘 제 인생에서 가장 불행한 시기를 지내고 있는 것 같아요." 올리비아가 대답했다. "그냥 차를 몰고 도로로 나가 그 길로 끝장을 볼까 하는 생각도 갖고 있어요."

만약 여러분이 게인즈 목사의 입장에 있다면 어떻게 하겠는가? 여러분은 여러분이 방금 들은 것 외에 올리비아 포터에 대해 아는 것이 아무것도 없다. 여러분은 여기에서부터 어디로 갈 것인가?

이 장(章)의 목적은 교회공동체 리더에게 실천신학적 해석의 기술적-경험적 과제를 수행하는 방법을 알려주는 것이다. 신학교에서 학생들은 다양한 본문을 어떻게 해석해야 하는지 배운다. 그들은 성경본문에 대한 석의와 해석의 요령을 배운다. 그들은 기독교 전통의 고전적인 본문과 고대의 예전을 연구하고 그것이 오늘날 가지는 의미를 궁구한다. 실천신학은 학생들이 오늘날의 삶과 실천을 본문으로 삼아 그것을 해석하도록 초청한다. 오늘날의 삶과 실천을 안톤 보이센(Anton Boison)은 "살아있는 인간 기록"(living human documents)이라고 불렀다.[1]

---

[1] 보이센의 이 표현 사용에 대한 찰스 거킨의 설명을 참고하라. *The Living Human Document: Re-Visioning Pastoral Counseling in a Hermeneutical Mode* (Nashville: Abingdon, 1984), 200 n. 1. 서론에서 살펴보

만약 여러분이 게인즈 목사라면 올리비아 포터로부터 더 많은 정보를 얻어내는 것이 좋을 것이다. 여러분은 그녀에게 얼마나 자주 자살충동을 느꼈는지, 그러한 충동을 행동으로 옮기는 것에 대해 얼마나 심각하게 생각했는지 물어볼 수 있을 것이다. 여러분은 그녀의 신체적 외형을 자세히 주목할 수도 있을 것이다. 그녀가 여위거나 지쳐 보이는가? 그녀의 위생 상태는 어떠한가? 여러분은 그녀의 의사소통 방법에 주목할 수도 있을 것이다. 그녀는 말을 할 때 눈물을 많이 흘리는가? 그녀가 혹시 말을 더듬지는 않는가? 그녀의 말이 너무 풀이 죽어 있지는 않은가? 그녀의 말에 수반되는 것은 맥 빠진 감정인가, 아니면 슬픈 감정인가? 올리비아가 자살충동에 대한 고백을 했기 때문에, 여러분은 그것이 얼마나 심각한 상태인지 분별해야 할 필요를 느낄 것이다. 여러분은 그녀의 이야기를 좀 더 들으면서 혹시 정신과 전문의의 진료가 필요한 것은 아닌지 판단할 수도 있을 것이다. 이 장(章)을 마무리할 때 우리는 올리비아의 인생 이야기를 보다 충분하게 다룰 것이다.

사람들이 자신의 문제를 털어놓거나, 어떤 도움을 구하거나, 병원에 입원하거나, 사랑하는 사람과 사별하거나, 인생의 중요한 단계를 지날 때마다 교회공동체 리더는 이와 같은 일들을 항상 경험한다. 이러한 일들에 직면하여 관찰을 통해 정보를 수집할 때, 교회 리더가 대답을 찾고자 하는 질문은 "도대체 무슨 일이 벌어지고 있는 것인가?" 하는 것이다. 이것이 바로 실천신학적 해석의 기술적-경험적 과제의 핵심에 놓여 있는 질문이다. 하지만 기술적-경험적 과제는 위에서 제시된 예와 같이 불확실한 상황이나 위기 상황에 직면해서 단순히 정보를 수집하는 것보다 더 광범위하다. 그것은 교회공동체 리더가 사람들의 일상생활에서 벌어지고 있는 일들에 기울이는 관심의 정도와 관계되어 있다. 이 주제는 현존의 영성이라는 관점에서 유용하게 고찰되었다.

있듯이, 보니 밀러-맥레모어는 이 개념을 살아있는 인간관계망으로 확장시켰고, 나는 그것을 생명의 관계망으로 확대시켰다.

현존의 영성

지난 수십 년간 현존의 영성에 대한 논의는 광범위하게 확산되었고 다양한 방향으로 전개되었다.[2] 이 글에서 현존의 영성이란 하나님의 현존 안에서 상대방의 특수함과 다름에 관심을 가지는 영적 지향을 일컫는다. 여기에서 핵심용어는 '관심'(attending)이다. 관심은 열린 마음, 세심함, 기도 가운데 상대방과 관계 맺음을 말한다. 그러한 관심은 내가 상대방을 그 고유성과 타자성 안에서 알고 만나게 되는 '나-너'(I-Thou) 관계의 가능성을 열어준다. 이것은 궁극적으로 교제를 창조하시는 성령님의 현존에 의존하는 관계이다.

현존의 영성을 개발하는 일은 교회공동체 리더에게 크나큰 도전이다. 공동체를 이끌고 있는 우리들 대부분은 사역하는 가운데 다음과 같은 일들을 흔히 경험한다. 말하자면, 너무 바빠서 처리해야 할 일에 몰두한 나머지 사람들을 대할 때 오로지 그 일과 관련해서만 상대할 때가 있다. 심지어 어떤 때는 상대방과 대화하면서도 머릿속으로는 다음 스케줄에 대해 생각한다. 바쁜 스케줄에 매여 반쪽짜리 마음으로만 상대방의 이야기를 듣는 것이다. 그래서 때로는 무슨 일이 어떻게 벌어지고 있는지 생각할 여유도 갖지 않고서 갑작스럽게 결정을 내리기도 한다. 때로는 다른 사람에 대해서 그가 어떤 사람이고 어떤 상황에 처해 있는지 전혀 고려하지 않은 상태에서 서둘러 가치판단을 내리기도 한다.

심지어 어떤 때는 우리가 선한 사마리아인의 비유에 등장하는 종교지도자들처럼 행동하는 것처럼 느껴질 때도 있다. 고통 중에 도움을 필요로 하는 사람들 곁에 멈춰 서서 그들을 돕는 것은 둘째 치고, 우리가 그들의

---

[2] 예를 들어, Jean Stairs, *Listening for the Soul: Pastoral Care and Spiritual Direction* (Minneapolis: Fortress, 2000); Margaret Guenther, *Holy Listening: The Art of Spiritual Direction* (Cambridge, Mass.: Cowley, 1992); Tilden Edwards, *Living in the Presence: Spiritual Exercises to Open Our Lives to the Awareness of God* (San Francisco: HarperSanFrancisco, 1987).

존재를 전혀 인식하지 못할 때도 있다. 우리가 속한 사회는 그러한 사람들의 존재를 숨기는 데 능숙하다. 하지만 우리는 모두 순간순간 가난에 찌든 사람이나 약물에 중독된 사람, 정신적인 질환이나 육체적인 질병 때문에 고통받고 있는 사람, 혹은 그저 다르다는 이유로 차별받는 사람을 대면하고 있다. 너무도 자주 우리는 그런 사람들 곁을 그저 스쳐 지나간다. 왜냐하면 그들의 곤경에 관심을 갖는 것이 너무 불편한 일이기도 하고, 또한 우리 자신의 생활 방식에 많은 피해를 가져오기 때문이다.

궁극적으로 실천신학적 해석의 기술적-경험적 과제는 현존의 영성에 근거하고 있다. 이것은 개인과 가정과 공동체의 삶에서 일어나고 있는 일들에 관심을 가지는 일의 문제이다. 이 과제는 교회공동체 리더에게 중요한 도전을 던진다. 우리가 만약 다른 사람들의 구체적이고 각기 다른 삶에 관심을 가지는 데 실패한다면 어떻게 우리가 공동체를 지도할 수 있겠는가? 만약 우리가 경청하지 않고 성급하게 판단을 내리고 우리 중에 있는 다른 사람들의 고통을 무시하려는 경향을 극복하고자 애쓰지 않는다면, 우리가 어떤 영향력을 공동체에 행사할 수 있을까? 이런 문제들과 씨름하는 것이 현존의 영성의 핵심에 자리하고 있다. 이것은 하나님의 영이 창조하시고 변화시키시는 활동에 우리를 개방하는 일의 문제이다. 하나님의 영은 우리를 그리스도의 몸 안에서 그리스도의 형상을 따라 새롭게 빚으신다. 만약 우리가 먼저 관심 갖는 법을 배우지 못한다면, 우리는 결코 리더로 설 수 없을 것이다.

제사장적 청취

『강단 위의 성경』(*The Bible in the Pulpit*)에서 레안더 켁(Leander Keck)은 실천신학적 해석의 기술적-경험적 과제에서 중요한 요소인 관심에 대한 우리의 이해와 관련해서 유익한 신학적 출발점을 제시하고 있다. 켁에 따르면, 중보기도가 제사장적 행위가 되는 것은 오직 리더가 구성원들에 **관해서** 기도할 뿐 아니라 구성원들의 **관점에서** 하나님께 기도할 때 비로소 가능하다. 그의 표현에 따르면, "목사의 기도가 회중의 상황을 자신의 기도를 통해서 구현할 때 비로소 그 목사는 진정한 의미에서 제사장이 된다. 이런 일이 일어나기 위해서는 먼저 목사가 사람들의 말에 귀를 기울이고 그들과 비판적 거리에서 하나가 되어야 한다. (중략) 그들을 위해 기도하기 위해서는 목사가 그들의 삶 속에 들어가 자신의 정체성을 잃어버리지 않는 한에서 그들이 느끼는 바를 공감하는 데까지 이르러야 한다."[3]

켁은 중보기도의 이중운동을 절묘하게 포착하고 있다. 중보기도는 개인적인 접촉, 이야기 듣기, 공감적 상상력을 통해 상대방의 상황 속에 들어가는 것을 요구한다. 그런 다음 하나님을 향해 위로 나아가며 그들을 대신해 그들의 필요와 염려를 기도 중에 하나님 앞에 내려놓는다. 이 같은 이중운동은 예수 그리스도의 제사장적 직무의 패턴을 반영한다. 성육신을 통해 그리스도는 유한한 실존의 고통과 아름다움 속으로 완전히 들어오셨다. 그리고 순종적 삶과 희생적 죽음을 통해 인간을 대신해 자신을 하나님께 내어놓으셨다.

신약성경은 기독교공동체 전체를 거룩하고 왕 같은 **제사장**이라고 묘사하고 있다(벧전 2:5, 9; 계 1:6, 5:10). 기독교공동체의 제사장직은 참되고 유일한 대제사장이자 화목제물이신 그리스도와 연합되어 있다(히 2:17). 공동체에 속한 모든 사람에게는 제사장과 같이 행동할 것이 요구된다. 즉, 서로를 위해 기도하고(엡 6:18), 서로에게 자신의 죄를 고백하고(약 5:16), 서로의 짐을 나누어 져야 한다(갈 6:2). 사도 바울은 제사 예식의 이미지를 사용하여 그리스도인의 도덕적 삶을 하나님이 기뻐하시고 받으실 만한 "살아있는 희생제물", 곧 "영적 예배"의 한 형태로 묘사했다(롬 12:1). 공동체의 모든 구성원들은 거룩한 삶을 살아가는 데 있어 서로를 세워주고 서로를 격

3　Leander Keck, *The Bible in the Pulpit: The Renewal of Biblical Preaching* (Nashville: Abingdon, 1978), 62.

려해 주어야 한다(살전 5:11).

회중 전체의 제사장적 사역에 대한 이 같은 이해를 출발점으로 삼는 것은 중요한 의미를 지닌다. 제사장적 청취는 무엇보다도 기독교공동체 전체의 일이다. 그것은 단순히 공동체 리더만의 몫이 아니다. 이것은 교회공동체가 구성원들이 서로 격려하고 돌아보고 교화하는 공동체, 서로의 이야기를 들어주는 친교공동체이기 때문이다. 모든 신자들이 제사장이라는 대전제 안에서 회중의 리더는 회중으로부터 구별되어 공동체가 그리스도의 제사장적 직무에 보다 충실할 수 있도록 돕는 사역을 감당한다. 따라서 리더가 제사장적 청취에 관여할 때, 그들은 회중 전체를 대표해서 그 일을 감당한다. 이것이 함축하고 있는 의미와 관련해서 현대의 두 실천신학자 토마스 롱(Thomas Long)과 레오노라 텁스 티스데일(Leonora Tubbs Tisdale)은 유용한 통찰을 제공해 준다.[4]

중보기도에 관한 켁의 이해를 토대로 삼고서 롱과 티스데일은 설교 사역에 있어 제사장적 청취의 중요성을 강조한다. 『증언으로서의 설교』(The Witness of Preaching)에서 롱은 이것을 다음과 같이 표현하고 있다. 설교자가 설교를 준비하기 위해 성경을 묵상할 때 그들은 청중의 삶의 정황에 대한 인식과 더불어 성경 앞에 선다. 왜냐하면 설교는 "구체적인 삶의 정황 속에 놓여 있는 구체적인 사람들을 향해 선포되는" 것이기 때문이다.[5] 만약 그렇게 하지 않는다면, 설교자들은 결코 특정 성경본문이 회중의 구성원들에게 던지는 구체적인 메시지를 포착할 수 없을 것이다. "청중을 대표해서 성경에 다가가는 것은 제사장적 행위이다. 제사장적 직무의 하나로서 설교자는 하나님 앞에서 청중을 대표하는 한 방식으로서 성경본문 앞에서 청중을 대표한다." 중보기도를 드릴 때와 같이 "설교자는 제사장으

---

[4] Thomas Long, *The Witness of Preaching* (Louisville: Westminster John Knox, 1989), 『증언으로서의 설교』, 김운용 역 (서울: 쿰란출판사, 2003); Leonora Tubbs Tisdale, *Preaching as Local Theology and Folk Art* (Minneapolis: Fortress, 1997).

[5] Long, *The Witness of Preaching*, 55.

로서 성경본문에 다가서며, 청중과 세상의 질문, 필요, 염려를 쟁점이 아니라 예물로 가져간다."[6] 제사장적 청취는 곧 설교가 전해지는 모든 사람들의 특수하고 다양한 상황에 관심을 갖는 것인데, 이것은 설교 준비의 모든 과정에 필수적이다.

『지역신학과 민속예술로서의 설교』(Preaching as Local Theology and Folk Art)에서 티스데일은 제사장적 청취가 설교 사역에 중요하다는 롱의 통찰을 더욱 발전시킨다.[7] 그녀의 주장에 따르면, 설교자는 단순히 직관과 상상력을 활용하여 청중의 상황 속에 들어가는 것 이상의 과제를 수행해야 한다. 즉, 설교자가 성서주석 방법을 활용하여 성경본문의 의미를 궁구하듯이, 회중의 상황을 이해하기 위해서는 "그들이 처한 사회문화적 특수성을 전체적으로 '석의하는' 방법"을 배워야 한다는 것이다. 티스데일은 이것을 이렇게 표현했다. "회중 해석은 '첫 번째 단계'로서 꼭 필요한 과정이다. (이것은 또한 지속적으로 이루어져야 하는 과정이다.) 이 과정을 통해 목사는 관심을 갖고 들음으로써 회중을 **그 고유한 관점에서** 이해하고 그 이해를 심화시켜 나갈 수 있다."[8]

왜 이것이 중요한가? 설교자가 회중의 문화와 그 속의 다양한 그룹에 관심을 갖지 않는다면 청중의 실제적인 삶의 정황과는 전혀 접촉점이 없는 추상적인 설교를 하게 될 가능성이 크다고 티스데일은 지적한다.[9] 예를 들면, 설교가 회중 가운데 젊은이들과의 연결점을 찾지 못하는 경우가 허다하다. 설교자가 청년문화를 이해하지 못한 데다 청년들과 심도 깊은 대화를 나누거나 그들의 활동에 동참한 일이 거의 전무하기 때문이다. 따라서 설교에서 다루어진 예시나 이슈 혹은 용어가 젊은이들의 정서와 접촉점을 발견하지 못한다 해도 이것은 결코 놀랄 일이 아니다. 이러한 문제의식

---

6 Long, *The Witness of Preaching*, 57.
7 Tisdale, *Preaching*, 11, 24-25.
8 Tisdale, *Preaching*, 25.
9 Tisdale, *Preaching*, 23.

에서 티스데일은 설교자의 제사장적 청취를 체계적인 방식으로 지도할 수 있는 회중 연구의 관점과 방법에 대한 매우 유익한 지침을 제공해 준다.

제사장적 청취는 중보기도와 설교뿐 아니라 교육과 목양 등 다른 형태의 사역에도 필요하다. **관심**은 교회공동체 리더십의 모든 측면에서 중요하다. 회중 연구의 방법을 도입함으로써 제사장적 청취를 심화시킨 티스데일의 업적은 현존의 영성에 관한 나의 이해에 있어 매우 중요한 한 가지 측면을 부각시킨다. 현존의 영성은 일차적으로 인격적인 관계 안에서 다른 사람들에게 관심을 가지는 것이지만, 그것은 또한 보다 공식적이고 체계적인 방법으로 다른 사람들이 처한 환경과 문화적 맥락을 검토하는 작업을 포괄한다.

관심의 연속

아래 연속선을 통한 개념화 작업은 현존의 영성과 실천신학적 해석의 기술적-경험적 과제 사이의 관계를 이해하는 데 있어 도움을 준다.

```
        현존의 영성 안에 있는 기술적-경험적 과제

   비공식적 관심 ─────────────────── 공식적 관심
              반공식적 관심
```

이 연속선상의 한 쪽 끝에는 **비공식적**(informal) 관심이 자리하고 있다. 이것은 일상생활에서 관심을 가지는 것을 말하며, 인격적인 상호 의사소통 속에서 적극적으로 듣고 관심을 기울이는 것을 포함한다. 또한 이것은 우리가 일상적으로 맞닥뜨리는 아름다움과 슬픔에 대한 우리의 열린 마음을 포함한다. 예를 들면, 아름다운 자연을 보고 잠시 멈춰 그 아름다움을 음미하며 하나님의 영광을 찬미하는 일이다. 자전거를 타고 지나가는

필리핀 청년을 보고 잠시 멈춰 이 낯선 땅에 오기까지 그 청년의 긴 여정에 대해, 열심히 땀 흘려 고향집에 돈을 보내는 그 청년의 의연함에 대해 생각하는 일이다. 신문 한 귀퉁이에서 읽은 사람들의 이야기 혹은 사무실 길 건너편에 앉아 있는 사람들의 고통에 우리 자신을 열어놓는 일이다. 이렇게 비공식적인 방식으로 다른 사람들에게 관심을 가지는 일은 자연스럽게 혹은 쉽게 이루어지지 않는다. 열린 마음, 관심어린 마음, 기도하는 마음의 함양은 우리가 영적 훈련에 참여할 때 가능해진다. 영적 훈련은 하나님의 현존 가운데 다른 사람들에게 관심을 가질 수 있도록 우리를 도와준다.

반공식적(semiformal) 관심은 우리가 보다 조직적으로, 그리고 규칙적으로 관심을 기울이도록 돕는 구체적인 방법을 활용한다. 그러한 방법은 우리가 우리의 경험에 관심을 가지고 그것을 말로 표현하고 그것에 대해 반추하거나 숙고할 때 도움을 준다. 많은 사람들은 일기쓰기가 이러한 목적을 위해 유용하다고 생각한다. 소그룹에 참여하는 것 역시 우리의 경험을 보다 자세히 관찰하는 데 도움을 줄 수 있다. 일부 사역자들은 자신들의 사역에서 계속적으로 일어나고 있는 일들에 대해 반추하기 위해 정기적으로 목회자 모임을 갖기도 한다.[10]

반공식적 관심을 공동체 리더의 일상적인 활동의 한 부분으로 만드는 방법도 생각해 볼 수 있다. 예를 들면, 프레드 크래독(Fred Craddock)은 설교자가 매주 설교 준비의 일환으로 공감적 상상력의 조직적 활용을 위해 일정한 시간을 떼어놓을 것을 권면한다.[11] 이 시간을 통해 설교자는 최근에 만난 사람들을 마음속에 떠올리고 역지사지의 심정으로 그들의 경험 속에 들어가려고 애쓰면서 다음과 같은 질문에 대한 단상들을 메모에 옮긴다. 수술을 앞둔 심정, 열네 살 소녀의 심정, 공금을 횡령했다는 혐의로 자기 회사로부터 고소를 당한 심정, 하루 일을 쉬고 아차산 등반(Appalachian

---

[10] 이런 유의 모임과 관련해서 John Patton의 *From Ministry to Theology: Pastoral Action and Reflection* (Nashville: Abingdon, 1990)은 탁월한 안내를 제공한다.
[11] Fred B. Craddock, *Preaching* (Nashville: Abingdon, 1985), 97.

Trail: 역자 주 - 번역자들의 신학교 뒷산)에 오른 심정은 과연 어떤 것일까? 마찬가지로 교회 부서 모임이나 학생 모임에서도 구성원들이 서로의 삶 속에 '들어가' 지난번 모임 이후로 각자의 삶 속에 있었던 일들을 나누고 듣는 시간을 가질 수 있다.[12] 임원 모임 역시 반공식적인 관심의 기회를 통해 공동체 리더가 회중과 지역공동체와 세상 속에서 일어나고 있는 일들에 대해 함께 생각을 나눌 수 있다. 교회공동체 리더가 반공식적 방식으로 다른 사람들에게 관심을 가질 수 있는 방법은 이것 외에도 매우 다양하다.

공식적(formal) 관심은 연구조사를 통해 특정한 에피소드나 상황을 면밀히 검토하는 것이다. 설교자들이 회중 연구의 방법을 활용해 '제사장적 청취'를 심화시켜야 한다고 티스데일이 제안했을 때 그녀가 염두에 두고 있었던 것이 바로 이 공식적 관심이다. 회중 연구의 방법은 공동체 리더가 조직적이고 계획적인 방식으로 공동체 구성원들에게 관심을 가질 수 있도록 도움을 준다. 피상적으로만 보면, 공동체 리더에 의한 연구조사는 현존의 영성과는 전혀 어울리지 않는 것처럼 보일 수 있다. 그러한 연구조사가 사람들을 연구자료 확보를 위한 '대상'으로 만드는 것이 아닐까? 이런 식으로 사람들을 주체가 아닌 객체로 만드는 일은 지금까지 관심에 대해 이야기한 내용과는 정반대되는 일이 아닐까?

연구조사 과정에서 사람들이 대상화 혹은 객체화되는 일이 일어나기도 하지만, 항상 그런 것만은 아니다. 특별히 질적 연구의 방법을 사용할 때 연구조사는 다른 사람들의 특수한 상황에 관심을 기울이는 훈련된 방법이 된다. 이를 통해 리더는 특별한 사건이나 상황과 관련해서 구체적으로 어떤 일이 진행되고 있는지 보다 깊이 이해하게 된다. 이러한 의미에서 연구조사는 현존의 영성의 진정한 한 표현이다. 견신례(conformation) 대상자의 어머니를 커피숍에서 우연히 만났다면 그것은 견신례 프로그램에 대하

---

12 Charles Olsen, *Transforming Church Boards into Communities of Spiritual Leaders* (Washington, D.C.: Alban Institute, 1995).

여 피드백을 받을 수 있는 좋은 기회이다. 하지만 이것은 견신례 프로그램의 다양한 활동에 대한 직접적인 관찰과 최근의 견신례 대상자에 대한 심도 있는 인터뷰 등에 기초한 평가를 대신할 수는 없다. 그러한 관찰과 청취의 과정은 견신례 프로그램에 참여하는 젊은이들을 진지하게 대하면서 그들이 견신례 과정을 통해 무엇을 얻고 있는지 또 그들이 어떻게 변화하고 싶은지 등에 관심을 가질 수 있는 방법이다.

관심과 안내

공동체 리더십에 있어 관심과 안내는 깊은 상관관계를 갖고 있다. 우리는 올리비아 포터의 이야기의 한 부분으로 이 장을 시작했다. 거기에서 우리는 올리비아가 도로시 게인즈 목사의 도움을 구하기로 결심하는 장면까지 함께 보았다. 게인즈 목사는 다양한 방식으로 올리비아에게 응답할 수 있었을 것이다. 만약 게인즈 목사가 너무 바쁜 상황 속에서 올리비아의 이야기를 들어주어야만 하는 처지에 어쩔 수 없이 놓이게 되었다면 어떠했을까? 어떻든 올리비아는 당시 게인즈 목사가 지도하던 공동체의 일원도 아니었다. 그녀에게 알코올중독자 모임(AA: Alcoholics Anonymous)을 찾아갈 것을 권면한 다음 게인즈 목사는 가능한 서둘러 자신의 일에 집중할 수도 있지 않았을까? 말하자면 자신의 사역의 '실제 현장'에 서둘러 복귀하는 것이다. 하지만 게인즈 목사는 그렇게 응답하지 않았다. 게인즈 목사는 올리비아의 이야기에 관심을 갖고 주의 깊게 들었으며 그녀를 다른 모임에 다시 초청했다. 올리비아의 삶에 대해 더 깊은 이해를 얻은 후에야 비로소 게인즈 목사는 올리비아가 그녀의 삶을 정돈할 수 있도록 안내하고 도울 수 있었다.

내가 서론에서 언급한 메리 조 제임스의 사건을 돌아볼 때면, 부분적으로나마 내가 주의 깊게 관심을 기울이는 데 실패했다는 생각을 하게 된다.

내가 처음으로 부임한 교회에서 나는 공동체에 활력을 불어넣는 데에 혈안이 되어 있었다. 아마도 나는 개인적인 성취욕과 야망 때문에 그 교회에 오래 계셨던 장년들이 교회에서 일어나고 있는 변화들에 불편을 느끼고 있다는 여러 가지 표지들을 인식하지 못했던 것 같다. 우리의 관심 능력은 이와 같이 언제나 다양한 동기에 사로잡혀 있다. 우리는 하나님의 은혜와 성령님의 인도 속에서 우리의 영적 시력 상실에 맞서 싸워야 한다. 만약 내가 교회 안에 일어나고 있는 일들에 좀 더 관심을 기울였다면, 아마도 그네 사건과 같은 불미스러운 사건은 발생하지 않았을 것이고, 메리 역시 그렇게 많은 고통을 당하지는 않았을 것이다. 하지만 이런 모든 일들이 일어나고 난 다음에야 비로소 나는 내가 보지 못하고 있었던 것들을 깨닫고, 그 후로 교회 안에 일어나는 일들에 더 관심을 갖고 신경을 쓰게 되었다.

관심 능력, 특별히 하나님의 현존 가운데 사람들에게 관심을 갖는 우리의 능력을 저해하는 많은 장애물들을 제거하는 데 있어 쉽고 단순한 기술은 없다. 하지만 리더로서 다른 사람들을 지도하는 우리의 능력은 우리 자신의 관심의 한계를 영적인 도전으로 인식하고 그것을 극복하려는 우리의 의지에 달려 있다. 우리는 결코 이러한 장애들을 모두 극복할 수 없을 것이다. 하지만 우리는 비공식적, 반공식적, 공식적 방식으로 우리의 관심을 훈련시키고 개발시키는 데 있어 상당한 진보를 이룰 수 있다.

앞서 서론에서 우리는 교회 리더를 **해석의 안내자**로 이해하는 찰스 거킨의 이론을 살펴보았다. 거킨의 이 같은 생각은 우리가 관심과 안내 사이의 관계를 이해하는 데 유용한 도움을 준다. 안내자가 사람들을 새로운 지역으로 안내할 때, 안내자가 그 지역의 지형에 대해 정확한 지식을 갖고 있는 것은 매우 중요하다. 안내자는 여행객들이 그 지역을 여행할 때 이용 가능한 도로와 피해야 할 장애물에 대해 가능한 최상의 정보를 갖고 있어야 한다. 만약 안내자가 여행자들을 이끌고 위험한 산길을 헤쳐나간 다음 결국 앞으로 나아가는 길이 물살이 센 큰 강에 의해 가로막혀 있다는 사실을 뒤늦게야 깨닫게 된다면 이것은 참으로 당황스럽고 끔찍한 일이다. 마찬가지로 해석의 안내자는 그들이 하나님의 백성을 그 신앙의 여정에서 인도할 때, 특별히 그들을 새로운 지경으로 이끌어 갈 때 그 지역의 지형에 대해 가능한 최선의 그림을 갖고 있어야 한다. 이것은 리더의 입장에서 그들이 지도하는 사람들의 구체적이고 특수한 상황들에 주의와 관심을 기울이는 일을 필요로 한다.

이 장의 나머지 부분에서 우리는 관심의 공식적인 방법들 중 실천신학적 해석의 기술적-경험적 과제와 관련한 연구조사의 활용에 초점을 맞출 것이다. 이것은 비록 교회 리더의 사역에 있어 단지 관심의 한 가지 형태에 불과하지만 매우 중요하다. 우리는 두 단계로 진행할 것이다. 먼저 해석의 안내자가 그들이 속한 회중의 지형에 대한 그림을 갖도록 도움을 주는 여러 학자들에게 눈을 돌려 그들이 제시하는 연구조사의 사례들을 살펴볼 것이다. 이러한 사례들은 교회 리더가 회중과 기독교 신앙의 자원 사이의 대화를 지도할 때 흔히 직면하는 질문을 중심으로 구성되어 있다. 우리가 서론에서 거킨의 작품을 살펴보면서 보았듯이, 이런 식의 대화를 장려하는 것은 해석의 안내자에게 매우 중요한 과제이다. 이어서 우리는 교회 리더가 그의 사역에서 관심의 질을 향상시키는 연구 프로젝트를 고안할 때 참고할 만한 지침을 검토할 것이다.

학자들의 연구조사로부터 배움

해석공동체로서 교회공동체를 지도

교회공동체 리더가 지속적으로 감당해야 하는 과제의 상당 부분은 공동체의 삶과 기독교 신앙의 규범적 원천 사이의 대화를 활성화하는 일과 관련되어 있다. 연구조사는 해석을 지도하는 사람들이 이 대화에 참여하는 사람들을 보다 잘 이해하는 데 특별히 큰 도움을 준다. 연구조사는 또한 해석의 안내자가 사람들의 삶에 영향을 미치고 사역의 환경을 형성하고 있는 사회적 흐름에 대해 인식하는 데 유익하다. 여기에서 나는 교회 리더가 흔히 직면하게 되는 두 가지 질문과 관련해서 다른 사람들의 연구조사가 그의 응답을 어떻게 도와줄 수 있는지 살펴보고자 한다.

1. 어떻게 하면 견신례 후에 교회 참여율이 저조해지고, 집을 떠난 후에는 교회 출석조차 하지 않는 청소년들에게 우리가 보다 효과적으로 신앙을 전수할 수 있을까?

크리스천 스미스(Christian Smith)는 『구도하는 영혼』(Soul Searching)에서 청소년들의 신앙에 관해 지난 수십 년 간에 걸쳐 수행된 가장 포괄적이고 전문적인 조사에서 비롯된 결과를 제시하고 있다. 이 조사는 언론이 퍼뜨리고 있는 청소년에 관한 주장들 중 상당수가 허위임을 드러내 보여주었다. 예를 들면, 청소년기는 부모의 신앙에 대해 반항하는 시기가 아니다. 오히려 일반적으로 젊은이들은 부모의 종교생활 패턴을 모방하는 경향이 있으며, 부모는 청소년의 신앙을 형성하는 데 지속적으로 중요한 역할을 담당한다.[13] 게다가, 부모의 후원을 받지 못하는 청소년은 교회활동에 열심을 내기도 한다. 특별히 이것은 청소년을 위한 전임사역자를 두고 그들을 위한 양질의 프로그램을 시행하는 교회 안에서 이런 일들이 많이 일어난다.[14]

하지만 스미스의 관찰에서 특별히 놀라운 사실은 청소년들이 그들의 신앙 전통의 신념과 가치에 대해서 매우 제한적인 이해를 갖고 있다는 점이다. 대부분의 청소년들은 스미스가 "도덕주의적, 치유 중심적 이신론"이라고 부른 신앙 형태를 갖고 있다. 하나님이 세상을 창조하셨고 지금도 세상을 다스리고 계신다. 하나님은 사람들이 선하고 친절하고 공정하길 원하

---

[13] Christian Smith, *Soul Searching: The Religious and Spiritual Lives of American Teenagers* (Oxford: Oxford University Press, 2005), 68, chapter 3.
[14] Smith, *Soul Searching*, 112-14.

신다. 하지만 하나님은 문제가 일어날 때를 제외하고는 세상일에 특별히 관여하지 않으신다. 인생의 핵심 목표는 행복하게 살고 자신을 선하게 가꾸는 것이다. 선한 사람들은 죽을 때 천국에 간다. 이것이 청소년들의 일반적인 신앙 내용이다.[15]

스미스의 연구조사는 해석의 안내자에게 교회의 청소년 사역과 관련해서 지금 일어나고 있는 일들을 해석할 수 있는 틀을 제공해 준다. 특별히 그것은 청소년의 삶과 신앙의 규범적 원천 사이의 대화를 증진시키는 일에 있어 부모의 역할과 양질의 프로그램의 중요성을 부각시켜 보여준다. 이 같은 연구조사는 교회 리더가 청소년들에게 기독교 전통의 기본적인 신념과 가치를 가르치는 일에 있어 교회공동체를 보다 효과적으로 이끌어 갈 수 있도록 동기를 부여한다.

2. 왜 주일학교, 여전도회, 주중성경공부와 같은 과거의 프로그램들이 더 이상 잘 작동하지 않는 것일까?

웨이드 클라크 루프(Wade Clark Roof)의 『영적 시장』(*Spiritual Marketplace*)과 로버트 우스나우(Robert Wuthnow)의 『천국 이후』(*After Heaven*)는 20세기 중반 이후 미국의 종교 안에서 일어난 변화를 추적하는 가운데 새롭게 등장한 영성과 공동체의 패턴을 분석한다.[16] 루프는 이것을 추구 영성(quest spirituality)의 출현이라고 부르고, 우스나우는 이것을 구도자 영성(seeker spirituality)의 출현이라고 묘사한다. 두 학자 모두 이러한 변화가 제도 종교에 대해 가지는 중대한 함의를 지적한다. 오늘날 사람들이 특정 종교공동체에 참여하는 것은 교단에 대한 충성 때문이 아니라, 그 공동체가 그들의 개인적인 영적 추구에 도움이 되는 무언가를 제공해 주기 때문이다. 뿐만 아니라, 개인 구도자는 교회 외에도 자립을 돕는 책들, 토크쇼,

---

[15] Smith, *Soul Searching*, 162-63.
[16] Wade Clark Roof, *Spiritual Marketplace: Baby Boomers and the Remaking of American Religion* (Princeton: Princeton University Press, 1999); Robert Wuthnow, *After Heaven: Spirituality in America Since the 1950s* (Berkeley: University of California Press, 1998).

회복을 위한 모임, 선교단체 등 다른 많은 원천들로부터 통찰을 얻으면서 자신의 고유한 신념과 실천을 빚어간다.

말하자면, 오늘날 교회공동체는 교회에 대한 관계를 무엇보다 자신의 고유한 이슈와 필요의 관점에서 이해하는 개별 구도자를 고객으로 하는 영적 시장에서 서로 경쟁하고 있다. 아마도 이러한 상황은 주일학교나 여전도회와 같은 전통적인 프로그램들이 왜 오늘날 많은 새 구성원들에게 호소력을 잃고 있는지 이해하는 데 도움을 준다. 통상적으로 구도자는 장기적인 헌신, 전통적인 규범과 권위, 요구사항이 많은 영적 실천들에 거부감을 나타낸다. 이 같은 영성의 패턴은 교회 리더가 신앙의 규범적 원천을 해석하는 방식과 관련해 실질적인 함의를 가진다. 그들은 공동체가 구도자를 끌어들일 수 있는 새로운 프로그램을 개발할 수 있도록 도와야 할 뿐 아니라, 동시에 많은 대가와 희생을 요구하는 그리스도의 제자도로 나아가는 경로 또한 개발해야 한다.

갑작스런 중단의 경험에서 비롯된 해석의 지도

올리비아 포터가 게인즈 목사의 사무실을 처음 찾아왔을 때, 게인즈 목사가 우울증이나 알코올중독에 관해서 사전지식이 거의 없었을 가능성이 있다. 많은 경우 교회공동체 리더는 사역하는 가운데 맞닥뜨린 문제를 해결하기 위해 관련 전문가에게 조언을 구하거나 관련 서적을 읽으면서 그 문제에 대한 자신의 이해를 심화시켜야 한다. 아래 소개할 두 가지 연구 조사의 사례는 갑작스럽게 곤란한 사건을 만난 교회 리더에게 유익한 도움을 줄 것이다.

사례 1: 내가 속한 교회공동체 내의 갈등을 나는 어떻게 이해할 수 있을까?

지난 주일 우리 교회에서 가장 큰 규모를 가진 장년성경공부반에서 새 교인들과 기존 교인들 간에 싸움이 벌어졌다. 그 싸움은 교회 이웃에 사는 아이들을 위해 교회에서 새롭게 시작한 방과후 프로그램을 둘러싸고 일어났다. 교회는 이 프로그램을 위해 친교실과 몇몇 교실들을 개방했다. 이 프로그램은 교회 인근에 새로 지어진 아파트에 살고 있는 많은 편부모 가정들에 도움을 주고자 의도되었다. 이 프로그램은 2년 사이에 50여 명의 아이들을 불러 모았고, 그중 여러 아이들의 가정이 교회에 정식으로 등록했다. 기존 교인들 중 한 사람이 지나가는 말로 "우리 교회를 쓰레기더미로 만드는 개구쟁이들"이라는 표현을 사용했고, 이 표현은 방과후 프로그램을 이끌어 가는 사람들 중 최근 교인이 된 한 사람을 몹시 화나게 만들었다. 여기에서 비롯된 싸움은 점점 커져갔다.

『갈등 속에 있는 교회공동체』(*Congregations in Conflict*)에서 페니 벡커(Penny Becker)는 시카고 지역에 소재한 23개 교회들 안에서 발생한 교회 갈등의 문제를 연구했다.[17] 이 연구에서 벡커는 교회 갈등의 유형과 그 갈등이 다루어지는 방식이 교회 구성원들이 공유하고 있는 '교회 모델'에 의해 영향을 받는다는 사실을 발견했다. 여기에서 교회 모델이란 교회의 '핵심과제'에 대한 뿌리 깊은 이해를 말한다. 즉, 교회의 정체성과 교회가 수행해야 할 실천과 활동에 대한 이해를 가리킨다. 벡커는 다음 네 가지로 교회 모델을 구분했다.

예배하는 집. 이 교회 모델에 따르면, 교회의 핵심 과제는 예배, 개인의 영적 성장 도모, 아이들에 대한 기독교교육 등이다. 구성원들 간에 공동체 의식을 진작시키는 일은 크게 중요하게 여겨지지 않는다. 사역자와 소

---

[17] Penny Edgell Becker, *Congregations in Conflict: Cultural Models of Local Religious Life* (New York: Cambridge University Press, 1999).

수의 평신도들이 교회를 이끌어 가는 책임을 감당한다. 갈등은 주로 예산편성, 리모델링, 예전의 변화 등과 같이 행정적인 문제에 초점을 맞추는 경향이 있다.

가족공동체. 이 교회 모델은 상대적으로 적은 수의 구성원들 사이에 강한 연대와 가족 같은 소속감을 강조한다. 교회에서 일어나는 일에 대한 정보를 모든 구성원들이 함께 공유한다. 갈등은 주로 (목사나 새 교인 등) 교회 운영과 관련해서 새로운 방식을 도입하기 원하는 '외부인들'에게 초점을 맞추는 경향이 있다.

공동체 모임. 이 교회 모델은 다양한 구성원들 사이에 강한 공동체 의식을 확립하고 이 공동체에 속한 구성원들에게 의미 있는 신앙 이해를 증진시키는 데 큰 강조점을 둔다. 이 과정에서 교회 전통에 상당한 정도의 수정이 가해진다고 하더라도 크게 괘념치 않는다. 공동체 프로그램에 대한 참여와 '주인 의식'을 강조하기 때문에 이 같은 모델을 가진 교회공동체는 갈등에 가장 많이 노출되어 있다. 하지만 갈등이 항상 부정적으로만 간주되지는 않는다. 갈등은 주로 어떻게 하면 교회공동체가 보다 의미 있고 보다 적절한 실천을 감당할 수 있을까, 혹은 오늘날의 사회적 이슈를 어떻게 바라보고 대처할 것인가 등에 초점을 맞춘다.

리더공동체. 이 교회 모델은 지역공동체 안에서 가시적이고 공적인 역할을 감당하며 영향력을 행사하려고 애쓴다. 이런 교회 모델의 목사는 통상적으로 지역 정치, 학교 이사회, 혹은 다른 공적인 단체들에 적극적으로 참여한다. 교회공동체는 고유한 신념과 가치를 가진 권위 있는 전통의 대변자로 이해된다. 지역공동체에 영향력을 행사하려는 의지가 교회 내 공동체 의식을 강화시키려는 의지보다 더 강하게 작용한다. 갈등은 주로 공적인 이슈들과 관련해서 '올바른' 입장을 확립하고 지역공동체에 가장 효과적으로 영향을 미칠 수 있는 전략을 수립하는 데 초점을 맞춘다. 벡커는 자신이 조사한 23개 교회들 가운데 19곳에서 이 네 가지 교회 모델 중 하나가 지배적으로 나타나고 있다는 사실을 발견했다.[18] 앞서 언급한 사례와 같은 갈등에 직면한 교회공동체 리더는 자신이 속한 공동체 구성원들 사이에 가장 많이 공유되고 있는 교회 모델을 분별함으로써 문제 해결의 실마리를 찾을 수 있을 것이다. 이를 통해 리더는 공동체 안에서 일어나고 있는 일에 관해 통찰을 얻을 수 있을 것이다. 아마도 위의 사례에서는 가족공동체 모델이 지배적이었던 것으로 보인다. 기존 교인들이 교회가 항상 해오던 방식에 변화를 가져오는 (목사, 새 교인, 방과후 프로그램 참여자 등) '외부인들'에 대해 불만을 표출하고 있는 것으로 이해할 수 있을 것이다. 혹은 공동체 모임 모델이 지배적인 교회 안에서 자주 발생하는 의견 대립의 하나로 볼 수도 있을 것이다. 구성원들 간에 새 프로그램을 진행하는 방식과 관련해서 의견의 차이를 보이는 것일 수도 있다. 어떤 교회 모델이 지배적이냐에 따라 리더는 전혀 다른 접근 전략을 취해야 할 것이다.

하지만 벡커는 가장 심각한 교회 갈등은 '모델 간' 갈등이라는 사실을 발견했다.[19] 교회 내 한 그룹은 이 교회 모델을, 다른 그룹은 다른 교회 모델을 갖고 있다. 말하자면, 두 그룹이 교회의 정체성과 사명에 대해 전혀 다른 이해를 갖고 있는 것이다. 만약 이것이 앞서 언급한 교회 갈등 사례의 본질이라면, 교회 리더는 서로 다른 이해를 가진 그룹들이 상대편의 입장을 이해하고 차이를 넘어 상호 신뢰와 존중으로 나아갈 수 있도록 만들어야 하는 한 과제에 직면하게 된다.

사례 2: 어떻게 하면 교회 내에 어려움에 처한 가정들을 더 잘 섬길 수 있을까?

얼마 전 교회임원 모임에서 최근 이혼한 메리와 폴 부부에 대해서 이야기가 나왔다. 메리와 폴 두 사람은 모두 교회에서 중요한 역할을 감당

---

18 Becker, *Congregations in Conflict*, 12.
19 Becker, *Congregations in Conflict*, 17-20.

하는 리더들이다. 그리고 그들에게는 초등학교에 다니는 두 아이가 있다. 담임목사인 스타벅 목사가 다음과 같이 말했다. "이 일로 인해 여기 계신 분 모두 상당히 충격을 받으셨을 것으로 압니다. 저도 예상치 못한 일입니다. 이번으로 지난 2년 동안 우리 교회 안에서 네 건의 이혼이 발생했습니다. 저는 어떻게 해야 할지 잘 모르겠습니다." 교회교육을 담당하고 있는 엘렌 브라운이 이어서 말했다. "저는 신생아 부모들이 참여하는 유아부 모임에서 온갖 문제들을 다 듣고 있어요. 많은 엄마들이 오랫동안 해오던 일을 쉬고 하루 종일 집에만 머물러 있어야 한다는 사실로 인해 정말 힘들어하고 있습니다. 또한 그들은 남편이 집안일을 도와주지 않는 것 때문에도 힘들어합니다."

『문화 전쟁에서 공동 기반으로』(From Culture Wars to Common Ground)에서 일군의 실천신학자들이 단 브라우닝(Don Browning)과 보니 밀러-맥레모어(Bonnie Miller-McLemore)의 지도 아래 교회공동체들이 산업화 시기에서 지금 우리가 살고 있는 후기산업화, 포스트모던 시기로 접어드는 전환기에 살고 있던 가정들을 어떻게 도와주었는지 연구했다.[20] 여러 가지 측면에서 이 책은 학자들이 포괄적인 연구조사 프로젝트를 진행하는 가운데 실천신학의 네 가지 과제를 모두 수행하는 탁월한 예를 선보여 준다. 여기에서 나는 이 프로젝트의 고유한 연구조사 결과 및 다른 사람들의 관찰 결과를 통합하는 방식에 주목한다.

이 연구팀에서 발견한 가장 중요한 사실들 중에 하나는 오늘날 결혼과 관련한 사랑과 도덕적 의무의 모델에서 변화가 있다는 점이다. 이 연구에 참여한 많은 사람들은 자기희생이 그들 부모 세대의 부부 사랑에서 특징적이었다면, 그들의 부부 사랑의 특징은 상호성이라고 생각했다.[21] 사실 그

---

20 Don Browning et al., *From Culture Wars to Common Ground: Religion and the American Family Debate* (Louisville: Westminster John Knox, 1997).
21 Browning et al., *Culture Wars*, 8-9, 19-20.

들은 희생을 다소 부정적인 의미에서 이해했다. 또한 그들은 상호성을 특징으로 하는 사랑을 개인의 자아실현보다 훨씬 더 가치 있는 것으로 여겼다. 이 같은 관찰은 지난 수십 년간 미국사회 내 가정 붕괴의 주요 원인으로 "새로운 개인주의"를 지목했던 많은 사회과학자들의 주장에 반하는 것이다.

동시에 이 연구팀은 자신들의 연구 결과뿐 아니라 광범위한 연구조사 결과를 끌어들여 가정 위기의 많은 표지들에 주의를 환기시켰다.[22] 미국사회에서 결혼한 부부 가운데 절반 이상이 이혼을 경험한다. 신생아의 30퍼센트 이상이 결혼한 부부 관계가 아닌 다른 관계 속에서 태어난다. 부모가 하나인 가정은 압도적으로(86퍼센트) 편모 가정이며, 양부모 가정의 평균 수입의 절반에도 미치지 못하는 수입으로 생계를 연명하고 있다. 결과적으로 많은 편부모 가정들이 빈곤층을 벗어나지 못하고 있다. 아버지들은 재정적인 도움도 많이 주지 못할 뿐더러, 이혼 후에 아이들과 함께 많은 시간을 보내지도 않는다. 이혼이 장기적으로 아이들에게 미치는 영향은 상당하다. 고등학교 수행능력을 평가하는 항목들 중 다섯 가지 항목에서 편부모 가정의 아이들이 양부모 가정의 아이들보다 더 열등한 것으로 조사되었다.[23]

이 같은 경향을 브라우닝과 그의 동료들은 변화하는 문화적 가치, 경제적 패턴, 사회화 과정, 가부장제의 지속적인 영향 등을 모두 고려하는 보다 포괄적인 해석틀 속에 위치시켰다. 이러한 유형의 흐름들은 다음 장에서 다루게 될 실천신학의 해석적 과제와 더 결부되어 있다. 이 장의 목적과 관련해서 우리는 결혼과 가정의 현재 상태에 대한 브라우닝 연구팀의 연구조사가 앞서 언급한 사례의 교회 리더에게 현재 공동체 안에서 일어나고 있는 사건을 이해하는 데 도움이 되는 관점을 제공해 준다는 점을 지적하는 것만으로도 충분하다. 최근 이 교회 내 이혼 건수의 증가는 단순히 교회 사역의 실패 때문이 아니다. 오히려 그것은 변화하고 있는 문화

---

22 Browning et al., *Culture Wars*, 2-53.
23 Browning et al., *Culture Wars*, 56-57.

와 제도 등 훨씬 광범위한 흐름을 반영하고 있다. 이 교회의 리더는 상호성이 부부 간의 사랑과 도덕적 의무의 이상적 모델로 점차 자리하고 있다는 사실에 주목할 필요가 있다. 그들은 기독교 전통 안에서 이 같은 모델을 더욱 발전시킬 수 있는 규범적 자원을 연구하고, 나아가 젊은 부부들이 그들의 의사소통 방식, 자녀양육, 가사일과 직장일 사이의 균형 등의 문제에 있어 상호성을 구체적으로 구현할 수 있도록 돕는 프로그램을 개발할 수 있을 것이다.

연구 프로젝트 구상

앞서 우리는 해석의 안내자가 교회공동체 내에서 일어나고 있는 일을 보다 잘 이해할 수 있도록 도와주는 학자들의 연구조사 사례들을 살펴보았다. 하지만 교회공동체 리더가 스스로 연구조사를 실시해야 할 많은 이유들이 있다. 여기 그중에 가장 중요한 이유 몇 가지만 언급한다.

- 기존 프로그램에 대해 평가하거나 새로운 프로그램을 고안하기 위해서
- 개인, 가정, 공동체, 지역사회의 삶 속에서 발견되는 위기 상황을 보다 잘 이해하기 위해서
- 교회공동체의 '문화'를 더 잘 이해함으로써 교회를 이끌어 가는 리더십을 강화하고 설교, 교육, 상담 등을 수행할 때 보다 효과적으로 의사소통하기 위해서
- 잠재적인 교인과 선교의 가능성 등을 포함해서 교회공동체가 속한 지역사회의 상황을 더 잘 이해하기 위해서
- 다양한 연령, 다양한 교회이력, 다양한 신학적 관점 등 교회 내 다양한 그룹들에 대한 이해를 증진시키기 위해서

리더가 이 같은 목표들을 성취하려면 연구 프로젝트를 어떻게 구상해

야 할까? 우리는 여기에서 연구 프로젝트 구상의 기본적인 네 단계에 초점을 맞출 것이다. 1) 프로젝트의 목적에 대한 명확한 이해. 2) 탐구 전략의 선택. 3) 연구조사 계획의 수립 및 실행, 4) 특정 프로젝트에 수반되는 전제에 대한 반성.[24]

연구 프로젝트 구상의 요소들

- **프로젝트의 목적** – 연구조사를 실시하는 구체적인 이유, 그리고 대답이 요구되는 구체적인 질문에 대한 명확한 진술
- **탐구의 전략** – 사용되는 방법을 원하는 결과물과 연결시키는 구체적인 방법론
- **연구조사 계획** – 누구를 혹은 무엇을 조사할 것인지, 누가 그 조사를 담당할 것인지, 또 자료를 수집하고 분석하기 위해 어떤 방법을 사용할 것인지 등에 관한 모든 결정을 포함하여 프로젝트를 수행할 계획을 구체적인 시간표 속에 확정
- **반성** – 실재, 인식, 인간, 인생의 도덕적 목적 등에 관한 전제를 포함하여 프로젝트에 수반되는 메타이론적 가정에 대한 반성

연구조사의 목적에 대한 명확한 이해

연구조사의 목적에 대한 명확한 이해는 연구 프로젝트 구상에 있어 절대적으로 중요한 첫 번째 단계이다. 왜 여러분이 이 프로젝트를 수행하려고 하는가? 이 프로젝트를 통해 여러분은 어떤 질문에 대한 대답을 얻고자 하는가? 연구조사를 실시하는 데에는 여러 가지 목적들이 있을 수 있

---

24 이러한 항목에 대한 개관을 위해서는 John Creswell, *Research Design: Qualitative, Quantitative, Mixed Methods Approaches*, 2nd ed. (Thousand Oaks, Calif.: Sage, 2003)을 보라.

다.[25] 통상적으로 학교에서 실시하는 연구조사에서는 기초 연구와 응용 연구가 일반적이다. '현실 세계' 연구조사에서는 평가와 활동 연구가 더 중요하다. 왜냐하면 그 같은 연구는 프로그램을 개선하거나 정해진 시간에 문제를 해결하는 것을 목표로 하기 때문이다.

> **연구조사의 목적**
> - **기초 연구** - 기본적인 지식과 이론에 기여
> - **응용 연구** - 사회적 연관성에 대한 조명
> - **종합 평가** - 프로그램의 효과성에 대한 평가
> - **구성 평가** - 프로그램의 개선
> - **활동 연구** - 구체적인 문제의 해결

여러분의 연구조사 전략과 계획과 관련한 모든 결정은 프로젝트의 목적에 관한 여러분의 명확한 이해에서 비롯된다. 여러분은 바로 여기에서 시작해야 한다. 여러분은 여러분이 계획하는 프로젝트의 목적을 짧은 문단 안에 명확하게 표현한 다음 프로젝트를 통해 대답을 듣고자 하는 두세 가지 연구조사 질문을 개발하는 일에 스스로를 훈련시켜야 한다. 예를 들어, 최근 5년 간 교회 출석률이 심각하게 줄어들어 현재 시행하고 있는 장년교육 프로그램을 평가하는 것을 여러분의 연구조사의 목적으로 설정했다고 생각해 보자. 아마도 여러분은 프로젝트를 통해 다음 세 질문들에 대한 대답을 얻고자 희망할 것이다. 왜 이전에 장년교육에 참여했던 사람들이 참여를 멈추었는가? 현재 이 프로그램에 참여하고 있는 사람들은 누구이고 그 이유는 무엇 때문인가? 새로운 사람들을 장년교육에 참여시키기 위해서는 어떤 식의 변화가 필요할까?

---

25 아래 표 안에 언급된 목적들은 마이클 패튼(Michael Patton)의 책에서 인용한 것이다. Patton, *Qualitative Research and Evaluation Methods*, 3rd ed. (Thousand Oaks, Calif.: Sage, 2002), 213-24.

탐구의 전략

일단 여러분이 여러분의 연구조사의 목적에 대해 명확한 이해에 도달하면, 여러분은 이제 여러분의 프로젝트를 지도할 탐구 전략에 대한 결정을 내려야 한다.[26] 광범위하게 말해서, 탐구 전략은 **양적** 연구조사와 질적 연구조사라는 두 가지 범주로 구분된다. 양적 연구조사는 변수들 사이의 관계를 고찰하기 위해 수치 자료를 수집하고 분석한다.[27] **질적** 연구조사는 개인과 그룹이 일상생활에서 관여하는 활동과 실천, 그리고 그들이 자신들의 경험에 부여하는 의미를 이해하려고 한다. 양적 연구조사는 광범위한 통계적 패턴과 관계를 발견하는 데 특별히 유용하다. 반면 질적 연구조사는 개인, 그룹, 공동체를 깊이 있게 연구하는 데 더 적합하다.

얼마 전 양적 연구조사와 질적 연구조사를 옹호하는 사람들 사이에 치열한 논쟁이 일었다. 양적 접근을 선호하는 사람들은 질적 연구조사가 불확실하고 주관적이고 비과학적이라고 비판한다. 반면 질적 접근을 선호하는 사람들은 양적 연구조사가 인간 행동과 다양한 생활세계를 형성하고 있는 의미들을 포착하지 못한다고 비판한다. 오늘날 이 논쟁은 대체로 오도되었다는 평가를 받는다. 많은 연구자들은 **혼합된 방법** 연구를 통해서 양적 연구 전략과 질적 연구 전략을 결합하고 있다.[28] (앞서 살펴본) 『구도하는 영혼』에서 크리스 스미스는 대대적인 여론조사와 다수 청소년들과의 심층인터뷰를 결합했다. 따라서 양적 연구조사와 질적 연구조사를 연속선상에서 이해하는 것이 더 바람직하다.[29] 한쪽 끝에는 광범위한 연구조사가

---

[26] Creswell은 이러한 전략들이 다양한 연구 전통에 의해 형성되었다고 설명한다. 여기에서 **연구 전통**은 "특정 학제 안에서 고유한 역사를 갖고 있고 많은 저서와 학술지를 생산해 냈으며, 고유한 접근 방법을 갖고 있는" 학문 전통을 가리킨다. John Creswell, *Qualitative Inquiry and Research Design: Choosing among Five Traditions* (Thousand Oaks, Calif.: Sage, 1998), 2.

[27] 변수는 여러분이 연구조사하고 있는 개념을 가리키는 경험적 지표를 말하며 둘 이상의 가치를 부여 받는다. 예를 들면, 젠더(gender)라는 개념은 남성과 여성이라는 가치를 부여 받고, 사회계급이라는 개념은 상위층, 중산층, 노동자층 등의 가치를 부여 받는다.

[28] Creswell, *Research Design*.

[29] Derth Danermark et al., *Explaining Society: Critical Realism in the Social Sciences* (London: Routledge,

있다. 이것은 연구범위가 매우 넓을 때 주로 이루어지며, 따라서 여론조사와 통계분석과 같은 양적 전략을 통상적으로 활용한다. 다른 한쪽 끝에는 심층 연구조사가 있다. 이것은 주로 매우 좁은 연구범위를 깊이 있게 연구할 때 이루어지며, 통상적으로 질적 전략을 활용한다. 하지만 두 극단 사이의 연속선상에는 양적 전략과 질적 전략을 다양한 방식으로 결합해서 활용하는 많은 중간점들이 존재한다. 아래에서 다룰 여섯 가지 질적 연구조사 전략은 교회공동체 리더에게 특별히 도움이 될 것이다.[30] 이 전략은 심층 연구 방향 연속선의 가장자리 가까이에 위치하고 있으며, 제한된 수의 사례 혹은 사건을 깊이 있고 상세하게 검토한다.

인생사/내러티브 연구조사

이 탐구 전략은 개인의 이야기들을 수집하고 말하는 데 초점을 맞춘다. 자료는 사람들이 자신의 삶 속에서 있었던 사건들에 대한 이야기를 나누는 대화 속에서 수집한다. 이 자료들은 때로 인생의 단계를 따라 구분되기도 하고, '본질현현'(epiphanies), 곧 개인에게 흔적을 남긴 중요한 사건을 중심으로 구성되기도 한다. 일반적으로 개인의 삶의 이야기가 펼쳐지는 상황과 역사적 상황에 대한 정보도 함께 수집한다. 사람들이 인터뷰 중에 자신들의 이야기를 나누라는 요청을 받으면, 거의 대개의 경우 자신들의 삶에 실제보다 더 큰 일관성을 부여하는 경향이 있다. 따라서 연구조사자는 사람들의 답변에서 상충하고 있는 이야기를 경청하고 구분해 낸다. 또한 연구조사자는 사람들이 자신들의 이야기를 나눌 수 있는 기회를 여러 차례 부여한다. 이 전략을 사용할 때에는 연구조사자가 자신이 듣는 내용과 다른 사람들의 이야기를 해석하는 방식이 자신의 경험에 의해 영향을

2002), 161ff.
30 Creswell, *Qualitative Inquiry and Research Design*은 이러한 관점들에 관한 매우 유익한 요약을 담고 있다. 옹호 조사에 관해서는 *Research Design*, 9-11쪽을 보라. 옹호조사에 관한 추가적인 논의에 관해서는 B. Atweh, S. Kemmis, and P. Weeks, eds., *Action Research in Practice: Partnerships for Social Justice in Education* (New York: Routledge, 1998)을 보라.

받는다는 사실을 인식하는 것이 중요하다. 이 때문에 연구조사자는 자신의 해석을 인터뷰한 당사자와 함께 나누고, 자신이 구성한 내러티브를 수정할 수 있는 기회를 그들에게 부여한다.

사례 연구조사

이 전략은 특정 기간 동안 깊이 있게 연구한 한 가지 사례 혹은 소수의 사례에 초점을 맞춘다. 일반적으로는 공동체 내의 개인, 프로그램, 관계, 실천 등을 심층적으로 연구하지만, 가끔씩 교회공동체를 사례로 삼는 경우와 같이 공동체 전체를 대상으로 연구하기도 한다. 특정 사례를 깊이 있게 검토하기 위해서는 연구조사자가 다양한 정보 원천에 의지해야 하며, 인터뷰, 참여자 관찰, 초점그룹, 간단한 여론조사 등 다양한 방법을 활용한다. 연구조사자는 해당 사례에 대한 풍부하고 꼼꼼한 해석을 위해 사건들, 활동들을 상세하게 기술한다.

민족지학적 연구조사

이 전략은 특정 문화집단 혹은 사회집단에 대한 '심층'(thick) 기술을 발전시킨다. 연구조사자는 해당 그룹의 관찰 가능한 행동패턴, 관습, 생활 방식 등을 오랜 시간에 걸쳐 검토하고, 현장 작업을 통해 정보를 수집한다. 그들은 그룹의 생활에 참여하고 그룹의 일상적인 행동을 관찰한다. 또한 그룹의 실천과 사건을 그룹 구성원들이 어떻게 이해하고 있는지 알아보기 위해 많은 구성원들과 일대일 인터뷰를 실시한다. 그리고 그룹의 정체성과 역사를 표현하고 있는 유물과 상징을 연구한다. 민족지학적 연구의 목표는 가끔 문화적 초상화의 창조라는 말로 표현된다. 문화적 초상화는 구체적인 사건, 실천패턴, 의미패턴 등을 포함하여 공동체에 대한 상세하고 통전적인 그림을 제공하며, 공동체 내의 긴장과 압력뿐 아니라 공동체가 일관성 있는 전체로 결합하는 방식에 관심을 갖는다.

근거이론 연구조사

이 전략은 연구 현상의 상황과 밀접하게 관련된 이론을 발전시킨다. 이 전략은 의도적으로 지그재그 접근 방법을 채택한다. 말하자면, 프로젝트를 진행하는 과정 중에 수차례에 걸쳐 자료수집, 분석, 성찰 사이를 오가기를 반복한다. 이 과정은 몇 가지 기술적인 절차와 단계를 포함한다. 여기에서는 다만 간략하게 그것들을 요약해서 소개할 것이다. 연구조사자는 인터뷰와 연구조사와 문서분석을 통해 일차적으로 자료를 수집한 다음, 거기에서 발견된 내용을 개방적 코딩(open coding)으로 알려진 과정을 통해 분석하고, 초기 설정된 범주를 따라 자료를 구분한다. 이 범주가 '포화상태'가 될 때까지, 즉 적절한 정보가 더 이상 새롭게 출현하지 않을 때까지 추가적인 정보 수집을 계속한다. 이어서 연구조사자는 축코딩(axial coding)으로 알려진 과정을 통해 범주를 재정리한다. 이때 연구조사자는 연구 현상을 다음 세 가지 관점에서 기술한다. 그것은 (그 현상의 핵심 속성을 포착하는) 핵심 범주(central categories), (그 현상에 영향을 주고 있는 조건을 포착하는) 인과 범주(causal categories), (그 현상이 특정 조건에 의해 영향을 받을 때 결과적으로 생겨나는 작용 혹은 상호작용과 관련한) 전략(strategies)이다. 이 접근의 목표는 현장에 근거한 확실한 이론을 형성하는 것이다. 이론은 연구의 출발점에 서 있지 않고, 오히려 연구의 결과로 생겨난다.

현상학적 연구조사

이 전략은 특정그룹의 사람들이 경험하고 있는 특정한 사건유형 혹은 활동유형의 본질을 기술한다. 예를 들어, 다음과 같은 질문을 던진다. 병원 환자에게 있어 그들이 간호사와 돌봄의 관계에서 경험하고 있는 실재의 본질은 무엇인가?[31] 현상학의 핵심 가정들 중 하나는 의식의 '지향성'(intentionality), 곧 의식이 항상 대상을 향하고 있다는 생각이다. 연구조

---

31 Creswell은 *Qualitative Inquiry*, appendix C에서 간호사의 돌봄에 관한 현상학적 연구를 논의하고 있다.

사자는 자신의 선입견을 숨기고, 사건 혹은 활동에 대한 개인의 생생한 경험 혹은 의식이 스스로를 드러내도록 한다. 생생한 경험의 많은 사례를 수집한 다음, 연구조사자는 그것들을 분석해서 그 사례들의 공통적인 구조, 즉 '본질'을 식별해 낸다. 환자가 간호사와 갖는 상호작용에 대한 많은 기술을 수집한 다음, 연구조사자는 간호사의 돌봄을 받는 환자의 경험의 핵심에는 환자를 빨리 처리해야 할 귀찮은 일처럼 대하기보다는 환자에게 "충분하게 현존하고자" 하는 간호사의 의지가 자리하고 있다는 결론을 내릴 수 있을 것이다.

쟁점 연구조사

이 전략은 명시적인 정치적 쟁점에 근거를 두고서 사회 변화에 공헌하려고 한다. 이것은 실천적이고 협력적이며, 다른 사람에 대한 연구조사이기보다는 다른 사람과 함께 연구조사를 수행한다. 이 전략은 종종 공적인 영역에서 현재 논쟁이 되고 있는 사회적 이슈에 초점을 맞추고, 그러한 논쟁에서 간과되거나 오해되고 있는 관점에 목소리를 부여한다. 또한 이 전략은 사회 변화에 적극적으로 관여하고 있는 사회운동과 기관에서 발생하는 이슈에 초점을 맞춘다. 연구조사의 목적은 변화를 위한 행동 쟁점을 구성하는 것이다. 이것은 페미니스트 연구, 에이즈 연구, 인종 연구 등에서 흔히 사용되는 탐구 전략이다.

연구조사 계획의 수립

연구조사 계획은 다음 사항에 대한 결정을 수반한다. 1) 연구조사의 대상이 되는 사람이나 프로그램이나 상황, 2) 자료를 수집하기 위해 사용할 구체적인 방법, 3) 연구조사를 수행할 연구자 혹은 연구팀, 4) 구체적인 시간 계획 속에서 프로젝트를 진행할 때 따라야 할 순차적인 단계. 이러한 사항들에 대한 결정은 시간의 제약, 재정적인 여건, 연구대상의 접근 가능성 등에 의해 결정되는 타협의 과정을 수반한다.

1. **연구조사의 대상이 되는 사람이나 프로그램이나 상황**은 대체로 프로젝트의 목적에 의해 결정된다. 이 프로젝트를 통해 여러분이 대답을 얻고자 하는 질문은 무엇인가? 이 질문에 대한 대답을 얻기 위해 필요한 자료를 제공해 줄 수 있는 것은 누구인가, 혹은 무엇인가? 이 질문에 대한 대답을 찾는 것은 항상 생각만큼 그렇게 쉬운 일이 아니다. 의료문제 등 응급상황에 직면하고 있는 저소득층을 위한 재정지원 프로그램을 시작하기 위해 연구조사를 수행한다고 가정해 보자. 여러분의 지역공동체 안에 살고 있는 사람들 중에 프로그램이 목표로 삼고 있는 사람들과 사회복지에 식견이 있는 사람들이 얼른 마음속에 떠오를 것이다. 하지만 여러분은 이 지역 안에서 '훌륭한 실천'을 대표하는 다른 교회공동체들의 유사한 프로그램과 이 프로그램에 참여하는 리더들, 자원봉사자들을 관찰할 필요가 있다. 이것은 여러분이 필요로 하는 정보의 유형과 이 정보의 잠재적 원천에 대한 주의 깊은 사고를 요구한다.

2. **연구조사의 방법**은 자료를 수집하고 기록하기 위해 사용되는 구체적인 절차를 가리킨다. 이 방법은 부분적으로 여러분이 연구조사를 위해 선택한 탐구 전략에 의해 결정된다. 예를 들어, 인생사/내러티브 전략은 현상학적 전략과 마찬가지로 인터뷰 방법을 활용한다. 하지만 민족지학과 같은 전략은 참여자 관찰, 자료 분석, 인터뷰와 같은 많은 방법들을 활용한다. 이러한 경우 시간과 자원의 제약은 종종 타협을 요구한다. 프로젝트의 목적은 여러분이 필요로 하는 정보를 수집하는 가장 효과적인 방법을 결정하는 데 도움을 준다. 교회공동체 리더가 실시하는 연구조사는 일반적으로 기초조사 혹은 응용조사의 학문적 표준을 만족시키려고 애쓰지 않는다. 오히려 정해진 시간 내에 프로그램을 평가하고 구체적인 문제를 해결하는 것을 목적으로 삼는다. 이것은 시간이나 재정을 많이 요구하는 방

법을 배제하게 만든다. 요컨대, 여러분은 여러분이 진정으로 필요로 하는 정보에 관해서, 그리고 그러한 정보를 구할 수 있는 가장 효과적인 방법에 관해서 주의 깊게 생각해야 한다.

연구조사의 방법

- **인터뷰.** 인터뷰 대상자에게 질문을 던지고 대답을 들음으로써 구두자료를 수집한다.
- **참여자조사.** 현장에 직접 참여하는 가운데 실천, 사건을 관찰하면서 구두자료와 시각자료를 수집한다. 목표는 사람과 공동체 사이에서 이루어지는 일상적인 상호작용의 패턴과 사건, 활동, 상징이 그들에게 가지는 의미를 발견하는 것이다.
- **자료 분석.** (회보, 교회역사자료, 재정보고서, 교적부 등) 문서자료를 수집하고 (그림, 장식, 교회로고, 기호 등) 상징적 중요성을 가진 대상에 주목한다. 연구조사자가 그러한 자료(artifact analysis)에 대한 나름의 해석을 수행하지만, 동시에 그것들이 '내부자들'에게 어떤 의미를 가지는지 그들에게 직접 묻는다.
- **공간 분석.** 어떤 조직이 자리하고 있는 위치와 공간 배치에 주목한다. 이것은 예배당, 사무실과 회의장소 배치, 건물 외부, 지반 등을 포함할 수 있다.
- **인구통계 분석.** 연령, 수입 정도, 성정체성, 교육수준, 주택상황, 직장 유무 등과 관련해서 특정 인구에 대한 정보를 수집한다. 이것은 특정그룹에 대한 인구통계 윤곽을 형성하고 그것을 다른 그룹의 윤곽과 비교할 수 있게 해준다.
- **초점그룹.** 리더의 지도 아래 모인 10명 이내의 사람들과 더불어 한 가지 주제에 대해 토의하며 구두자료를 수집한다. 초점그룹은 통상적으로 (연령, 성정체성 등) 특정한 인구학적 관점에서 동질적인 집단

이다. 이것은 참여하는 사람들이 서로 의견을 교환하는 것을 용이하게 만든다.

3. 연구조사를 실시하는 **연구자 혹은 연구팀**은 교회공동체 연구조사에서 중요하면서도 성가신 이슈이다. 일부 교회공동체는 초점그룹을 인도하거나, 설문조사를 고안하거나, 인터뷰를 실시하는 일에 있어 전문적인 능력을 가진 구성원들을 갖고 있다. 그들은 프로젝트를 구상할 때 큰 힘이 될 수 있다. 하지만 목사 외에 연구조사에 경험이 있는 사람이 아무도 없는 교회공동체도 많이 있다. 이것은 극복할 수 없는 문제는 아니다. 하지만 연구조사 수행을 돕는 다른 사람들을 모집한다면 그들을 훈련시키는 일이 필요하다. 인터뷰와 같은 일부 질적 연구조사 방법은 다른 방법보다 더 쉽게 배울 수 있다. 또한 만약 인터뷰를 녹음하거나 녹취한다면, 목사가 나중에라도 그 내용을 듣고 인터뷰의 신빙성을 평가할 수 있을 것이다. 여기에서 또다시 교회공동체나 인근 기관에서 채용한 사람들을 활용하고자 할 때 주의 깊은 사고가 요구된다.

4. 연구조사 계획을 수행할 때의 **순차적인 단계**에 대한 결정은 프로젝트의 세부사항에 대해 심사숙고하고, 과제를 완수하기 위한 구체적인 일정을 설정하고, 연구팀원에게 각자의 역할을 부여하는 일을 요구한다. 인터뷰와 초점그룹을 위해서는 누가 참가자를 모집할 것인가? 어디에서 인터뷰와 초점그룹을 가질 것인가? 어떻게 그 과정을 기록할 것인가? 누가 언제 그 자료를 분석할 것인가? 누구에게 또 어떤 방식으로 그 결과를 전달할 것인가? 여러분이 프로젝트를 시작하기 전에 이 이슈들에 관한 더욱 명확한 이해를 가지고 있을수록, 여러분은 정해진 시간에 여러분의 목표를 성취할 가능성이 더욱 높다. 연구조사 프로젝트는 이와 같은 구체적인 질문들 외에 다음과 같은 일반적인 단계를 포함하고 있다.

- **자료 수집.** 이것은 합의된 방법과 형식을 사용해서 자료를 수집하는 과정이다. 이 과정은 자료를 기록하는 방식에 관한 결정을 포함한다. 녹음할 것인가, 녹화할 것인가, 아니면 녹취할 것인가?
- **자료 필사.** 이것은 녹음된 내용이나 노트를 기록된 문서로 만드는 과정이다. 필사 과정은 많은 시간을 요구한다. 만약 사람들을 고용한다면 상당한 비용이 요구된다. 자원이 제한되어 있다면, 자료를 활용 가능한 문서로 만드는 다른 방법을 생각해 내야 한다. 어떤 경우에는 프로젝트의 목적을 위해서 필사가 용이한 방식으로 자료를 기록할 수 있다. 예를 들어, 초점그룹을 통해 자료를 수집한다면, 연구팀의 한 사람이 그 그룹을 인도하고 다른 한 사람이 대강의 내용을 노트북에 필사할 수 있다. 개인 인터뷰를 녹음한다면, 인터뷰를 진행한 사람이 녹음된 테이프의 내용을 듣고 중요한 주제를 받아쓰고 핵심적인 말들만 그대로 옮겨 쓰는 방법을 생각할 수 있다. 만약 특정 사건이나 활동을 녹화한다면, 연구팀이 녹화된 테이프를 함께 보면서 중요한 장면에서 멈추고 핵심 통찰에 관해 토의하면서 그것들을 기록할 수 있을 것이다. 이러한 지름길은 출판 가능한 학문적 연구의 표준을 만족시키지는 못한다. 하지만 제한적인 재정을 가진 교회공동체에게는 유일하게 가능한 수단이다. 그러한 교회공동체가 연구조사를 전혀 하지 않는 것보다는 이렇게라도 '충분히 훌륭한' 연구조사를 실시하는 것이 더 바람직하다고 나는 생각한다.
- **자료 분석 및 해석.** 일반적으로 연구조사자는 자신의 현장노트, 필사본, 인터뷰노트를 훑어보면서 전반적인 이해를 얻고 반복되는 언어, 이슈, 주제를 파악하기 시작한다. 그런 다음 자료를 기호로 바꾸고, 분석을 위해 그것들을 작은 단위로 구분하며, (다양한 인터뷰, 초점그룹, 사건 등) 다양한 자료 원천에 두루 적용 가능한 범주를 조금씩 만들어 간다. 대학의 연구자는 분석의 타당성을 확보하기 위해 종종 전문적인 절차

를 활용하지만, 교회공동체 리더에게 중요한 것은 패턴 혹은 주제를 분별하는 일이다. 이것은 특정한 자료뭉치를 꼼꼼하게 들여다보고, 자료 사이의 유사점과 차이점을 포착하는 범주를 만들고, 그런 다음 이전 자료 혹은 새로운 자료를 다시 들여다볼 때 가능한 일이다.

• **연구 결과 수행.** 연구조사자는 자신이 얻은 지식으로 무언가를 실천한다. 오늘날 대학의 많은 연구자는 연구보고서의 수사학적, 수행적 차원에 보다 많은 관심을 기울인다. 이러한 현상은 그들이 그들의 연구조사를 더 많은 사람들에게 알리고 공적인 삶에 영향을 미치고자 할 때 특별히 두드러진다. 예를 들어, 일부 사람들은 자신들의 연구 결과를 생생하고 설득력 있게 전달하기 위해 '지역신문'에 글을 기고하거나 '수행본문'을 창조한다.[32] 마찬가지로 교회공동체의 리더는 그들의 연구 결과를 함께 나눌 청중에 관해, 그리고 다른 사람들이 연구 결과에 따라 움직이도록 동기를 부여하는 방식에 주의 깊게 생각할 필요가 있다.

연구조사에서 성찰성

오늘날의 사회과학에서 성찰성(reflexivity)은 경험적 연구조사의 **이중적 위기**에서 비롯된 산물이다.[33] 첫 번째 위기는 **표상**(representation)의 위기이다. 오늘날에는 '사실'이 현상에 대한 직접적 관찰에 의해 구성된다고 더 이상 여겨지지 않는다. 오히려 관찰은 이론 의존적이고, 자료를 수집하기 위해 사용되는 연구조사 실천과 기술에 의존적이다. 이것은 현상과 그 현상에 대한 과학적 표상 사이의 직접적인 상응을 의심스럽게 만든다. 두 번째 위기는 **정당화**(legitimation)의 위기이다. (타당성, 신뢰 가능성, 일반화 가능성 등)

---

32 수사학이론과 수행이론으로의 전환에 관해서는 Norman Denzin, *Interpretive Interactionism* (Thousand Oaks, Calif.: Sage, 2001), 9-20쪽을 보라.
33 Uwe Flick, *An Introduction to Qualitative Research*, 2nd ed. (Thousand Oaks, Calif.: Sage, 2002), 9-10, 30-31.

과학적 연구의 적절성을 판단하기 위해 사용되었던 고전적인 실험 기준은 오늘날 지나치게 협소하다는 평가를 받고 있다. 예를 들어, 일반화 가능성은 소수의 사례를 심층적으로 연구하는 질적 연구조사에는 상대적으로 그 중요성이 떨어진다. 그러한 연구조사가 더 많은 사람들에게 적용 가능한 일반적인 주장을 펼치는 경우는 흔치 않다. 따라서 단일한 기준에 호소해서 과학적 연구조사를 정당화하는 것은 더 이상 가능한 일이 아니다. 기준은 수행되는 연구조사의 유형 및 목적에 따라 다양하다.

이 같은 이중적 위기로 인해 사회과학자들은 그들의 작업을 지도하고 있는 선택과 가정에 대해 보다 진지하게 성찰하게 되었다.[34] 이것은 사회과학자들이 다음 질문에 대한 자신들의 관점을 성찰하고 다른 사람들을 위해 그 관점을 명시적으로 표현해야 한다는 것을 의미한다. 실재의 본성은 무엇인가?(존재론) 실재는 어떻게 알려지는가?(인식론) 과학의 본성은 무엇인가?(과학철학) 과학은 어떤 유형의 주장을 펼치며, 그 주장은 어떻게 정당화되는가? 과학은 어떤 사회적 가치를 구현하는가? 오늘날의 연구자들은 이 질문에 답하기 위해 다양한 철학적 관점의 도움을 구한다. 이것은 때로 그들의 작업을 형성하고 있는 메타이론적 관점으로 알려져 있다. 라틴어로 **메타**(meta)는 넘어서 간다, 혹은 초월한다는 의미를 갖고 있다. 따라서 메타이론적 관점은 개별 연구 프로젝트와 이론을 초월하는 실재, 지식, 과학에 관한 가정으로 이루어져 있다.[35] 신념과 가치의 그물망은 연구자들이 프로젝트를 특정 방식으로 수행하는 이유를 정당화한다. 이 장의 마지막 부분(부록)에서 나는 오늘날 영향력이 큰 몇 가지 관점을 살펴볼 것이다.

이러한 관점에 대한 인식은 다음 두 가지 이유에서 교회공동체 리더에게 중요하다. 첫째, 이러한 인식은 그들이 학자들의 연구결과를 비판적으

---

[34] Michael Crotty, *The Foundations of Social Research: Meaning and Perspective in the Research Process* (Thousand Oaks, Calif.: Sage, 2003). 또한 William Outhwaite, *New Philosophies of Social Science: Realism, Hermeneutics, and Critical Theory* (London: Palgrave, 1987)를 보라.

[35] Danermark et al., *Explaining Society*, 3.

로 읽고 그들의 연구조사 방법에 영향을 준 배후 가정을 분별할 수 있도록 도움을 준다. 둘째, 이러한 인식은 교회공동체 리더가 자신의 연구조사에 대해서 보다 진지하게 성찰할 수 있도록 동기를 부여한다. 만약 그들이 교회공동체와 지역공동체 안에서 정기적으로 연구조사를 수행한다면, 단순히 연구조사 질문과 관련해서 필요한 정보를 얻는 데 만족하지 않고 그보다 더 나아갈 필요가 있다. 그들은 현재 통용되고 있는 관점과 대화하면서 메타이론적 이슈에 관해 자신들의 입장을 분명히 해야 한다.

관심의 체계적인 기술 : 기술, 관찰, 인터뷰

이 장에서 나는 경험적 연구조사를 현존의 영성 안에서 수행되는 공식적 관심의 한 형태로 기술하였다. 이것은 다른 사람들의 특수하고 다른 상황에 체계적이고 훈련된 방식으로 관심을 갖는 것을 말한다. 이러한 관심은 교회공동체 리더가 제사장적 청취에 관여하는 한 방식이다. 교회 리더는 교회공동체를 위한 중보기도와 설교 등과 같은 사역을 수행하기 위해서 다른 사람들의 삶 속에 들어간다. 나는 경험적 연구조사에 대한 이 논의를 마치기 전에 질적 연구조사에서 가장 중요한 세 가지 기술에 초점을 맞추고자 한다. 그 세 가지 기술은 기술, 관찰, 인터뷰를 가리킨다. 각 기술은 다른 사람들에게 관심을 갖는 훈련된 방식으로서 연구조사자의 인격에 의존하고 있으며, 연구조사자의 관심 능력은 연구조사의 수단이 된다. 여기에서 나는 교회공동체 상황에서 리더가 기술, 관찰, 인터뷰를 실시할 때 부각되는 이슈를 집중해서 다룰 것이다.

기술(describing)

여러분이 보고 듣는 것을 있는 그대로 기술하는 것은 여러분이 생각하는 것보다 더 어려운 일이다. 내가 가르치는 신학교에서 나는 학생들이 종종 묘사를 해석 및 평가와 결합하고 있는 것을 발견한다. 물론 우리가 만약 해석학을 진지하게 생각한다면, 우리는 순수한 묘사 같은 것은 없다는 것을 깨닫는다. 묘사는 항상 특정한 관점과 위치에서 이루어진다. 하지만, 학생과 리더가 다른 사람의 말과 행동에 관심을 가지면서 그것들을 해석적, 규범적 판단으로 걸러내지 않는 기술을 습득하는 것은 가치 있는 일이다. 이것은 실천신학적 해석의 기술적-경험적 과제에 있어 매우 중요하다. 기술적-경험적 과제는 어떤 일이 일어나고 있는 이유 혹은 앞으로 일어나야 하는 일에 대해 성찰하기 전에 지금 일어나고 있는 일이 **무엇인지**에 초점을 맞추기 때문이다.

질적 연구조사에서는 통상적으로 내부자의 관점과 외부인의 관점을 나누는데, 이것을 기술의 요령에 적용하면 유익한 도움을 받을 수 있다. 연구조사자가 친숙하지 않은 공동체를 연구할 때, 그는 외부인이다. 그는 내부자의 관점에 접근해야 하는 과제에 직면한다. 곧 내부자들이 자신들의 행동에 부여하는 의미와 그들이 서로 상호작용하는 방식에 접근해야 한다. 대부분의 경우 교회공동체 리더는 전혀 반대의 도전에 직면한다. 그는 내부자로서 이미 다른 사람들의 이해 및 교회공동체 활동의 의미를 형성해 왔다. 그는 신선한 눈과 귀를 가지고 사람과 활동에 관심을 가지는 외부인이 되어야 하는 도전에 직면한다. 그는 자신이 이미 갖고 있는 이해, 해석, 판단을 내려놓고, 사람과 활동을 처음으로 대면하는 사람의 관점을 채택해야 한다. 기술의 요령은 이런 식으로 다른 사람들에게 관심을 갖는 중요한 방법이다.

기술은 여러분이 보고 듣는 것을 적으면서 다른 사람들의 말과 행동을 정확하게 포착하는 것이다. 연구조사에서 기술은 현장노트, 축어적 보고, 과정노트 등 보고 들은 내용을 기록할 때 이루어진다. 또한 상황, 사건경과, 감정, 다른 관련된 세부사항들도 기록된다. 또한 많은 연구조사자들은 자신들의 주관적인 반응과 예감을 기술하는 것도 도움이 된다고 생각한다. 그들은 자신들에 대해서도 외부인이 되고, 한걸음 물러서서 자신들의 경험을 묘사한다. 이것은 그들이 자신들의 고유한 관점을 이해하는 데 도움을 줄 뿐 아니라, 그 자체로 고유한 자료의 원천이 된다. 이러한 내적 대화는 더 깊은 관심을 필요로 하는 문제에 대한 단서를 제공한다. 예를 들면, 여러분이 샘 그리스와 대화할 때마다 항상 소진된다는 느낌을 갖는다고 생각해 보자. 여러분이 샘과의 만남을 한 번 자세하게 기록하고 나면 여러분은 샘과 대화하는 중에 여러분이 공격받고 있다고 느끼고 약간 겁을 먹는다는 것을 알게 된다. 샘과의 대화 중에 무슨 일이 일어나고 있는 것인가? 다른 사람들도 샘과 대화할 때 동일하게 반응하는가? 이것은 행정부장으로 그의 역할에 어떤 영향을 미치는가? 따라서 여러분의 주관적 반응을 기술함으로써 여러분은 종종 새로운 문제에 관심을 갖게 된다.

관찰(observing)

질적 연구조사에서 검토 중인 분야에 직접 참여하는 것은 결정적으로 중요하다. 이것은 관찰의 요령을 요구한다. 교회공동체의 새로운 소그룹 사역이 갖는 의미에 대해서 다른 사람들의 보고를 듣는 것과 여러분 자신이 몇몇 소그룹을 실제로 관찰하는 것은 전혀 다른 일이다. 후자를 통해서 여러분은 다른 사람들이 선택적으로 받아들인 인상에 의지하는 것이 아니라, 이러한 상황에 직접 접근하게 된다. 이것을 통해 여러분은 참가자들이 인식하지 못하거나 나누고 싶어 하지 않는 것도 발견할 수 있다. 마이클 패튼(Michael Patton)은 훌륭한 관찰자의 6가지 특징을 다음과 같이 묘사한다. 1) 주목하기를 배움, 2) 묘사적인 글을 씀, 3) 훈련된 방식으로 현장노트 기록, 4) 세부적인 사항과 사소한 내용을 구분하는 법을 익힘, 5) 관찰을 분할함, 6) 자신이 가진 고유한 관점의 감정과 약점을 인식함.[36] 다섯 번째 항목에서 분할은 어떤 분야를 한 가지 이상의 방법으로 관찰하고 자료를 수집하는 것을 말한다. 예를 들어, 이것은 여러분의 교회공동체 예배 직전과 도중과 직후에 표현되는 다양한 감정에 관심을 가지는 것, 예배를 녹화하고 예배에 참석한 몇몇 사람들에게 예배의 여러 과정에서 그들이 경험한 내용에 대해서 성찰하도록 부탁하는 것, 주보나 찬송 등 예배에 사용된 기록문서를 연구하는 것, 나중에 예배당에 다시 돌아와 장소와 상징을 연구하는 것 등을 포함한다.

기술할 때에 내부자의 관점과 외부인의 관점 사이에 긴장이 있듯이, 참여하는 사람의 관점과 관찰하는 사람의 관점 사이에도 긴장이 존재한다. 교회공동체 리더는 종종 그가 관찰하고 싶은 활동과 실천에 직접 참여하고 때로는 그것들을 인도한다. 하지만 그가 참여하지 않을 때에도, 다른 사람들은 공식적인 리더로서 그의 존재가 자신들의 일상적인 행동 양식을 중단시킨다고 느낄 수 있다. 따라서 참여와 관찰 사이의 긴장관계를 극복하는 것은 교회공동체 리더가 고려해야 할 중요한 이슈이다. 대니 조겐슨(Danny Jorgensen)은 "완전한 관찰자, (참여자보다는 관찰자에 더 가까운) 관찰자로서-참여자, (관찰자보다는 참여자에 더 가까운) 참여자로서-관찰자, 완전한 참여자" 등 관찰자-참여자 역할을 표시하는 연속선의 관점에서 이 같은 긴장을 묘사한 적이 있다.[37]

많은 경우 리더가 완전한 관찰자의 역할을 채택하는 것은 거의 불가능하다. 그는 이미 교회공동체에 속해 있을 뿐 아니라, 과거 그의 참여가 그가 관찰하는 내용과 다른 사람들이 그의 현존에 반응하는 방식에 영향

---

[36] Patton, *Qualitative Research*, 281.
[37] Danny Jorgensen, *Participant Observation: A Methodology for Human Studies*, Applied Social Research Methods Series, vol. 15 (Thousand Oaks, Calif.: Sage, 1989), 55.

을 미칠 것이다. 따라서 요점은 나머지 세 참여자 역할을 활용하는 것이다. 그가 일상적으로 참석하지 않는 활동이나 모임을 관찰할 때에는 (참여자보다는 관찰자에 더 가까운) 관찰자로서-참여자 역할을 채택하는 것이 가장 쉬운 방법일 것이다. 예를 들어, 관찰을 목적으로 그는 여선교회 모임, 견신례 교육 모임, 혹은 교회에서 모이는 알코올중독자 모임 등을 방문할 수 있다. 반면, 그가 일상적으로 참여하고 있는 모임에서는 (관찰자보다는 참여자에 더 가까운) 참여자로서-관찰자 역할이 더 적절할 것이다. 예를 들어, 그는 교회운영위원회의 일원이다. 어느 저녁 위원회 모임을 관찰할 목적을 가졌다면, 그는 위원회 활동 참여를 최소화하고 대신 위원회 진행 과정의 몇 가지 측면에 초점을 맞출 수 있을 것이다. 모임 중에 노트를 기록할 수도 있고, 모임이 끝난 직후에 노트를 보강할 수도 있을 것이다. 선교여행에 참여하는 경우처럼 그가 완전한 참여자가 될 경우 그는 참여하는 도중에 관찰을 병행해야 하고, 자신이 관찰할 내용을 기록하기 위해 별도로 시간을 마련해야 한다. 개인적으로 나는 연구조사에서 이 세 가지 참여자 역할을 녹화로 보완하는 것이 유익하다고 생각한다.[38] 녹화는 여러분이 활동에 참여한 다음 나중에 그것을 다시 검토할 수 있는 기회를 허락한다. 여러분은 그 녹화테이프를 멈출 수도 있고 재생할 수도 있고 또한 그것을 두고 다른 사람들과 토론할 수도 있다. 오늘날 점점 더 많은 사람들이 이 매체를 사용하고 있기 때문에, 더 이상 과거처럼 활동에 지장을 초래하지는 않는다.

인터뷰(interviewing)

인터뷰 요령은 질적 연구조사에서 관심의 매우 중요한 부분이다. 인터뷰는 두 사람 사이의 대화로서, 인터뷰를 통해 한 사람은 다른 사람으로부터

---

[38] 나는 *The Teaching Ministry of Congregations* (Louisville: Westminster John Knox, 2005), part 2에서 다룬 교회사례 연구에서 이 방법을 광범위하게 활용하였다.

특정한 목적을 위해 정보를 구한다.[39] 훌륭한 인터뷰 진행자는 인터뷰 대상자의 말을 경청하면서 그가 말과 행동으로 보이는 반응에 주목하고 또한 대화를 지나치게 통제하지 않으면서 그 대화를 이끌어 간다. 신참 인터뷰 진행자의 한 가지 흔한 실수는 지나치게 말을 많이 한다는 점이다. 그는 인터뷰를 이끌어 가야 하는 일로 인해 염려하고, 대화가 느리게 진행되면 금방 조급해진다. 또한 초보자들은 침묵이 가진 '흥미로운 힘'을 이해하지 못한다. 침묵은 때로 상대방이 대답하기에 앞서 질문에 대해 깊이 고민할 수 있는 기회를 허락하기 때문이다.[40] 반대로, 숙련된 인터뷰 진행자는 적은 말을 하고 많이 듣는다. 그는 눈 맞춤, 얼굴표현, 고개 끄덕임, 적절한 시점에 몸을 앞으로 혹은 뒤로 젖힘 등을 통해 상대방에게 자신이 주목하고 있음을 간접적으로 알려준다. 또한 그들은 대화를 진전시키기 위해서 이러한 행동을 어떻게 활용해야 하는지 알고 있다.

대화에 앞서 두 가지 결정이 인터뷰를 구성하는 데 결정적인 역할을 한다. 그 결정은 구조화의 정도와 질문의 형태에 관한 것이다. 빌 길햄(Bill Gillham)은 구조화의 차원을 연속선에 빗대어 설명한다.[41]

인터뷰에서 구조화의 정도는 질문의 유형 및 인터뷰 질문순서의 융통성 등에 영향을 미친다. 구두 설문조사와 같이 매우 구조화된 인터뷰는 끝이 닫힌 질문을 정해진 순서대로 질문한다. 끝이 닫힌 질문은 질문을 받는 사람이 선택할 수 있는 몇 가지 보기를 제공한다. 예를 들면, 다음 중 여러분의 견진 경험을 가장 잘 표현하고 있는 것은 무엇인가? 1) 매우 의미 있었다, 2) 다소 의미 있었다, 3) 전혀 의미 없었다. 구조화되지 않은 스펙트럼이 다른 쪽으로 옮겨갈수록, 질문들은 끝이 열려 있고 질문 순서도 보다 유동적이다. 예를 들어, 절반쯤 구조화된 인터뷰에서는 일반적으

---

[39] Bill Gillham, *The Research Interview, Real World Research* (New York: Continuum, 2000), 1. 이 단락의 논의에서 나는 이 책과 Patton, *Qualitative Research*, 7장에 의존하고 있다.
[40] Gillham, *The Research Interview*, 36.
[41] Gillham, *The Research Interview*, 6.

로 인터뷰 진행자가 미리 순서까지 정해진 질문들을 갖고 있지만, 응답자가 자발적으로 나중에 다루어질 영역으로 넘어갈 경우 인터뷰 진행자는 미리 정해진 순서에서 기꺼이 벗어날 수 있다. 이러한 종류의 인터뷰는 통상적으로 끝이 열린 질문들을 포함하고 있으며, 끝이 열린 질문들은 응답자가 스스로 대답을 구성하도록 한다. 견신례 프로그램의 어떤 부분이 당신에게 가장 의미 있었습니까? 왜 그렇습니까? 연속선의 다른 쪽 끝에는 연구조사자가 형식적인 인터뷰를 진행하지 않고 자연스럽게 흘러가는 대화를 귓결로 듣는다.

인터뷰의 구조화

구조화되지 않음
- **구두 관찰:** 다른 사람들의 일상적인 대화를 귓결로 들음.
- **자연적 대화:** 비공식적이고 자연적인 대화 속에서 연구조사 관련 질문들을 던짐.
- **끝이 열린 인터뷰:** 사전 계획된 순서 없이 끝이 열려 있는 몇 가지 핵심적인 질문들을 활용함.
- **반쯤 구조화된 인터뷰:** 계획된 순서에 맞추어 끝이 열린 질문들과 끝이 닫힌 질문들을 던지다가, 대화의 흐름에 맞추어 자연스럽게 질문 순서에 변화를 줌.

구조화됨
- **구두 설문조사:** 정해진 순서에 맞추어 끝이 닫힌 질문들을 던짐.

훌륭한 인터뷰 진행자는 적절한 길잡이와 탐침을 사용하면서 대화를 부드럽게 진행시켜 가는 요령을 알고 있다.[42] 그들은 적절한 길잡이를 통해 응

---

42 Gillham, *The Research Interview*, chapter 6.

답자에게 그가 인터뷰 과정의 어떤 지점에 있는지 간접적으로 알려준다. 예를 들면, "이 인터뷰 첫 부분에서 저는 선생님이 설교로부터 얻어낸 통찰에 특별히 관심이 있습니다." "이제, 예배의 다른 부분들로 넘어가 봅시다. 선생님이 예배 중 설교 외에 가장 집중하고 있다고 느끼는 때는 언제입니까?" "이제 마지막으로 우리가 다루어야 할 영역은……."

또한 훌륭한 인터뷰 진행자는 적절한 탐침을 활용해 응답자의 반응을 이어받으면서 다음 단계로 진행할 수 있도록 도움을 준다. 이것은 여러 가지 형태를 취할 수 있다.[43] 1) **명확화** – "선생님께서 무슨 말씀을 하고 계신지 제가 확실하게 이해하지 못했습니다. 좀 더 말씀해 주시겠습니까?" 2) **정당화** – "선생님은 현대 음악 사용이 예배를 망치고 있다고 생각하고 계시지요? 왜 그렇게 생각하시는지 그 이유를 말씀해 주실 수 있으십니까?" 3) **적절성** – "교회 방과후 프로그램에 대해 방금 하신 말씀이 선생님이 앞서 새로운 사람들을 영입할 필요와 관련해서 말씀하신 내용과 어떻게 연결되는지 잘 모르겠습니다. 그 두 가지 말씀이 어떻게 서로 연결되는지 말씀해 주실 수 있으십니까?" 4) **사례** – "목사님들이 권위주의적이라고 방금 말씀하셨는데, 그런 사례를 하나만 들어주실 수 있으십니까?" 5) **내러티브 채우기** – "밥과 조안이 주장을 펼친 다음 위원회의 나머지 사람들은 어떻게 응답했습니까? 그 다음에는 무슨 일이 일어났습니까?" 6) **순서 확정하기** – "제가 사건들을 순서대로 파악했는지 잘 모르겠습니다. 그러니까 아버지께서 먼저 실직하시고 그 다음 음주를 시작하신 겁니까, 아니면 음주 때문에 아버지께서 실직하게 되신 겁니까?"

기술, 관찰, 인터뷰는 관심의 훈련된 형태이다. 리더가 연구조사에서 이와 같은 요령을 활용하면, 자신이 속한 교회공동체 안에서 일어나고 있는 일들을 더욱 잘 이해할 수 있다. 그러한 요령은 그가 이미 갖고 있던 이해와 판단을 넘어서서 다른 사람들이 실제로 생각하고 느끼고 행하고 있는

---

[43] Gillham, *The Research Interview*, 46-50.

바를 가까이에서 주목할 수 있도록 도움을 준다. 또한 이것을 통해 리더는 교회공동체의 문화와 그룹에 대한 보다 풍부한 이해를 얻을 수 있고, 프로그램을 평가하고 계획할 수도 있고, 교회위원회의 역학관계를 파악할 수도 있고, 개인의 삶의 이야기 속으로 들어갈 수도 있다. 연구조사 프로젝트를 구상할 수 있는 능력과 함께 이와 같은 요령을 습득하는 것은 실천신학적 해석에서 중요한 차원에 속한다. 이것은 리더가 열린 마음, 관심어린 마음, 기도하는 마음으로 하나님의 현존 가운데 다른 사람들에게 기꺼이 관심을 갖고자 하는 의지를 반영한다.

내러티브 연구: 올리비아 포터의 이야기

나는 올리비아 포터의 삶에서 발생한 몇 가지 사건들로 이 장의 논의를 시작했다. 이제 나는 그녀의 이야기를 보다 상세하게 다루면서 이 장을 매듭지으려고 한다. 여기에서 나는 인생사/내러티브 탐구 전략을 활용하면서 내가 올리비아와 가진 인터뷰를 살펴볼 것이다. 우리는 올리비아의 이야기를 나중에 또다시 들여다볼 기회를 갖게 될 것이다. 올리비아와 인터뷰를 할 때 나는 켄 플러머(Ken Plummer)가 『인생 기록』(*Documents of Life*)에서 제시한 지침과 질문을 참고하였다.[44] 첫 번째 인터뷰를 갖기 전 나는 올리비아에게 마치 자서전을 쓰는 사람처럼 우리의 대화에 임해 줄 것을 주문했다. 그리고 인생의 각 장에 소제목을 붙여보고, 또 각 장에서 두드러진 사건이나 사람을 기록해 보라고 조언했다. 이것이 우리의 첫 번째 인터뷰의 구조를 구성했다.

나는 인터뷰 과정을 녹음한 다음 나중에 오디오테이프의 내용을 들으면

---

[44] Ken Plummer, *Documents of Life 2: An Invitation to a Critical Humanism* (Thousands Oaks, Calif.: Sage, 2001), 124-25.

서 최초 노트 작성을 마무리했다. 나는 올리비아가 처음으로 자신의 이야기를 나누는 동안 그녀의 인생에 흔적을 남긴 중요한 사건과 관계, 곧 '본질현현'(epiphanies)을 식별하는 데 특별한 관심을 가졌다.[45] 본질현현은 개인의 정체성 내러티브에 대한 특별한 통찰을 제공하며, 흔히 사람들은 그것을 인생의 전환점으로 해석한다. 나는 올리비아의 이야기에서 몇 가지 본질현현을 식별할 수 있었고, 두 번째 인터뷰에서는 그중 일부를 깊이 있게 다루었다. 아래의 소제목은 올리비아가 자신의 이야기를 구조화할 때 사용했던 문구이다. 인용구 안의 글은 그녀의 말을 있는 그대로 전달하고 있다.

아빠의 어린 딸

올리비아는 인터뷰를 시작할 때 자신의 어린 시절 사진 한 장을 나에게 보여주었다. 그것은 어린 올리비아가 버몬트 주에 위치한 집 뒤뜰에서 아버지 옆에 서 있는 모습을 찍은 사진이었다. 올리비아는 그 가정의 세 자녀 중 장녀였다. 그녀 아래로 남동생이 하나, 여동생이 하나 있었다. 올리비아는 아버지와 특별히 가깝게 지냈으며, 지금까지도 각별한 부녀관계를 유지하고 있다. 올리비아의 부모님은 두 분 모두 버몬트 주 벌링턴 시 인근에서 자랐다. 어머니는 초등학교 선생님이었고, 아버지는 교사, 목사, 공장 직원, 피아노 조율사, 찬양대 지휘자, 주유소 직원 등 다양한 직업을 가졌다. 하지만 아버지의 주된 역할은 가족을 양육하고 돌보는 일이었다. "우리집에서는 부모님의 역할이 전도되어 있었어요. 아버지가 보다 감정적이었고, 가사일과 편지 쓰는 일을 도맡아 하셨어요. 제가 결혼할 때 아버지는 저에게 아름다운 편지를 써주셨어요. 엄마는 전형적인 뉴잉글랜드 사람이었어요. 매우 사색적이고, 매우 조용하고, 말수가 거의 없었어요. 엄마는 뜨개질할 때 행복해했어요. 말은 아빠가 대부분 하구요." 올리비아

---

45 Denzin, *Interpretive Interactionism*, 34–39.

가 고등학교를 다닐 무렵, 어머니가 정기적인 가계수입 및 의료보험 혜택 등을 대체로 책임지고 계셨다.

올리비아는 자신이 아버지 곁에 서 있는 사진을 들고서 이렇게 말했다. "이것은 우리가 교회에서 막 돌아왔을 때, 아니면 우리가 교회 가는 길에 찍은 사진이에요." 교회는 어린 시절 올리비아의 삶에서 큰 부분을 차지하였다. 그 이유는 아버지가 교회와 깊이 연관되어 있었기 때문이다. 올리비아의 고백에 따르면, 그녀의 친할아버지, 친할머니는 모두 알코올중독자였고, 아버지는 양손 모두 기형인 상태로 태어났다. 양손 모두 정상적인 엄지손가락 외에 짧은 세 손가락을 갖고 있었다. 하지만 아버지는 "천사 같은 목소리"를 갖고 있었고, 어린 시절 한 감리교 목사의 돌봄 덕분에 교회에서 자신의 음악적 재능을 활용할 수 있는 기회를 가질 수 있었다. "아마도 이것이 아버지의 어린 시절 구원의 은혜였을 거예요." 나중에 아버지가 30대 초반이 되었을 때(당시 올리비아는 9살이었다.) 아버지는 켄터키 주 윌모어에 소재한 애즈베리신학교(Asbury Theological Seminary)를 다녔다. 그 후 잠시 어느 교회에서 음악 사역자가 되었다. 아버지는 안수를 받지는 않았지만, 평생에 걸쳐 연합감리교단 소속 교회에서 일했다.

찬양대에서 노래하는 것과 교회에 가는 것은 어린 시절 올리비아가 당연하게 받아들였던 활동이었다. 기독교 신앙은 가정에서도 중요했다. 올리비아가 어린 시절에 대해 가진 가장 생생한 기억들 중 하나는 다음과 같은 것이었다. "가족이 함께 거실에 앉아 있고, 아버지가 다음과 같이 말씀하셨어요. '우리는 여기에서 교회를 경험할 거다. 교회 건물 안에서만 예배를 드릴 수 있는 것은 아니란다.' 우리 가족은 많은 시간 함께 성경을 읽고 찬송을 불렀어요. 아버지는 항상 이런 모임의 중심에 있었어요. 제가 이 장에 '아빠의 어린 딸'이라는 소제목을 붙인 이유들 중 하나도 이것 때문이에요."

나는 어울리지 못하는 사람입니다

　올리비아는 자신의 인생의 두 번째 장의 시작을 자신이 열여섯 살이었을 때로 잡았다. 올리비아의 가족은 아버지의 직장 문제로 어린 시절 버몬트 주에서 커네티컷 주로, 켄터키 주로, 조지아 주로, 다시 버몬트 주로 계속해서 이사를 다녔다. 또한 같은 주 안에서도 여러 번 이사를 반복했다. 올리비아가 10학년에 들어가기 직전, 올리비아의 가족은 버몬트 주 린던빌로 이사했다. 마침내 어머니가 "땅을 발로 차시더니 '내가 가르칠 테니까 우리 여기 머물러요!'라고" 선포했다. 어머니는 당시 40대 초반이었고, 올리비아의 진술에 따르면 이사하는 데 지쳐 있었다. 더군다나 올리비아의 부모님 모두 버몬트 주에서 자라셨기 때문에 마치 '집에 돌아온' 것 같은 느낌을 받으셨다.

　하지만 올리비아에게는 집에 돌아온 것같이 느껴지지 않았다. "저에게 이것은 매우 어려운 시간의 시작이었어요. 나는 그저 내가 여기 어울리지 않는다고 느꼈습니다. 우리가 조지아 주 워너 로빈스 시에서 이사를 떠나기 전, 그곳에서 저는 매우 규모가 큰 고등학교를 다녔어요. 버몬트 주에 이사 와서 저는 센트럴고등학교를 다녔는데, 이 학교는 전교생이 500명이었어요. 하지만 조지아 주에서 제가 다닌 학교는 한 학년 학생이 500명이었어요. 큰 학교에 있으면 개인은 눈에 잘 띄지 않아요. 그리고 저는 그걸 좋아했어요. 하지만 센트럴고등학교에서는 모든 학생들이 서로 알고 있었어요. 조지아 주에 있을 때에는 학교공부가 참 쉽게 느껴졌어요. 하지만 센트럴고등학교에서는 학교공부가 더 어려워 보였어요. 아마도 제가 학교공부에 대한 초점을 잃어버렸던 것 같아요. 저는 다른 친구들과 어울리는 일에 더 많은 관심을 가지고 있었고, 공부는 그렇게 열심히 하지 않았어요. 또한 이곳 고등학교 문화는 매우 거칠었어요. 대부분의 아이들이 고등학교를 졸업한 다음에는 공장에서 일하길 원하고 있었어요. 노동조합도 튼

실했고, 월급과 기타 혜택들이 매우 좋았거든요. 대학에 진학하려고 생각하고 있는 학생들은 그리 많지 않았어요. 그리고 학생들이 술과 약물을 많이 복용했어요. 저도 그때 처음으로 술과 약물을 과다 복용하기 시작했어요. 아마도 다른 아이들과 어울리기 위해서 그랬던 것 같아요."

고등학교를 지나면서 올리비아의 자신감은 크게 위축되었다. "저는 수업시간에 말을 하는 게 두려워졌어요. 대부분의 선생님들이 저에 대해 평가하면서 '자존감 결여'라는 표현을 사용했어요." 이 기간 동안 두 가지 본질현현들이 두드러지게 나타난다. 11학년 때 올리비아는 『모비딕』(Moby-Dick)을 읽으면서 공부하는 문학수업에 참여했다. 올리비아는 그 책을 이해하는 데 어려움을 느꼈다. 하지만 그녀의 아버지가 그녀와 함께 그 책을 읽어주었고, 그 책의 상징들을 좋아했다. 아버지의 도움을 받아 올리비아는 마침내 수업을 따라가기 시작했다. 어느 날 선생님께서 수업 중에 올리비아를 불러 읽기과제에 대한 의견을 내보라고 말했다. 올리비아가 대답을 끝내자, 선생님이 학생들 앞에서 올리비아에게 "네가 과제를 읽었다는 것조차 믿을 수가 없구나."라고 말했다. "그날 이후 저는 모든 수업시간에 입을 굳게 다물게 되었습니다. 저는 모욕감을 느꼈어요. 오랜 시간이 지난 후에야 비로소 저는 수업시간에 무언가를 말하고 싶다는 마음을 갖게 되었습니다."

같은 해에 올리비아는 자신의 다음 진로와 관련해서 상담선생님과 대화를 나누면서 콜비소이어대학에 지원하고 싶다고 말했다. 그때 상담선생님은 다음과 같이 반응했다. "너는 그런 학교에 전혀 어울리지 않아." 올리비아는 이 시간을 다음과 같이 회상한다. "이것은 제 꿈을 산산이 조각내는 말씀이었어요. 이후 제가 제 인생에 대해 다른 꿈을 갖기까지는 정말 오랜 시간이 걸렸습니다. 하나님께서 많은 도움을 주셨지요." 올리비아는 케넌대학으로부터 합격통지를 받았지만, 고등학교를 졸업한 이듬해 대학에 다니지 않고 집에 머물기로 결심했다. 올리비아는 가까운 공장에서 파트타임으로 일하면서 전문대학에서 비즈니스 관련 수업들을 들었다.

이 시기에 올리비아는 공장 사무실에서 일하는 밥 마쿰이라는 이름의 유부남과 밀회를 시작했다. 밥은 올리비아에게 자신이 조만간 아내와 이혼하고 그녀와 결혼할 것이라고 말했다. 올리비아가 집을 떠나 대학에 등록한 이후에도 그 관계는 지속되었다. "나는 학교가 정말 싫었어요. 거기에서도 저는 어울리지 못했거든요. 학교는 커네티컷 주 경계선에서 1마일 정도 떨어져 있었어요. 저는 차를 운전해서 주 경계선을 넘어 커네티컷 주에 있는 술집을 자주 찾았어요. 왜냐하면 그 주에서는 열여덟 살만 넘으면 술을 마실 수 있었거든요. 저는 제가 술집의 어떤 남자든 함께 술을 마실 수 있다는 사실을 매우 자랑스럽게 생각했어요. 저는 학교 여자아이들이 순진하다고 생각했어요. 저는 성적(sexually)으로 활발했지만, 그 아이들은 그렇지 않았거든요. 기숙사에서 저는 제가 다른 아이들과 잘 어울리지 못한다고 느꼈기 때문에 대부분의 시간을 혼자 음악을 들으며 방 안에 머물렀어요." 올리비아가 어머니에게 졸업 후 밥과 함께 사는 것에 대해 생각하고 있다고 이야기했을 때, 어머니는 다음과 같이 말했다. "너는 항상 뉴욕 시에 가고 싶다고 말해 왔잖아. 네가 갈 곳은 뉴욕이야." 어머니는 올리비아가 짐을 싸는 것을 도와주었다. 그리고 이것은 그녀와 밥의 관계의 마지막을 의미했다.

나는 이제 자유를 가졌지만, 방황하고 있습니다

올리비아의 대학친구들 중 하나인 주디는 롱아일랜드 출신이었다. 주디는 올리비아가 뉴욕 시에서 직장을 찾는 동안 자신의 집에 머물도록 올리비아를 초청했다. 하지만 문제는 올리비아가 자신의 집에 머무는 것에 대해 주디가 자신의 어머니에게 허락을 받지 않았다는 사실이다. 주디가 집에 없는 어느 날, 주디의 어머니는 술을 마신 다음 올리비아를 호되게 꾸짖으며 올리비아가 자신의 집에 머무는 걸 원치 않는다고 말했다. "그날 저는 집에 전화해서 어머니에게 '이 아줌마가 술에 취해서 저를 냉대해요.'라고 말했어요. 어머니는 전형적인 답변을 내놓으셨어요. '올리비아야, 세상에는 정말 많은 사람들이 살고 있단다. 이제 너도 그런 환경에 익숙해져야 할 때야.' 이것이 인생이었어요. 어떻든 몸소 해결해야 했어요. 돌아보면, 어머니는 제가 버몬트에서 행복하지 않았다는 것도, 또한 제가 버몬트로 돌아간다 해도 상황은 마찬가지라는 것도 알고 계셨어요."

올리비아는 브리스톨마이어즈에서 직장을 얻었고, 약 3개월 뒤에 뉴욕 북동부 지역의 한 아파트로 이사해 그곳에서 이혼한 친구와 함께 살았다. 이후 올리비아는 세계무역센터에서 법률비서로 일하면서, 주말에는 모자라는 생활비를 충당하기 위해 다른 곳에서 추가로 일을 더 했다. 이 기간 동안 그녀의 삶은 어떠했는가? "음주, 음주, 음주. 행복한 시절. 저는 브리스톨마이어즈에서 다른 남자를 만났고, 그 남자와 관계를 시작했습니다. 또다시 섹스와 음주. 얼마 후 나는 그 남자와 헤어진 다음, 이제는 이런 일을 그만두겠다고 결심했어요. 저는 외로웠습니다. 친구들은 모두 주말이면 도시를 떠났지만, 저는 주말에도 남아 다른 일을 계속해야 했거든요. 저는 다른 누구와도 데이트하지 않으려고 마음먹었습니다. 제 속이 썩어 들어가는 느낌이었습니다."

올리비아가 이 장의 삶을 마칠 무렵 휴가를 내어 플로리다 주 샌피터스버그 시를 방문했다. 그리고 그곳에 살고 있는 옛 고등학교 친구 존 카셀에게 연락했다. "존과 함께 너무 열심히 놀다가 저는 뉴욕으로 돌아오는 비행기를 놓쳐버렸습니다. 존과 저는 제가 이 기회에 플로리다로 이사하는 것이 좋겠다는 데 의견을 같이했어요. 정말 좋은 생각이었어요." 이렇게 말하면서 올리비아는 웃음을 지었다. "그래서 저는 뉴욕으로 돌아가 일을 그만뒀어요. 그때 제 나이는 20대 중반이었어요. 이 나이에는 여행을 많이 다닌다 해도 그렇게 힘들지 않아요." 올리비아는 또다시 미소를 지었다.

자아의 구속과 희생

"그래서 저는 존과 함께 살기로 했어요. 여전히 저의 삶은 음주와 섹스로 가득했습니다. …… 저는 무언가를 찾고 있었습니다. 저는 이 장의 소제목으로 '자아의 구속'을 선택했어요. 이 문구는 알코올중독자 모임(AA)의 『큰 책』(*Big Book*)에서 가져온 것입니다. …… 그들은 알코올중독의 뿌리가 자아의 구속에 있다고 말합니다. 사람이 자신의 일과 자신의 자아에 너무 사로잡혀 있어서 자유로워질 수 없다는 말이에요. 그때 저는 심각한 음주 문제를 안고 있는 한 남자와 함께 살기 시작했습니다." 올리비아와 존은 삼 년 뒤에 결혼했다. "저는 이것이 별로 좋지 않은 생각이었다고 말하고 싶어요. 저는 제가 존과 결혼할 때 이미 그것을 알고 있었던 것 같아요. 하지만 저는 행복해지고 싶었어요." 그녀는 잠시 멈추었다가 계속해서 말을 이어갔다. "그게 바로 제가 찾고 있었던 거예요. 행복해지는 것……. 제가 가졌던 관계들, 음주, 탐색……. 저는 행복해지고 싶었습니다. 우리는 집을 샀습니다. 하지만 저는 여전히 행복하지 않았습니다. 우리는 보트도 샀지만, 여전히 저는 행복하지 않았습니다. 그때 저는 여기 이 남자가 있고, 이 남자가 이 모든 문제를 안고 있으니, 아마도 이것이 문제일지도 모른다고 생각하기 시작했어요. 하지만 결혼관계가 깨어진 뒤에도, 여전히 저는 행복하지 않았습니다."

올리비아와 존이 결혼관계를 유지하는 동안 그들의 관계 속에 한 가지 패턴이 생겨났다. 매일 아침 존은 건설현장으로 일하러 가고, 올리비아는 부동산 일을 위해 출근했다. 하지만 존은 일이 끝난 후에 바로 집으로 돌아오지 않았다. 존은 술친구들과 함께 시간을 보내고 종종 올리비아가 잠자리에 들고 오랜 시간이 지난 후에야 집에 들어왔다. 얼마 후부터 매일 밤이면 올리비아가 존에게 술집 드나드는 것을 자제하고 집에서 저녁을 같이 먹는 것이 좋겠다고 이야기하기 시작했다. "하지만 존은 저녁에 집에 나타나는 법이 없었어요. 저는 더 요구하게 되고 또 더 화가 치밀었어요. 화가 더 치밀수록 저는 더 많이 술을 마셨어요. 그러다가 제가 미처 깨닫기도 전에 저는 알코올에 중독이 되었습니다." 마침내 올리비아는 존에게 마지막 말을 남기고는 집을 나왔고, 이어서 이혼 수속이 진행되었다.

집을 나온 올리비아는 친구의 집 바깥에 위치한 "매우 훌륭한 헛간"에서 한동안 지냈다. 존이 그녀에게 콘도를 내어주긴 했지만, 존이 매달 월세를 내지 못하는 바람에 결국 올리비아는 그 콘도를 은행에 내어줘야 했다. 올리비아는 이 시기에 아버지가 결정적인 역할을 했다고 이야기한다. 아버지는 올리비아가 결혼 문제와 음주 문제를 직시하도록 조언하고, 또한 목사를 찾아가 상담을 받아보도록 권면했다. 그리고 올리비아는 아버지의 충고를 따라 자신의 음주 문제를 직시하고 알코올중독자 모임(AA)에 참석하기 시작했다. 이 장의 앞부분에서 묘사한 사건들은 바로 이 시기에 일어났다.

하나님께서 나를 어두운 곳에서 끌어내셨습니다

올리비아의 삶이 이 장에 이르렀을 때, 올리비아는 처음으로 종교적 언어를 광범위하게 활용하기 시작했다. "저는 스스로 음주를 그쳤습니다. 그리고 두 번에 걸친 우울증 시기를 지났습니다. 그때 저는 존이 아니라 바로 제가 모든 문제의 원인이었다는 것을 깨닫게 되었습니다. 그리고 저는 알코올중독자 모임(AA)의 체계적 프로그램에 참여했습니다. …… 저는 하나님께서 저를 이 절망과 어두움에서 건져내시는 환상을 보았습니다. 제가 제 자신과 저의 삶에 대한 책임을 받아들이기 전까지는 제 자신에 대해 긍정적인 생각을 가질 수 없었습니다." 다른 인터뷰에서 올리비아는 다음과 같은 말을 덧붙였다. "제가 서른일곱이 되고 금주를 시작했을 때, 저는 하나님께서 저를 이 끔찍한 상황에서 끌어내시고 계신다는 느낌을 받았습니다. 또한 제가 두 번째 기회를 갖고 정상적인 삶으로 돌아갈 수 있다는 생각이 들었습니다. 교회, 기독교, 예수님에 대한 사랑 등 제가 어린 시절 배웠던 모든 것들이 다시 생각나고, 저는 정상적인 삶의 궤도로 돌아가는 것 같았습니다. 많은 사람들이 알코올중독의 문제로 씨름하고 있습니다. 저는 저를 향한 하나님의 뜻이 다시는 약물을 들거나 복용하지 않는 것이라는 것을 잘 알고 있습니다. 저는 하나님을 예배하지 않을 수 없고, 나의 형제자매들을 돕지 않을 수 없습니다. 저는 신앙의 토대가 저를 떠나지 않았다는 사실에 매우 감사하고 있습니다."

올리비아의 삶은 이 장에서 다른 여성들과의 관계가 올리비아에게 매우 중요해졌다. 올리비아는 알코올중독자 모임(AA)의 여성그룹에 특별히 애착을 가졌다. "그들은 나의 모습의 좋은 점들을 저에게 비추어주었어요. 저는 남자들과의 성관계를 비롯해 피상적인 관계들이 역겨워졌어요. 이 여성들은 저에게 실제적인 것을 나눌 수 있는 기회를 주었고, 또한 저의 나눔에 사랑으로 돌려주었습니다. 그들은 제가 금주를 지속할 수 있도록 도움을 주었고, 12단계 프로그램을 끝까지 마칠 수 있도록 격려해 주었습니다."

올리비아가 게인즈 목사와 가진 관계는 특별히 중요했다. "우리는 저의 결혼생활과 우울증에 대해 이야기를 나누었습니다. 게인즈 목사는 진심으로 저를 지지하고 격려하고, 여러 차례 저의 멘토 역할을 해주었습니다." 게인즈 목사는 올리비아가 이제 시작한 새로운 삶을 견고하게 하고 또 삶의 다음 장으로 나아갈 때 큰 도움을 주었다. 게인즈 목사가 속한 장로교회의 여성들 또한 이 시기에 중요한 역할을 감당했다. 그들은 올리비아가 엑커드대학에서 파트타임으로 수업을 들을 수 있도록 재정적인 지원을 해주었다. 올리비아가 보고서를 작성하는 것과 관련해서 어려움을 겪고 있었을 때, 이 그룹의 리더들 중 한 사람이 그녀를 개인적으로 지도해 주었다.

이 시기에 두 가지 본질현현이 눈에 띈다. 하나는 엑커드대학의 문학수업 중에 있었다. 학생들을 독서와 토의에 참여시키는 데 남다른 재능을 가진 한 교수가 이 수업을 가르쳤다. "모든 수업이 마치 파커 팔머가 철학을 가르치는 것 같았어요. 우리는 서로를 통해 배움을 얻었습니다. 존슨 교수의 영어수업은 저에게 매우 중요했습니다. 고등학교 이래 처음으로 저는 제가 수업 중에 할 말이 있다는 생각을 갖게 되었습니다. 하지만 저는 여전히 매우 조심스럽고, 매우 조용했습니다. 그 수업 중에 우리는 발표시간을 많이 가졌습니다. 하루는 제가 발표를 담당한 수업이 끝난 다음 두 여학생들이 나에게 다가와 다음과 같이 말했습니다. '정말 말씀을 잘하시네요. 수업 시간에 말씀이 너무 적으셔서 그렇게 말씀을 잘하시는 분인지 모르고 있었어요.' 이후 저는 조금씩 말을 늘려가기 시작했습니다. 저는 제 목소리를 발견했고, 최고의 영예를 누리며 졸업할 수 있었습니다."

두 번째 본질현현은 청소년캠프에서 일어났다. 올리비아가 게인즈 목사의 교회 사역에 더 깊이 관여하게 되면서, 그녀는 청소년들을 위한 상담가로 활동하기 시작했다. 올리비아는 이 일이 여러 가지 이유에서 자신에게 정말 중요했다고 이야기한다. "저는 관계 맺는 일을 매우 잘했어요. 저는 청소년들과 함께 식사하고, 그들과 함께 잠자리에 들고, 그들의 활동들에 함께 동참했습니다. 저는 고등학교 시절 밴드부에서 매우 유능한 연주자였지만, 저희 부모님은 공연장에 한 번도 오실 수 없었어요. 하지만 이제 저는 이 아이들을 위해 공연장을 찾아갔고, 이것은 저의 마음의 상처들을 치유해 주었습니다. 고등학교 시절을 돌아보면 그때는 제가 술을 엄청 많이 마시기 시작한 시기였습니다. 사람이 술이나 약물을 복용하면 더 이상 성장하지 않는다는 사실을 배우게 되었고, 그것 때문에 제가 여러 가지 면에서 성장하지 못했다는 사실도 깨닫게 되었습니다. 그래서 청소년과 함께 일하는 것은 제가 저의 과거로 돌아가 거기에서부터 다시 성장할 수 있는 기회를 주었습니다."

매년 여름 올리비아는 교회 청소년들과 함께 버지니아 서부 지역에서 노동캠프를 갖는다. 세 번째 해에 올리비아는 저녁예배 중 한 번 설교자로 초청받았다. "우리는 약 20분 정도 찬양하면서 시작했습니다. 저는 매우 긴장하고 있었습니다. 노동현장에서 저는 매우 힘든 시간을 보내고 있었습니다. …… 건설노동자들은 그들이 제시간에 일을 마치지 못할 때면 저를 희생양으로 삼으려고 했습니다. 그들은 거짓말하고 속이고 있었습니다. 그곳에서 그리스도인이 된다는 것은 매우 힘든 일이었습니다. 그날 제가 청소년들에게 전한 메시지는 네 이웃을 네 자신처럼 사랑하라는 것이었습니다. 그리고 저는 제가 서 있는 위치에서 그들에게 말을 건넸습니다. 이 캠프와 같은 특별한 공간에서 서로를 사랑하는 것은 쉽지만, 집과 학교에 돌아가서 서로를 사랑하는 것은 그렇게 쉽지 않다고 말했습니다. 아이들이 이곳에서 배우고 있는 것을 어떻게 집과 학교에 가져갈 수 있을까요? 또한 저는 이웃을 네 자신처럼 사랑하는 것이 중요하다고 말했습니다. '만약 여러분이 여러분 자신을 사랑하지 않는다면 어떻게 될까요? 여러분은 여러분 자신을 사랑하는 데서 출발해야 합니다. 왜냐하면 하나님께서 여러분을 사랑하시고 여러분을 위한 특별한 계획을 갖고 계시기 때문입니다.' 저는 아이들로부터 매우 긍정적인 반응을 얻었습니다. 한 주 내내 아이들은 저를 좇아다니며 저에게 '선생님이 말씀하신 내용을 이해했어요.'라고 말해 주었습니다. 이 말들은 제가 그들과 연결되어 있다는 사실을 저에게 확증해 주었습니다."

올리비아가 집에 돌아왔을 때, 그녀는 현재 직장을 그만두고 교회 청소년 사역에 풀타임으로 헌신해야겠다고 결심했다. 올리비아는 게인즈 목사에게 자신이 노동캠프에서 경험했던 내용을 이야기하자, 게인즈 목사는 "그건 소명처럼 들리네요."라며 화답했다. 마침 교회에서 새로운 청소년담당 교역자를 찾고 있었지만, 게인즈 목사는 올리비아가 그 직책을 맡는 것을 원하지 않았다. 게인즈 목사가 말했다. "저는 자매님이 교육을 받았으면 합니다. 자매님은 좀 더 나아갈 필요가 있어요. 제 생각에는 자매님이 프린스턴신학교(Princeton Theological Seminary)에 갔으면 좋겠습니다. 이 학교는 저와 브루스 담임목사님이 다녔던 학교랍니다." 얼마 후 올리비아는 프린스턴신학교의 청소년사역연구소에서 후원하는 청소년포럼에 참석했다. 이후 올리비아는 다른 교회에서 청소년담당 교역자로 잠시 봉사하다가 프린스턴신학교에 입학했다.

신학교에 있지만 신학교에 속하지 않은

프린스턴신학교의 신입생으로서 올리비아는 첫 해 수업을 시작하기 전에 여름학기 히브리어 수업을 들어야 했다. 수업을 시작하자마자 자신이 이곳에 "어울리지 않는다."는 옛 느낌이 살아나기 시작했다. 히브리어 수업은 너무 어려웠고, 교수의 특별한 지도가 없었다면 그녀는 이 수업을 통과하지 못했을 것이다. 학기가 시작되자 올리비아는 신학교가 자신이 기대했던 것과 다르다는 사실을 곧 알아차렸다. "저는 따뜻하고 포용적인 교회에서 왔습니다. 하지만 신학교는 친구들을 만들기가 매우 어려운 곳 같아요. 저는 알코올중독자였고, 한동안 학교를 떠나 있었습니다. 하지만 대부분의 학생들은 아이들 같고, 이제 대학을 갓 졸업했습니다. …… 제가 이곳에 올 때 저는 사람들이 대화에 열려 있을 것이라고 생각했습니다. 하지만 이곳 학생들은 수업 중간에, 쉬는 시간에 서로 눈을 마주치는 것조차 꺼려했습니다. 학생들은 모두 너무 바쁘고 자신들의 과제를 마치는 데 열중하고 있었습니다. 저에게는 신학교 바깥의 관계들이 더 중요했습니다."

올리비아는 신학교에 다니고 있었지만, 진정으로 신학교에 속해 있다는 소속감을 갖지는 못했다. 올리비아는 기숙사에 사는 것이 불편해 오랜 기간 남의 집을 봐주는 일을 하곤 했다. 또 그녀는 신학교 도서관이 아니라 프린스턴대학교 도서관을 더 자주 애용했다. 올리비아는 다른 곳에서 몇몇 친구들을 사귈 수 있었다. 금요일 저녁에는 알코올중독자 모임(AA)의 여성 그룹이 그녀를 기다리고 있었고, 주중에는 다른 알코올중독자 모임(AA)에 참석했다. "알코올중독자 모임(AA)의 사람들은 어느 때고 내가 도움을 필요로 하면 나와 함께 커피를 마시며 대화를 나눌 준비가 되어 있는 것처럼 느껴졌어요. 어떻게 해서 예수님을 자신들의 개인적인 구주로 인정하지 않는 그들이 신학교 학생들보다 더 저에게는 하나님처럼 느껴지는 것일까요? 저는 이 문제에 대해 신학교를 다니는 동안 참 많은 생각을 했어요. 그리고 심지어는 이 주제로 보고서도 몇 편 써서 제출한 적도 있어요."

또한 올리비아는 현장실습에서 많은 것을 배웠다. 그녀는 여름방학에 보스턴 남부 시내에 위치한 한 역동적인 교회에서 인턴으로 봉사하는 기회를 가졌다. 이곳에서 그는 오랫동안 함께할 친구들을 사귀었다. 학기 중에는 부동산중개업자로 일했던 경험을 활용해서 해비타트운동단체(Habitat for Humanity)에서 활동했다. 올리비아는 목회학 석사 학위에 더하여 사회복지사 학위를 취득하기 위해 4년 동안 2개 학위 과정을 동시에 밟는 프로그램을 선택했다. 마지막 해에 그녀의 전공은 중독이었다.

탕자의 귀환

졸업하자마자 올리비아는 트렌턴 지역과 프린스턴 지역에서 음식, 재정 보조, 변호 등을 지원하는 비영리 신앙단체의 간사로 일하기 시작했다. 그녀는 고객들을 직접 상대하며 일하고, 교회공동체들 사이의 관계망을 관리한다. 올리비아는 이 단체를 통해 자원봉사하는 대학생들을 지도하는 역할을 맡고 있는데, 그녀는 이 일을 무척 즐기고 있다. 왜냐하면 이 일을 하면서 그녀는 자신이 "정말 좋아했던 청소년 사역으로 돌아갈 수 있기" 때문이다. 여전히 그녀는 독신으로 살고 있지만, "한 선량한 기독교인 남성과 함께" 진지한 관계를 유지하고 있다.

우리가 두 번째 인터뷰를 마칠 즈음 올리비아는 헨리 나우엔의 책 『탕자의 귀환』(*Return of the Prodigal*)의 관점에서 자신의 삶을 성찰했다. 이 책은 올리비아가 신학교에 다니는 동안 그녀에게 소중한 책이 되었다. "제가 나우엔의 책에 공감을 느낀 이유는 나우엔이 정말 실재처럼 저에게 다가 왔기 때문입니다. 그는 내가 나의 삶 속에서 배운 것들을 말로 표현해 놓았어요. 우리는 항상 우리를 행복하게 만들어 줄 어떤 것을 찾기 위해 바깥을 바라봅니다. 아마 내가 결혼하면 행복해지겠지, 아마 내가 집을 사면 그럼 행복해질 거야 등등. 저는 머나먼 곳을 방황하다 이제 돌아왔습니다. 하나님은 우리를 하나님의 사랑하는 자녀라고 부르시며 하나님 안에서 우리의 집을 찾으라고 말씀하십니다. 하지만 우리는 언제나 외부의 피상적인 것들 속에서 행복을 찾으려 합니다. …… 저는 게인즈 목사로부터 관계 속에 있을 때, 곧 서로 안에, 또 서로를 위해 있을 때 그곳에서 하나님을 발견할 수 있다는 사실을 배웠습니다. 직장에서 자원봉사자들과 직원들이 함께 둘러서서 하루를 시작하는 기도를 드릴 때 주위를 둘러보면 나이, 인종, 성별 등이 각기 다른 사람들이 함께 모여 있는 것을 알 수 있습니다. 때로 저는 자원봉사자들 가운데 한 사람이 내쉰 숨에서 알코올 냄새를 맡을 때도 있습니다. 저는 하나님께서 이 사람들을 보고 미소 짓고 있을 것이라고 생각합니다." 올리비아는 덧붙여 말했다. "여긴 머물기에 참 좋은 곳입니다. 저는 사실 아침형 인간은 아닙니다. 하지만 일하러 나오는 시간이 정말 좋습니다."

내가 올리비아 포터와 인터뷰를 나눌 때 나는 그녀의 해석의 인도자는 아니었다. 아마도 게인즈 목사가 올리비아와 관계 형성을 시작하면서 인생사 연구조사 접근 방법을 활용했더라면 더 수월했을 것이다. 게인즈 목사 역시 올리비아와의 첫 번째 만남에서 그녀가 가진 자살 충동의 심각성을 파악하기 위해 일종의 임상평가를 실시했다. 하지만 게인즈 목사가 두 번째 만남에서 올리비아의 이야기를 체계적인 방식으로 수집할 수 있었다면 매우 유익한 도움을 얻을 수 있었을 것이다. 인생사 접근 방법은 그렇게 할 수 있는 많은 방법들 중 하나이다.

개인들의 이야기를 이렇듯 주의 깊게 경청하는 일은 위기상황이 아닌 경우에도 유익하다. 교회공동체들에 관한 연구조사에서 나는 인터뷰를 마칠 무렵 다수의 사람들이 나에게 감사를 표현하는 것을 보고 항상 놀라고 있다. 그들은 종종 이 인터뷰가 최근 수년 만에 처음으로 누군가 자신들을 초대해 자신들의 이야기를 나눌 수 있는 기회를 허락해 준 시간이었다고 덧붙여 말한다. 교회공동체가 상호지도의 교제공동체가 되기 위해서는 이런 식으로 서로의 인생 이야기를 나누는 시간이 좀 더 일반화될 필요가 있다. 이것은 우리가 실천신학적 해석의 기술적-경험적 과제를 매우 진지하게 생각해야 하는 또 다른 이유이다.

1장에 대한 부록: 경험적 연구조사에 있어 메타이론적 관점

아래에서 나는 현대 사회과학에서 발견되는 메타이론적 관점들 중 일부를 개관할 것이다.

비판적 실재론

이 입장의 핵심은 세계가 우리의 인식과는 독립적으로 존재한다는 신념이다. 예를 들어, 평평한 지구이론에서 둥근 지구이론으로 바뀔 때 지구모양 자체가 바뀌었다고 생각하는 것은 근거가 없다.[46] 오히려 실제로 바뀐 것은 우리의 인식과 독립적으로 존재하는 자연적 대상, 곧 행성에 대한 우리의 이해이다. 하지만 비판적 실재론은 순진한 실재론에서 발견되는 진리의 상응이론을 거부하며, 세계는 오직 "특정한 설명들을 통해서만, 그리고

---

46 Andrew Sayer, *Realism and Social Science* (Thousand Oaks, Calif.: Sage, 2000), 11. Danermark et al., *Explaining Society*에서 간략한 소개를 찾을 수 있다.

가능한 담론들의 관점에서만" 인식될 수 있다고 주장한다.[47] 비판적 실재론은 존재론적 실재론, 인식론적 상대주의, 판단의 합리성을 동시에 주장한다.[48] 그러므로 경험적 연구조사는 자연적, 사회적 대상들에 대한 직접적인 접근을 제공한다고 보지 않는다. 왜냐하면 그러한 연구조사가 특정한 (그리고 상대적인) 이론에 의해 형성되기 때문이다. 오히려 경험적 연구조사는 이론과 관계하면서 그 이론을 검증하고 수정하며 그 이론의 관점을 다듬는다. 바로 경험적 연구조사와 이론 사이에서 이루어지는 이 같은 상호작용을 통해서 자연적, 사회적 세계에 대한 보다 적절한 설명이 만들어진다.

후기구조주의

이 관점은 1970년대와 1980년대에 걸쳐 일군의 프랑스 지성인들이 구조주의를 비판하면서 등장했다.[49] 후기구조주의의 주창자들은 '거대한'(곧 보편적) 이론과 내러티브를 거부하고 언어, 문화, 사회적 실천이 '실재'를 구성하는 방식에 주목한다. 그들은 특정 역사, 가치, 언어에 근거하고 있는 국지적 지식을 강조한다. 뿐만 아니라 후기구조주의자들은 일반적으로 해체적 경향을 자신들의 작품 속에 통합시킨다. 그들은 당연시되어 왔던 가정과 기존 권력 및 지식의 내적 모순을 드러냄으로써 대안적인 목소리와 지식의 새로운 형태를 위한 공간을 창출하려고 한다. 이러한 관점에 따르면, 경험적 연구조사는 그것이 조사하는 자연적, 사회적 현상을 구성한다. 경험적 연구조사는 단지 현상에 대한 한 가지 가능한 해석만을 제공할 뿐

---

47 Sayer, *Realism and Social Science*, 2.
48 이 같은 구분에 관한 간략한 논의는 Margaret S. Archer, Andrew Collier, and Douglas V. Porpora, *Transcendence: Critical Realism and God* (London: Routledge, 2004)의 서론에서 찾아볼 수 있다. 이 책에서 판단의 합리성은 "우리가 실재에 관한 우리의 주장을 공적으로 논의하고 그러한 주장에 대해 보다 나은 혹은 보다 못한 논증을 개진할 수 있다는 것을 의미한다"(2쪽). 우리는 이것을 무엇보다 변론을 특징으로 하는 합리성에 관한 의사소통이론의 관점에서 고찰할 것이다. 2장을 보라.
49 Stanley Grenz, *A Primer on Postmodernism* (Grand Rapids: Eerdmans, 1996). 포스트모던 철학에 관한 공감적이면서도 비판적인 입문서와 관련해서는 Richard Bernstein, *The New Constellation: The Ethical-Political Horizons of Modernity/Postmodernity* (Cambridge: MIT Press, 1991)를 보라.

이며, 그 해석은 다른 해석들의 비판에 종속되어 있다.[50] 게다가, 특히 인간 주체가 조사대상에 포함되어 있을 경우, 연구조사자들은 자신들의 목적과 연구결과를 그 사람에게도 알려야 할 의무가 있다. 또 많은 이들은 공적인 영역에서 이제까지 소외되어 왔던 사람들과 집단들의 목소리에 힘을 실어주기 위해서 그러한 사람들과 집단들을 자신들이 연구해야 한다는 의무감을 갖고 있다.

실용주의

이 관점은 미국의 토착적인 철학으로서 19세기에 등장했으며, 최근 여러 미국 지성인들에 의해 새롭게 주목을 받고 있다.[51] 존 듀이(John Dewey)의 작품들에서 실용주의는 상황주의를 특징으로 한다. 이것은 모든 인간이 자연적, 사회적 세계와의 구체적인 관계 속에 위치해 있다는 신념을 가리킨다.[52] 이러한 상황은 다양하고 시간에 따라 진화하며, 각기 다른 문제를 제기하고 그 문제에 대처할 때 각기 다른 자원을 제공한다. 듀이의 주장에 따르면, 경험적 연구조사의 실험적 접근 방식과 일상생활에서 문제를 해결하는 추론 방식은 기본적으로 동일한 구조를 공유하고 있다. 두 가지 모두 문제를 식별하고, 관련 정보를 수집하고, 가능한 실천경로를 검토하고, 구체적인 해결책을 실행에 옮기고, 따라오는 결과를 고려한다. 두 가지 모두 학습을 강화시키고 지향하는 목적을 위해 경험을 재구성하기 위

---

50 이러한 접근의 탁월한 예들과 관련해서는 Denzin, *Interpretive Interactionism*과 Denzin, *Interpretive Biography* (Thousand Oaks, Calif.: Sage, 1989)를 보라.
51 실용주의에 관한 역사적 고찰을 위해서는 John Patrick Diggins, *The Promise of Pragmatism: Modernism and the Crisis of Knowledge and Authority* (Chicago: University of Chicago Press, 1994); Cornel West, *The American Evasion of Philosophy: A Geneaology of Pragmatism* (Madison: University of Wisconsin Press, 1989)을 보라. 최근 실용주의를 주창하는 대표적인 인물에는 Cornel West, Richard Rorty, Nicholas Rescher, Robert Brandom, Jeffery Stout 등이 있다.
52 John Dewey의 많은 작품들 중에서 다음 글들은 특별히 중요하다. *Experience and Nature* (New York: Dover Press, 1958); *Democracy and Education: An Introduction to the Philosophy of Education* (New York: Free Press, 1916); *The Public and Its Problems* (Athens, Ohio: Swallow Press, 1927).

해 경험에 대한 성찰을 수반한다. 따라서 경험적 연구조사는 특정그룹이 구체적인 상황에서 현재 당면하고 있는 문제를 이해하고, 토의하고, 해결하는 데 공헌한다.

해석적 사회과학

이 관점은 독일 사회학자 막스 베버(Max Weber)와 독일 철학자 빌헬름 딜타이(Wilhelm Dilthey)의 작품에 그 뿌리를 두고 있다.53 베버는 사회학을 목적을 가진 사회적 행동을 연구하는 학문으로 이해했다. 이것은 사람들의 행동을 형성하고 있는 의미들 속에 들어가 그것들을 파악하는 일을 요구한다. 딜타이는 근본적인 성격이 전혀 다른 두 가지 유형의 학문이 존재한다고 주장했다. 추상적인 설명에 기초한 자연과학(Naturwissenschaft)과 공감적 이해(Verstehen)에 기초한 정신과학(Geisteswissenschaft)이 바로 그것이다. 베버와 딜타이의 관점은 상징적 상호작용론에서부터 사회학적 방법론에 이르기까지 사회과학의 접근 방법에 광범위한 영향을 미쳤다. 이 모든 접근 방법에 있어 한 가지 공통점은 통계적 자료를 통해서는 얻을 수 없는, 사회적 행동의 해석적 관점과 의미를 이해하는 데 집중한다는 것이다. 연구조사자는 사회적 행위자들의 세계 속으로 들어가, 그들의 행동을 의미 있게 만드는 상황의 관점에서뿐 아니라 사회적 행위자들의 고유한 관점에서 그 세계를 이해해야 한다. 오늘날 해석적 사회과학은 가다머(Gadamer)를 비롯한 해석학자들의 영향을 받아 연구자 자신의 해석적 관점에도 관심을 기울이고 있다. 연구자의 해석적 관점은 연구자가 연구조사를 통해 발견하는 결과는 물론이고 그 결과에 대한 연구자의 이해에도

---

53 Max Weber, *The Methodology of the Social Sciences*, trans. and ed. Edward Shils and Henry Finch (New York: Free Press, 1964); Wilhelm Dilthey, *Introduction to the Human Sciences: An Attempt to Lay a Foundation for the Study of Society and History*, trans. Ramon J. Betanzos (Detroit: Wayne State University Press, 1988).

영향을 미친다. 하지만 연구자가 진정한 해석학적 대화의 모델을 따라 다른 연구자들의 해석적 관점에 개방되어 있다면, 연구자의 고유한 해석적 관점이 연구 결과물을 좌지우지하지는 못할 것이다. 오히려 연구조사 과정을 거치면서 기존의 관점이 바뀔 가능성도 있다.

비판적 사회이론

이 용어는 1930년대에 흔히 프랑크푸르트 학파(Frankfurt School)로 알려진 프랑크푸르트대학 사회연구소의 연구자들에 의해 만들어졌다.[54] 이 용어는 사회에 대한 비판이론을 형성하고자 하는 그들의 관심을 표현하고 있다. 칼 마르크스(Karl Marx)와 지그문트 프로이드(Sigmund Freud)의 사고에 영향을 받은 프랑크푸르트 학파의 구성원들은 전통적인 사회과학이 단지 현재 존재하고 있는 사회모습만을 묘사하고 있다고 주장했다. 이와 반대로 비판적 사회이론의 목적은 사회를 비판하고 변화시키며, 해방을 위한 운동과 실천을 지도하는 데 있다. 비판은 현재 사회구조와 사상이 조직적으로 특정 계층과 그룹에 혜택을 주는 한편 다른 계층과 그룹을 억압하고 있는 방식을 식별하는 과정을 포함한다. 말하자면, 사회의 구조와 실천을 검토하면서 그것들이 누구의 이익을 대변하고 있는지 분별한다. 따라서 경험적 연구조사는 비판적 사회이론이 제시하는 포괄적인 관점의 지도를 받아 인간 해방에 공헌하고자 한다. 즉, 사회관계와 제도를 검토하는 가운데 지배 형태를 폭로하고 저항과 인간해방을 강화시키려는 목적을 가진다.

---

54 입문서를 위해서는 David Held, *Introduction to Critical Theory: Horkheimer to Habermas* (Berkeley: University of California Press, 1980); Andrew Arato and Eike Gebhardt, eds., *The Essential Frankfurt School Reader* (New York: Urizen Books, 1978)를 보라.

후기실증주의

사회과학에서 실증주의는 사회학의 창시자인 오귀스트 꽁트(Auguste Comte)와 후대의 에밀 뒤르껭(Emile Durkheim)의 작품과 밀접하게 연결되어 있다.[55] 로렌스 노이만(Lawrence Neuman)은 실증주의에 대한 유익한 정의를 제공해 준다. "실증주의에 따르면, 사회과학은 연역적 논리를 개별 행동에 대한 정확한 경험적 관찰들과 결합하는 조직화된 방법이다. 이것은 인간행동의 일반적인 패턴을 예측할 때 사용 가능한 개연론적인 인과법칙을 발견하고 확증하고자 하는 목적을 가지고 있다."[56] 실증주의에 따르면, 유일하게 참된 지식은 세계에 대한 관찰에 기초한 과학적 지식밖에 없다. 관찰은 '사실'을 양산하고, 사실은 명제로 변환 가능할 뿐 아니라 사회적 세계를 설명하는 이론 형성 과정에서 논리적으로 서로 연관된다. 실증주의는 2차 세계대전 이후에 맹렬한 비판을 받았다. 후기실증주의는 이러한 비판을 진지하게 생각하되, 실증주의의 가치과 방법 중에 훌륭한 사회과학에 필수적인 것으로 여겨지는 요소에 대해서는 계속해서 긍정했다. 후기실증주의는 지식과 이론과 가설이 '입증될' 수 없다는 비판을 받아들였다. 특히 인간 행동과 의미들이 연구의 초점이 될 때 실증주의에 대한 이 같은 비판은 정확했다. 칼 포퍼(Karl Popper)와 같은 일부 학자들은 여기에서 더 나아가 과학의 목표에 대한 새로운 정의를 도출했다.[57] 과학은 이론과 가설을 입증하거나 증명하지 않는다. 과학은 오히려 이론과 가설을 반증시킬 수 있는 엄격한 검증 과정에 그것들을 종속시킨다. 검증 과정을 통과한 과학적 지식은 과학자공동체와 사회의 일반적인 문제에 공헌할 수

---

55 Auguste Comte, *Introduction to Positive Philosophy,* ed. and trans. Frederick Ferré (Indianapolis: Bobbs-Merrill, 1970); Emile Durkheim, *The Rules of Sociological Method,* trans. Sarah A. Solovay and John H. Mueller, ed. George E. G. Catlin (Glencoe, Ill.: Free Press, 1938).
56 W. Lawrence Neuman, *Social Research Methods: Qualitative and Quantitative Approaches,* 5th ed. (Boston: Allyn and Bacon, 2003), 71.
57 Karl Popper, *The Logic of Scientific Discovery* (New York: Basic Books, 1959); Popper, *The Open Universe: An Argument for Indeterminism* (Totowa, N.J.: Rowman and Littlefield, 1982).

있는 더 많은 기회를 가진다. 사회 연구에서 후기실증주의자들은 가설을 구성한 다음 주의 깊은 관찰과 측량을 동반하는 경험적 연구조사를 통해 그러한 가설을 가다듬고 반증하는 일에 집중한다. 여전히 양적 자료와 통계적 분석은 특별한 지위를 유지한다. 비록 자연과학의 '법칙'에 버금가는 사회과학의 '법칙'을 발견하고자 하는 목표와 더불어 절대적인 객관성에 기존의 강력한 주장은 이제 폐기되었지만, 편견을 배제하고 타당성과 신뢰 가능성이라는 과학적 표준에 연구조사를 종속시킨다는 의미에서 객관성은 여전히 중요한 위치를 차지한다.

제2장
해석적 과제: 현자적 지혜

PRACTICAL THEOLOGY:
AN INTRODUCTION

제2장
해석적 과제: 현자적 지혜

저는 술 마시는 걸 좋아했습니다. 저는 또한 운동하는 걸 항상 좋아했어요. 그래서 저는 운동하는 것과 술 마시는 것 사이에 균형을 맞추려고 노력했지요. 그것은 일종의 몸부림이었습니다. 저는 주인 없는 시간에 일하는 직장에 다녔습니다. 그래서 가끔 점심 먹으러 나갔다가 다시 직장으로 돌아가지 않은 때도 있었습니다. 음, 어떻든, 집에 들어와서 존이 어디 있는지 알 길이 없을 때에는, 술병을 들고 술을 마시기 시작했어요. 저도 속으로 생각했습니다. "이게 좋은 생각인지 마음에 확신이 서지 않아." 제가 너무 화가 나 있었기 때문에 술은 나를 진정시키기보다는 화를 더 돋웠습니다. 하지만 제가 처음으로 바닥을 치고 우울증에 깊이 빠진 건 존과 제가 헤어진 다음의 일이에요. …… 저는 존에게 마지막 기회를 주었습니다. 하지만

> 존은 또다시 새벽 3시에 들어왔어요. 그래서 저는 존의 지갑과 집에서 제가 찾을 수 있는 모든 돈을 챙기고 짐을 싼 다음 집에서 나왔지요. …… 저는 친구 집에 잠시 있었습니다. 그 친구는 집 바깥에 정말 멋진 헛간을 갖고 있었어요. 그곳에서 제가 잠시 머물렀습니다.
>
> 올리비아 포터

이 발췌 글은 올리비아 포터가 도로시 게인즈 목사의 도움을 찾게 만든 문제들이 무엇이었는지 알려준다. 게인즈 목사가 기술적-경험적 과제를 수행하고 이를 통해 올리비아의 현재 위기 상태 및 그녀의 인생여정에 대한 정보를 수집했다고 가정해 보자. 그럼 다음 단계는 무엇인가? 당연히 게인즈 목사는 올리비아가 자신의 문제를 스스로 해결할 수 있도록 도울 수 있는 방법을 찾고자 할 것이다. 하지만 이것은 선한 의도를 갖는 것만으로는 충분하지 않다. 게인즈 목사는 올리비아가 갈등하고 있는 심각한 이슈가 무엇인지 분별한 다음, 올리비아가 그러한 이슈를 이해할 수 있도록 도움을 줄 수 있는 이론을 참고해야 할 것이다. 이것은 실천신학적 해석의 **해석적** 과제에 속한다. 그리고 여기에는 안내자의 편에서 현명한 판단이 요구된다.

수년 전 오클라호마의 한 대학교에 입학한 12명의 신입생들이 오리테이션 프로그램의 일환으로 등산길에 올랐다. 등산은 서너 시간 정도 걸릴 것으로 예상되었다. 그래서 신입생들은 옷가지나 침낭, 나침반, 음식 등을 준비하지 않았다. 심지어 지도도 가지고 가지 않았다. 얼마 후 어느 갈림길에 도달했을 때 다음 경로에 대해서 리더들 사이에 의견이 갈라졌다. 사실 그들이 이곳에 도달하기 전에 그들은 길을 잃었다. 결국 그들은 가파른 골짜기를 따라 내려갔다가 막다른 길에 도달했다. 리더들은 앞으로 어떻게 해야 하는지에 관해서 의견의 일치를 볼 수 없었다. 마침 그 그룹 안에 산행 경험이 많은 두 사람이 골짜기를 올라가 도움을 요청할 수 있었다. 하지만 경험 많은 안내자의 도움을 받았음에도 불구하고 모든 사람이 골짜기 밖으로 빠져나오는 데에만 6시간이 걸렸다.

이 사건에 관한 기사가 나중에 구제 관련 신문에 실리게 되었을 때, 그 제목은 다음과 같았다. "방향 상실, 지도 부재, 부적절한 옷차림." 이 짧은 문구는 그 그룹이 경험한 바를 적절하게 묘사하고 있다. 하지만 이 문구는 그 그룹의 안내자들에 대해 더 많은 것을 이야기하고 있다. 지도가 없었기 때문에 그들은 갈림길에서 어디로 가야 할지 알지 못했고, 한 번 길을 잃은 다음에는 돌이킬 방법을 알 길이 없었다. 마찬가지로 해석의 안내자가 다른 사람을 인도할 때에는 이론적 지도를 갖고 다니는 것이 현명하다. 그러한 지도는 그들이 걷고 있는 땅의 지형과 그들이 앞으로 걸어갈 가능한 경로에 대한 그림을 보여준다.

지도를 읽는 사람은 처음부터 다음 두 가지 기술을 배워야 한다. 첫째, 지도제작자가 가끔 이야기하듯이, "지도는 영토가 아니다." 지도는 영토의 일부 특징만을 묘사하고 나머지 특징은 무시한다. 마찬가지로 이론은 특정 사건, 정황, 상황의 일부 특징만을 설명하고 '영토'에 대한 완전한 그림을 제공하지는 않는다. 현명한 해석의 안내자는 따라서 이론과 이론이 가리키는 실재 사이의 차이점을 인식하고 있다. 그는 사람과 사건이 얼마나 복잡하고 특수한지 잘 알고 있으며 그 복잡성과 특수성을 이론에 끼워 맞추려고 시도하지 않는다. 이때 안내자에게는 현명한 판단이 요구된다.

둘째, 지도 읽기에 숙련된 사람은 자신의 목적에 적합한 지도를 고르는 법을 알고 있다. 어떤 지도는 특정 목적에는 유용하지만 다른 목적에는 도움이 되지 않을 수 있다. 지형학 지도는 비슷한 높이의 지점들을 연속선으로 연결함으로써 산, 골짜기, 평원의 높이와 깊이를 잘 보여준다. 이 지도는 지질학자와 공학자에 의해 사용된다. 일반적으로 방송국에서 사용하는 기상학 지도는 도시, 기온, 기류, 폭풍우 형태 등을 보여준다. 이 지도는 특정한 날 우리가 무엇을 입으면 좋을지 결정할 때 도움을 주고, 비행기 연착 가능성에 대한 정보를 제공한다. 하지만 지형학 지도도, 기상학

지도도 오리엔테이션 기간 중 골짜기에서 길을 잃은 대학 신입생들에게는 아무런 도움이 되지 못했을 것이다. 그들은 고불고불하고 갈림길이 많은 산길을 잘 보여주는 산행 지도가 필요했다. 마찬가지로 이론적 지도 역시 특정 목적에는 유용하지만 다른 목적에는 도움이 되지 않을 수 있다. 따라서 해석의 안내자는 다른 사람을 미지의 영토로 안내할 때에 가장 유용한 이론적 지도가 무엇인지 분별할 수 있는 지혜를 갖고 있어야 한다.

현자적 지혜의 영성

나와 같은 신학교 교수가 볼 때, 현직 목사들에 대한 연구조사에서 발견되는 가장 실망스러운 사실들 중 하나는 신학교를 일단 졸업하고 나면 목사들이 거의 독서를 하지 않는다는 점이다. 나는 사역자들이 얼마나 바쁜지 직접 체험해 보아서 알고 있다. 사역자들에게는 그들에게 주어진 하루의 시간보다 항상 더 많은 책임을 안고 있다. 하지만 나는 교회공동체 리더들이 지적으로 계속해서 성장하는 것이 매우 중요하다고 생각한다. 기독교 전통 안에는 지성의 삶과 영성의 삶이 오랫동안 연결되어 있었다. 로마제국이 몰락한 이후 수도원들이 고전시대의 학문 전통을 보호하고 전수하는 데 결정적인 역할을 감당했다는 것은 우연에서 비롯된 사실이 아니다. 수도원들은 책을 수집해 도서관을 만들었고 교육과 학습의 중심지로 자리매김했다. 수도원이 낳은 위대한 신학자들은 지적 성장을 하나님께 이르는 영적 도정에 있어 꼭 필요한 한 부분으로 이해했다.[1] 또한 16세기 종교개혁가들이 교회의 가르치는 사역에 큰 비중을 두고서 요리문답

---

1 지적인 배움을 영적 순례의 한 부분으로 이해하는 전통은 이미 Augustine, *On Christian Doctrine*, trans. D. W. Robertson (New York: Macmillan, 1958)에서 발견된다. 후대의 한 다른 예는 *Didascalicon of Hugh of St. Victor: A Medieval Guide to the Arts*, trans. Jerome Taylor (New York: Columbia University Press, 1961)이다.

과 대중적인 작품들을 쓰고 '가르치는' 설교를 지속했다는 사실 역시 우연이 아니다. 종교개혁자가들 역시 모든 사람들에게 열려 있는 교육기관을 세우는 일에 일조했으며, 이런 학교들이 그들이 주도하는 개혁운동의 성공에 중요한 역할을 감당한다고 보았다.

지성으로 하나님을 사랑하는 것은 기독교 영성의 중요한 차원에 속한다. 반지성주의와 실용주의의 오랜 역사를 가진 미국교회 안에서 이 점을 강조하는 것은 매우 중요하다. 지성을 겸비한 사역자는 과거나 지금이나 가치 있는 이상으로 존재한다. 하지만 아마도 오늘날 우리가 살고 있는 세상에서는 **지성을 겸비한 교회공동체**가 훨씬 더 중요한 이상으로 부각되고 있다. 지성을 겸비한 교회공동체란 그 구성원들이 성경과 교회 전통과 신학에 깊이 뿌리를 내리고 현대 과학과 공적 생활이 제기하는 문제들과 기꺼이 씨름하려는 자세를 보이는 공동체를 말한다. 그러한 공동체는 사고하는 신앙을 축복한다. 하지만 미국에서나 세계에서나 그러한 공동체를 찾아보기는 매우 힘들다.

지성을 겸비한 교회공동체는 하나님을 향한 사랑과 배움의 열정을 동시에 가진 리더를 필요로 한다. 그러한 리더는 자신이 속한 공동체에 현자적 지혜라는 선물을 가져다준다. 오늘날 많은 사람들은 과거 위계질서적인 목회자 권위의 모델을 따라서 그들을 '향해' 설교하고 가르치는 리더에 더 이상 만족하지 못한다. 그들은 자신들이 삶과 세상을 이해할 수 있도록 지혜롭게 인도하고 도와줄 수 있는 리더를 원한다. 그러한 리더의 영성은 다음 세 가지 특징을 가진다. 그것은 깊은 사고, 이론적 해석, 현명한 판단이다. 이것을 나는 아래 연속선상으로 표현해 보았다. 먼저 나는 이 연속선의 양쪽 끝에 놓여 있는 특징들을 먼저 다룬 다음, 현명한 판단에 대해 살펴볼 것이다. 현명한 판단은 교회 리더십의 해석적 과제 수행에 있어 너무도 중요하다.

현자적 지혜의 영성

깊은 사고 ──────── 이론적 해석

현명한 판단

깊은 사고

우리가 어떤 사람에 대해 사고가 깊다고 말할 때, 우리는 통상 다음 두 가지 중 하나를 의미한다. 즉, 어떤 사람이 다른 사람들을 대하는 방식에서 사려가 깊을 때, 혹은 일상생활에서 어떤 사태에 대한 통찰력이 있을 때, 우리는 그 사람에 대해 사고가 깊다고 말한다. 두 가지 모두 리더가 다른 사람들과 관계 맺을 때 중요한 요소들이다. 다른 사람들을 사려 깊게, 친절하게 대하는 일은 종종 그들이 처한 환경에 대해 살펴보기 위해 잠시 멈추어서는 시간을 요구한다. 이것은 우리가 대하기 힘든 사람들을 만났을 때 특별히 중요하다. 이런 경우 우리의 일반적인 반응은 초조함과 조급함이다. 하지만 깊은 사고는 그러한 사람들이 처한 특수한 환경에 대한 통찰을 구하며, 이렇게 얻어진 통찰은 우리를 친절하게 만든다.

또한 깊은 사고는 우리가 앞으로 어떻게 해야 할지 모르는 막막한 상황에 도달했을 때 긴요하게 요청된다. 조셉 파이퍼(Josef Pieper)가 말했듯이, "적절한 고려와 건전한 판단 없이 성급하게 결정을 내리고 행동에 뛰어드는 사람은 경솔하고 부주의한 사람이다."[2] 더구나 갑작스럽게 우리의 삶을 중단시키는 상황은 우리가 사고를 더욱 깊이 하도록 요구한다. 올리비아 포터와 같은 사람이 어느 날 여러분의 사무실을 방문했다고 생각해 보자. 그녀는 우울증과 알코올중독에 빠져 있다. 하지만 여러분은 이 두 가지 문제

---

2 Josef Pieper, *The Four Cardinal Virtues* (Notre Dame, Ind.: University of Notre Dame Press, 1966), 13. 이 책은 토마스 아퀴나스의 작품들에서 주요 덕목들이 어떻게 다루어지고 있는지에 관해 탁월한 분석을 담고 있다.

모두 잘 알지 못한다. 아마도 올리비아를 관련 분야 전문가에게 소개시켜 주는 것이 더 적절할지도 모른다. 하지만 이 만남을 통해 여러분의 마음속에 우울증과 알코올중독의 문제에 대해서 더 알아보고자 하는 열망이 생길 수도 있다. 교회공동체의 리더는 항상 자신의 이해의 한계에 직면한다. 이러한 경험은 더 많은 독서와 배움의 기회를 제공한다. 리더가 지적으로 계속해서 성장하기를 원하는가? 그들이 지적 호기심을 계속해서 유지하고 있는가? 리더의 이 같은 질문들을 자신의 영성의 한 부분으로 받아들이느냐 아니냐에 많은 것들이 달려 있다. 깊은 사고를 하는 리더는 깊은 사고를 하는 교회공동체를 이끈다. 이것이 현자적 지혜의 영성의 출발점이다.

이론적 해석

연속선의 다른 끝에는 이론적 해석이 자리하고 있다. 이것은 어떤 사건, 정황, 상황을 이해하고 거기에 대처하기 위해 정신과학과 자연과학의 이론을 끌어들일 수 있는 능력을 말한다. 이 장의 마지막 단락에서 나는 현명한 판단력을 갖고 그러한 이론에 접근하는 방법을 제시할 것이다. 다시 말해 우리는 그러한 이론으로부터 배움을 얻을 뿐 아니라 그 이론을 비판할 수도 있어야 하기 때문이다. 하지만 지금은 나의 접근 방법이 의사소통적 합리성 모델에 기초하고 있다는 점을 지적하는 것만으로 충분할 것이다. 의사소통적 합리성 모델은 이론적 지식에 관한 오류주의적, 관점적 이해를 전제하고 있다. 오류주의적(fallibilist)이라 함은 인간 이성에 의해 구성된 이론이 진리 자체가 아니라 진리에 대한 근사치만을 제공한다는 것을 의미한다. 이론은 오류 가능하며 언제나 재고 가능성에 열려 있다. 관점적(perspectival)이라 함은 이론은 항상 특정한 관점 혹은 입장에서 지식을 구성한다는 점을 가리킨다. 오늘날 우리는 어떤 한 관점도 진리 전체를 포착할 수 없으며, 복잡하고 다차원적인 현상을 이해하기 위해서는 다양한 관점이 필요하다는 사실을 깊이 인식하고 있다.

이 같은 이해가 기독교 영성과는 무슨 관계가 있는가? 사람들의 마음속에는 확실성, 곧 하나의 참되고 올바른 대답에 대한 뿌리 깊은 갈망이 자리하고 있다. 하지만 이론적 해석에 대한 오류주의적, 관점적 이해는 인간 지식과 이성의 한계를 우리에게 드러낸다. 우리는 불확실성 속에 살아가는 법을 배워야 한다. 더 많은 것을 알게 되면 될수록 우리는 우리가 얼마나 모르고 있는지 깨닫게 된다. 또한 우리는 다양한 관점 사이에 존재하는 긴장과 더불어 살아가는 법을 배워야 한다. 여기에는 신학의 다양한 관점도 포함된다. 이것은 분명 영적으로 큰 도전이지만, 기독교 전통에서 낯선 것은 아니다. 기독교 전통은 창조주와 피조물 사이의 구분에 근거해서 인간 지식이 오류 가능하다는 점과 완전한 지혜는 오직 하나님께만 속한다는 점을 오랫동안 강조해 왔다. 뿐만 아니라 기독교 전통의 정경은 다양한 시대와 장소에서 기록된 글들을 모아둔 것으로서 하나님과 하나님의 백성에 대한 다양한 관점을 포함하고 있다. 때때로 이러한 관점들은 서로 간에 긴장관계 속에 있으며, 우리가 앞으로 살펴보게 되듯이 심지어는 서로를 비판하기도 한다. 따라서 현자적 지혜의 영성은 확실성과 유일하게 참된 관점을 찾고자 하는 시도를 배격한다. 지성으로 하나님을 사랑하는 일은 하나님과 하나님의 창조세계의 신비 속으로 더 깊이 들어가는 과정이다.

현명한 판단

현명한 판단은 성공적인 리더십에 필수적인 요소이다. 이것은 어떤 사건, 정황, 상황을 서로 연관시킨 다음 세 가지 방식으로 해석하는 능력을 일컫는다. 1) 특정 사건과 상황을 둘러싼 **구체적인 사실**에 대한 인식. 2) 이슈가 되는 **도덕적 목적**의 분별. 3) 특정한 시간과 장소가 제시하는 한계와 가능성의 관점에서 이 목적을 성취하는 가장 **효과적인 수단**의 결정.

현명한 판단이라는 개념은 도덕철학과 신학에서 오랜 역사를 갖고 있다. 이 역사는 대체로 아리스토텔레스가 서구 기독교에 미친 영향 속에 자리하고 있다. 흔히 '실천적 지혜' 혹은 '신중함'으로 번역되는 아리스토텔레스의 **프로네시스**(phronesis) 개념은 행동에 관한, 변화하는 사물에 관한 실천적 추론을 가리킨다. 이것은 상황을 바르게 이해하고, 행동의 도덕적 목적을 분별하고, 이 목적을 성취하기 위한 효과적인 수단을 선택하는 과정을 통해서 올바른 행동절차를 결정하는 것을 의미한다.[3] 아리스토텔레스는 **실천적 지혜**(프로네시스)를 도덕교육과 실천을 통해 습득된 덕목에 가까운 것으로 설명한다. 덕목은 사람들이 올바른 도덕적 목적을 알고 그것을 열망하도록 돕고, 그들이 이 목적을 성취하기 위해 적절한 행동을 수행할 수 있도록 동기 부여한다. 따라서 훌륭한 인격과 현명한 판단은 서로 결합되어 있다. 더구나 현명한 판단은 구체적인 사실을 꼼꼼히 헤아리고 평가할 수 있는 능력을 포함하기 때문에 젊은 사람들에게서는 쉽게 찾아볼 수 없는 경험을 필요로 한다.

고전기의 서구 기독교 세계에서 현명한 판단은 신중함이라는 이름으로 공명정대, 용기, 절제 등과 함께 핵심 덕목들 가운데 하나에 속했다. 현명한 판단은 주요 덕목들을 결정하는 '요체'였다.[4] 예를 들어, 어떤 행동이 용감한 행동인지 아니면 무모한 행동인지 결정할 때, 그리고 특정 시간과 장소에서 용감한 행동을 추구하는 가능한 방법을 결정할 때, 현명한 판단은 반드시 필요하다. 또한 모든 선을 동시에 추구할 수 없는 상황에서 어떤 선에 우선순위를 부여할 것인지 결정할 때에도 현명한 판단이 요구된다. 신중함은 개인의 인격에 뿌리를 두고 있는 덕목, 곧 도덕적 능력으로서 영성

---

[3] 아리스토텔레스 연구자들 사이에는 아리스토텔레스의 **지혜**(phronesis) 개념이 도덕적 목적에 대한 성찰을 포함하는 것인지, 아니면 오로지 그러한 목적을 성취하기 위한 최선의 수단에만 초점을 맞추고 있는지에 관해 이견이 분분하다.

[4] 주요 덕목들은 겸손, 인자, 형제사랑, 온유, 순결, 절제, 근면 등을 포함하고 있다. 이 덕목들은 흔히 7가지 주요 악덕('치명적인 죄들') 목록과 함께 언급되곤 한다. 이때 7가지 주요 악덕은 교만, 탐욕, 사치, 시기, 탐식, 분노, 나태를 가리킨다.

과 깊은 연관을 맺고 있다. 실제로 어떤 신학자들은 믿음, 소망, 사랑 등 '신학적 덕목들'이 경험보다는 오히려 신중함에 더 중요하다고 주장한다. 또한 오늘날의 내러티브 신학자들은 덕목을 결정하는 개념적 패턴과, 다양한 전통의 내러티브와 영적 실천이 그 구성원들의 인격과 현명한 판단을 형성하는 방식에 관심을 환기시킨다고 말한다.[5]

이 간략한 역사는 현명한 판단이 실천신학적 성찰의 해석적 과제보다 훨씬 광범위한 개념이라는 사실을 명확하게 보여준다. 하지만 이 역사는 해석, 도덕적 인격, 현명한 판단 사이의 관계를 우리에게 보여준다. 어떤 사건, 정황, 상황과 연관된 구체적인 사실을 해석하기 위해서 다른 학문이론을 참조하는 일은 그 이론에 대한 정확한 이해뿐 아니라 현명한 판단과 도덕적 감수성을 필요로 한다. 이것은 복잡한 지적 활동으로서 해당 경우에 가장 적절한 이론을 선택하고 그 이론이 신학적으로 규정된 도덕적 목적의 구현에 어떻게 기여할 수 있는지 분별하는 과정을 필요로 한다. 우리는 나중에 이 과정에서 수반되는 교차학제적 대화의 유형을 살펴볼 기회를 가질 것이다.

올리비아 포터와 같은 사람들이 고통스럽고 복잡한 삶의 문제를 갖고 게인즈 목사와 같은 교회공동체 리더에게 나아올 때, 그들은 그들의 삶을 해석하는 데 도움을 주는 현명한 안내자를 찾고 있다. 그들은 지식이 풍부하고 생각이 깊고 그들을 올바른 방향으로 인도할 수 있는 안내자를 찾고자 희망한다. 기독교 성경에서 이러한 성품들은 현자의 역할과 긴밀하게 연결되어 있다. 또한 우리는 성경에서 그들을 찾아오는 사람들의 문제를 해결하고 그들이 바른 길을 걸어가도록 도와주는 리더의 이야기를 읽는다. 예를 들면, 두 여인이 동시에 같은 아기의 어미라고 주장하며 솔로몬 왕에게

---

5 Alasdair MacIntyre, *After Virtue: A Study in Moral Theory* (Notre Dame, Ind.: University of Notre Dame Press, 1981); Stanley Hauerwas, *A Community of Character: Toward a Constructive Christian Social Ethic* (Notre Dame, Ind.: University of Notre Dame Press, 1981); Gregory Jones, *Transformed Judgment: Toward a Trinitarian Account of the Moral Life* (Notre Dame, Ind.: University of Notre Dame Press, 1990).

나아온 이야기, 영생을 얻으려면 무엇을 해야 하는지 예수님께 묻는 젊은 부자 이야기 등이 성경에 기록되어 있다. 따라서 우리는 먼저 현자 혹은 지혜로운 사람을 가장 광범위하게 다루고 있는 고대 이스라엘의 지혜 전통을 먼저 고찰한 다음, 예수님을 현자로 묘사하는 신약성경의 이야기들을 살펴볼 것이다. 안타깝게도 우리가 지금 다룰 성경구절은 그리스도의 왕적 직무를 다루는 대부분의 작품에서 간과되어 왔다.

이스라엘의 지혜 전통

지혜 전통은 히브리 성경 안에서 매우 풍부하고 복잡한 한 부분을 차지하고 있다.[6] 지혜 전통의 주제는 히브리 성경 여러 곳에서 발견되지만, 항상 지혜 형식을 통해 표현되는 것은 아니다.[7] 형식과 내용의 결합은 지혜 문학을 다른 작품과 구분하는 기준이다. 오늘날의 학자들은 통상적으로 다음 세 가지 책, 곧 잠언, 전도서, 욥기만을 지혜 문학으로 분류한다.[8] 이 책들은 고대 근동의 지혜 전통에서 공통적으로 발견되는 지혜 장르를 사용하고 있다. 1) **훈계**(admonitions) – 해야 할 일과 하지 말아야 할 일을 명령조로 전달하는 짧은 말(예: 잠 22:24-25). 2) **격언**(sayings) – 관찰 형식으로 조언을 제시하는 짧은 말(예: 잠 14:31). 3) **경구**(aphorisms) – 특정 개인에게로 소급할 수 있는 짧은 말(예: 마 10:39). 4) **교훈시**(instructional poetry) – 흔히 훈계나 격언을 담고 있으며 도덕적, 신학적 통찰을 제공하는 시(예: 욥 6:5-6;

---

6 다음 입문서들을 참고하라. James Crenshaw, *Old Testament Wisdom* (Atlanta: John Knox, 1981); Crenshaw, *Education in Ancient Israel: Across the Deadening Silence* (New York: Doubleday, 1998); Charles Melchert, *Wise Teaching: Biblical Wisdom and Educational Ministry* (Harrisburg, Pa.: Trinity, 1998); Roland Murphy, *Wisdom Literature* (Grand Rapids: Eerdmans, 1981); Murphy, *The Tree of Life: An Exploration of Biblical Wisdom Literature* (New York: Doubleday, 1990); Gerhard von Rad, *Wisdom in Israel* (Nashville: Abingdon, 1972).
7 예를 들면, 요셉 이야기, 다니엘서의 첫 부분, 시편 104편을 비롯한 몇몇 시편들은 지혜 사상을 담고 있지만 지혜 문학 형식을 사용하지는 않는다.
8 Crenshaw, *Old Testament Wisdom*, 19쪽을 보라.

잠 2:1-12). 5) **논쟁**(disputation speeches) – 대립하는 관점을 제시하는 확대된 토론 혹은 대화(예: 욥기). 6) **성찰**(reflection) – 저자의 경험의 관점에서 다양한 주제를 다루는 글(예: 전도서).[9]

지혜 전통은 다윗의 아들 솔로몬 왕과 밀접하게 결부되어 있다. 솔로몬 왕은 열왕기상에서 현명한 왕, 현명한 리더의 전형으로 그려지고 있다. 솔로몬 왕은 "백성들을 다스리고 선악을 분별할 수 있는 지혜로운 마음"을 달라고 하나님께 기도한다(3:9, 12). 또한 그는 자기 앞으로 가져온 사건을 처리함에 있어 현명한 판단을 선보인다(예: 3:16-28, 9-10장 참고). 솔로몬의 치리 기간 동안 다양한 '현자' 집단이 이스라엘의 왕궁과 밀접한 관계를 맺었던 것으로 보인다. 아마도 왕에게 조언하는 현자들(삼하 17장), 잠언을 수집하고 기록하는 사람들(잠 25:1), 왕궁 일을 위해 젊은이들을 준비시키는 선생들(잠 25:2-7, 31:1-9)이 있었을 것이다.[10] 왕궁과 관계된 현자들은 지혜 문학의 문서화에 기여했을 것이다. 예레미야 시대에 이르면 현자들 혹은 지혜로운 조언자들은 제사장들, 예언자들과 더불어 고유한 역할을 감당하고 있었던 것으로 보인다(렘 18:18).

하지만 공식적인 현자 집단과 문서화된 지혜 문학의 출현은 이스라엘 역사에서 상대적으로 후대의 발전이다. 많은 학자들은 지혜 전통의 기원을 교훈의 방편으로 잠언을 활용하던 고대의 구전 문화에서 찾는다. 찰스 멜처트(Charles Melchert)가 지적하듯이, 구전 문화에서는 가정생활과 일상생활에서 비공식적인 방식으로 가르침을 베풀 때 잠언을 흔히 사용했다.[11] 또한 잠언은 **소드**(sodh), 즉 "한자리에 앉아" 자신의 경험을 나누는 친구

---

9 Alyce McKenzie, *Preaching Biblical Wisdom in a Self-Help Society* (Nashville: Abingdon, 2002), 23-24.
10 학자들은 고대 이스라엘 내 학파들의 존재를 지지하는 증거를 둘러싸고 논쟁을 계속하고 있다. 개관을 위해서는 G. I. Davies, "Were There Schools in Ancient Israel?" in *Wisdom in Ancient Israel: Essays in Honour of J. A. Emerton*, ed. J. Davy, R. Gordon, and H. Williamson (Cambridge: Cambridge University Press, 1995)을 보라. 또한 멜처트의 탁월한 요약, *Wise Teaching*, 24-26쪽도 보라.
11 Melchert, *Wise Teaching*, 25-26. 소드(sodh)에 관한 아래의 논의 역시 멜처트(Melchert)를 참고했다. 멜처트는 Annemarie Ohler, *Studying the Old Testament from Tradition to Canon* (Edinburgh: T.&T. Clark, 1985), 168쪽을 참조했다.

들 간의 비공식적인 모임이나 각자 담당하고 있는 사건에 대해 서로의 의견을 구하는 판사들 간의 비공식적인 모임에서 오가는 대화에서 많이 사용되었다. 현자는 아마도 이와 같은 구두문화 상황 속에서 처음 등장했으며, **메샬림**(meshalim), 곧 비유적인 잠언을 만들어 내고 가르치던 사람을 지칭했을 것이다.

이스라엘의 지혜 문학은 실천신학적 해석의 해석적 과제와 관련해서 우리에게 유익한 가르침을 줄 수 있는 다섯 가지 차원을 갖고 있다. 여기에서 우리는 이 차원을 간략하게 살펴볼 것이다. 보다 자세한 논의는 각주에 인용된 작품에서 찾아볼 수 있을 것이다.

지혜의 목적: 조종의 기술

잠언의 첫 부분은 지혜의 길을 배워야 하는 이유에 대해서 다음과 같이 기술한다.

> 어리석은 자를 슬기롭게 하며,
> 젊은 자에게 지식과 근신함을 주기 위한 것이니······
> 지혜 있는 자는 듣고 학식이 더할 것이요,
> 명철한 자는 지략을 얻을 것이라(잠 1:4-5).

여기에서 지혜를 배우는 일은 젊은 자와 미숙한 자는 물론 지혜 있는 자와 명철한 자 역시 무언가 얻을 것이 있는 평생의 과제이다. 성숙한 사람은 '안내의 기술'에 관해 더 많은 것을 배울 수 있다. 이것은 지혜의 목적을 아주 잘 표현하고 있다.

흔히 '안내'라는 말로 번역되는 히브리어 **타불롯**(tahbulot)은 문자적으로 조종을 의미한다. 지혜는 인생을 항해할 때 필요한 조종의 전략을 제공해 준다. 앨리스 맥켄지(Alyce McKenzie)는 이때 조종이라는 이미지가 나일강을 항해하기 위해 배의 밧줄을 끌어당기던 방법과 연관되어 있다고 지적한다.[12] 지혜는 "밧줄을 끌어당기는 법을 배우는 것", 곧 인생을 살면서 자신의 길을 조정하는 법을 배우는 것을 포함한다. 은유적으로 말하면, 그것은 강의 어떤 부분을 피해야 하는지, 어디로 가면 가장 안전한 경로인지 등에 대해 배우는 것이다. 또한 그것은 날씨의 변화에 따라 즉석에서 융통성 있는 결정을 내리는 것, 항해를 피해야 할 때를 아는 것, 여행을 위해 무엇을 준비해야 하는지 아는 것, 밤을 지낼 때 혹은 도움을 구할 때 어디에 정박해야 할지 아는 것 등도 포함한다. 조종의 기술이란 은유는 실천신학적 해석의 해석적 과제에 있어 핵심적인 현명한 판단이 무엇을 말하는지 잘 표현해 준다.

지혜의 방법: 자연과 인생의 패턴이 가진 의미에 대한 성찰

잠언, 욥기, 전도서가 지혜에 접근하는 방법에는 공통점이 있다. 세 책 모두 자연과 인생 안에서 일정한 패턴을 분별해 내고 그 패턴에 대한 주의 깊은 관찰과 성찰을 통해 기억하고 전수할 만한 가치가 있는 통찰을 이끌어 낸다.[13] 따라서 지혜는 탐구의 방법과 이러한 탐구에서 얻어진 지식 양자를 모두 가리킨다. 잠언에 기록된 많은 말들은 어떤 행동은 현명한 행동으로, 또 어떤 행동은 어리석은 행동으로 묘사하면서 도덕적 통찰을 제공한다. 하지만 이때 하나님의 이름을 거론하지 않고 단지 경험에서 비롯된 통찰만을 제시하는 경우도 자주 있다. 예를 들어,

---

12 McKenzie, *Preaching Biblical Wisdom*, 21.
13 이와 관련한 명쾌한 논의를 위해서는 Kathleen Farmer, "The Wisdom Books: Job, Proverbs, Ecclesiastes," in *The Hebrew Bible Today: An Introduction to Critical Issues*, ed. Steven McKenzie and Patrick Graham (Louisville: Westminster John Knox, 1998), 129-30쪽을 보라.

함정을 파는 자는 그것에 빠질 것이요,

돌을 굴리는 자는 도리어 그것에 치이리라(잠 26:27).

게으른 자는 가을에 밭 갈지 아니하나니,

그러므로 거둘 때에는 구걸할지라도 얻지 못하리라(잠 20:4).

인생의 패턴을 주의 깊게 관찰함으로써 도덕적 교훈을 발견할 수 있다. 전도서와 욥기는 잠언과는 사뭇 다른 문학 장르를 활용한다. 두 책은 현자의 학문적 전통에 뿌리 내리고 있는 장르를 활용한다. 지혜에 관해 두 책에서 내린 결론 역시 잠언의 결론과 다르다. 하지만 두 책 모두 탐구 방법에 있어서는 잠언과 일치한다. 즉, 자연과 인생의 패턴을 관찰함으로써 일반적인 통찰을 이끌어 낸다. 실천신학적 해석의 해석적 과제 역시 이 방법을 활용한다. 자연과학과 사회과학에서 발견한 패턴에 대해 성찰하는 가운데 우리는 많은 통찰을 얻을 수 있다. 또한 교회공동체가 속한 지역문화에서 회자되는 서민들의 지혜에 관심을 가지면서 많은 것을 배울 수도 있다. 이때 해석의 안내자는 사람들이 자신들의 일상생활을 해석하는 방식과 그들이 현명하거나 어리석다고 판단하는 행동에 대한 통찰을 얻을 수 있다.[14]

지혜의 교육법: 인격 형성을 위한 교육과 사고 능력의 강화

사람들이 지혜를 얻는 일에 있어 지혜 전통이 어떤 도움을 줄 수 있을까? 지혜 전통은 사람들의 도덕적 인격을 형성하고 그들의 사고 능력을 강화시킨다.[15] 우리가 앞서 보았듯이 두 가지 모두 현명한 판단을 위해서는 꼭 필요한 요소이다. 여기에서 나는 잠언에서 지혜 교육법의 이 두 가지 차원이 어떻게 다루어지고 있는지 주로 살펴볼 것이다. 잠언은 책 전체에

---

14 특히 McKenzie, *Preaching Biblical Wisdom in a Self-Help Society*를 보라.
15 Melchert, *Wise Teaching*, 66-67; Alyce McKenzie, *Hear and Be Wise: Becoming a Preacher and Teacher of Wisdom* (Nashville: Abingdon, 2004); McKenzie, *Preaching Biblical Wisdom*, chapter 3.

걸쳐 어떤 태도와 행동은 지혜의 길로 규정하며 권장하고, 다른 태도와 행동은 어리석음의 길로 규정하고 정죄한다. 지혜의 길에는 근면, 자기통제, 정직, 용기, 겸손 등이 포함된다. 반대로 어리석은 사람은 게으르고, 자기를 통제하지 못하고, 시기, 거짓, 잔인함 등 다른 사람들에게 해를 끼치는 태도를 가진 것으로 묘사된다.[16] 잠언은 간결한 도덕적 격언을 기억에 남게 하는 것뿐 아니라 훌륭한 인격을 구성하는 덕목과 태도를 형성하는 데에도 관심을 가지고 있다.[17] 잠언의 가르침은 모범, 연습, 실제 행동 등을 통해 생생한 현장에서 이루어졌다. 이런 방식을 통해 잠언은 사람들이 올바른 도덕적 목적을 배우고 그것을 열망할 뿐 아니라 구체적인 현실 속에서 그 목적을 성취하는 방법을 익힐 수 있도록 도움을 주었다.

또한 잠언은 사람들의 사고 능력을 강화함으로써 현명한 판단을 가능하게 만든다. 멜처트의 표현을 따르자면, 잠언은 "사고가 생겨나도록 괴롭힌다."[18] 이것은 여러 가지 방식으로 이루어진다. 그중 한 가지 방식은 서로 상충하는 일반화된 명제를 함께 나열시켜 놓는 것이다. 잠언 26장 4~5절은 이와 관련해서 탁월한 예가 된다.

> 미련한 자의 어리석은 것을 따라 대답하지 말라.
> 두렵건대 너도 그와 같을까 하노라.
> 미련한 자에게는 그의 어리석음을 따라 대답하라.
> 두렵건대 그가 스스로 지혜롭게 여길까 하노라.

독자들은 두 일반적인 명제 모두 불완전하다는 사실에 직면하게 되고 각각의 명제가 참되게 적용되는 구체적인 상황을 분별하도록 도전받는다.

---

16 맥켄지의 탁월한 요약, *Preaching Biblical Wisdom*, 105-7쪽을 보라.
17 특별히 도움이 되는 개관을 위해서는 William Brown, *Character in Crisis: A Fresh Approach to the Wisdom Literature of the Old Testament* (Grand Rapids: Eerdmans, 1996)을 보라.
18 Melchert, *Wise Teaching*, 54.

일반화된 명제와 구체적인 상황 사이에서 자신의 길을 찾는 것, 이것이 바로 현명한 판단의 핵심 기술이다.

비슷한 이유에서 많은 잠언들은 한 쌍의 명제로 이루어져 있으며, 독자들은 그 두 명제 사이의 관계에 대해 성찰해야 한다.[19] 그 두 명제는 같은 뜻을 갖고 있는가, 상호보완적인 뜻을 갖고 있는가, 아니면 서로 상충하는 뜻을 갖고 있는가? 두 번째 명제가 첫 번째 명제를 완성하거나 강화하는가, 아니면 제한하는가? 아래 잠언의 구절은 두 명제가 서로 다른 방식으로 관계 맺을 수 있다는 사실을 보여 준다.

> 구제를 좋아하는 자는 풍족하여질 것이요,
> 남을 윤택하게 하는 자는 자기도 윤택하여지리라(잠 11:25).
> 가난하여도 성실하게 행하는 자는 입술이
> 패역하고 미련한 자보다 나으니라(잠 19:1).
> 속이고 취한 음식물은 사람에게 맛이 좋은 듯하나,
> 후에는 그의 입에 모래가 가득하게 되리라(잠 20:17).

독자들은 잠시 멈춰서 각 쌍을 이루는 명제들 사이의 관계에 대해 생각해야 한다. 지혜는 단순히 정답을 암기하는 것도, 관습적인 행동을 모방하는 것도 아니다. 지혜는 경험에 대한 다양한 해석들 사이의 관계에 대해서 깊이 있게 사고할 수 있는 능력을 요구한다.

마지막으로, 지혜는 적절한 타이밍에 대해 생각하도록 동기 부여한다. 이것을 게르하르트 본 라트(Gerhard von Rad)는 "적당한 시점의 교리"라고 부른다.[20] 현명한 행동과 말은 적절한 타이밍의 문제로서 주어진 상황과 맞아떨어져야 한다. 잠언은 이것을 다음과 같이 표현한다.

19　멜처트의 유익한 논의, *Wise Teaching*, 19-21쪽을 보라.
20　Von Rad, *Wisdom in Israel*, chapter 8.

경우에 합당한 말은

아로새긴 은 쟁반에 금 사과니라(잠 25:11).

사람은 그 입의 대답으로 말미암아 기쁨을 얻나니,

때에 맞는 말이 얼마나 아름다운고(잠 15:23).

이 교리에 관해 가장 탁월한 주장을 펼치는 것은 아마도 전도서일 것이다. "범사에 기한이 있고, 천하만사가 다 때가 있나니"(전 3:1, 3:2-8 참고).[21] 어떻게 하면 특정 사건, 정황, 상황을 지혜롭게 해석하는 법을 배울 수 있을까? 지혜 전통의 교육법은 우리에게 이것은 단순히 몇 가지 기술들을 체득함으로써 해결될 수 있는 문제가 아니라는 사실을 일깨워준다. 여기에는 훌륭한 인격, 깊은 사고에 기초한 판단, 적절한 시점에 대한 감각 등이 함께 요구된다.

지혜의 프레임워크(Framework):
창조신학의 전제 위에서 세상에 개방된 자세

지혜 문학의 가장 두드러진 특징 가운데 하나는 하나님의 "능하신 행위"에 대한 신앙고백이나 이야기를 거의 찾아볼 수 없다는 사실이다. 일부 학자들은 이 같은 사실이 이스라엘의 구속사 전통과 충돌하고 있다고 생각한다. 하지만 다른 많은 학자들은 지혜 문학이 히브리 성경 전체에서 발견되는 창조신학을 전제하고 있다고 주장한다(예: 창 1-2장; 시 8편, 104:4; 사 40장 이후).[22] (나는 후자의 학자들이 옳다고 생각한다.) 하나님은 세계를 창조하셨으며, 그 세계를 선하다며 긍정하셨고, 거기에 질서와 형태를 부여하셨다.

---

[21] 하지만 전도서 3:11도 함께 보라. 여기에서 저자는 만약 인간이 하나님이 정한 시간을 헤아릴 수 없다면 모든 것이 정한 때가 있다는 사실을 아는 것이 과연 어떤 유익이 있는지 질문을 제기한다.
[22] 지혜 문헌에 대한 평가가 역사적으로 어떻게 바뀌어 왔는지에 관해서는 Farmer, "The Wisdom Books"를 보라.

지혜 문학은 이 같은 창조 이해가 하나님의 "능하신 행위"가 눈에 보이지 않는 일상생활에서 어떤 함의를 가지는지 궁구한다. 지혜 문학은 가끔씩 의인화라는 문학 장치를 사용하여 여성으로 의인화한 지혜가 하나님의 태초의 창조와 계속적인 창조에 참여하며 삶에 질서를 부여하는 하나님의 섭리에 동참하고 있는 것으로 묘사한다(예: 잠 2-4, 8-9장). 잠언 8장 22~31절은 이 같은 생각을 다음과 같이 아름답게 표현하고 있다.

> 여호와께서 그 조화의 시작
> 곧 태초에 일하시기 전에 나를 가지셨으며,
> 만세 전부터, 태초부터,
> 땅이 생기기 전부터 내가 세움을 받았나니,
> 아직 바다가 생기지 아니하였고,
> 큰 샘들이 있기 전에 내가 이미 났으며,
> 산이 세워지기 전에,
> 언덕이 생기기 전에 내가 이미 났으니,
> 하나님이 아직 땅도, 들도,
> 세상 진토의 근원도 짓지 아니하셨을 때에라.
> 그가 하늘을 지으시며
> 궁창을 해면에 두르실 때에 내가 거기 있었고,
> 그가 위로 구름 하늘을 견고하게 하시며
> 바다의 샘들을 힘 있게 하시며,
> 바다의 한계를 정하여
> 물이 명령을 거스르지 못하게 하시며,
> 또 땅의 기초를 정하실 때에
> 내가 그 곁에 있어서 창조자가 되어,
> 날마다 그의 기뻐하신 바가 되었으며,

항상 그 앞에서 즐거워하였으며,
사람이 거처할 땅에서 즐거워하며
인자들을 기뻐하였느니라.

창조에 있어 지혜의 역할에 대한 이 같은 묘사는 **세상을 향한 근본적인 개방성**을 불러일으킨다. 롤랜드 머피(Roland Murphy)는 세상을 향한 이 같은 개방성을 "인간 경험 전반에 대해 **성찰**하고 그 속에서 가치를 **분별**하는 작업"에 기꺼이 뛰어들고자 하는 자세로 규정했다.[23] 이 같은 자세는 창조신학이 내포하고 있는 세 가지 함의에 기초하고 있다.[24] 첫째, 모든 지혜는 하나님으로부터 비롯된다. 현자들이 인생을 관찰하고 그것에 관해 성찰하면서 통찰을 얻을 때, 그들은 이 지혜를 자신들의 것으로 돌리지 않는다. 그들은 창조세계 자체에 새겨져 있는 도덕적 구조를 발견하는 것뿐이다. 창조세계가 들을 귀 있는 현명한 사람들에게 '말하고' 있는 것이다. 둘째, 하나님을 경외하는 것이 지혜의 시작이다. 잠언에서 이 구절은 다른 어떤 구절보다 더 많이 반복된다. 이것은 하나님을 무서워해야 한다는 의미가 아니다. 오히려 이것은 창조주와 피조세계 사이의 근본적인 차이를 인식하는 가운데 하나님을 향해 경배와 겸손의 태도를 갖는 것을 의미한다. 또한 이것은 인간 이해의 한계를 강조한다.[25] 셋째, 지혜의 가르침을 무시하면 위험에 처하게 된다. 잠언에서 이것은 특별히 두 갈래 길, 곧 생명의 길과 사망의 길로 표현된다. 창조세계에 새겨진 지혜에 주의를 기울이면 생명에 이르지만, 그 지혜를 무시하면 파멸과 사망에 이르게 된다.

실천신학적 해석의 해석적 과제는 세상을 향해 열린 자세 위에 기초하

---

23 Roland Murphy, "The Hebrew Sage and Openness to the World," in *Christian Action and Openness to the World*, ed. Joseph Papin (Villanova, Pa.: Villanova University Press, 1970), 219-44.
24 Alyce McKenzie, *Preaching Proverbs: Wisdom for the Pulpit* (Louisville: Westminster John Knox, 1996), 35-37.
25 잠언 19장 21절은 다음과 같이 기록하고 있다. "사람의 마음에는 많은 계획이 있어도 오직 여호와의 뜻만이 완전히 서리라"(예: 16:1, 2, 9, 20:24, 21:30-31). 실로 가장 많이 회자되는 잠언 구절 가운데 하나도 이 점을 역설하고 있다. "교만은 패망의 선봉이다"(잠 16:18, 18:12).

고 있다. 해석적 과제는 오늘날 문화가 제공하는 지적인 자원으로부터 기꺼이 배움을 얻고자 하는 생각하는 신앙에 의존하고 있다. 교회가 현대 자연과학으로부터 배움을 얻으려고 하지 않아서 초래된 끔찍한 결과를 우리는 잘 알고 있다. 예를 들면, 알코올중독의 문제를 질병의 문제로 보지 않고 도덕적 유약함의 문제로만 다루고, 정신질환의 문제를 뇌손상에서 비롯된 문제로 보지 못하고 귀신들림의 문제로 잘못 취급하였다. 다른 한편, 지혜 전통은 신학적 사고를 세상과의 열린 대화 속으로 가져간다. 이것 역시 해석적 과제 수행에 있어 매우 중요하다. 과학, 기술, 인터넷의 가속적인 발전을 통해 우리는 점점 더 많은 지식을 획득할 수 있다. 하지만 더 많은 지식이 곧 더 많은 지혜를 의미하는 것일까? 인간이 획득한 지식을 지혜롭게 사용할 수 있도록 도와주는 도덕적, 신학적 목적과 관련해서는 교회가 세상에 도움을 줄 수 있다.

지혜의 다양성: 잠언, 전도서, 욥기 사이에 존재하는 긴장

잠언, 전도서, 욥기는 자연과 인간에 대한 주의 깊은 관찰에서 각기 다른 신학적 결론에 도달한다. 이것은 잠언의 전통적인 지혜에서 발견되는 소위 인과응보의 교리에 대한 상이한 태도들에서 가장 명확하게 드러난다. 예외적인 구절이 없는 것은 아니지만 잠언은 일반적으로 인간 행동은 일관성 있고 예측 가능한 결과를 갖고 있다고 주장한다.[26] 지혜로운 사람과 의로운 사람은 보상을 받는다. 다른 말로 하면, 그들의 행위는 자연스럽게 건강, 행복, 번영으로 이어진다. 하지만 어리석고 부도덕한 행동은 자연스럽게 재앙으로 이어진다.[27] 오늘날 우리는 이 같은 행위-결과 도식을 "자연

---

[26] 이 같은 공식에 예외가 되는 구절에는 다음과 같은 것들이 있다. "가난이 때때로 나태함이 아니라 불의함 때문에 발생하기도 한다"(예: 잠 13:23). "재물이 덕스러운 방법으로만 아니라 불의한 방법으로 얻어지기도 한다"(예: 잠 16:8, 21:6, 28:6).
[27] 예를 들어, 잠언 11장 17절, 20장 21절, 26장 27절을 보라.

적 결과"라고 부른다. 우리는 이 같은 생각에 우리가 흔히 생각하고 있는 것보다 더 많이 의존하며 살아가고 있다.[28] 부모는 자녀에게 흡연, 약물, 간이식품 섭취에서 비롯되는 부정적인 결과들에 대해 가르친다. 시민은 정치적 연고주의와 부정부패가 민주주의 미래에 끼치는 결과에 대해 관심을 가진다. 세계시민으로서 우리는 지구온난화와 생물 다양성의 축소로 인해 야기되는 장기적인 결과를 두고 염려한다. 행위-결과 도식은 행동과 관련한 현명한 판단을 내릴 때 매우 강력한 해석 도구이다.

하지만 이 도식은 욥기와 전도서에서 도전을 받는다. 전도서에서 주된 목소리를 대변하는 코헬렛(Qoheleth)은 인간 행동의 결과가 행위-결과 도식에서 묘사되고 있는 것처럼 나타나지 않는다고 주장한다. 전도서 7장 15절은 다음과 같이 기록하고 있다. "내 허무한 날을 사는 동안 내가 그 모든 일을 살펴보았더니, 자기의 의로움에도 불구하고 멸망하는 의인이 있고, 자기의 악행에도 불구하고 장수하는 악인이 있다." 여기에서 '허무한'으로 번역된 히브리 단어는 문자적으로 '증기' 혹은 '호흡'을 의미한다. 춘령 서(Choon-Leong Seow)가 지적하듯이, 코헬렛이 이 단어를 사용한 것은 인생이 무의미하다고 말하고 싶어서가 아니다. "오히려 그의 메시지는 예외 없는 규칙이나 성공을 보장할 수 있는 공식 같은 것은 없다는 것이다. 즉, 우리가 확실하게 의지할 수 있는 것은 아무것도 없다는 것이다. 왜냐하면 모든 것이 증기와 같이 손으로 붙잡을 수 없는 것이기 때문이다."[29] 절대적인 안정을 찾고자 하는 것은 마치 '바람을 좇는' 것과 같다(전 1:14, 2:11, 17, 26, 4:4, 6:9). 하지만 코헬렛은 절망이나 자포자기를 권면하지 않는다. 오히려 인생에 찾아오는 선한 것들을 즐기고 그것들을 하나님이 주신 선물로 받으라고 조언한다(전 2:26, 3:12-13, 22, 5:19). 그렇지만 여기에서 행위-결과 도식

---

28 Melchert, *Wise Teaching*, 33.
29 Choon-Leong Seow, "Theology When Everything Is Out of Control," *Interpretation*, July 2001, 243. 또한 Seow, *Ecclesiastes: A New Translation with Introduction and Commentary*, Anchor Bible (New York: Doubleday, 1997)을 보라.

이 전제하는 예측 가능성과 확실성은 거의 자취를 감추고 보이지 않는다.

욥기 역시 행위-결과 도식에 이의를 제기한다.[30] 욥기의 도입부는 욥이 자신과 자신의 가정에 닥친 비극과 고통을 당할 아무런 잘못도 저지르지 않았다는 점을 분명히 한다. 욥은 전통적 지혜의 행위-도식에 근거한 '친구들'의 조언을 거부한다.[31] 친구들은 욥이 고통을 받아 마땅한 잘못을 저질렀다고 확신하고, 하나님께 그 잘못을 고하는 길이 지혜로운 행위라고 주장한다. 하지만 욥은 자신의 경험에 대해 성찰하는 가운데 다른 결론에 도달한다. 욥은 친구들의 조언을 무시하고서 자신의 사건을 하나님 앞으로 직접 가져간다. 그리고 '우주의 경영'과 관련해서 하나님을 상대로 소송을 제기한다.[32] "하나님, 만약 하나님의 왕적 통치가 진실로 지혜롭다면, 왜 제가 고통을 당하고 있습니까?" 하나님께서 응답하실 때, 하나님의 분노는 욥의 친구들을 향한다. 그 친구들에게 하나님은 다음과 같이 말씀하신다. "너희가 나를 가리켜 말한 것이 내 종 욥의 말같이 옳지 못하니라"(욥 42:7). 이어서 욥을 향해 하나님은 "소용돌이 속에서" 말씀하시며, 창조주의 의도를 피조물인 인간이 완전히 파악할 수 없다는 사실을 상기시키신다. 하지만 자신의 고통과 여기에 함축되어 있는 창조세계의 고통에 관한 욥의 질문은 결국 아무런 대답도 듣지 못한다. 이것은 행위-결과 도식에 대한 근본적인 도전을 대변한다. 분명 욥은 이스라엘이 포로생활과 귀환을 경험하면서 씨름했던 질문을 던지고 있다. 하나님, 만약 하나님께서 진정 의로우신 분이라면, 제가 왜 고통을 당하고 있습니까? 욥은 구속의 지혜를 찾고 있다. 하지만 그것은 창조의 지혜에서는 찾을 수 없는 것이다.

요컨대, 지혜 문학 안에 다양한 관점이 존재한다. 이 다양성은 해석적 과

---

30 욥에 관한 멜처트의 매우 유익하고 도전적인 해석을 보라. *Wise Teaching*, chapter 2.
31 예를 들어, 욥기 18장 5절에서 빌닷은 욥에게 잠언 24장 20절에 나오는 전통적인 가르침을 반복한다. "대저 행악자는 장래가 없겠고 악인의 등불은 꺼지리라." 하지만 욥기 21장 17절에서 무고하게 고통받는 자로서 욥의 경험은 욥으로 하여금 다음과 같이 질문하게 만든다. "악인의 등불이 꺼지고 재앙이 그들에게 닥치는 일이 얼마나 자주 있는 일인가?" 또한 욥기 7장 17~19절에서 욥은 잠언 8장에 대한 신랄한 패러디를 선보인다.
32 Melchert, *Wise Teaching*, 83.

제와 유사하다. 어떤 한 가지 해석의 관점을 절대화시키고 그것을 모든 상황에 무분별하게 적용시키려는 시도는 몹시 위험하다. 지혜로운 해석은 무엇보다 상황에 충실한 해석이다. 그러한 해석은 그것이 이해하고 설명하고자 하는 구체적인 상황에 맞아떨어져야 한다. 어떤 상황에서 현명한 해석이라고 여겨지는 것이 다른 상황에서는 어리석은 해석일 수 있다.[33]

예수 그리스도: 하나님의 숨겨진 지혜의 계시

지혜 전통은 신구약 중간기 동안에도 솔로몬의 지혜서, 시락의 아들 예수의 지혜서와 같은 묵시 문학 작품들 속에서 계속해서 발전했다.[34] 아마도 우리의 목적과 관련해서 더 중요한 점은 지혜 전통이 예언 전통 및 묵시 전통을 만나면서 서로를 풍성하게 만들었다는 사실이다.[35] 이 과정에서 내러티브 **메샬림**(meshalim), 곧 비유와 같은 새로운 지혜 문학 형식이 발전했고, 아울러 고통과 악과 억압의 문제와 관련한 하나님의 숨겨진 지혜를 종말론적 관점에서 바라보는 새로운 신학적 패러다임이 등장했다. 지혜에 관한 이 같은 새로운 이해 속에서 묵시적 현자는 때때로 환상 속에서 하나님의 지혜에 접근하는 것으로 묘사된다. 이때 환상은 역사와 자연에 대

---

[33] 많은 학자들은 잠언이 안정적인 사회, 곧 부모와 어른의 공동 지혜가 세대를 넘어 계속해서 삶의 지표를 제공해 주던 사회를 염두에 두고 있다고 생각한다. 반면 서(Seow)에 따르면, 전도서는 재물과 권력과 신분을 쉽게 획득할 수 있는 기회도 많고 더불어 하룻밤 사이에 그 모든 것을 잃어버릴 위험도 많았던 포로 이후 시대, 곧 사회경제적 불안정이 극심했던 사회를 염두에 두고 있다. Seow, *Ecclesiastes*, 23-36쪽과 "Theology When Everything," 238-43쪽을 보라. 욥기가 기록된 사회적 상황과 연대를 가늠하는 일은 무척 어려운 일이지만, 일부 학자들은 욥기가 이스라엘의 전통적인 지혜 가르침에 의문을 제기한 페르시아 시대의 사회경제적 변화를 염두에 두고 있다고 주장한다. 더 이상 지혜로운 행동과 물질적 번영과 건강의 축복이 함께 가는 사회가 아니다. 욥기의 사회적 상황과 연대를 가늠하는 과제의 어려움에 대해서는 Carol A. Newsom, "The Book of Job: Introduction, Commentary, and Reflections," in *The New Interpreter's Bible: A Commentary in Twelve Volumes*, vol. 4 (Nashville: Abingdon, 1996), 319-28쪽을 보라.

[34] Melchert, *Wise Teaching*, 4장과 Ben Witherington III, *Jesus the Sage: The Pilgrimage of Wisdom* (Minneapolis: Fortress, 1994), 2장에 나오는 이 책들에 대한 논의를 참고하라.

[35] Witherington, *Jesus the Sage*, 158-59, 163, 201쪽을 참고하라.

한 하나님의 왕적 통치의 비밀을 드러낸다.

이 같은 상황 속에서 우리는 말과 행동을 통해 하나님의 왕적 통치를 드러내는 예수님을 현자로 묘사하는 신약성경의 이해를 가장 잘 이해할 수 있다.[36] 예수님의 말과 행동은 하나님 나라를 '가까이' 가져오는 종말론적 현자의 말과 행동이다(마 3:2, 4:17). 예수님이 가르치고 선포한 말씀 가운데 70퍼센트가 경구, 비유, 축복 등 지혜 문학 형식을 사용하고 있다.[37] 예수님의 행동 또한 많은 경우 비유적이다. 예를 들면, 예수님은 세리와 죄인들과 함께 식사하고, 안식일에 병자를 고치고, 간음한 여인을 용서하고, 성전 환전상의 탁자를 뒤엎었다. 물론 현자로서 예수님이 과거 지혜 전통을 단순히 계승하고 있다고 말할 수는 없다. 예수님은 단순히 창조신학의 틀 속에서 자연세계에 대한 관찰에서 비롯한 통찰을 제시하는 데 그치지 않는다. 예수님은 자신의 사역을 통해서 현재 역사 속으로 도래하는 하나님의 왕적 통치를 드러내 보이고자 했다. 사실 예수님은 하나님의 지혜를 몸소 구현하고 있다.

종말론적 현자로서 예수님은 전복적인 지혜를 통해 사람들이 하나님의 왕적 통치를 새로운 방식으로 이해하도록 도전한다. 예수님의 가르침은 종종 그 가르침을 듣는 사람들이 방향감각을 상실하게 만든다. 예수님은 번영과 건강과 같은 주제들이 전통적인 지혜 문학에서 다루어졌던 방식을 뒤집음으로써 그 주제들에 대한 전통적인 이해를 전복시킨다.[38] 몇 가지 예만 들어도 이 점은 분명하게 드러난다. 각기 다른 시간 동안 일한 사람들이 같은 임금을 받은 포도원 일꾼들의 비유(마 20:1-15), 선한 사마리아인의 비유(눅 10:30-35), 탕자의 비유(눅 15:11-32) 등은 청중의 기대를 뒤집으면서 그들이 하나님의 왕적 통치를 새로운 방식으로 이해하도록 유도

---

36 따라서 여기에서 나는 그리스로마의 견유학파가 아니라 신구약 중간기 사이의 이스라엘 지혜 전통의 발전과 관련해서 예수님을 이해하고자 하는 학자들의 견해를 따른다.
37 Witherington, *Jesus the Sage*, 155-56.
38 Witherington, *Jesus the Sage*, 161-74.

한다. 또한 예수님의 축복 선언은 전통적인 행위-결과 도식을 뒤집는다. 예수님은 가난한 자, 소외된 자, 억압받는 자들이 오히려 하나님의 특별한 사랑을 받고 있으며, 종국에 하나님의 나라에서 그들의 문제가 해결되는 것을 보게 될 것이라고 말한다(눅 6:17-26). 또한 예수님은 경구를 통해 역설적이고 충격적인 방식으로 주어진 상황에 대처한다. 예를 들면, "낙타가 바늘귀로 나가는 것이 부자가 하나님의 나라에 들어가는 것보다 쉽다"(막 10:25); "무릇 자기 목숨을 보전하고자 하는 자는 잃을 것이요, 잃는 자는 살리라"(눅 17:33); "너희 중에 누구든지 크고자 하는 자는 너희를 섬기는 자가 되고"(마 20:26).

하지만 신약성경은 예수님을 단순히 전복적 지혜를 가르치는 현자로 묘사하는 데 만족하지 않는다. 신약성경은 이스라엘 지혜 문학 안에서 지혜를 여성으로 의인화한 전통을 이어받아서 예수님 자신을 사람의 몸을 입은 하나님의 지혜로 묘사했다.[39] 이미 바울의 서신들에서(예: 고전 8:6; 골 1:15-20) 우리는 교회가 하나님 아버지에 대한 그리스도의 관계, 그리스도의 선재, 창조에 있어 그리스도의 역할, 우주에 대한 그리스도의 주권, 새 창조에서 그리스도의 특권 등을 묘사할 때 지혜 기독론을 발전시키고 있다는 사실을 확인할 수 있다.[40] 복음서들 중에서 마태복음과 요한복음은 가장 포괄적인 지혜 기독론을 발전시키고 있다.[41] 두 복음서에서 예수님은 하나님의 비밀스런 지혜를 드러내는 성육신한 지혜로 묘사되고(특히 마태복

---

39 여성 지혜라는 주제가 신약성경에서 어떻게 다루어지고 있는지에 관해서는 Jack Suggs, *Wisdom, Christology, and Law in Matthew's Gospel* (Cambridge: Harvard University Press, 1970); Celia Deutsch, *Lady Wisdom, Jesus, and the Sages: Metaphor and Social Context in Matthew's Gospel* (Valley Forge, Pa.: Trinity, 1996); Witherington, *Jesus the Sage*, 4장을 보라.

40 James Dunn, *The Theology of Paul the Apostle* (Grand Rapids: Eerdmans, 1998), 267-68; Dunn, *Christology in the Making: A New Testament Inquiry into the Origins of the Doctrine of the Incarnation* (London: SCM, 1980), 179-83쪽을 보라. 바울과 골로새서의 저자는 그들이 편지를 쓰기 전에 이미 형성되어 있는 초대 기독교 전통의 자료를 가져와 사용하고 있다. 지혜 전통을 예수님에 대한 성찰에 가져온 것은 기독교공동체 안에서 매우 이른 시기에 이루어진 발전이다.

41 Raymond Brown, S.S., *The Gospel according to John* (i-xii), *Anchor Bible* (Garden City, N.Y.: Doubleday, 1966), cxxii-cxxv; Witherington, *Jesus the Sage*, 341-80; Witherington, *John's Wisdom: A Commentary on the Fourth Gospel* (Louisville: Westminster John Knox, 1996).

음 11장, 요한복음 1장 1~18절을 보라.), 예수님의 제자들은 지혜의 멍에를 메고 지혜로부터 배움을 얻는 사람들로 그려진다.[42]

구속의 지혜를 향한 욥의 염원은 그리스도 안에서 그 충분한 대답을 발견한다. 그리스도 안에서 하나님은 창조세계의 고통 속으로 충분히 들어오신다. 이것은 그리스도가 당시 정치 리더와 종교 리더의 손에 의해 십자가에 달려 돌아가시는 사건에서 정점에 이른다. 그리스도가 죽은 자 가운데서 부활했을 때 죄악과 고통 속에 있는 창조세계를 향한 하나님의 구속의 계획이 드러난다. 부활하신 그리스도는 새 창조의 첫 열매이다. 하나님의 왕적 통치가 완성될 때 창조세계는 변화될 것이다. 병든 자들이 고침을 받고, 눌린 자들이 자유를 얻으며, 쫓겨난 자들이 집으로 돌아오게 될 것이다. 이미 하나님의 왕적 통치의 영역 안에서 살고 있는 사람들은 하나님께서 약속하신 미래를 예기하는 변화의 가능성에 자신들을 열어놓을 것이다. 그들의 삶은 세상의 지혜와 상충하는 구속의 지혜의 인도를 받을 것이다. 현세에 이 구속의 지혜는 볼 수 있는 눈과 들을 수 있는 귀가 없는 사람에게는 숨겨져 있다. 예수님께서 말씀하셨다. "천지의 주재이신 아버지여, 이것을 지혜롭고 슬기 있는 자들에게는 숨기시고 어린 아이들에게는 나타내심을 감사하나이다"(마 11:25). 바울은 고린도교회에 보내는 첫 번째 편지 서두에서 자신의 십자가신학을 통해 이 주제를 더욱 발전시키고 있다.

---

42 대중적으로 널리 읽혔던 중간기 시대의 지혜서 시락 6장 19~31절과 마태복음 11장 28~30절 사이에서 발견되는 유사점은 매우 놀랍다. 시락 6장 19~31절은 다음과 같이 기록하고 있다. "쟁기질하고 씨를 뿌리는 사람과 같은 그녀[지혜]에게로 나아가라. 네 목을 그녀의 옷깃에 가져가라. 네 어깨를 구부려 그녀를 지라. 네 온 영혼으로 그녀에게로 나아가고, 네 온 힘으로 그녀의 길을 지켜라. 그리하면 마침내 네가 그녀가 주는 안식을 발견하게 될 것이다. 그녀의 깃털이 너에게 강한 보호막이 되어 줄 것이며, 그녀의 옷깃이 너에게 영광스러운 의복이 될 것이다. 그녀의 멍에는 금으로 만든 장식이다." 마태복음에서 예수님은 다음과 같이 말한 것으로 기록되어 있다. "나는 마음이 온유하고 겸손하니, 나의 멍에를 메고 내게 배우라. 그리하면 너희 마음이 쉼을 얻으리니, 이는 내 멍에는 쉽고 내 짐은 가벼움이라." Witherington이 지적하듯이, "시락에서 제자들이 짊어져야 하는 것은 분명 지혜의 멍에이고, 마태복음에서 그것은 예수/지혜의 멍에이다." Witherington, *Jesus the Sage*, 205. 신약성경 전반에 걸쳐 지혜 사상의 주제들은 한편으로 하나님과 예수님을, 다른 한편으로 스스로 예수님의 지혜의 멍에를 쓰는 제자들을 묘사하기 위해서 사용되고 있다. 여기에서 우리는 다음과 같이 크게 네 가지 범주를 구분할 수 있다. 1) 하나님의 지혜: 롬 11:33, 16:27; 계 7:12. 2) 지혜로서 그리스도: 막 6:2; 눅 2:40, 52, 7:35, 10:21; 골 2:3. 3) 제자들의 지혜: 마 7:24ff, 10:16, 13:54; 눅 21:15; 행 6:3, 10; 고전 6:5, 12:8; 엡 3:10, 5:15; 골 3:16; 약 1:5, 3:13, 17; 계 13:18, 17:9. 4) 거부당한 창조세계의 지혜: 롬 1:22.

십자가의 도가 멸망하는 자들에게는 미련한 것이요, 구원을 받는 우리에게는 하나님의 능력이라. 기록된바 "내가 지혜 있는 자들의 지혜를 멸하고, 총명한 자들의 총명을 폐하리라." 하였으니, 지혜 있는 자가 어디 있느냐? 선비가 어디 있느냐? 이 세대에 변론가가 어디 있느냐? 하나님께서 이 세상의 지혜를 미련하게 하신 것이 아니냐? (중략) 하나님의 어리석음이 사람보다 지혜롭고, 하나님의 약하심이 사람보다 강하니라. (중략) 너희는 하나님으로부터 나서 그리스도 예수 안에 있고, 예수님은 하나님으로부터 나와서 우리에게 지혜와 의로움과 거룩함과 구원함이 되셨으니 (고전 1:18-20, 25, 30).

예수님을 현자와 성육하신 지혜로 보는 이 같은 이해는 실천신학적 해석의 해석적 과제와 관련해서 어떤 함의를 가지는가? 이 같은 이해는 우리가 경험적 지혜, 창조의 지혜만을 의지해서는 안 된다는 것을 보여준다. 교회는 인생의 일정한 패턴의 의미를 성찰하는 가운데 창조의 지혜를 계속해서 배워나가야 한다. 하지만 교회는 그렇게 얻은 지식을 그리스도의 부활의 지혜라는 새로운 신학적 맥락 속에 위치시켜야 한다. 그리스도의 구속의 지혜는 역전과 전복의 요소를 강하게 갖고 있으며, 하나님의 왕적 통치의 대안적 질서를 지시한다. 이 구속의 지혜는 세상 지혜로부터 얻은 지식을 지혜의 성육신으로서 그리스도 예수 안에서 발견되는 도덕적, 신학적 목적의 빛 아래 가져온다.

따라서 지성을 겸비한 교회공동체의 리더는 도전에 직면한다. 어떻게 하면 세상에 열려 있고 세상의 지식으로부터 배움을 얻는 동시에 그 지식을 그리스도의 구속의 지혜에 기초한 새로운 신학적 맥락 안에 위치시킬 수 있을까? 이것은 교차학제적 대화의 도전이다. 여기에 대해서는 우리가 다음 장에서 보다 자세하게 살펴볼 것이다. 이 장의 나머지 부분에서 우리는 의사소통적 합리성 모델을 검토함으로써 이러한 교차학제적 대화를 위한 기초 작업을 수행할 것이다. 의사소통적 합리성 모델에 따르면, 합리성은 사람들이 서로에게 자신의 입장과 그 근거를 제시하고 다른 사람들이 그것을 비판적으로 검토하고 토론할 수 있도록 초청하는 의사소통의 특수한 한 형태이다. 여기에서 우리가 제시할 체계는 해석의 안내자가 다른 학문들로부터 지식을 얻는 동시에 그러한 지식이 오류 가능하고 특정한 관점에 기인하고 있다는 사실을 기억하도록 도움을 줄 것이다. 세상의 지혜는 현명한 판단에 필요한 모든 요소들을 만족시켜 줄 수 없다.

의사소통적 합리성 모델에서 본 이론 이해

올리비아 포터의 이야기로 돌아가 보자. 만약 여러분이 게인즈 목사의 입장에 있고 올리비아의 현재 위기 상황에 대한 정보를 얼마간 수집했다면, 여러분은 이제 여러분이 발견한 사실을 해석하는 과제에 직면하게 된다. 여러분과 올리비아의 관계에 있어 '조종의 기술'은 그녀의 문제에 관한 **이론적 해석** 및 그녀의 현재 상황과 인생여정의 구체적인 사실을 고려하는 가운데 그녀의 삶을 인도할 수 있는 능력을 요구한다. 따라서 우리는 현자적 지혜의 연속선 가장자리로 이동한다. 여기에서 우리는 해석적 과제를 수행하기 위해 다양한 학문의 이론을 끌어들일 때 발생하는 이슈에 초점을 맞춘다. 올리비아의 삶의 이야기를 읽을 때 가장 먼저 부각될 수 있는 한 가지 이슈에 초점을 맞추어 보자. 그것은 아마도 알코올중독의 문제일 것이다. 알코올중독은 그녀의 가정사, 결혼생활의 한 부분이다. 또한 올리비아는 알코올중독의 증세로 해석될 수 있는 음주 행동을 보여 왔다.

알코올중독의 기준
- 강박적이고 반복적인 알코올 섭취
- 내성: 시간이 지날수록 욕구 충족을 위해 더 많은 양의 알코올이

> 요구됨
> - 알코올을 섭취하지 않을 때 생겨나는 금단 증상(불안감과 과민반응에서부터 심각한 부작용까지)
> - 심리적, 생리적 관점에서 알코올에 대한 의존도 증가
> - 알코올에 대한 갈망과 음주에 대한 집착적 사고
> - 통제력 상실: 일단 음주를 시작하면 멈출 수 없음, 그리고 알코올의 영향에 대한 통제력의 상실

현명한 해석의 안내자는 올리비아를 알코올중독자로 보는 것이 적절한지의 여부를 판단하기 위해 단순히 직관에만 의지하지 않는다. 그는 문헌에서 발견되는 알코올중독의 기준에 기초해서 판단을 내릴 것이다.[43] 그리고 올리비아의 현재 위기에서 알코올중독이 가장 심각한 문제인지, 아니면 다른 더 심각한 문제가 있는지의 여부도 판단할 것이다. 많은 다른 이슈들이 함께 연루되어 있을 수 있다. 하지만 그가 처음에 관심을 집중하는 이슈는 바로 알코올중독의 문제이다. 정신건강과 중독에 관한 문헌에서 분명하게 보이듯이, 올리비아가 자신의 알코올중독 문제를 다루기 시작하기 전에는 그녀가 직면한 다른 문제들을 다루기가 쉽지 않을 것이다. 이제 해석의 안내자는 알코올중독에 관한 이론을 참고하며 올리비아의 대화 및 보다 일반적으로는 교회공동체와의 대화를 이끌어 가야 한다. 다양한 이론적 '지도'가 활용될 수 있을 것이다. 우리가 알코올중독에 관한 여러 가지 이론을 살펴볼 때, 이 현상이 오늘날 매우 다양한 방식으로 해석되고 있다는 사실이 분명하게 드러날 것이다. 따라서 사려 깊은 리더는 다양한 이론을 저울질하며 가장 설득력 있고 올리비아의 상황에서 가장 도움이 될 만한 이론을 가려내야 한다. 이것은 하나의 참된 이론을 찾은 다

---

43 나는 이 기준을 James Nelson, *Thirst: God and the Alcoholic Experience* (Louisville: Westminster John Knox, 2004), 37쪽에서 가져왔다.

음 그것을 상황에 적용하는 것처럼 그렇게 단순하지 않다. 이것은 리더의 입장에서 현명한 판단을 요구한다.

리더가 의사소통적 합리성 모델의 관점에서 이론을 이해한다면, 그러한 이론을 더 잘 평가할 수 있을 것이다. 이 모델은 다음 세 가지 기본적인 요소를 포함하고 있다. 첫째, 이 모델은 이성을 의사소통의 특수한 한 형태로 이해한다. 이러한 의사소통 형태 안에서는 사람들이 특정한 주장을 위해 논거를 제시한다. 우리는 모두 일상생활에서 비가 올 것 같다, 도로에서 가장 안전한 차는 스위스제 볼보이다 등과 같은 주장을 한다. 많은 시간 우리는 이와 같은 주장을 하며 살아간다. 하지만 가끔씩 우리는 그러한 주장보다 더 많은 것을 요구받는다. 합리성은 우리의 주장을 지지하는 적절한 이유를 제시하는 활동이다. 이러한 활동은 특별히 다른 사람들이 우리의 주장에 이의를 제기하거나 그러한 주장이 가진 의미를 설명해 달라고 요청할 때 이루어진다. 학자는 자신의 논증을 동료 학자의 평가에 내어놓아야 할 의무가 있다.[44] 요컨대, 합리성은 사람들이 자신의 주장을 뒷받침하기 위해 다른 사람들에게 **논거**를 제시하는 의사소통의 한 형태이다. 아래에서 우리가 검토할 이론은 한결같이 알코올중독에 관한 고유한 해석을 우리가 받아들이도록 우리를 설득하려고 한다. 이러한 이론은 그 주장을 뒷받침하기 위해 증거를 비롯해서 다양한 이유를 제시한다. 우리는 그러한 논증에 설득될 수도 있고 설득되지 않을 수도 있다. 하지만 우리는 건전한 논증을 단순히 어리석다거나 비합리적이라는 이유를 들어 무시해 버릴 수는 없다. 의사소통적 합리성 모델에서는 논증의 과정이 필연적으로 의견일치로 이어지지는 않는다.[45] 종종 합리적인

44　Harold Brown, *Rationality* (London: Routledge, 1990).
45　의사소통 합리성과 관련해서 가장 중요한 이론 중 하나를 발전시킨 Jürgen Habermas는 합의가 합리적 의사소통의 목표라고 주장한다. Habermas, *Theory of Communicative Action*, vol. 1, *Rationality and Rationalization*, trans. Thomas McCarthy (Boston: Beacon Press, 1984)를 보라. 여기에서 나는 Habermas에 대한 Nicolas Rescher의 비판을 따르고 있다. Rescher, *Pluralism: Against the Demand for Consensus* (Oxford: Clarendon, 1995). 또한 Stephen Toulmin, *The Uses of Argument* (Cambridge: Cambridge University Press, 1958)를 보라.

의견불일치가 초래되기도 한다. 사람들이 의견을 달리한다는 데 의견을 같이한다. 하지만 그들은 그들이 의견을 달리하는 이유에 대해 더욱 명확한 이해를 갖게 된다. 그리고 다른 사람들과 합리적인 의사소통을 계속하는 동안 자신의 최초 입장을 수정했을 수도 있다. 이러한 식의 합리적 의견불일치는 아래 살펴볼 알코올중독에 관한 이론에서 명백하게 나타난다. 알코올중독과 관련해서 하나의 '합의된' 이론은 존재하지 않는다. 따라서 해석의 안내자가 수행하는 이론적 해석은 경쟁하는 이론들 각각의 설득력을 평가하는 작업을 수반한다.

둘째, 자신의 주장을 위해 설득력 있는 이유를 만들어 내고 전달하는 과정은 항상 특정한 관점, 즉 입장에 근거하고 있다.[46] 합리적인 의사소통에서 특정한 주장을 위해 논증하는 모든 사람들이 한 가지 보편적 관점을 공유하고 있는 것은 아니다. 개별 관점의 영향은 아래에서 다룰 알코올중독에 관한 이론에서 명백하게 드러날 것이다. 심리학적 관점을 가져오는 사람들은 알코올중독은 인격 장애 혹은 역기능 가정의 관점에서 가장 잘 이해될 수 있다고 주장한다. 어떤 사람들은 페미니스트 사회이론의 관점에서 알코올중독이 젠더 역학(dynamics)에 의해 많은 영향을 받는다고 주장한다. 또 다른 사람들은 의학적인 관점에서 알코올중독은 질병의 하나로 이해해야 한다고 주장한다. 말하자면, 각각의 이론은 특정한 관점에서 주장을 펼치고 있다. 현명한 해석의 안내자는 이러한 관점에 관심을 기울일 것이다.

셋째, 의사소통적 합리성 모델에 따르면, 이론은 오류 가능하다. 이론은 재고의 가능성을 갖고 있다. 특별히 질문을 제기하는 다른 사람들과 의견을 교환하는 가운데 그러한 일이 있을 수 있다. 따라서 합리적인 의사소통은 지식에 관한 한 겸손을 요구한다. 사람들이 자신의 관점을 열정적으로

---

[46] 방금 인용한 Rescher 외에, 이 문제에 관한 다양한 페미니스트 관점들을 살펴보기 위해서는 Sandra Harding, *Whose Science? Whose Knowledge? Thinking from Women's Lives* (Ithaca, N.Y.: Cornell University Press, 1991); Seyla Benhabib, *Situating the Self: Gender, Community, and Postmodernism in Contemporary Ethics* (New York: Routledge, 1992); Donna Haraway, *Cyborgs, Simians, and Women* (New York: Routledge, 1991)을 참고하라.

주장할 수 있다. 하지만 만약 자신의 입장을 다른 사람들의 관점에서 재고하려는 의지가 없다면, 그런 사람들은 합리적인 의사소통의 과정 속에 진정으로 들어갔다고 말할 수 없다. 진리에 더 가까이 다가가기 위해서는 자신의 고유한 관점을 기꺼이 내려놓을 준비가 되어 있어야 한다. 따라서 해석의 안내자가 수행하는 이론적 해석은 모든 이론의 오류 가능성을 인식한 가운데 다양한 이론들 사이의 긴장관계 속에 들어갈 각오를 요구한다. 잠언의 독자들이 상충하는 일반화된 명제들에 직면해서 각각의 명제가 적용되는 구체적인 상황을 분별해야 하듯이, 오늘날 해석의 인도자 역시 경쟁하는 이론에 직면해서 다양한 상황 속에서 그 이론의 유용성을 분별해야 한다. 어쩌면 자신이 직면하고 있는 문제가 다차원적이어서 다양한 관점의 도움이 필요하다는 결론에 도달할 수도 있을 것이다.

알코올중독에 관한 다양한 이론을 살펴볼 때, 여러분은 각 이론에 대한 여러분의 평가를 시작하는 것이 좋을 것이다. 여러분이 보기에 가장 설득력 있는 이론은 무엇인가? 올리비아 포터와 교회공동체의 삶을 인도함에 있어 이 이론은 어떤 도움을 제공해 주는가? 마지막 단락에서 나는 여러분이 이 이론을 체계적으로 평가하는 데 도움을 줄 수 있는 틀을 제시할 것이다.

알코올중독에 관한 이론

알코올중독은 질병이다

이 이론은 알코올중독을 해석하기 위해 의학모델을 활용하며, 인간게놈에 대한 최근의 연구를 기초로 한다. 이 이론에 따르면, 알코올중독은 질병의 하나이다. "그 상황은 분명한 생물학적 토대를 갖고 있고, 식별 가능한 표지와 증상을 가지고 있으며, 예측 가능한 경로와 결과를 보여주고, 그 상황 혹은 그 증상은 의지적 행위에 의해 유발되지 않는다."[47] 알코올 중독을 질병으로 보는 이 이론은 알코올중독자 모임(AA)에서 두드러진다.

인간게놈 지도의 완성은 알코올중독의 유전자 토대를 밝히려는 연구를 촉발시켰다. 유전자는 알코올중독을 '유발시키지' 않는다. 유전자는 다른 어떤 구체적인 형태의 행동도 '유발시키지' 않는다. 다만 유전자는 사람들이 정기적으로 알코올을 섭취하기 시작하면 그들이 알코올중독에 쉽게 빠지게 만든다. 이것은 사람들이 항상 표준적인 식사량을 준수할 때 유전자가 일부 사람들의 몸무게를 늘게 만드는 것과 비슷한 이치이다. 몇몇 연구에 따르면, 염색체 1번과 7번에서 알코올중독에 빠지는 경향에 영향을 미치는 유전자에 대한 증거가 발견되었고, 염색체 2번에 있는 한 유전자에서는 약한 증거가 발견되었다.[48] 대다수 연구자들은 알코올중독이 하나의 유전자에 모두 설명될 수 있을 것이라고 생각하지 않는다. 오히려 다수 유전자들의 상호작용이 사람들로 하여금 알코올중독에 빠지기 쉽게 만든다고 생각한다.[49]

유전자가 알코올중독에 빠지는 경향에 영향을 준다는 이 이론은 쌍둥이 연구와 입양아 연구를 통해서 추가적인 증거를 발견한다.[50] 쌍둥이 연구에 따르면, 일란성 쌍둥이 중 한 쪽이 알코올중독자이면, 다른 한 쪽도 알코올중독자일 가능성이 높다. 하지만 똑같은 유전자조합을 공유하고 있지 않은 이란성 쌍둥이의 경우에는 연구 결과가 다르게 나왔다. 한편, 입양아 연구에 따르면, 알코올중독자 부모에게서 태어난 다음 입양된 아이

---

[47] D. C. Lewis, "Addiction: A Disease Defined," *Research Update* (Hazelden Institute), August 1998, 1.
[48] Karen Balkin, ed., *Alcohol: Opposing Viewpoints* (San Diego: Greenhaven Press, 2004), 64.
[49] 단일 유전자이론은 가끔 미디어에서 언급된다. 예를 들면, 도파민 수용 유전자의 대립 유전자에 관한 Blum과 Noble의 연구조사는 미디어의 관심을 크게 받았다. K. Blum et al., "Association of the A1 Allele of the D2 Dopamine Receptor Gene with Severe Alcoholism," *Alcohol 8*, no. 5 (1991): 409-16. 이러한 견해는 이후 J. Gelernter, D. Glodmann, N. Risch에 의해 도전 받았다. Gelernter et al., "The A1 Allele at the D2 Dopamine Receptor Gene and Alcoholism," *Journal of the American Medical Association 269*, no. 13 (1993): 1673-77. 하지만 이들의 연구는 미디어로부터 훨씬 적은 관심을 받았다.
[50] A. C. Heath, "Genetic Influences on Alcohol Risk: A Review of Adoption and Twin Studies," *Alcohol Health and Research World 19*, no. 3 (1995): 166-71.

들이 가족 중에 알코올중독자가 전혀 없는 가정에서 태어난 다음 입양된 아이들보다 알코올중독자가 될 가능성이 훨씬 더 높은 것으로 조사되었다.

알코올중독을 질병으로 보는 이론은 올리비아의 인생사에서 여러 가지 측면들, 특히 그녀의 가족 내 알코올중독의 이력에 우리의 관심을 유도한다. 올리비아의 아버지의 부모님 모두 알코올중독자였고, 올리비아는 자신의 아버지의 손이 기형인 이유가 어머니께서 임신 중에 술을 드신 결과가 아닐까 추측하고 있다. 이 이론이 가진 실천적으로 중요한 함의 가운데 하나는 올리비아와 같은 사람들에게 그들이 유전적으로 알코올중독의 위험에 많이 노출되어 있다는 사실을 일깨워주는 데 도움을 준다는 것이다. 그런 사람들에게는 알코올을 조금만 섭취하는 것만으로도 다른 사람들이 알코올을 다량 섭취한 것만큼의 부정적인 결과를 가져올 수 있다. 이것은 또한 설교와 교육을 위해서도 가치 있는 주제가 될 수 있다. 즉, 교회공동체 안에서 음주를 권면하는 한 방편으로 활용할 수 있을 것이다.

알코올중독은 심리적 장애이다

이것은 하나의 이론이 아니라 여러 가지 이론을 통칭해서 가리킨다. 이 이론들을 한데 모은 것은 모두 한결같이 알코올중독을 이해하기 위해 심리학을 참고하고 있기 때문이다.

알코올중독에 대한 개인성격 및 사회적 능력이론

이 이론은 인지심리학과 사회학습이론에 바탕하고 있다. 이 이론에 따르면, 약물 섭취와 알코올 섭취는 낮은 자존감, 심각한 불안감, 소심성, 낮은 욕구 자제력 등과 같은 특정 심리적 특징의 부산물로 여겨진다.[51] 사람

---

[51] R. B. Millman and G. J. Botvin, "Substance Use, Abuse, and Dependence," in *Developmental-Behavioral Pediatrics*, ed. M. Levine et al., 2nd ed. (New York: W. B. Saunders, 1992), 451-67. 또한 G. E. Barnes, "The Alcoholic Personality: A Reanalysis of the Literature," *Journal of Studies on Alcohol 40*

들이 자신의 사회적 역할과 관련해서 부족한 점을 채우기 위해 약물이나 알코올을 섭취한다는 것이다. 예를 들면, 어떤 사람은 소심성이나 불안감을 극복하고 사회적 상황에 어울리게 행동하기 위해 알코올을 섭취한다. 이 이론은 올리비아가 자신의 청소년기와 성인기를 이야기할 때 반복해서 "어울리지 않는다."는 표현을 사용하고 있다는 사실에 우리가 주목하게 만든다. 알코올은 친구들과의 관계에서 그녀의 불안감을 진정시켜 주었고, 청소년기 동안 낮은 자존감의 문제를 대처하는 데 그녀에게 도움을 주었다. 해석의 안내자는 상담을 할 때에나 후원자 모임에서 이러한 개인적인 성격의 문제를 다룰 필요가 있다.

알코올중독에 관한 발달이론

이 이론은 약물과 알코올에 대한 노출 위험과 그에 따른 장기적인 부작용의 위험이 높은 청소년기에 초점을 맞춘다.[52] 15세 이전에 음주를 시작한 청소년은 21세 이전까지 음주를 시작하지 않았던 사람들보다 알코올 의존증에 빠질 가능성이 4배 가까이 높은 것으로 조사되었다.[53] 청소년기는 심리적 성숙(psychosexual matunation), 인지발달, 정체성 형성, 또래집단에의 의존도 증가 등을 포함하여 심리적으로 많은 변화가 일어나는 시간이다. 이러한 종류의 발달 관련 이슈들은 10대 청소년들이 약물과 알코올의 유혹에 쉽게 넘어가게 만든다. 이것은 올리비아의 경우와 같이 기분전환을 위해 약물과 알코올을 섭취하는 또래집단의 일원이 된 경우 더욱 그러하다. 약물과 알코올 섭취 단계의 진행에 관한 한 연구조사에 따르면, 시

(1979): 571-634; Stanton Peele, "Personality and Addiction: Establishing the Link," in *Alcoholism: Introduction to Theory and Treatment*, ed. D. A. Ward, 3rd ed. (Dubuque, Iowa: Kendall-Hunt, 1990), 147-56쪽을 보라.

52 Peter Monti, *Suzanne Colby, and Tracy O'Leary, Adolescents, Alcohol, and Substance Abuse: Reaching Teens through Brief Interventions* (New York: Guilford Press, 2001); Katherin Ketcham and Nicolas Pace, *Teens under the Influence: The Truth about Kids, Alcohol, and Other Drugs-How to Recognize the Problem and What to Do about It* (New York: Ballantine Books, 2003).

53 이상의 통계는 National Institute on Alcohol Abuse and Alcoholism이 작성한 보고서, "Age of Drinking Onset Predicts Future Alcohol Abuse and Dependency"에 기초하고 있다. www.nih.gov를 참고하라.

험 삼아 혹은 기분전환을 위해 알코올과 담배를 섭취하는 것이 일반적으로 출발점이 되어, 다음에는 마리화나 섭취로 이어지고, 맨 마지막에 가서야 비로소 아편이나 환각제를 포함한 약물을 섭취하는 단계로 나아간다.[54] 만약 어떤 사람에게 알코올이 계속해서 최고의 약물로 남아 있다면, 그 진행단계는 처음에 기분전환을 위해 음주하는 단계에서, 과음하는 단계로, 마지막에 알코올에 중독되는 단계로 나아갈 것이다. 만약 알코올이 10대 청소년의 삶의 중심에 자리 잡게 된다면, 그 청소년의 심리적 발달은 거기에서 멈추어버릴 것이다. 따라서 이 이론은 유난히 취약한 10대 청소년기와 과음이 시작되는 삶의 단계에 우리의 관심을 주목하게 만든다. 올리비아의 경우에는 청소년기가 끝날 무렵 과음이 시작되었다. 아마도 그녀는 이 기간 동안 통상적으로 이루어져야 하는 발달 과제와 관련해서 상담을 받아볼 필요가 있을 것이다. 실제로 올리비아는 자신이 청소년을 섬길 때면 약물과 알코올을 정기적으로 섭취하기 시작했던 과거 시절로 돌아가 그때 충분히 다루지 못했던 이슈를 새롭게 다룰 수 있는 기회를 갖게 된다고 이야기한다. 교회공동체 수준에서 볼 때, 이 이론은 가정의 부모와 청소년 리더들에게 약물이나 알코올 의존증의 초기 증세를 보이는 청소년들을 식별하고 그들이 시험 삼아, 기분전환을 위해 약물이나 알코올을 섭취하는 데서 문제가 더 심각한 상태로 발전하지 못하게 막을 수 있도록 교육시키는 일이 중요하다는 사실을 우리에게 상기시켜 준다.

알코올중독에 관한 역기능 가정이론

이 이론은 역기능 가정과 점증하는 약물/알코올 남용 사이의 관계를 가정한다.[55] 예를 들어, 목회신학자인 하워드 클라인벨(Howard Clinebell)은 알

---

[54] Robert Coombs and Douglas Ziedonis, *Handbook of Drug Abuse Prevention: A Comprehensive Strategy to Prevent the Abuse of Alcohol and Other Drugs* (Boston: Allyn and Bacon, 1995), 22.

[55] James Poling, *The Abuse of Power: A Theological Problem* (Nashville: Abingdon, 1991)은 남용이라는 주제를 신학적, 사회과학적 관점에서 포괄적으로, 그리고 탁월하게 논의하고 있다.

코올중독자를 가진 76가정에 대한 자신의 연구에서 그중 44가정이 역기능적이고, 27가정이 부분적으로 역기능적이라는 사실을 발견했다. 그는 이 가정들에서 이루어지는 가정교육에서 "고압적인 권위주의, 성공지상주의, 도덕주의, 공공연한 거부반응" 등 네 가지 파괴적인 패턴을 식별했다.[56] 보다 최근의 연구조사에 따르면, 알코올과 같은 약물을 남용하는 성인은 가정폭력과 아동폭력에 연루될 가능성이 그렇지 않은 사람들보다 훨씬 더 높은 것으로 나타났다.[57] 또한 어린 시절 그 같은 약물남용의 희생자였던 사람들이 성인이 되어서 알코올이나 기타 약물에 자주 빠지게 된다는 사실도 확인되었다.[58] 그리고 알코올을 남용하는 여성들 가운데 60~70퍼센트 정도가 어린 시절 성희롱이나 폭력을 직접 당하거나 가정에서 폭력을 경험한 사례가 있다고 한다.[59] 따라서 이 이론은 우리가 가정교육, 학대당하고 있는 여성들에 대한 지원, 가정폭력이나 성희롱 등의 징후를 보이는 알코올중독자 가정에의 개입 등을 매우 진지하게 생각하도록 동기 부여한다.

알코올중독에 관한 문화이론

여기에서도 여러 다양한 이론이 함께 모여 있다. 이 이론들은 사회가 음주패턴에 미치는 영향에 관심을 가지고 인류학, 사회학, 젠더 연구 등의 관

---

56 Howard Clinebell, *Understanding and Counseling Persons with Alcohol, Drug, and Behavior Addiction*, revised and enlarged edition (Nashville: Abingdon, 1984), 60.
57 여성 폭력과 관련해서 세계 다양한 지역의 다양한 관점을 살펴보고자 한다면, "Population Reports: Ending Violence against Women"을 참고하라. http://www.vawnet.org, 2006년 6월 접속. 약물남용과 여성 폭력의 관계에 대한 연구조사는 Larry Bennett, "Substance Abuse and Women Abuse by Male Partners"을 참고하라. http://www.vawnet.org, 2006년 6월 접속.
58 National Center on Addiction and Substance Abuse에서 실시한 조사에 따르면, 약물을 남용하는 부모의 자녀가 그렇지 않은 부모의 자녀보다 거의 세 배 가까이 더 학대를 당하고, 네 배 이상 방치되는 경향이 있는 것으로 드러났다. 다른 연구조사에 의하면, Child Protective Services에서 집계한 전체 아동학대 건수 가운데 대략 50~80퍼센트 가량이 아이 부모의 약물남용과 관계있다고 한다. www.preventchildabuse.com/abuse.htm을 참고하라. Paul Mullen and Jillian Flemming, "Long-Term Effects of Child Sexual Abuse," www.aifs.gov.au/nch/issues9.html#alc는 이 주제에 대한 연구조사들을 비판적으로 개관하고 있다.
59 "Alcoholism," in *The Reader's Companion to U.S. Women's History*, www.college.hmco.com/history/readerscomp/women/html/wh_001100_alcoholism.htm, 2006년 7월 접속.

점을 활용한다.

음주문화이론

이 관점은 음주문제와 알코올중독이 음주를 대하는 한 사회의 문화적 패턴과 태도에 의해 영향을 받는다고 주장한다. (식사 중 포도주를 마시는 등) 절제된 음주가 일상생활 속에 녹아들어 있는 사회에서는 알코올을 조심스럽게 다루는 문화적 규범을 발전시킨다.[60] 부모가 자녀에게 술 마시는 법을 가르치고, 절제된 음주의 모델을 제공하며, 술에 취하는 것은 유약함의 표현으로 보고 꾸짖는다. 사실 어떤 연구조사에 따르면, 절제된 알코올 섭취가 실제로 건강에 이롭다는 사실이 밝혀졌다.[61] 흔히 프랑스인의 역설로 알려져 있듯이, 프랑스 사람들이 과다지방과 콜레스테롤이 많이 함유된 음식물을 섭취하지만, 서구사회에서 심장질환 비율이 가장 낮다고 한다.[62] 이것은 적포도주의 정기적인 섭취가 콜레스테롤이 높은 음식물 섭취로 인해 유발되는 동맥손상을 방지해 주기 때문이다.[63]

반대로, 폭음문화를 중심으로 하는 음주문화를 조장하는 사회도 있다. 과도한 음주는 (잔치, 야외활동, 술집 등) 특정한 시간과 장소에 한해서 사회적으로 용인된다.[64] 이 '휴식' 기간 동안에는, (난폭한 행위, 성적 행위 등) 일상적으로 허용되지 않는 행동들도 일시적으로 허용되고, 알코올의 영향으로 가볍게 취급된다. 폭음문화에서는 알코올 섭취가 성숙의 표지로 여겨진다. 젊은이들이 술을 배우는 것은 부모를 통해서가 아니라 친구를 통해서이다. 그리고 흔히 위험스러운 행동이 동반되는 상황에서 음주를 배운다.

---

60 Norman Denzin, *The Alcoholic Society: Addiction and Recovery of the Self* (New Brunswick, N.J.: Transaction, 1993)의 서론을 참고하라.
61 "Study Finds Frequent Consumption of Alcohol Linked to Lower Risk of Heart Attack in Men" (Harvard School of Public Health, 2003), www.hsph.harvard.edu를 참고하라. 이 연구보고서는 *New England Journal of Medicine*, January 9, 2003에 게재되었다.
62 이 연구조사는 Balkin, *Alcohol*, 15-16쪽에 요약되어 있다.
63 미국, 영국, 덴마크에서 실시된 의료종사자들에 대한 연구는 적당한 양의 알코올 섭취가 비슷한 긍정적 효과가 있다는 사실을 발견했다. Balkin, *Alcohol*, 18-20.
64 Balkin, *Alcohol*, 21-25.

정기적으로 폭음하는 사람들은 술을 전혀 마시지 않는 사람들에 비해 심장마비, 경변, 식도암 등 더 많은 건강문제를 안고 있다.[65] 그들은 또한 흡연을 더 많이 하고, 식생활이 더 불량하고, 교통사고와 폭력사건에 연루될 가능성이 더 높다고 한다.

이 이론은 해석의 인도자의 관심이 고등학교, 대학교, 뉴욕 시에서의 청년시절 동안 올리비아의 또래집단을 특징짓고 있었던 음주문화의 유형을 향하도록 한다. 올리비아가 노출된 문화는 폭음의 문화였다. 그 문화 속에서 알코올은 섹스, 성숙, 재미, 어울림 등과 연관되어 있었다. 절제된 음주의 모델은 거의 찾아볼 수 없었다.

알코올중독에 관한 젠더구성이론

연구조사에 따르면, 알코올중독이 여러 방면에서 젠더와 관계를 맺고 있다.[66] 미국에서 술을 마시는 남성의 인구는 술을 마시는 여성의 인구의 두 배 가까이 된다. 그리고 과음할 확률이 남성이 여성보다 역시 두 배 정도 된다. 약물이나 알코올 문제로 구금된 사람의 90퍼센트 이상이 남성들이다. 약물남용 프로그램에 참여하고 있는 남성이 여성의 세 배 정도 되고, 알코올 의존증 진단을 받는 남성이 여성보다 다섯 배 가까이 된다. 치료 프로그램에 참여했던 전체 남성의 삼분의 이가 1년 내에 문제가 재발하고, 5년 동안 건전하게 지내는 비율은 단지 20퍼센트 정도에 불과하다.

알코올중독자 인구는 남성이 여성보다 훨씬 더 많지만, 지난 30년간 미국에서 여성 알코올중독자의 인구가 지속적으로 증가해 왔다. 여성은 남성보다 늦은 나이에 음주중독에 들어서는 경향이 있다. 또한 여성의 과음

---

65 영국 브리스톨대학교에서 의생태학 교수로 있는 George Davey-Smith는 그와 같은 조사를 주도한 연구자 중에 한 사람이다. Natasha Mitchell이 그와 인터뷰한 내용은 "Alcohol Consumption and Mortality," *Health Report,* July 5, 1999나 호주방송 www.abc.net.au/rn/talks/8.30/helthrpt/stories/s33704.htm 에서 찾을 수 있다.
66 아래 통계는 Nelson, *Thirst,* 79-80, 108쪽에서 가져왔다.

은 종종 우울증을 동반한다.[67] 우울증에 빠진 여성이 그렇지 않은 여성보다 과음하는 확률이 2.6배 정도 더 많다.[68] 가장 지나치게 과음을 하는 여성은 이혼하거나 사별하거나 결혼하지 못한 여성 중에 발견된다. 뿐만 아니라 앞서 언급했듯이, 알코올이나 다른 약물을 남용하는 여성은 많은 경우 어린 시절 성희롱이나 물리적 폭력을 직접 경험하거나 자라면서 가정폭력을 경험한 이력을 가지고 있다.

알코올중독에 관한 젠더구성이론은 남성과 여성 알코올중독자에게서 발견되는 이처럼 다른 모습은 남성의 정체성과 여성의 정체성이 구성되어지는 사회화 실천과 문화적 패턴을 반영하고 있다. 제임스 넬슨(James Nelson)은 『갈증: 하나님과 알코올중독 경험』(*Thirst: God and the Alcoholic Experience*)에서 남성의 정체성과 알코올중독 사이의 관계에 관해 도움이 될 만한 관점을 제시하고 있다.[69] 넬슨의 주장에 따르면, 교차문화 연구조사는 남성의 정체성 안에서 한 가지 공통된 핵심을 식별한다. 그것은 남성들이 곤경과 고통을 참아냄으로써 자신의 권력, 성숙, 가치를 입증할 필요를 느낀다는 점이다. 많은 문화들 속에서 이것은 통과의례를 통해 의식화한다. 하지만 그러한 의례를 갖고 있지 않는 문화 안에서도 곤경을 참아냄으로써 자신을 입증하려고 하는 태도는 남성의 정체성 형성의 핵심적인 차원에 속하며, '만성적 불안' 혹은 '감정적 소외'로 이어진다. 사람들은 여기에서 비롯되는 스트레스를 해소하고 자신의 열등감을 무디게 만들기 위해서 알코올에 의지한다. 알코올 역시 '남성 촉진제'의 하나로서 일시적으로 권력과 우정을 경험하게 만들며, 남성들이 감정적 소외를 깨뜨릴 수 있도록 도움을 준다. 앞서 언급한 통계가 보여주듯이, 남성의 정체성은 자신이 음주를 통제하지 못한다는 사실을 인정하지 않으려고 하는 등 성공적 회복에 많은 장애물을 만들어 내는 것처럼 보인다.

---

67 Donald Goodwin, *Alcoholism: The Facts* (Oxford: Oxford University Press, 2000), 78.
68 Goodwin, *Alcoholism*, 78.
69 Nelson, *Thirst*, chapter 5.

스테파니 브라운(Stephanie Brown), 클라우디아 벱코(Claudia Bepko), 조-앤 크레스탠(Jo-Ann Krestan)의 주장에 따르면, 여성의 정체성은 알코올남용과 관련해서 전혀 다른 패턴을 만들어 낸다.[70] 벱코와 크레스탠은 여성의 행동과 관계의 구조를 형성하고 있는 '선의 규범'이 비이기적이고, 다른 사람들을 섬기고, 관계들이 작동하게 만들고, 불만 없이 능력을 발휘하는 등의 도덕적 규범을 포함하고 있다고 말한다. 이것은 많은 여성들이 다른 사람을 위해 자기 자신을 희생하는 불균형한 관계를 만든다. 여성들은 지나치게 책임감이 강해서, 자신의 필요를 쉽게 주장하지 못하고 관계 속에서 쉽게 어려움에 노출된다. 젠더와 관련한 이 같은 이슈들은 올리비아의 인생사에서 분명하게 나타난다. 올리비아는 관계 속에서 어려움과 우울증에 쉽게 빠지고, 결혼생활에서 발생한 문제와 관련해서 지나친 책임감과 죄책감을 느끼고 있으며, 자신의 분명한 자의식을 발전시키고자 지속적으로 몸부림친다. 많은 여성들은 젠더와 관련한 이 같은 이슈들을 다루기 위해 알코올에 의지한다. 게다가, 스테파니 브라운에 따르면, 여성들은 회복 과정에서 특별한 도전에 직면한다. 많은 경우 이것은 중독 중에 숨겨진 자아를 회복하는 문제가 아니라, 처음으로 완전하게 발달된 자아를 구성하는 문제이다.[71]

알코올중독에 관한 사회적 드라마이론

이 이론은 노만 덴친(Norman Denzin)의 작품에서 발견된다. 그는 상징적 상호작용론을 바탕으로 알코올중독과 회복의 과정을 두 개의 구분된 사회적 드라마로 묘사한다. 덴친은 알코올중독자 모임(AA)에 참여하는 사람들

---

[70] Claudia Bepko and Jo-Ann Krestan, *Too Good for Her Own Good: Breaking Free from the Burden of Female Responsibility* (New York: HarperCollins, 1990); Bepko, *The Responsibility Trap: A Blueprint for Treating the Alcoholic Family* (New York: Free Press, 1985); Bepko, ed., *Feminism and Addiction* (Binghamton, N.Y.: Haworth Press, 1993); Stephanie Brown, *A Place Called Self: Women, Sobriety, and Radical Transformation* (Center City, Minn.: Hazelden, 2004).

[71] Brown, *A Place Called Self*, chapters 6, 7, and 8.

과 그 모델에 기초한 치료 프로그램에 대한 광범위한 연구조사에 기초해서 이 이론을 발전시켰다.[72] 그는 알코올중독의 사회적 드라마를 "욕망이라는 이름의 회전목마"라고 부른다. 이 드라마는 세 악장으로 구성되어 있다.[73]

제1악장: 알코올중독 상황. 알코올중독자는 통상적으로 자신이 음주를 통제하고 있다고 믿고 있지만, 가정과 직장에서 반복적으로 문제를 일으키는 그의 행동은 그러한 주장을 논박한다. 그가 중요하게 생각하는 사람들과의 관계는 알코올을 중심으로 형성된다. 그리고 이 관계는 감정적 폭력과 성적 친밀함, 잦은 결근과 진심어린 사죄 등 날카롭게 대조를 이루는 경험을 특징으로 가진다. 이러한 관계는 마치 회전목마에 탄 사람들처럼 원을 그리며 위아래로 계속해서 움직인다. 하지만 결국 어디에도 정착하지 못한다. 가족들, 동료들, 친구들이 알코올중독자의 삶에 개입해서 음주를 통제하려고 시도하는 경우가 있지만, 그들 역시 자신도 모르게 상호의존의 패턴에 빠져든다.

제2악장: 폭력과 갈등의 회전목마. 이 악장은 심각한 위기와 함께 시작한다. 예를 들면, 음주운전, 부적절한 업무수행 등 단순한 감정적 공격이나 행동을 넘어 알코올중독자의 상태를 다른 사람들에게 노출시키는 폭력의 분출이 일어난다. 가족들, 친구들, 동료들이 알코올중독의 심각성을 인식하면서 상호적대감과 소외감이 점점 커져간다. 알코올중독자가 자신의 음주가 유발하고 있는 피해를 고통스럽게 자각하는 경우도 있지만, 그렇다고 해도 자신의 음주를 통제하지는 못한다.

제3악장: 붕괴와 굴복. 이 악장을 촉발하는 데 결정적인 역할을 하는 요

---

72 Denzin, *The Alcoholic Society*, and Denzin, *Interpretive Interactionism*, 2nd ed. (Thousand Oaks, Calif.: Sage, 2001). 후자는 전자에서 사용된 방법에 대한 설명을 포함하고 있다. 또한 "Interpretive Interactionism," in *Beyond Method*, ed. G. Morgan (Beverly Hills, Calif.: Sage, 1983)을 보라. *The Alcoholic Society*는 애초에 별개로 출판된 두 권의 책을 한 권에 담고 있다. 그 두 권은 *The Alcoholic Self* (Beverly Hills, Calif.: Sage, 1986)와 *The Recovering Alcoholic* (Beverly Hills, Calif.: Sage, 1986)이다. 또한 Denzin은 이 시기에 *Treating the Alcoholic* (Beverly Hills, Calif., 1986)을 출판했다. *The Alcoholic Society*에서 그는 *On Understanding Emotion* (San Francisco: Jossey-Bass, 1984)에서 자신이 발전시킨 감정에 대한 이론을 가져온다.

73 Denzin, *The Alcoholic Society*, chapter 6.

소에는 1) 중요한 사람들의 후원 중단, 2) 알코올중독자의 상호작용 세계의 붕괴, 3) 굴복, 곧 "알코올중독에 대한 인정, 이 사실의 수용, 이 같은 상황에의 내적 굴복" 등이 있다.[74] 알코올중독자는 이제 "바닥을 쳤다."

덴친은 **회복의 사회적 드라마** 역시 3악장으로 나누어 기술한다.

제1악장: 금주. 이 악장은 앞서 다룬 알코올중독의 사회적 드라마의 제3악장과 부분적으로 겹친다. 바닥을 친 알코올중독자는 이제 도움을 찾아 나선다. 덴친의 연구조사는 알코올중독자 모임(AA)과 그 모임의 모델을 사용하는 치료 프로그램에 관계된 사람들에 초점을 맞추고 있기 때문에, 이 악장에서 알코올중독자는 알코올중독자 모임(AA)에 참석하고, 자신이 이 약물에 대해 무력한 알코올중독자임을 공적으로 처음으로 인정하는 시간을 갖는다.

제2악장: 알코올중독자 모임(AA)의 일원이 됨. 알코올중독에서 회복 중인 사람은 알코올중독자 모임(AA)의 정규멤버가 되고, 그곳에서 매일 금주를 유지하는 요령을 배운다. 알코올중독자는 12단계 프로그램을 시작하고, 『큰 책』(*The Big Book*) 등 알코올중독자 모임(AA)의 핵심교재들을 읽고, 이 모임의 가정그룹 및 후원자와 연결된다. 이 과정에서 알코올중독자는 감정의 언어를 배우고, 자신의 질병의 한 부분으로서 수년간 알코올 때문에 무뎌진 자신의 숨겨진 감정들에 관해 이야기하기 시작한다.[75] 또한 회복의 영적인 차원을 인정하는 법을 배운다. 즉, 보다 큰 힘에 굴복하고, 자신이 다른 사람들에게 가한 피해를 직시하고, 용서를 받아들이고, 마음의 평화를 소중하게 여기는 법을 배운다.

제3악장: 두 자아. 알코올중독자 모임(AA)에 정기적으로, 또 장기적으로 참여하는 과정에서 개인은 이제 사회적 그물망 속에 통합된다. 즉, 후원자가 되고, 일시적으로 모임의 의장이 되기도 하고, 지역모임에도 참

---

74 Denzin, *The Alcoholic Society*, 141.
75 Denzin, *The Alcoholic Society*, 208.

석한다. 그리고 여러 차례에 걸쳐 알코올중독자 모임(AA)에서 자기 이야기를 말하는 과정에 참여한다.『큰 책』은 회복의 과정을 거쳐 간 사람들에 관한 44개의 모델 이야기를 담고 있다. 알코올중독자 모임(AA)에서 개인은 자신의 개인적인 이야기를 이 모델들에 접합시키고, 다른 사람들이 비슷한 방식으로 자신의 이야기를 나누는 것을 듣는다. 이러한 이야기는 두 자아, 곧 "과거에 술을 마시던 옛 자아와 현재와 미래에 술을 마시지 않는 새 자아" 사이의 전환을 표현한다.[76] 이 이야기 과정에서 사람들은 과거 알코올중독에 빠져 있던 자아와 새로운 사람이 되기 위해 몸부림치는 자아를 묘사한다.

덴친은 알코올중독과 회복의 사회적 드라마에 대한 자신의 기술을 기계적인 방식으로 해석하는 데 대해 주의를 당부한다.[77] 개인의 인생 이야기는 각기 고유하다. 하지만 사회적 드라마이론은 해석의 안내자에게 올리비아의 이야기를 해석할 수 있는 틀을 제공해 준다. 올리비아는 존과 결혼한 후에 제1악장, 알코올중독의 상황에 접어들었던 것으로 보인다. 존의 음주와 탈선행위를 경험한 올리비아는 존의 음주를 통제하려고 시도하지만 결국 좌절하고 자신의 음주습관만 악화시켰다. 올리비아의 갈등이 심화되면서 그녀는 제2악장으로 들어섰다. 결혼관계는 깨어지고, 헛간살이를 시작하고, 주택에 대한 권리를 상실하고, 점심식사 시간에 일자리를 떠나 술을 마시고 돌아오지 않는 습관을 시작한다. 하지만 아버지가 그녀에게 도움을 구할 것을 조언하고 올리비아가 그 조언을 받아들였을 때, 그녀는 제3악장으로 들어서고, 이어서 회복의 사회적 드라마를 시작했다. 올리비아는 게인즈 목사를 신뢰하고, 알코올중독자 모임(AA)에 참석하고, 금주를 단행한다. 12단계 프로그램에 참여하면서 올리비아는 알코올에 대한 자신의 무력함, 그로 인해 유발된 자아의 구속, 더 큰 힘에 굴복해야 할

---

76 Denzin, *The Alcoholic Society*, 310.
77 Denzin, *The Alcoholic Society*, 177.

필요 등을 받아들이기 시작하고, 하나님을 어두운 곳에서 자신을 '끌어올려' 새로운 길에 들어서게 하신 분으로 묘사한다. 올리비아는 알코올중독자 모임(AA)의 모델 이야기 패턴을 활용해서 자신의 인생 이야기를 나누고 이중적인 자아를 구성한다. 그녀는 '어울리지 못하는' 외로움을 극복하기 위해 알코올을 의지했던 '탕자' 올리비아와 자신의 독립심과 금주를 후원하는 다른 사람들에게 의지함으로써 이러한 감정을 극복하고 있는 '귀가한' 올리비아에 대해 이야기한다.

해석적 과제에서 이론에 대한 분석과 평가

이제 우리는 알코올중독에 관한 다양한 이론을 우리 앞에 갖고 있다. 해석적 과제에 있어 우리의 첫 번째 목표는 이러한 이론을 참고해서 주어진 사건, 정황, 상황을 더 잘 이해하고 설명하는 것이다. 지금 우리는 올리비아 포터의 알코올중독을 해석하고 그녀의 회복을 위한 도움을 얻으려고 한다. 한편 알코올중독에 대한 우리의 해석은 교회공동체 안에서 우리의 리더십과 관련해서도 함축적인 의미를 가진다. 우리가 이론을 소개할 때 조금씩 언급했듯이, 알코올중독에 관한 다양한 해석은 각기 다른 방향으로 우리를 안내한다. 알코올중독을 질병으로 보는 해석은 우리가 금주를 교회공동체 정체성의 한 측면으로 만들기 위해 애쓰도록 촉구한다. 한편 알코올중독을 음주문화의 관점에서 이해하는 해석은 우리가 가정과 사회와 교회에서 절제된 음주의 모델을 강조할 것을 권면한다.

알코올중독에 관한 이론들

- 의학적 이론: 알코올중독은 질병이다.
- 심리학적 이론들

- 개인 성격과 사회적 능력
- 발달
- 역기능 가정
• 사회문화적 이론들
- 음주문화
- 젠더구성
- 사회적 드라마

따라서 우리가 여기에서 어떤 이론을 가장 설득력 있다고 판단하느냐는 상당히 중요한 의미를 가진다. 이 판단은 주의 깊은 분석과 평가를 요구한다. 논증, 관점주의, 오류 가능성 등을 포함하고 있는 의사소통적 합리성 모델은 이론 분석 및 평가와 관련해서 다음 세 가지 형태를 제시한다. 1) 이론이 사용하는 모델 혹은 뿌리은유 및 이 모델에 기초한 개념영역. 2) 이론이 사용하는 학제적 전망(disciplinary perspective) 및 이 학제적 전망이 다루는 실재의 단계. 3) 이론을 뒷받침하는 논증의 건전성과 장점.

1. 이론의 모델 혹은 뿌리은유 및 이 모델에 근거한 개념영역을 식별하고 평가하기. 이러한 형태의 분석과 평가는 인식의 은유적 본성 및 이론의 개념영역을 구성할 때 모델 혹은 뿌리은유의 역할에 관한 최근의 논의를 바탕으로 하고 있다.[78] 이 논의에 따르면, 합리적 의사소통으로서의 이론은 언제나 특정한 **관점**에서 구성된다. 은유 분석은 이러한 관점에 대한 통찰을 얻는 중요한 방법이다.

은유는 우리에게 친밀한 삶의 영역과 상대적으로 덜 친밀한 다른 영역

---

[78] Max Black, *Models and Metaphors* (Ithaca, N.Y.: Cornell University Press, 1962). 또한 Mary Hesse, *Models and Analogies in Science* (Notre Dame, Ind.: University of Notre Dame Press, 1966)와 Ian Barbour, *Myths, Models and Paradigms: A Comparative Study in Science and Religion* (New York: Harper and Row, 1974)을 참고하라. 뿌리은유라는 개념은 가장 먼저 Stephen Pepper에 의해 발전되었다. Pepper, *World Hypotheses* (Berkeley: University of California Press, 1942). 이 책은 모델과 은유에 대한 최근의 논의에서 저평가되었다.

사이에 유비를 제시한다. 예를 들어, 교회공동체를 몸으로 묘사한다면, 여기에서 은유가 사용되고 있다. 다양한 구성원과 그룹이 서로 유기적으로 연관되는 공동체를 이해하기 위해 인간의 몸의 다양한 지체가 상호관계 속에서 작용한다는 점을 활용하고 있기 때문이다. 이 은유는 다름-속-유사성의 관점에서 비교를 시도한다. 교회공동체는 몇 가지 점에서 우리의 몸과 유사하다. 우리의 몸과 마찬가지로 공동체의 모든 지체들은 서로 연결되어 있으며, 한 지체에 문제가 생기면 전체가 영향을 받는다. 하지만 다른 몇 가지 점에서 교회공동체는 우리의 몸과 구별된다. 우리의 몸과 달리 교회공동체의 지체들은 중앙신경체계를 통해 연결되어 있지는 않다. 또한 뇌와 심장의 문제가 사망으로 이어지는 우리의 몸과 달리, 공동체 안에서는 한 지체에 생긴 큰 문제가 공동체 전체의 붕괴로 자동적으로 이어지지는 않는다. 은유의 핵심은 두 영역을 차이-속-유사성 속에서 함께 엮는다는 점이다.

현대 과학철학의 중요한 통찰들 가운데 하나는 과학을 비롯한 여러 학문 형태 속에서 은유적 인식의 역할에 관한 것이다.[79] 여기에서 은유는 일반적으로 **모델** 혹은 **뿌리은유**로 기술된다. 샐리 맥페이그(Sallie McFague)의 표현에 따르면, "모델은 본질적으로 지속적이고 체계적인 은유이다."[80] 이론은 모델에 기초하고 있으며, 모델은 덜 친숙한 삶의 영역을 이해하기 위해서 친숙한 삶의 영역을 활용한다.[81] 친밀한 영역과의 유사성(긍정적 유비)뿐 아니라 차이점(부정적 유비)도 함께 주목한다. 때로 열려 있는 비교지점이 존재한다(중립적 유비). 이런 지점은 후에 어떤 현상의 새로운 특징에 대한 고

---

79 이 논의와 관련해서 가장 이른 시기에 출판되고 가장 큰 영향력을 행사한 두 작품은 Black, *Models and Metaphors*와 Hesse, *Models and Analogies in Science*이다.
80 Sallie McFague, *Metaphorical Theology: Models of God in Religious Language* (Philadelphia: Fortress, 1982), 67.
81 Barbour, *Myths, Models, and Paradigms*, chapter 2. 은유와 이론의 관계에 관해서는 Mark Johnson, *The Body in the Mind: The Bodily Basis of Meaning, Imagination, and Reason* (Chicago: University of Chicago Press, 1987)에서 다루어지는 논의를 참고하라.

찰을 가능하게 하기도 한다.

예를 들어, 알코올중독에 관한 질병이론은 알코올중독을 이해하기 위해 질병이라는 의학적 모델을 활용한다. 이 모델은 특정한 비교를 가능하게 한다. 질병과 마찬가지로 알코올중독은 정상적인 생물학적 기능의 손상이다(긍정적 유비). 알코올중독과 달리 질병은 때로 병균의 침입으로 유발되기도 한다(부정적 유비). 하지만 알코올중독과 같이 질병이 유전된 유기적 메카니즘의 기능장애에 의해 생겨나기도 한다(긍정적 유비). 알코올중독과 마찬가지로 질병은 그 증상과 발달 과정을 통해 식별된다(긍정적 유비). 알코올중독과 달리 당뇨와 같은 일부 질병들은 인슐린과 같은 약물로 치료할 수 있다(부정적 유비).

사회적 드라마이론은 전혀 다른 모델을 활용한다. 여기서 이 이론은 사람들 사이의 상호작용을 극장에서 행해지는 연극에 비유한다. 연구와 마찬가지로 알코올중독자와 다른 사람들 사이의 상호작용은 특정한 역할과 대본 같은 패턴을 중심으로 구성된다(긍정적 유비). 알코올중독자의 삶과 같이 연극은 악장에 따라 공연되며, 각 악장은 극적인 행동을 전개시킨다(긍정적 유비). 하지만 알코올중독자의 삶과 달리 연극의 결말은 배우들이 사전에 알고 있다(부정적 유비). 배우는 자신이 연극하는 인물과 자신의 일상적인 인성, 관계를 구분한다(중립적 유비).

요컨대, 모델 혹은 뿌리은유는 친숙하지 않은 삶의 영역을 이해하기 위해 친숙한 삶의 영역을 활용한다. 모델은 과학적 발견의 맥락에서 특별히 중요한 역할을 수행하며, 새로운 통찰과 연구 방향을 제시한다. 예를 들어, 알코올중독을 질병으로 보는 해석은 이 현상에 대한 새로운 통찰을 가능하게 한다. 알코올중독은 의지력의 실패가 아니라, 생리적 원인과 증상과 발전 과정의 유전적 취약성 때문에 생긴다고 해석하는 것이 더 바람직하다. 이 '발견'은 새로운 연구 방향을 우리에게 열어준다.

하지만 모델은 발견의 맥락을 넘어서도 중요한 역할을 감당한다. 모델은 연구를 수행하고 이론을 발전시킴에 있어 방향을 제시한다. 예를 들어, 알코올중독을 질병으로 보는 해석은 알코올중독의 유전적 토대에 대한 연구조사와 쌍둥이 연구조사를 시작하게 했다. 또한 이 해석은 유전적 토대를 가진 알코올중독 경향성이 사람들의 삶 속에서 어떻게 발현하는지를 설명하려고 시도하는 이론을 가능하게 했다. 요컨대, 질병 모델에 근거해서 이 이론은 고유한 개념영역, 곧 체계적인 방식으로 서로 연결된 개념들의 집합을 발전시킨다. 그러한 개념들은 알코올중독을 질병이라는 관점에서 설명하려고 한다.

따라서 이론을 분석할 때 그것이 기초하고 있는 모델을 식별하고 이 모델에 기초한 개념영역의 지도를 확보하는 것으로 시작하는 것이 도움이 된다. 개념적 지도 작성은 일반적으로 이론의 기본 개념, 곧 모델의 핵심 특징을 기술하는 개념을 식별하는 데서 시작한다. 이 기본 개념을 세부적으로 발전시키는 부수 개념은 개념들 사이의 관계에 착안해서 그 뒤에 식별할 수 있다. 예를 들어, 여성의 알코올중독에 관한 뱁코와 크레스탠의 젠더구성이론에서 사용되는 모델은 사회적 상호작용과 그룹 멤버십을 통해 정체성을 만들어 가는 것이다. 이 같은 구성이 어떻게 일어나는지를 설명하는 가장 기본적인 개념에는 사회화, 정체성 형성, 도덕적 규범의 내재화 등이 있다. 여성이 사회화 과정에서 내재화하는 도덕적 규범은 선의 규범이라는 개념을 통해 설명되고, 선의 규범이라는 개념은 선의 여성적 규범이 여성에게 미치는 결과를 묘사하는 지나친 책임감과 불균형적인 관계라는 개념을 통해서 더욱 상세하게 설명된다. 이러한 개념영역은 여성의 알코올중독 패턴을 설명하기 위해 사용된다.

이론의 모델을 식별하고 이 모델에 기초한 개념영역의 지도를 확보하는 것은 분석의 중요한 형태이다. 이 과정은 해석의 인도자가 알코올중독과 같은 현상을 해석할 때 이론의 개념을 일관성 있게 끌어올 수 있도록 도움을 준다. 예를 들어, 올리비아 포터가 자신의 인생 이야기에서 '어울리지 못한' 경우를 수차례 언급했을 때, 이것은 우리가 살펴본 이론의 개념영역에서 매우 다르게 해석될 수 있다. 알코올중독에 관한 발달이론에 따르면 이것은 올리비아가 약물과 알코올을 규칙적으로 섭취하기 시작하면서 청소년기에 성취하지 못한 발달단계의 발현으로 해석된다. 반면, 젠더구성이론에 따르면 어울리지 못하는 관계의 어려움은 관계적 정체성 안으로 사회화하는 여성에게 특별히 위협적인 일로 흔히 해석된다. 그러한 어려움들은 때로 우울증의 원인이 되고, 많은 여성들에게서 우울증은 음주문제로 이어진다. 요컨대, 올리비아의 인생 이야기에서 발견되는 동일한 측면이 이와 같이 상이한 두 이론의 개념영역 안에서 다른 방식으로 해석된다. 따라서 개념영역의 지도를 확보하는 일은 특정이론을 적절한 방식으로 사용하는 능력에 있어 결정적이다.

또한 은유 분석과 개념지도 확보는 여러분이 이론을 평가하는 데 있어 중요한 첫걸음을 내디딜 수 있도록 한다. 즉, 여러분은 이론의 뿌리은유가 기초하고 있는 삶의 '친숙한' 영역을 식별한 다음, 다음과 같은 질문을 던질 수 있는 입지를 확보한다. 질병이론이 제시하는 의학적 유비나 혹은 사회적 드라마이론이 제시하는 연극 유비는 얼마만큼 적절한 것인가? 이러한 관점은 우리가 어떤 유형의 실재를 볼 수 있도록 도움을 주는가? 어떤 유형의 실재가 배제되고 있는가? 이러한 질문들에 대답하기 위해서는 모델과 개념영역이 자리하고 있는 학제적 관점을 주의 깊게 살펴볼 필요가 있다. 이것은 두 번째 형태의 분석 및 평가로 우리를 인도한다.

2. 이론이 사용하는 학제적 전망 관점과 이 학제적 전망이 다루는 실재의 단계를 식별하기. 의사소통적 합리성 모델에 따르면, 이론은 다른 사람들과의 합리적 의사소통의 형식이다. 여러분이 어떤 이론을 제시하는 책을 읽거나 강의를 들을 때, 여러분이 이미 진행 중인 대화의 중간에 끼어들고 있다는 사실을 인식하는 것은 중요하다. 그것은 마치 여러분이 기숙사 복도에 들어서는데 친구 두 명이 열띠게 논쟁하고 있는 장면을

목도하는 것과 같다. 여러분은 그 논쟁이 무엇에 관한 것인지 어떻게 파악할 수 있는가? 여러분이 학자들 사이의 이론적 논쟁의 한가운데로 들어갈 때, 논쟁의 요점을 파악하는 방식들 중의 한 가지는 논쟁자가 자신의 입장을 변호하기 위해 활용하는 **학제적 전망 관점**에서 관심을 기울이는 것이다. 이것이 바로 논쟁이 일어나고 있는 **분야** 혹은 학제적 전망이다. 앞서 살펴본 알코올중독에 관한 모든 이론은 특정 분야의 관점을 끌어와 고유한 주장을 발전시킨다. 질병이론은 의료과학, 특히 유전학 분야의 영향을 받은 의료과학의 학제적 전망 관점을 참고한다. 또한 우리는 각각 심리학과 사회학/인류학의 학제적 전망 관점을 참고하는 여러 가지 이론을 살펴보았다. 이론이 고유한 주장을 발전시키고 있는 학제적 전망 관점을 식별하는 일이 왜 중요한가? 이 질문에 대한 가장 기본적인 대답은 이것을 통해 우리가 이론의 학제적 전망 관점이 다루는 실재의 단계를 식별할 수 있기 때문이다.

이 책 전체에 걸쳐 나는 실천신학적 해석의 포괄적인 범위를 묘사하기 위해 삶의 그물망이라는 개념을 사용한다. 이 개념은 체계들 사이에 체계가 깃들어 있음을 표현한다. 일반적으로 학제적 전망이 삶의 한 단계에 위치한 한 체계를 다룬다. 학제는 모든 측면의 모든 체계를 설명하려고 하지 않는다. 이것은 때로 **계층화된 삶의 모델**이라는 관점에서 기술된다.[82] 실재는 삶의 다양한 단계 혹은 계층에 위치한 상호연관된 체계로 구성되어 있다. 이 모델은 세계를 발현적 질서(emergent order)로 설명하는 이론으로 발전되었다. 우주의 진화 과정 속에서, 새로운 속성, 구조, 복잡성의 형태를 가진 삶의 새로운 계층이 출현해 왔다. 우주는 무기물, 유기체, 의식적 삶, 사회체계에 이르기까지 복잡성의 다양한 단계를 가진 발현적 체계의 위계

---

82 계층화된 실재의 모델은 다음 작품에서 발견된다. Nancey Murphy and George Ellis, *The Moral Nature of the Universe: Theology, Cosmology, and Ethics* (Minneapolis: Fortress, 1996); Roy Bhaskar, *A Realist Theory of Science* (Hassocks, Sussex, U.K.: Harvester Press; Atlantic Highlands, N.J.: Humanities Press, 1978); Michael Polanyi, *The Tacit Dimension* (Garden City, N.Y.: Anchor Books, 1966).

질서로 이해될 수 있다.[83]

따라서 계층화된 삶의 모델에 따르면, 각기 다른 단계에 위치한 체계는 각기 다른 구조, 속성, 복잡성의 형태를 갖고 있다. 우리는 삶의 어떤 단계를 다른 단계의 관점에서 설명할 수 없다. 각 단계는 고유한 영역을 가진다. 다양한 분야의 학제적 전망 관점은 삶의 특정 단계를 다룬다. 우리는 이것을 알코올중독에 관한 이론에서 살펴보았다. 질병이론은 신체체계의 기능에 초점을 맞추는 삶의 유기체적 단계를 다룬다. 알코올중독에 관한 심리학적 이론은 의식, 무의식, 감정, 인성 등을 포함한 인간의 정신 혹은 마음에 초점을 맞추고, 심리학이 인간의 심리학적 기능을 설명하는 복잡한 방식을 다룬다. 사회학적, 인류학적 이론은 집단과 사회의 단계에 초점을 맞추고, 사회적 구조와 문화적 패턴이 사람들을 형성하는 방식을 탐구한다. 따라서 이론의 학제적 전망 관점을 식별함으로써 여러분은 그 이론이 다루는 삶의 단계를 인식할 수 있다. 만약 체계가 삶의 그물망 속에서 다른 체계들에 깃들어 있다면, 하나의 학제는 일반적으로 한 단계에 위치한 한 체계를 다룬다. 이 같은 인식이 왜 중요한가? 그 이유에는 다음 두 가지가 있다.

첫째, 이러한 인식은 해석의 인도자가 특정이론의 범위와 한계를 평가하는 데 도움을 준다. 예를 들어, 심리학적 이론은 사회적 제도와 광범위한 문화적 패턴에 대해 많은 것을 말하려고 하지 않는다. 이것은 심리학적 이론이 다루는 삶의 단계에 속하지 않는다. 오히려 그러한 이론은 인간의 마음을 설명하는 데 도움을 준다. 어떤 이론의 설명 범위는 그 이론의 학제적 전망 관점에 의해 제약을 받는다. 이것은 의사소통적 합리성 모델의 관점주의에서 분명하게 인식된다. 한 이론은 어떤 목적을 위해서는 유익하지만, 다른 목적을 위해서는 유익하지 않다. 한 이론은 삶의 한 체계 혹은 단계를 설명할 뿐 전체를 설명하지 않는다. 이러한 인식

---

83 Murphy and Ellis, *Moral Nature*, 2장은 이러한 관점에 대한 탁월한 요약을 제공해 준다.

은 해석의 인도자가 **환원주의**(reductionism)의 형태를 발견하고 극복할 수 있도록 도움을 준다. 환원주의는 특정 체계 혹은 단계에 적합한 한 이론을 모든 것을 설명하기 위해 사용하는 곳에서 발견된다. 명시적이든 암시적이든, 이론은 현상이 제시되는 설명의 구체적 형태 "외에 아무것도 아니다."라고 주장한다. 알코올중독은 개인의 유전적 취약성 "외에 다른 것이 아니라거나" 혹은 사회적으로 학습된 행동 "외에 다른 것이 아니라는" 것이다. 이러한 유형의 환원주의는 여러분이 생각하는 것보다 더 일반적이며, 해석의 인도자는 그러한 환원주의를 주의해서 피해야 한다. 실천신학적 해석에서 해석의 인도자는 체계가 삶의 그물망 속에서 다른 체계 안에 깃들여 있는 복잡성을 긍정한다.

두 번째 이유는 이러한 인식이 해석의 안내자를 **다학제적**(multidisciplinary) 형태의 사고와 대화로 인도하기 때문이다. 이것은 복잡하고 다층적인 체계와 다차원적인 문제를 해석하기 위해서 다양한 학제적 전망의 이론을 활용하는 것을 가리킨다. 알코올중독은 다층적이고 다차원적인 현상이며, 따라서 알코올중독을 이해하기 위해서는 다양한 학제의 도움이 필요하다. 질병이론은 유기체적 단계로, 심리학적 이론은 개인의 인성과 발달과 가족사의 단계로, 사회문화적 이론은 문화적 패턴과 성적 정체성과 사회적 드라마가 작동하는 사회적 단계로 우리의 관심을 인도한다. 알코올중독의 다양한 단계와 다양한 차원을 이해하고 설명하기 위해서는 다양한 학제의 이론이 필요하다. 이것이 다학제적 사고의 핵심이다.

이것은 중요한 질문을 제기한다. 어떻게 다양한 분야의 이론이 일관성 있게 서로 관련될 수 있는가? 여기에서 어려움은 환원주의의 문제가 아니라, **안일한 절충주의**(easy eclecticism)의 문제이다. 즉, 이론을 서로 적절하게 연관시키는 방법에 대한 고려 없이 임의로 이론을 활용하는 것이다. 여기에서 안일한 절충주의에 빠지지 않으면서도 알코올중독에 관한 다양한 이론을 서로 연관시키는 방법에 대한 명확한 그림을 제공해 주는 다학제적 사고의 실례를 검토하는 것이 우리에게 도움을 줄 것이다.

제임스 넬슨(James Nelson)은 『갈증: 하나님과 알코올중독의 경험』(Thirst: God and the Alcoholic Experience)에서 알코올중독을 해석하기 위해 다양한 학제적 전망을 참고한다.[84] 넬슨은 질병이론이 주요하다고 본다. 왜냐하면 질병이론은 알코올중독의 위험을 증가시키는 유전적 요소들에 우리의 관심을 유도하기 때문이다. 하지만 넬슨은 유전자가 알코올중독을 미리 결정하지는 않는다고 생각한다. 오히려 유전자는 사람들을 알코올중독에 빠지기 쉽게 만든다. 넬슨에 따르면, 심리학적 이론과 문화적 이론은 이 같은 유전적 취약성과 더불어 실재의 다양한 단계에서 상호작용하고 있는 추가적인 기여요소들을 설명한다. 예를 들어, 개인의 성격 및 사회적 경쟁에 관한 이론은 사회적 상황에서 확신을 북돋우고, 스트레스를 해소하고, 자존감을 강화하기 위해서 알코올을 의지하는 사람들의 심리학적 요소들에 관심을 불러일으킨다. 하지만 이 같은 성격을 가진 많은 사람들은 설사 술을 마신다고 하더라도 알코올중독자가 되지는 않는다. 오직 소수의 사람들의 경우에만 그들이 심리적인 이슈를 다루기 위해 음주를 시작할 때 유전적 취약성이 '발현된다.' 넬슨은 비슷한 방식으로 알코올중독에 관한 젠더이론을 끌어들여 남성 정체성이 알코올중독에 기여하는 방식에 특별한 관심을 기울인다. 많은 남성들이 자신을 입증해야 하는 부담감을 해소하기 위해 알코올에 의지하지만, 오직 소수의 남성들에게서만 알코올중독에 대한 유전적 취약성이 '발현된다.'

넬슨은 알코올중독에 관한 자신의 다학제적 해석에서 질병이론에 우선순위를 부여하고 심리학적 이론과 젠더이론이 추가적인 기여요소를 설명한다고 본다. 이것은 이러한 이론들을 서로 연관시키는 유일한 방식은 아니다. 하지만 이것은 나의 기본적인 요점을 뒷받침한다. 알코올중독과 같은 현상을 다학제적 사고를 통해 해석하는 일은 단순한 절충주의(eclecticism)를

---

[84] Nelson, *Thirst*, 39-41.

넘어 다양한 이론 사이의 관계에 주목한다. 이것은 복잡한 과정이다. 먼저, 이론이 속한 학제적 전망과 그 학제적 전망이 다루는 실재의 단계를 식별하는 일이 선행되어야 할 것이다. 실재의 다양한 단계를 다루는 여러 가지 이론에 대해서 이 과정을 마친 이후에야 비로소 여러분은 그 이론이 서로 연관되는 방식에 대해 물을 수 있는 위치에 서게 될 것이다. 이론의 모델 혹은 뿌리은유를 분별한다면, 여러분은 이 과정을 시작할 때 실질적인 도움을 얻을 수 있을 것이다. 왜냐하면 모델은 이론이 다루는 실재의 단계에 관해서, 그리고 그 이론이 각 단계에서 자연적, 사회적 체계를 기술하는 방식에 관해서 중요한 단서를 제공하기 때문이다.

3. **이론의 핵심 논증을 식별하고 평가하기.** 의사소통적 합리성 모델에 따르면, 이론은 알코올중독과 같은 현상에 관해서 우리가 특정한 주장을 받아들이도록 설득을 시도한다.[85] 이론은 이러한 현상을 이해하고 설명하는 특정한 방식을 뒷받침하기 위해 일련의 논증을 활용한다. 이론의 논증을 식별하고 평가하는 법을 배우는 것은 해석의 인도자에게 있어 핵심적인 과제들 중 하나이다. 만약 이론이 여러분에게 여러분이 들어서고 있는 영역의 '지도'를 제공한다면, 여러분은 그 지도가 정확한 것인지, 그 지도가 여러분의 여정에 적절한 것인지 확인할 필요가 있다.

논증은 두 가지 형태를 취한다. **변증적**(dialectical) 논증은 명제/반제의 형태를 취한다.[86] 주장을 내세우고 그 주장이 다른 주장에 의해 어떻게 도전받는지 기술한 다음, 처음 주장을 뒷받침하는 합리적인 이유를 제시한다. 요점은 다른 사람들이 제기하는 도전에 응답하여 얼마만큼 설득력 있는 이유를 제시할 수 있는가 하는 것이다. 변증적 논증의 명제/반제 패턴에서

---

85 여기에서 발전시킨 변론 모델은 Stephen Toulmin에게 의존하고 있다. Toulmin, *The Uses of Argument*를 보라. 그의 이론 및 논증이 특정 영역에서 형성된 방식에 대한 개괄적 이해를 위해서는 Stephen Toulmin, Richard Rieke, and Allan Janik, *An Introduction to Reasoning*, 2nd ed. (New York: Macmillan, 1978)을 보라. 또한 Nancey Murphy, *Reasoning and Rhetoric in Religion* (Valley Forge, Pa.: Trinity, 1994)을 참고하라.

86 James Freeman, *Dialectics and the Macrostructure of Arguments: A Theory of Argument Structure* (New York: Foris Publications, 1991).

이것은 때로 더 나은 논증의 힘으로 기술된다. 한편 **대화적**(dialogical) 논증은 주고받는 협력의 형태를 취한다.[87] 보다 잠정적인 형태의 주장을 내어놓으면서 추가적인 보완을 요청하면, 다른 사람들이 그 주장을 보완하고 발전시킨다. 이 논증의 목적은 변론에서 '이기는' 것이 아니라, 함께 협력해서 추론함으로써 진리에 더 근접하는 것이다. 단일한 이론이 논증의 두 가지 형태를 동시에 활용하는 것은 흔한 일이다. 저자는 다른 이론의 주장에 맞서 변증적인 논증을 펼치거나 자신의 입장에 대한 비판을 논박할 수 있다. 하지만 동시에 저자는 대화적인 방식으로 그가 동의하는 이론을 바탕으로 그 이론을 더욱 발전시켜 나갈 수 있다.

논증에 관한 모델

- **주장**(claims)은 공적인 인정을 받기 위해 내어놓은 진술을 말한다.
- **근거**(grounds)는 사실, 증거, 이유 등 이러한 주장을 뒷받침하기 위해 내어놓는 자료를 가리킨다.
- **한정사**(qualifiers)는 논증의 상대적 강점을 가리키는 한편, 그 논증이 적용되는 조건을 구체화시킨다. 흔히 '필연적으로', '아마도', '어쩌면' 등의 표현이 사용된다.
- **정당화 방식**(warrants)은 제기되는 구체적인 주장과 뒷받침하는 구체적인 근거 사이에 다리를 놓는 규칙 혹은 원칙을 가리킨다.
- **수사학적 전략**(rhetorical strategies)은 (잡지, 책, 세미나, 위원회 등) 특정한 상황 혹은 특정한 모임에서 특정한 그룹이 논증을 받아들이도록 설득할 때 사용하는 의사소통 전략을 말한다.

87　William Isaacs, *Dialogue and the Art of Thinking Together* (New York: Currency Press, 1999); Linda Ellinor and Glenna Gerard, *Dialogue: Rediscover the Transforming Power of Conversation* (New York: Wiley, 1998); Ronald Arnett and Pat Arneson, *Dialogic Civility in a Cynical Age: Community, Hope, and Interpersonal Relationships* (Albany: State University of New York Press, 1999).

어떤 이론의 논증을 평가하기 위해서는 논증의 여러 부분에 관한 모델을 갖고 있는 것이 유익하다. 논증은 통상적으로 주장, 근거, 한정사, 정당화 방식, 논거보강, 수사학적 전략 등으로 구성되어 있다. **주장**(claims)은 "일반적인 인정을 받기 위해 공적으로 내어놓은 진술"을 말한다.[88] 예를 들어, 알코올중독에 관한 역기능 가정이론은 다음 세 가지 주장을 내어놓고 있다. 1) 알코올중독자 부모는 가정체계 안에 병리학적 패턴을 불러일으킨다. 2) 역기능 가정체계 안에서 폭력이나 성추행을 경험한 아이들은 커서 알코올중독자가 될 가능성이 상대적으로 더 높다. 3) 만약 아이들이 권위주의와 같은 특정 형태의 가정교육을 경험한다면, 자라서 알코올중독자가 될 가능성이 상대적으로 더 높다. 한편 질병이론은 다른 주장을 펼친다. 오직 특정 개인만이 유전적 취약성 때문에 알코올중독에 빠지기 쉽다고 주장한다.

두 가지 이론 모두 주장을 뒷받침하는 **근거**(grounds)를 갖고 있다. 근거란 주장을 받아들여야 하는 이유를 제시하는 구체적인 사실, 증거, 연구 결과를 가리킨다. 예를 들어, 클라인벨(Clinebell)은 성인 알코올중독자에 관한 연구조사에서 그들이 속한 가정의 역기능 여부와 정도를 확인했다. 그의 주장에 따르면, 이 연구 결과는 성인들의 알코올의존과 어린 시절 병리학적 가정체계 경험 사이에 연관관계가 있다는 주장을 뒷받침한다. 한편 질병이론은 주장을 뒷받침하기 위해 네 가지 근거를 제시한다. 1) 술을 마시는 사람은 많지만, 훨씬 적은 수의 사람만이 알코올에 중독된다. 2) 알코올중독은 당뇨, 천식, 암 등 다른 질병과 많은 특징을 공유하고 있다. 3) 유전자 연구의 발전은 특정 질병의 유전적 토대를 밝히기 시작했으며, 몇몇 연구 결과이 암시하듯이 알코올중독 역시 유전적 토대를 갖고 있다는 주장을 설득력 있게 만들고 있다. 4) 쌍둥이 연구조사와 입양아 연구조사는 알코올중독에 빠지기 쉬운 경향이 가정의 패턴이 아니라 원래 가정의 유전적 특성에 뿌리내리고 있다는 점을 보여준다.

---

[88] Toulmin, Rieke, and Janik, *An Introduction to Reasoning*, 29.

논증의 주장을 뒷받침하는 근거의 적절성을 평가하는 일은 중요하다. 예를 들어, 클라인벨은 알코올중독에 빠지지 않은 성인의 경우 그 가정의 역기능 여부와 정도에 대해서는 조사하지 않는다. 알코올중독자들과 그렇지 않은 사람들이 비슷한 비율로 가정의 역기능을 경험하고 있을 수 있지 않은가? 또한 클라인벨은 권위주의와 같은 특정 유형의 가정교육이 자녀들이 자란 후에 그들의 알코올중독에 기여한다고 주장하지만, 이 주장을 뒷받침할 권위주의적 가정교육에 관한 연구조사를 실시하지는 않고 있다. 그렇다면 어떻게 우리가 권위주의적 가정에서 자란 아이가 '관대한' 가정에서 자란 아이보다 알코올중독에 더 걸릴 확률이 높은지 낮은지 알 수 있는가? 그의 주장을 뒷받침하는 근거는 시사하는 바가 적지 않지만, 이러한 질문에 대한 분명한 대답을 주기에는 충분하지 않다.

하지만 클라인벨은 자신의 주장을 **제한한다**. **한정사**(qualifiers)는 논증의 상대적 강점을 지시하는 한편, 그 논증이 적용되는 조건을 구체적으로 제한한다. 한정사는 '필연적으로', '아마도', '어쩌면' 등의 단어들로 이루어져 있다. 그러한 단어들은 주장과 뒷받침하는 근거가 얼마나 강력한 것으로 이해되어야 하는지 알려준다. 클라인벨은 권위주의적 가정교육에 대한 자신의 논증을 명시적으로 제한하면서, 자신의 인터뷰를 오늘날 반복한다면 "권위주의는 아마도 훨씬 덜 일반적일 것이고" 또한 "확고한 한계 설정 및 돌봄의 훈육 등으로 표현되는 부모의 권위 부족이 아마도 더 적절한 주제가 될 것"이라고 말한다.[89] 그는 자신의 연구를 구체적인 역사적 상황 속에 위치시키고, 권위주의적 가정교육과 알코올중독의 연결고리에 관한 자신의 주장이 오늘날의 상황 속에서는 아마도 수정될 필요가 있을 것이라고 언급한다.

논증의 근거는 **정당화 방식**(warrants)을 통해 그 주장에 연결된다. 정당화 이유란 제기되는 구체적인 주장과 그 주장을 뒷받침하는 구체적인 근거

---

[89] Clinebell, *Understanding and Counseling*, 61.

사이에 다리를 만드는 원칙이나 규칙을 가리킨다. 때로는 주장과는 아무런 실질적인 관련성이 없는 근거가 제시되기도 한다. 델 라취(Del Ratzsch)가 제시하는 예를 생각해 보라. "한 선정적인 잡지사에서 언젠가 어떤 유명한 연예인의 아내가 외계인의 후손이라는 이론을 잡지에 실어 출판한 적이 있다. 이 이론을 뒷받침하는 증거의 한 부분은 그 여성이 평균보다 조금 낮은 혈압을 갖고 있다는 것이었다. 평균보다 낮은 혈압을 갖고 있다는 것은 경험적 자료이다. 하지만 그 자료를 외계의 혈통과 연관 짓는 데에는 아무런 이유도 존재하지 않는다. 참된 과학은 설명이론과 경험적 자료 사이에 모종의 **합리적** 연관관계가 있어야 할 것을 요구한다."[90] 이유는 우리에게 왜 "**이러한 유형**의 근거가 **이러한 유형**의 주장을 뒷받침하는 데 사용되어야 하는지" 우리에게 말해 준다.[91] 델 라취의 예에서 경험적 근거는 참될지 모르지만, 그 근거를 아내가 외계인의 후손이라는 주장과 연결시키는 데에는 어떠한 정당한 과학적 이유도 존재하지 않는다.

다양한 분야와 학제적 전망은 각기 다른 방식으로 고유한 주장을 정당화한다. 예를 들어, 법학은 법령과 명령서에 호소함으로써 법률적 논증을 정당화한다. 한 여인이 한 남자를 총으로 쏴서 죽였다는 결정적인 증거가 어떤 판사에게 제시되었다고 가정해 보자. 그 판사는 그 여인이 그 남자를 죽였다는 사실을 인정할 것이다. 그렇다고 해서 그 판사가 그 여인에게 반드시 살인죄를 적용시킬 것인가? 만약 죽은 남자가 한밤중에 그녀의 집에 들어와 그녀를 강간하려고 시도했다면 어떻게 될까? 미국의 많은 주에서 자기방어(self-defense)에 대한 법령은 그녀의 행동을 정당화하며, 그 법령은 많은 명령서에 의해 충분하게 뒷받침되고 있다. 요컨대, 법률적 논증에서 근거는 법령과 명령서의 토대 위에서 주장에 연결된다. 말하자면, 법령과 명령서는 어떤 법률적 주장이 정당화될 수 있는 규칙 혹은 원칙을 제공

---

90 Murphy, *Reasoning*, 13쪽에서 인용.
91 Murphy, *Reasoning*, 14.

한다. 다른 한편, 실험실에서 행해지는 과학적 실험은 통상적으로 반복 가능성의 원칙에 의해서 정당화된다. 이것은 특정 실험의 결과가 다른 연구자가 동일한 과정을 반복했을 때에도 동일하게 나타나야 한다는 것을 의미한다. 분명, 이런 식으로 근거를 주장에 연결시키는 방식은 강간 미수와 같은 법률적인 사건에서는 통하지 않을 것이다. 왜냐하면 법률적인 사건에서는 기존의 법률을 유일무이한 사건에 적용하기 때문이다.

따라서 알코올중독에 관한 다양한 분야의 이론을 평가할 때에는 분야마다 정당화 방식이 판이하게 다를 수 있다는 사실을 인식하는 것이 중요하다. 예를 들어, 덴친의 사회적 드라마이론은 알코올중독자와 그 가족 구성원을 대상으로 실시한 인터뷰에 기초하고 있다. 인터뷰에서 덴친은 알코올중독과 회복에 대한 그들의 생생한 경험을 나눌 것을 주문했다. 그런 다음 그는 이 많은 인터뷰로부터 그들의 상호작용에서 공통적인 특징을 포착하는 일반적인 패턴을 추려냈다. 생생한 경험의 구체적인 사례를 그 '본질'과 연결시키는 이러한 방식은 현상학적 사회과학 전통에서 사용하는 정당화 절차이다. 한편 질병이론을 뒷받침하는 쌍둥이 연구조사는 통계적 개연성이라는 수학적 규칙에 의해 정당화된다. 즉, 대표적인 표본에서 발견되는 특징이 보다 광범위한 인구를 대상으로 일반화된다. 일란성 쌍둥이와 이란성 쌍둥이의 두 그룹을 구분하고, 그 두 그룹을 대상으로 알코올중독과 관련한 수학적 자료를 수집하고 비교한다. 일란성 쌍둥이 사이에서 상대적으로 높게 발견되는 알코올중독의 비율은 유전적 설명을 정당화한다. 왜냐하면 일란성 쌍둥이는 이란성 쌍둥이와 달리 동일한 유전물질을 공유하고 있기 때문이다.

정당화 방식은 분야마다 다를 뿐 아니라, 동일한 분야 안에서도 다양하다. 왜 그런가? 그 대답은 논증의 네 번째 요소인 **논거보강**(backing)에서 주어진다. 이것은 논증 배후에 자리하고 있는 논증을 가리킨다. 이것은 정당화 패턴을 포함하여 구체적인 논증을 뒷받침하기 위해 제시할 수 있는 지식과 실천의 전체를 말한다. 통상적으로 학자들은 개념과 실천으로 구성된 이 포괄적인 틀을 가정하고 있다. 이것은 특별히 비슷한 관점을 가진 사람들과 함께하는 대화적 논증에서 두드러진다. 하지만 때로 이런 틀이 도전받는 경우가 있다. 이런 경우, 학자들은 그들의 주장, 근거, 정당화 원칙을 뒷받침하는 논거보강을 제시해야 한다. 오늘날에는 같은 분야에서 일하는 학자들 사이에서도 서로 다른 논거보강을 전제하는 일이 자주 있다.

예를 들어, 젠더 연구 분야에서는 성 정체성에 관한 매우 다양한 이론이 존재한다. 우리가 보았듯이, 알코올중독에 관한 젠더구성이론에 따르면 남성과 여성의 정체성 모두 사회의 사회화 실천과 문화적 패턴 안에 뿌리를 내리고 있다. 하지만 사회생물학에 근거한 학자들은 이 틀을 문제 삼는다. 그들의 주장에 따르면, 대부분의 중요한 성적 차이는 인간 종의 진화적 유산에 뿌리를 두고 있으며, 남성과 여성으로 구분된 인간 '동물'의 유전자코드 속에 '아로 새겨져' 있다. 성적 차이는 단순히 사회변화를 통해 바꿀 수 있는 사회화 실천의 결과물이 아니라는 것이다. 젠더구성이론의 틀 안에서 주장을 펼치는 사람들은 이러한 도전에 직면하여 자신들의 논거보강을 전면에 가져와야 한다. 그들은 사회생물학의 도전을 논박하고 자신들의 연구 프로그램을 정당화하려고 시도해야 한다.

우리가 살펴본 알코올중독에 대한 이론 안에서 상이한 논거보강 형태에 기초한 이런 식의 잠재적 도전을 분별하는 일은 어렵지 않다. 어린 시절 폭력이나 성추행을 경험한 여성들 사이에서 나타나는 알코올중독의 높은 비율은 질병이론에 대해서 다음과 같은 질문을 제기한다. 학대받은 여성이 알코올중독에 빠진 것이 단순히 유전적 취약성 때문이라고 말할 수 있는가? 그런 여성의 알코올중독은 외상 후 스트레스를 대처하는 과정에서 비롯되었다고 보는 것이 더 나은 해석이 아니겠는가? 또한 질병이론은 현대 사회에서 의학적 모델의 우세를 드러내는 한 예로, 또한 가부장적 사회 안에서 여성에게 가해지는 폭력의 실재로부터 우리의 관심을 분산시킨다는 이유에서 도전을 받을 수 있다.

이런 유형의 논증은 매우 뜨겁게 가열될 수 있다. 이 때문에 논증의 마지막 차원인 **수사학적 전략**(rhetorical strategies)에 주목하는 것이 중요하다. 여기에서 수사학은 특정 그룹의 독자 혹은 특정 상황에 있는 청중에게 설득력 있는 논증을 펼칠 때 사용되는 전략에 초점을 맞춘다. 이러한 전략은 이성, 감정, 예화, 화자/작가의 인격이나 신뢰 가능성 등에 대한 호소를 포함한다.[92] 수사학을 폄하하는 것은 바람직하지 않다. 논증은 본질적으로 설득을 목적으로 한다. 이 목적을 위해 수사학적 전략을 효과적으로 사용하는 것은 학자의 능숙한 기술과 훌륭한 판단을 보여주는 한 표지이다. 하지만 수사학은 논증의 일부분일 뿐 전체는 아니다. 따라서 단순히 수사학적 효과에 의해서만 설득당하지 않고 이론의 전체 논증을 평가하는 것이 중요하다.

이런 식의 '전체 논증' 평가는 그 논증의 **건전성**(soundness)과 **강도**(strength)에 대한 평가를 통해서 이루어진다. 그 논증은 **건전한가**? 이것은 논증의 다양한 부분들 사이의 관계를 평가한다.[93] 이론의 주장은 충분하고 적절한 근거에 의해 뒷받침되고 있으며, 그 근거는 적절한 방식으로 정당화되고 있는가? 건전한 논증은 그 주장을 뒷받침하기 위해 논증의 다양한 부분을 일관성 있게 결합하고 있다. 그렇다면 논증의 강도는 무엇을 말하는가? 논증의 강도를 평가한다는 것은 단순히 어떤 이론이 옳다거나 틀리다는 것을 판단하는 일이 아니다. 오히려 그것은 논증의 상대적 크기를 가늠하고, 매우 약한 논증에서부터 매우 강한 논증에 이르는 연속선상 위에 그 논증의 위치를 지정하는 일이다. 예를 들어, 여러분은 역기능 가정과 알코올중독의 관계에 대한 클라인벨의 논증에 대

---

92 고전 수사학의 발전에 있어 아리스토텔레스가 끼친 공헌에 관해서는 George Kennedy, *Classical Rhetoric and Its Christian and Secular Tradition from Ancient to Modern Times* (Chapel Hill: University of North Carolina Press, 1980), 60-82쪽을 보라. 보다 자세한 논의를 위해서는 Eugene Garver, *Aristotle's Rhetoric: An Art of Character* (Chicago: University of Chicago Press, 1994)를 참조하라.
93 Toulmin, Rieke, and Janik, *An Introduction to Reasoning*, 27, 81-82.

해 전반적으로는 약하다고 평가할 수 있다. 하지만 동시에 여러분은 그의 논증이 검토할 가치가 있거나 혹은 다른 방식으로 더 잘 입증할 수 있는 통찰을 포함하고 있다고 생각할 수 있다. 이때 여러분은 클라인벨의 이론이 틀렸다고 말하는 것이 아니라, 그 이론이 기초하고 있는 논증의 상대적 강도를 평가하고 있는 것이다.

의사소통적 합리성 모델에서 논증의 강도에 대한 판단은 적절한 청중, 곧 이론이 제시하는 이유와 그 이론이 삶에 기여하는 바를 평가할 자격을 갖춘 사람들과의 토론과 대화 속에 들어가는 것을 포함한다. 논증은 이 청중을 얼마나 설득시키는가? 해석의 안내자는 두 부류의 청중이 내리는 합리적인 평가를 진지하게 생각해야 한다고 나는 생각한다. 첫 번째 부류의 청중은 이론이 자리하고 있는 분야에서 활동하고 있는 탁월한 학자들의 공동체이다. 예를 들어, 우리들 대부분은 알코올중독의 유전적 토대에 대해서 기술적인 판단을 내릴 수 있는 전문성을 갖고 있지 않다. 하지만 우리는 유전학 분야에서 탁월한 학자들이 내어놓는 이 같은 주장에 대해 토론하고 논의할 수 있다. 오직 그렇게 한 후에야 비로소 우리는 알코올중독이 유전적 취약성에서 비롯된 질병이라는 주장의 상대적 강도에 대해서 스스로 평가할 수 있는 위치에 서게 된다.

해석의 인도자에게 중요한 두 번째 청중은 실천신학자들의 공동체이다. 이것은 학문적인 실천신학을 다루는 학자들뿐 아니라 실천신학적 해석에 전문성을 가진 교회공동체 리더를 포함한다. 그들은 이론의 논증을 얼마나 설득력 있다고 생각하는가? 그들은 자신들의 그 같은 평가에 대해 어떠한 이유를 제시하는가? 때로 그들은 신학적인 이유를 제시할 수 있다. 어떤 사람은 알코올중독에 관한 젠더이론이 설득력 있다고 생각할 것이다. 왜냐하면 그 이론이 사회적 억압의 희생자에게 특별한 관심을 갖게 하는 해방자 그리스도에 대한 그의 이해와 맞아떨어지기 때문이다. 또 어떤 사람은 질병이론이 설득력 있다고 생각할 것이다. 왜냐하면 그 이론이 죄에 대한 그의 이해, 곧 사람들이 자신들이 통제할 수 없는 힘에 사로잡혀 있다고 보는 그의 생각과 유사하기 때문이다. 때로 이 청중이 제시하는 이유는 단순히 신학적이기보다는, 오히려 교회공동체를 이끌어 감에 있어 이론의 유용성에 초점을 맞추기도 한다. 어떤 리더는 알코올중독에 관한 발달이론이 설득력 있다고 생각한다. 왜냐하면 그 이론을 통해 그가 약물 사용과 관련한 청소년들의 취약성을 인식하고 청소년들이 기분전환을 위해 알코올을 섭취하는 상태에서 과음하는 단계로 나아가지 못하도록 돕는 프로그램을 개발하도록 동기부여를 받았기 때문이다. 또 어떤 리더는 음주문화이론이 설득력 있다고 생각한다. 왜냐하면 그 이론을 통해 그들이 절제된 음주가 폭음을 방지하는 최고의 방책이라는 사실을 깨닫고 가정과 또래집단과 교회에서 절제된 음주 모델을 교육할 수 있는 프로그램을 개발하는 데 도움을 받았기 때문이다. 요컨대, 현명한 해석의 인도자는 다른 사람들의 신학적 통찰 및 다른 교회공동체가 유용하다고 판단하는 이유를 주의 깊게 경청하는 가운데 이론의 강도를 평가해야 한다.

규범적 과제로 나아가며

우리는 올리비아 포터의 인터뷰 글을 인용하면서 이 장의 논의를 시작했다. 그리고 그녀의 상황에 대한 논의가 이 장에서 상세하게 다루어졌다. 나는 여러분에게 올리비아를 위한 해석의 인도자인 도로시 게인즈 목사의 입장에 서도록 요청하였다. 다양한 학문의 이론을 참고하면서 우리는 올리비아의 알코올중독에 초점을 맞추고 올리비아와 교회공동체를 현명하게 지도하기 위해서는 이론 지도를 활용하는 것이 중요하다는 사실에 특히 관심을 기울였다. 하지만 올리비아의 해석의 안내자는 이제 새로운 과제에 직면한다. 신학적으로 볼 때 여러분은 그녀의 상황을 어떻게 해석할 것인가? 여러분은 그녀와 기독교 전통의 규범적 자원들 사이의 대화를 어떻게 지도할 것인가? 알코올중독에 관해 여러분이 배운 모든 내용은 여러분이 이러한 질문들에 대답할 때 일정한 도움을 줄 것이다. 하지만 기독교공동체의 리더로서 여러분은 올리비아를 위한 사역에서 이 공동체의 고유한 신념과 실천을 참고해야 한다. 이것은 실천신학적 해석의 규범적 과제에 속한다.

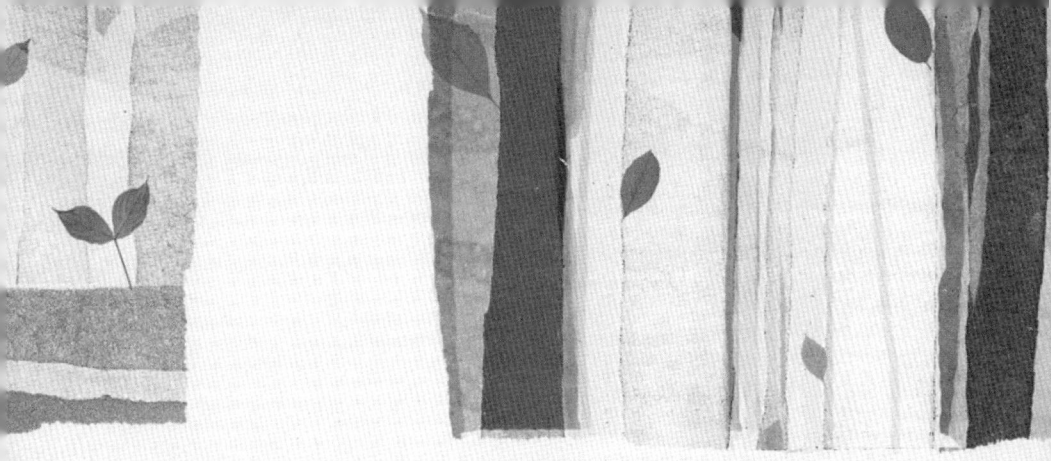

제3장
규범적 과제: 예언자적 분별

제3장
규범적 과제: 예언자적 분별

내가 실천신학적 해석의 규범적 과제에 대해 처음 눈을 뜨게 된 것은 커네티컷 주에 위치한 정신과전문 노르위치주립병원에서 임상목회교육(clinical pastoral education: CPE)을 위해 인턴으로 있을 때의 일이다. 내가 받은 임상목회교육에서는 사례 연구뿐 아니라 환자들과의 관계 속에서 발생한 구체적인 에피소드 혹은 '결정적인 사건'을 있는 그대로 기록해서 보고하는 방법을 광범위하게 활용했다. 이러한 사건에 대한 신학적 반성은 우리의 보고서와 토론의 중요한 한 부분이었다.

나는 그 해 내가 보고서를 작성했던 한 사건을 아직까지 생생하게 기억하고 있다. 당시 나는 3주간 청소년 병동에서 일하고 있었다. 이곳은 약물과 음주문제로 법원에서 보낸 청소년들을 다수 관리하고 있는 폐쇄된 병동이었다. 가족과 함께 협력하는 일은 종종 치료 과정의 한 부분이었다.

나는 학교에서 약물사용, 무단결석, 폭력적인 행동 등 많은 문제를 가진 한 친구와 가까이 일하게 되었다. 그 친구의 이름은 마크 체이스틴이었다. 나는 거의 매일 마크를 찾았다. 그 과정에서 나는 우리 사이에 상호신뢰의 관계가 자라고 있음을 느꼈다. 어느 날 나는 청소년 병동 밖에서 원목이 사용하는 한 사무실에서 마크의 부모를 만나는 기회를 가졌다. 그 자리에는 마크도 함께 동석했다.

모두 함께 자리에 앉은 다음, 나는 양해를 구하고 사무실 바로 옆에 위치한 화장실에 잠깐 다녀왔다. 내가 돌아왔을 때, 사무실에는 어머니, 아버지, 여동생이 즐거운 목소리로 대화를 나누고 있었다. "마크는 어디에 있어요?" 내가 질문했다.

아버지가 대답하셨다. "마크가 잠시 화장실에 다녀와야겠다고 말했어요. 곧 돌아올 거예요. 걱정하지 마세요." 시간이 흐르면서 사태가 더욱 분명해졌다. 마크는 사무실 밖을 나가 계단을 내려간 다음 건물을 빠져나갔다. 2주가 지난 후에야 경찰이 마크를 찾을 수 있었다. 이 사건은 청소년 병동에 큰 충격을 가져왔다. 마크가 돌아오길 기다리면서 사무실에 앉아 있는 동안, 나는 뼈 속 깊이 허탈감과 수치심이 커져가는 걸 느낄 수 있었다. 지금도 나는 그때 내가 느꼈던 감정을 기억하고 있다.

내가 이 사건에 관한 보고서를 작성해서 내가 속한 그룹에 발표했을 때, 예상보다 많은 이슈들이 제기되었다. 그중에서 우리의 임상목회교육을 책임지고 있던 교수님께서 가족체계이론을 끌어들여 경계설정의 관점에서 그 사건을 설득력 있게 분석하셨던 일이 가장 내 기억 속에 남아 있다. 교수님은 마크의 가족 내에서, 그리고 나와 마크의 관계 속에서 적절한 경계설정이 이루어지지 않았다고 지적하셨다. 나는 그저 순진하게 마크와 나 사이에 상호신뢰의 관계가 형성되고 있다고 믿고 있었던 것이다. 나는 그를 존중하며 대했고, 마크 역시 같은 방식으로 나를 대할 것이라고 기대하고 있었다. 마크가 달아나리라는 생각을 나는 전혀 하지 못했다. 또한 우리의 관계에 한계를 설정하거나 마크의 가족들에게 한계를 설정하는 법을 가르쳐야 할 필요에 대해서는 전혀 생각하지 못하고 있었다.

또한 나는 그 교수님이 논의를 신학적 차원으로 옮겨 율법과 복음에 관한 루터교회의 관점에서 이 사건의 신학적 차원을 고찰하는 방식에 깊은 인상을 받았다. 교수님은 내가 복음을 전하는 일과 친절하게 사람들을 대하는 일을 혼동하고 있다고 지적하셨다. 이것은 아마도 내가 이 문제 많은 청소년에게 따뜻한 말을 건네는 일보다는 오히려 내가 그 아이가 "필요로 하는 사람이 될 필요"가 있다는 사실과 관계되어 있었다. 또한 나는 사람들이 자신의 잘못된 행실을 자각하도록 돕는 일에 있어, 혹은 자기 자신은 물론 다른 사람을 해하려는 충동을 억제하는 일에 있어 율법이 감당하는 역할에 대해 많은 생각을 하지 못했다. 마크가 자기 자신을 파괴하는 생활패턴에서 진정으로 돌이키기 위해서는 적절한 행동과 부적절한 행동을 구분하는 명확하고 일관된 경계가 그의 삶에 필요했다. 당시 마크는 당장의 자기만족을 위해 다른 사람들을 속이는 삶의 방식에 사로잡혀 있었다.

이것은 결코 유쾌한 경험이 아니었다. 하지만 나는 이 경험으로부터 정말 많은 것을 배웠다. 돌이켜보면 이 경험을 통해 나는 나의 목회활동은 물론, 학자로서 나의 활동에 매우 중요하게 자리매김하게 될 두 가지 기술을 배우기 시작했다. 첫째, 나는 두 가지 분야를 하나의 대화 속에 가져가는 학제적(interdisciplinary) 사고를 배우기 시작했다. 우리의 임상목회교육 담당교수님은 치료심리학의 가족체계이론을 율법과 복음에 관한 신학적 관점과 대화시킴으로써 이 같은 학제적 사고의 모델을 제시해 주었다. 또한 나는 신학의 규범적 관점을 실천신학에 적합한 방식으로 발전시키는 법을 배우기 시작했다.

이 장에서 나는 실천신학적 해석의 규범적 과제를 세 가지 측면에서 살펴보려고 한다. 이 세 가지 측면은 마크 체이스틴 사건에 관해 내가 속한 그룹에서 나누었던 토론에서 이미 다루어졌다. 첫 번째 측면은 내가 여기에서 **신학적 해석**이라고 부르는 신학적 성찰의 유형과 관련된다. 신학적 해석은 사건, 정황, 상황을 해석하기 위해 신학적 개념을 사용한다. 마크의 사건에서 우리의 담당교수님은 율법과 복음이라는 개념을 우리 그룹의 논의 속에 가져오셨고, 이 개념은 그 사건과 결부된 여러 가지 이슈를 해석하는 데 많은 도움을 주었다.

이 사건에 규범적으로 접근하는 두 번째 방식은 우리 그룹의 논의에서 대체로 이미 전제되어 있었다. 그것은 어떤 실천에 대해 성찰하고 그것을 지도하기 위해 윤리적 규범을 사용하는 것이다. 우리는 경계설정에 대한 논의에서, 그리고 나와 마크의 관계를 상호신뢰의 관계로 본 나의 이해에서 이미 이러한 유형의 규범적 관점을 발전시키고 있었다. 돌이켜 보면, 이 문제는 동등한 배려의 윤리라는 관점에서 더욱 효과적으로 다루어질 수 있었다. 여기에서 동등한 배려의 윤리는 모든 사람들이 동등한 도덕적 가치와 존엄성을 갖고 있다고 보는 관점을 말한다.[1] 정신병원에서 이것은 환자들을 '대상'으로 다룰 것이 아니라, 우리가 존중해야 할 인격체로 대해야 한다는 것을 의미한다. 아마도 이 같은 도덕적 직관이 내가 마크와의 관계 속에서 상호신뢰와 존중의 관계를 형성하려고 시도했던 노력의 배후에 자리하고 있었을 것이다. 하지만 당시에 나는 이 윤리적 규범이 실제로 마크와 나의 관계를 지도했다면 마땅히 부각되었을 많은 이슈들을 무시하고 있었다.

마크가 법원의 명을 받아 노르위치주립병원에 오게 된 것은 다른 사람들의 권리와 존엄성을 보호하기 위해 마련된 법을 마크가 어겼기 때문이다. 마크는 학교에서 약물을 소지하고 있었고, 어린 학생들에게 약물을 전달했다는 혐의를 받았다. 또한 마크는 물리적인 폭력으로 학교 선생님들을 위협했다. 윤리적 배려의 윤리는 마크의 도덕적 가치를 긍정하지만, 동시에

---

[1] 많은 사람들이 동등한 배려의 윤리에 대해 글을 썼다. 특히 다음 글들을 보라. Don Browning, *A Fundamental Practical Theology: Descriptive and Strategic Proposals* (Minneapolis: Fortress, 1991), chapter 7; Gene Outka, *Agape: An Ethical Analysis* (New Haven: Yale University Press, 1972); Louis Janssens, "Norms and Priorities in a Love Ethics," *Louvain Studies 6* (1977): 207-38.

대인관계와 공동체 안에서 상호존중의 원리가 균형 있게 지켜져야 한다는 사실을 우리에게 상기시킨다. 이 원리가 다른 사람들을 속이거나 해하려는 의도로 악용되어서는 안 된다. 마크가 병원에 돌아온 후 나는 마크에게서 다른 사람들의 감정을 이해하고 그들의 관점을 헤아리는 능력이 현저하게 결여되어 있다는 사실을 확인할 수 있었다. 내가 만약 마크를 계속해서 도울 수 있었다면, 우리의 관계에 적절한 한계를 설정하고 마크가 자신이 위협한 선생님들과 자신이 약물을 판 어린 학생들의 관점을 헤아릴 수 있도록 돕는 일을 목표로 설정했을 것이다. 이 같은 규범적 관점은 이 목표를 성취하는 방법(실용적 과제)에 대해서는 우리에게 아무것도 이야기해 주지 않지만, 우리가 성취하기 위해 애써야 하는 목표를 분명히 하는 데 도움을 준다.

　마크의 에피소드에 규범적으로 접근하는 세 번째 방식은 우리 그룹의 논의에서 핵심적으로 다루어졌다. 이것은 특히 원목이 정신병원에서 감당하는 역할에 대해 우리가 이야기를 나눌 때 두드러지게 부각되었다. 우리의 담당교수는 과거 마크와 같은 청소년들을 상대했던 원목의 **훌륭한 실천**의 사례를 우리에게 알려주었다. 원목은 치료팀의 일원으로 참여하면서 치료의 목표와 전략을 수립하는 일에 적극적으로 협력했다. 또한 원목은 환자의 부모를 대할 때 자신들이 특정 종교 전통을 대변하고 있다는 사실을 중요하게 생각했다. 안타깝게도 나는 마크를 병동 밖으로 데리고 나갈 때 다른 치료팀원들과 동행하는 것이 바람직하다는 생각을 미처 하지 못했다. 또한 마크의 부모를 만날 때 원목으로서 나의 역할에 대해 명확한 이해를 갖고 있지 못했다. 인턴 기간을 지나면서 나는 다른 사람들의 훌륭한 실천의 이야기를 듣고 동료들의 훌륭한 실천의 사례를 읽을 수 있었다. 이 과정은 나에게 원목으로서의 사역에 대한 규범적 지침을 제공해 주었다.

　요컨대, 규범적 과제와 관련한 세 가지 접근 방식이 해석의 안내자에게 열려 있다. 아래에서 우리는 이것을 세 단계로 나누어 보다 자세하게 살펴볼 것이다. 먼저, 우리는 예언자적 분별의 관점에서 묘사되는 예언자적 직무 안에 규범적 과제를 위치시킬 것이다. 다음으로 우리는 앞서 언급한 규범적 과제에 대한 세 가지 접근 방식을 하나씩 보다 깊이 있게 검토할 것이다. 마지막으로 우리는 규범적 학제로서 실천신학과 다른 분야의 학제들 사이의 교차학제적 대화 모델을 살펴볼 것이다.

예언자적 분별

고대 이스라엘에서 예언자의 직무는 이스라엘과 하나님 사이에 맺어진 언약의 관점에서 가장 잘 이해될 수 있다. 이스라엘이 이 언약관계에서 어긋났을 때, 예언자는 이스라엘 백성에게 하나님의 말씀을 선포하며, 과거 하나님께서 행하신 은혜로운 일과 하나님의 백성으로 살겠다고 다짐했던 그들의 약속을 상기시켰다. 예언자는 두 가지 미래를 선포했다. 하나는 이스라엘이 하나님의 심판과 임박한 재앙에 직면하게 되는 가까운 미래의 일이고, 다른 하나는 하나님께서 자비 중에 이스라엘에게로 돌이키시고 언약관계를 갱신하시며 그들이 처한 곤경으로부터 그들을 건져내시는 먼 미래의 일이었다.[2] 말하자면, 예언자는 심판과 소망에 관한 하나님의 말씀을 함께 선포했다.

정당한 이유에서 우리는 예언자를 하나님의 사자로 이해한다. 하나님께서 말씀하시고, 예언자는 그 말씀을 듣고 하나님을 대신하여 예언을 선포한다. 따라서 예언자의 직무는 하나님의 계시에 근거하고 있다. 그렇지만 예언자가 자신이 전달하는 메시지를 구성함에 있어 적극적인 역할을 수행했다는 사실 또한 분명하다. 그들은 이스라엘 내 특정한 신학적 전통에 서 있었으며, 특정한 역사적 시점에 이 공동체를 둘러싼 구체적인 사회적 환

---

2 John Bright, *Covenant and Promise: The Prophetic Understanding of the Future in Pre-Exilic Israel* (Philadelphia: Westminster, 1976), 15.

경, 사건, 결정의 문제에 대해 선포했다. 아브라함 헤셸(Abraham Heschel)은 예언의 '구성적 역할'에 대해 다음과 같이 기술한다. "예언자는 영감의 내용을 단순히 흡수하지 않았다. 그들은 또한 그 의미를 이해한다고 주장했으며 그 의미를 자신이 갖고 있던 다른 지식들과 일관성 있게 통합했다."[3] 따라서 하나님의 계시와 인간의 구성 사이의 상호작용을 예언자적 분별이라는 관점에서 이해하는 것은 적절하다. 예언자의 직무는 특정한 시간과 장소에서 언약 백성을 향한 하나님의 말씀을 분별하는 것이다.

예언자적 분별의 신학적 차원은 고전적 예언자 시대에 이스라엘에 존재하던 언약에 대한 두 가지 이해를 상기할 때 더욱 명확해진다.[4] 그중 한 가지는 언약을 무조건적 약속의 관점에서 이해한다. 이 관점에 따르면, 하나님은 이스라엘 백성에게 무조건적인 약속을 하시고 그들에게 이 약속을 신뢰할 것을 요구하신다. 이 같은 패턴은 아브라함에게 땅과 후손과 축복을 주겠다고 약속하신 하나님의 약속에서 발견된다(창 12:1-3, 18:17-18, 22:15-18). 이 약속은 이삭과 야곱에게 반복해서 주어진다. 후대에는 다윗에게 주신 하나님의 약속을 묘사할 때 이 패턴이 사용되었다. 하나님은 시온산을 자신의 지상통치의 보좌로 지정하시고 다윗을 자신이 지명한 왕으로 선택하셨다. 영원한 언약 안에서 하나님은 다윗의 왕조가 끝나지 않을 것이라고 약속하신다. 왕들에게 정의로운 통치가 기대되고 그들이 이 같은 기대를 저버릴 때 응징이 뒤따를 것이지만, 다윗의 왕조가 영원하리라는 하나님의 약속에는 그 어떤 조건도 붙지 않았다. 다른 한편 언약에 대한 두 번째 이해는 조건적이며, 시내산 언약과 긴밀하게 결부되어 있다. 이 패턴은 애굽의 종살이에서 이스라엘을 해방시키신 하나님의 구원 사건을 반복적으로 언급하면서 이스라엘 백성의 존재가 하나님께 의존하고 있다는 사실을 계속해서 상기시킨다. 언약은 하나님께서 이스라엘의 하나

---

3 Abraham J. Heschel, *The Prophets*, 2 vols. (New York: Harper Torchbooks, 1962), 2:2.
4 Jon Levenson, *Sinai and Zion: An Entry into the Jewish Bible* (San Francisco: Harper and Row, 1985); Bright, *Covenant and Promise*, chapters 1-2.

님이 되겠다고 약속하시고 이스라엘은 하나님의 백성이 되어 징벌의 위협 속에서 하나님께서 주신 계명을 지키겠다고 약속하는 가운데 성립한다.

예언자는 이 같은 전통에 기초해서 하나님의 말씀을 선포하며, 종종 그들이 보기에 백성들을 잘못된 길로 인도하고 있는 언약에 대한 대중적인 혹은 공식적인 신학을 논박한다. 아모스와 호세아와 같은 북왕국의 고전적 예언자들은 시내산 언약 전통에 서 있으며, 이 언약의 의무사항들이 희생제사와 제의를 통해서 모두 만족될 수 있다고 보는 대중적 이해를 논박한다. 상대적으로 부유했던 왕국을 상대로 아모스는 가난한 사람들은 억압당하고 기만당하는 한편, 상위 계층의 사람들은 방자하게 행하는 당대의 사회상을 비판한다. 호세아는 사양길에 접어든 왕국을 상대로 이스라엘의 배신을 신실하지 못한 아내에 비유한다. 두 예언자 모두 이스라엘이 언약의 요구조건을 성실하게 이행하지 못함으로써 하나님의 심판에 놓이게 되었다고 선포한다.

반대로 다윗 언약 전통에 서 있는 이사야는 다윗에게 하신 하나님의 약속이 이스라엘이 언제나 열방으로부터 안전하다는 것을 의미한다고 보는 대중적 이해 및 성전과 왕궁의 왕정 이데올로기를 비판한다. 이사야는 유다의 가까운 미래에 재앙이 임박했다고 선포한다. 그 이유는 왕이 자신의 정치적 계산을 믿고 하나님의 약속을 신뢰하려고 하지 않기 때문이다. 동시에 이사야는 신실한 남은 자들이 출현하고, 다윗의 왕가가 재건되고(사 9:1-7, 11:1-9), 창조세계가 치유되는 먼 미래의 모습을 그린다.

> 그때에 맹인의 눈이 밝을 것이며, 못 듣는 사람의 귀가 열릴 것이며, 그때에 저는 자는 사슴같이 뛸 것이며, 말 못하는 자의 혀는 노래하리니, 이는 광야에서 물이 솟겠고, 사막에서 시내가 흐를 것임이라 (사 34:5-6).

예레미야가 살던 시대는 남왕국의 젊은 통치자 요시야가 신명기 사본의 발견을 계기로 다윗 언약의 왕정 이데올로기를 버리고 율법에 기초한 조건적 언약으로 돌아가려고 시도하던 때이다. 예레미야가 요시야의 개혁을 어떻게 바라보았는지는 확실하지 않지만, 예레미야 역시 하나님의 성전 임재가 유다의 영속적 안정을 보장한다고 보는 다윗 언약에 대한 대중적이고 공식적인 이해를 매우 비판한다(렘 7:4). 하지만 동시에 예레미야는 외적인 개혁만으로는 충분하지 않다고 생각했다. 그는 하나님의 언약 사항에 내면으로부터 헌신하는 '마음으로부터'의 변화를 요청한다(렘 4:4, 14, 9:26). 그는 먼 미래의 새 언약이 옛 언약을 능가할 것이며, 그 언약 안에서 하나님은 백성의 죄를 용서하시고 그들의 마음속에 율법을 새길 것이라고 예언한다(렘 31:31-34).

이 간략한 개관은 예언자적 분별에 하나님의 계시와 하나님의 말씀에 대한 인간의 구성이 함께 포함되어 있다는 사실을 명확하게 보여준다. 예언자들은 특정 신학 전통에 서서 대중적이고 공식적인 신학 및 그 신학이 정당화하는 삶의 방식을 비판한다. 그들은 구체적인 역사적 순간에 언약공동체 앞에 놓여 있는 매우 구체적인 사회적 조건, 사건, 선택 등을 신학적으로 해석한다.

예언자 예수님: 하나님의 말씀

신약성경은 다양한 방식으로 이스라엘의 예언 전통을 끌어들이고 있다. 하나님의 말씀을 백성에게 선포하는 예수님의 모습은 과거의 예언자들과 비슷하게 묘사된다. 대중이 예수님을 엘리야 혹은 예레미야와 같이 예언자의 한 사람으로 이해했다는 것을 보여주는 많은 본문들이 존재한다(마 16:14). 엠마오로 가던 제자들이 예수님을 "말과 일에 능하신 선지자"(눅 24:19; 7:16 참고)로 묘사했다는 사실은 많은 것을 이야기한다. 하지만 신약성경은 예수님을 단순히 예언자로만 묘사하지 않는다. 예수님은 예언자적 소망, 곧 예언자들이 지시하던 미래의 완성이다. 예수님은 다윗 혈통에 선 메시아, 언약의 규정을 재해석하고 사람들이 그 규정을 마음으로부터 지키도록 요구할 수 있는 권위를 가진 사람, 새 언약의 창시자, 이사야가 "맹인이 보며, 못 걷는 사람이 걸으며, 한센병자가 깨끗함을 받으며, 못 듣는 자가 들으며, 죽은 자가 살아나며, 가난한 자에게 복음이 전파된다."(마 11:5)고 말할 때 약속했던 구원자로 묘사된다.

말하자면, 예수님은 단순히 하나님의 말씀을 전달하는 사자가 아니다. 예수님은 하나님의 말씀이다. 하지만 이것은 무엇을 의미하는가? 교회공동체 리더의 예언자적 분별과 관련해서 이것이 내포하고 있는 함의는 무엇인가? 이것은 그리스도이신 예수님이 하나님의 완전하고 절대적인 계시라는 것을 의미한다. 우리는 이 말씀 외에 혹은 이 말씀과 경쟁관계에 있는 다른 말씀을 하나님으로부터 구하지 않아도 된다. 예언자적 분별이란 이 말씀에 귀를 기울이고, 공동체가 직면한 구체적인 상황, 사건, 결정과 관련해서 이 말씀을 해석하는 과제를 가리킨다. 그러한 분별은 한편으로는 하나님의 계시의 문제이고, 다른 한편으로는 세상을 재앙으로 이끌 수도 있는 대중적, 공식적 신학들에 직면한 가운데 수행되는 신학적 해석의 문제이다.

예언자적 분별의 영성

앞선 장들에서 논의했던 것과 같이, 여기에서 나는 성령님 안에서 사는 삶의 특징을 먼저 고찰한 다음, 해석의 인도자가 수행하는 작업의 보다 형식적인 차원을 살펴볼 것이다. 이것은 아래 연속선에서 보는 것처럼 개념화될 수 있다.

예언자적 분별의 영성

공감 ——————————— 신학적, 윤리적 해석
　　　　　분별

공감(sympathy)이란 인간이 하나님의 파토스, 곧 언약 백성과 창조세계 전체의 삶을 향한 하나님의 고통에 참여하는 것을 가리킨다. 따라서 하나님의 파토스라는 개념을 먼저 이해하지 못한다면 우리는 여기에서 공감이 무엇을 의미하는지 이해할 수 없을 것이다. 이 개념은 아브라함 헤셸(Abraham Heschel)의 글에서 가장 먼저 등장했으며, 이후 위르겐 몰트만(Jürgen Moltmann)과 월터 브루거만(Walter Brueggemann)에 의해 더욱 발전되었다.[5] 헤셸의 글은 길게 인용할 만한 가치가 있다.

> 예언자에게 하나님은 추상적 절대성이 아니라 세상과의 인격적이고 친밀한 관계 속에 있는 자기 자신을 계시하신다. 하나님은 단순히 순종을 명하고 그것을 기대하시는 분이 아니다. 하나님은 세상에서 일어나는 일들에 의해 움직이시고 영향을 받으시며, 또한 그에 따라 반응하신다. 사건과 인간의 행동은 그분 안에 기쁨 혹은 슬픔, 즐거움 혹은 분노를 불러일으킨다. (중략) 인간의 행위는 그분을 움직일 수 있고, 그분에게 영향을 미칠 수 있고, 그분을 슬프게도 할 수 있고, 다른 한편 그분을 기쁘거나 즐겁게도 할 수 있다. 하나님이 친밀한 관계 속에서 영향을 받으신다는 이 같은 생각이 예언자들의 하나님 의식을 근본적으로 규정하고 있다.[6]

고전적 예언자들 가운데 예레미야는 분노, 실망, 동정, 슬픔, 열망 속에

5　Heschel, *The Prophets*; Jürgen Moltmann, *The Crucified God: The Cross of Christ as the Foundation and Criticism of Christian Theology* (New York: Harper and Row, 1974), 270-72; Walter Brueggemann, *The Prophetic Imagination* (Philadelphia: Fortress, 1978), chapter 3.
6　Heschel, *The Prophets*, 2:3-4.

서 언약 백성을 대하시는 하나님의 고통을 가장 깊이 있게 묘사하고 있다.

> 너희 조상들이 내게서 무슨 불의함을 보았기에 나를 멀리하고 가서 헛된 것을 따라 헛되이 행하였느냐?(렘 2:5)
>
> 내 눈이 밤낮으로 그치지 아니하고 눈물을 흘리리니, 이는 처녀 딸 내 백성이 큰 파멸, 중한 상처로 말미암아 망함이라(렘 14:17).
>
> 내가 내 집을 버리며 내 소유를 내던져, 내 마음으로 사랑하는 것을 그 원수의 손에 넘겼나니(렘 12:7).

예언자의 말은 "하나님의 감정과의 교제 속에서, 곧 **하나님의 파토스에 대한 공감 속에서**" 태어난다.[7] 월터 브루거만이 지적하듯이, 예언자적 상상력은 '파토스의 포용'을 포함하며, 백성의 방황과 곤경에 대한 하나님의 고통을 언어로 구현한다.[8]

예수님은 예루살렘의 완고한 마음으로 인해 눈물을 흘린다. 하지만 예수님은 하나님의 고통에 대한 말을 전달하는 데 그치지 않는다. 예수님이 곧 고통 중에 있는 창조세계와 연대 속에서 고통당하고 계신 하나님이기 때문이다. 예수님은 병든 자들, 사회적 약자들, 무가치하게 다루어지는 사람들을 향해 동정을 갖고 행동한다. 예수님은 불의한 사회체제에 맞서 대항한 사람들의 고통에 동참하며, 친히 고난과 처형을 감수한다. 예수님은 모든 유한한 존재의 죽음에 동참한다. 하나님의 말씀으로서 그리스도는 성육신한 하나님의 파토스이다.

하나님의 말씀을 분별하고자 하는 리더는 먼저 자신을 하나님의 파토스에 개방하는 데서 시작해야 한다. 리더는 창조세계의 죄, 고통, 악으로 인한 하나님의 고통에 공감적으로 자신을 일치시켜야 한다. 이것은 성령님께서

7　Heschel, *The Prophets*, 1:26.
8　Brueggemann, *Prophetic Imagination*, chapter 3; "파토스의 포용"은 이 장 제목의 일부이다. Cf. 53-61, 86-95쪽.

주시는 능력을 필요로 한다. 우리의 자연적 본성은 고통으로부터 피하려고 하고, 창조세계의 고통을 합리화하는 '왕궁과 성전'의 보호 이데올로기로 자신을 가리려고 한다. 예언자적 분별은 '성령의 첫 열매'를 가진 사람들이 '말할 수 없는 탄식' 속에 창조세계의 신음에 내적으로 동참할 때 비로소 이루어진다(롬 8:22-23, 26). 리더가 전달해야 하는 은혜와 소망의 말들은 창조세계의 고통 속에 완전히 들어와서 그 조건을 구속하는 하나님의 말씀과 공감적으로 하나가 되었을 때 비로소 출현한다.

분별(discernment)이란 우리의 인생 앞에 놓인 상황, 사건, 결단과 관련해서 하나님의 인도를 구하는 행위를 말한다. 분별한다는 것은 마치 금을 캐는 사람이 금을 가려내기 위해 찌꺼기를 걸러내는 것처럼 채질하고 구별한다는 것을 의미한다. 그것은 또한 판사가 최종 판결을 내리기 전에 모든 증거를 경청하듯이, 최종 결단을 내리기 전에 가능한 모든 증거를 꼼꼼히 평가한다는 것을 의미한다. 초기 기독교에서 바울은 예언자의 말을 평가하고, 영을 테스트하고, 중요한 결정을 내리고, 공동체 내 분쟁을 해결하기 위해서 분별의 실천을 발전시켜야 한다고 권면한다. 기독교 역사를 통해서 다양한 기독교공동체가 다양한 분별의 실천을 발전시켜 왔다. 해석의 안내자에게 이 같은 분별의 실천은 매우 중요하다. 그러한 실천은 하나님의 인도를 구하고 구체적인 사건, 정황, 상황 속에서 해야 할 일들을 구별하는 체계적인 방법을 제공한다.

기독교 역사에서 너무도 많은 분별의 패턴과 실천이 발전했기 때문에, 우리는 예언자적 분별의 한 가지 예에 집중하는 것이 오히려 유익할 것 같다. 여기에서 나는 디트리히 본회퍼(Dietrich Bonhoeffer)의 분별의 삶, 특히 2차 세계대전이 끝나기 직전 고국 독일로 돌아가 히틀러를 암살하려고 시도하던 지하저항운동에 가담하기로 한 본회퍼의 결단에 대한 리자 다힐(Lisa Dahill)의 분석을 참고할 것이다. 이 결단으로 인해 결국 본회퍼는 자신의 목숨을 값으로 지불했다. 본회퍼가 자신의 작품들에서 기술하고 있고, 또한 자신의 삶에서 구현한 분별은 두 가지 기본적인 운동으로 구성되어 있다.

다힐의 분석에 따르면, "본회퍼에게 있어 분별의 첫 번째 운동은 단순히 내가 실제 아무것도 알지 못한다는 사실을 인정하는 것이다."[9] 분별은 우리가 해야 할 일에 대해서 자기 확신과 확실성을 내려놓을 때 시작한다. 우리는 여러 경로로 여행할 수 있다. 하지만 어떤 길을 택해야 할지 분명하지 않다. 이것은 우리에게 겸손과 신뢰를 요구한다. 분별의 두 번째 운동은 하나님의 뜻을 적극적으로 구하는 것이다. 본회퍼는 이 같은 적극적인 구도의 토대를 자신이 평생에 걸쳐 가르치고 실천했던 세 가지 분별의 실천에서 발견했다. 1) 성경 듣기: 매일 성경 연구와 경건한 독서 가운데 우리에게 들어오는 살아있는 말씀에 주의하기, 2) 고백과 근본적인 진리 토설: 우리를 자기기만으로부터 건져낼 뿐 아니라 우리가 다른 음성들로부터 하나님의 인도하시는 음성을 구별해 내도록 도움을 주는 신뢰할 만한 친구들에게 우리의 마음을 개방하기, 3) 사랑하고 사랑받기: 인격적인 관계와 공동체 속에서 다른 사람들을 사랑하는 것으로 이해되는 제자도는 분별의 근본 토대이자 초점이다. 바로 여기에서 우리는 구체적인 타자, 특히 가난과 폭력과 억압의 십자가 가운데 여전히 고통받고 있는 사람들 속에서 그리스도를 발견하는 법을 배운다.[10]

본회퍼의 삶은 탁월한 모범을 보여준다. 실천신학적 해석의 규범적 과제는 분별의 영성과 실천에 기초하고 있다. 만약 교회공동체 리더가 자신이 무엇을 말하고 실천해야 할지 모른다는 사실을 먼저 인정하고 겸손과 신뢰 속에서 하나님의 인도를 적극적으로 구하지 않는다면, 어떻게 그들이 고통 중에 있는 사람들에게 전할 말, 설교할 내용, 가르칠 교훈을 가려낼

---

9 Lisa Dahill, "We Do Not Know What to Do, but Our Eyes Are on Thee," *Lutheran*, April 2005, 28. 또한 Dahill, *Truly Present: Practicing Prayer in Liturgy* (Minneapolis: Fortress, 2005); Dahill, "Reading from the Underside of Selfhood: Bonhoeffer and Spiritual Formation," in *Minding the Spirit: The Study of Christian Spirituality*, ed. Elizabeth Dryer and Mark Burrows (Baltimore: Johns Hopkins University Press, 2004), 249-66; Dahill, "Probing the Will of God: Bonhoeffer and Discernment," *Spiritus: A Journal of Christian Spirituality* 1, no. 2 (Fall 2001): 42-49를 보라.
10 Dahill, "We Do Not Know," 28.

수 있겠는가? 따라서 분별의 실천은 해석의 안내자에게 결정적인 중요성을 가진다. 이 실천을 통해 그들은 한편으로 그리스도 안에서 주어진 하나님의 심판과 은혜의 말씀과, 다른 한편으로 그들의 규범적 인도를 매일같이 요청하는 구체적인 사회적 조건, 사건, 결정을 연결하는 고리를 발견한다.

신학적, 윤리적 해석은 규범적 과제에서 가장 형식적인 차원에 속한다. 기술적 과제에서 주목하기가 연구조사로 이어지고, 해석적 과제에서 현자적 지혜가 다른 학문이론과의 대화로 이어지듯이, 규범적 과제 역시 신학적, 윤리적 성찰의 형태로 연결된다. 구체적인 사건, 정황, 상황 속에서 우리가 해야 할 일을 분별할 때, 우리는 규범의 구성과 평가를 드러내 놓고 논의하는 접근 방법을 취하는 것이 좋다. 아래 단락에서 우리는 이 부분에 초점을 맞출 것이다. 그리고 이 장의 첫 부분에서 다룬 규범에 대한 세 가지 접근 방법을 검토할 것이다.

신학적, 윤리적 해석

신학적 해석

첫 번째 접근 방법은 신학적 해석이다. 이것은 실천신학, 기독교윤리학, 정치신학 등에서 널리 활용되고 있는 신학적 성찰의 한 형태이다. 이것은 신학적 성찰의 다른 형태들과 다르다. 예를 들어, 성경 연구는 성경본문의 해석에 초점을 맞추고, 교리신학은 교회교리들 사이의 체계적 연관에 초점을 맞춘다. 우리가 여기에서 다루는 신학적 성찰은 이 영역의 도움을 받기는 하지만, 신학적 개념을 갖고 **현재의** 사건, 정황, 상황을 해석하는 데 초점을 맞춘다. 규범성에 관한 이 같은 접근법은 오늘날 많은 실천신학자들에게서 발견된다. 하지만 여기에서 나는 리차드 니버(H. Richard Niebuhr)의 작품에 집중할 것이다. 니버는 제임스 파울러(James Fowler)와 찰스 거킨(Charles Gerkin) 등을 비롯한 실천신학자들에게 영향을 주었다.[11] 니버는 우리에게 신학적 해석의 한 사례를 보여줄 뿐 아니라, 이러한 접근 방법을 채택하고 또한 특정 사건에 대한 해석을 지도해 줄 신적, 인간적 활동에 대한 포괄적인 이론을 채택해야 할 이유를 제시한다.

리차드 니버의 신학적 해석

니버는 『책임적인 자아』(The Responsible Self)에서 "기독교 도덕철학"을 발전시킨다. 여기에서 "내가 무엇을 해야 하는가?"와 관련한 '당위' 질문에 대한 대답은 "무슨 일이 일어나고 있는가?"라는 선행 질문에 대한 대답에 의존하고 있다.[12] 니버의 주장에 따르면, 도덕적 삶을 가장 잘 특징짓는 것은 도덕적 법칙이나 명령에 대한 순종(의무론)이나 우리의 행동을 지도하는 목적을 향한 추구(목적론)가 아니라 **책임감**이다.

상징적 상호작용론에 관한 사회학적 관점과의 학제적 대화를 바탕으로 니버는 책임감이 네 가지 요소로 구성되어 있다고 묘사한다. 1) 우리의 모든 행동은 우리에게 대한 행동에 대한 **반응**이다. 2) 우리의 반응은 그러한 행동에 대한 **해석**, 곧 구체적인 사건, 정황, 상황을 보다 큰 전체 안에 위치시키는 해석에 의해 형성된다. 3) 우리의 반응은 근본적으로 시간적이며, 한편으로는 과거 상호작용의 역사에 뿌리를 두고 있고, 다른 한편으로는 우리의 현재 행동에 대한 미래의 반응을 예기한다. 책임감이란 계속적인 상호작용의 상황 속에서 우리의 행동의 결과에 대해 다른 사람에게 **책임을 진다**는 것을 가리킨다. 4) 우리의 반응은 우리가 속한 **해석의 공동체**에 의해 형성된다. 이 공동체는 해석의 틀 및 다른 도덕적 자아와의 지속적인

---

11 James Fowler, *To See the Kingdom: The Theological Vision of H. Richard Niebuhr* (Nashville: Abingdon, 1974); Charles Gerkin, Prophetic *Pastoral Practice: A Christian Vision of Life Together* (Nashville: Abingdon, 1991), 56-58, 61-62, 69-70.

12 H. Richard Niebuhr, *The Responsible Self: An Essay in Christian Moral Philosophy* (New York: Harper and Row, 1963), 60.

대화를 위한 틀을 우리에게 제공한다.

이러한 관점에서 볼 때, 도덕적 삶의 과제는 적절한(fitting) 방식으로 사건에 응답하는 것이다. 니버는 책임감에 대한 이 같은 이해가 기독교공동체에 어떤 함의를 가지는지 궁구한다. 여기에서 그는 다음과 같은 일반적인 지침을 제시한다. "하나님은 여러분에 대한 모든 행동에서 행동하고 계신다. 따라서 여러분에 대한 모든 행동에 반응할 때 하나님의 행동에 반응하는 것처럼 하라."[13] 이것은 하나님께서 모든 사건을 유발하신다는 뜻이 아니다. 만약 그렇다면 창조세계의 우연성, 자유, 타자성 등은 모두 전복될 것이고, 하나님은 악에 대해서 책임을 지게 될 것이다.[14] 오히려 하나님은 인간적, 자연적 사건 속에서 또한 그 사건을 통하여 하나님의 목적을 성취하기 위해 행동하고 계신다.

『계시의 의미』(*The Meaning of Revelation*)에서 니버는 해석공동체로서 교회의 정체성과, 현재 사건들에 대한 교회의 해석이 이스라엘, 예수 그리스도, 초대교회에서 나타난 하나님의 선행적 행동의 계시적 사건을 참고하는 방법에 초점을 맞춘다. "그렇다면 우리 역사 속에 나타난 계시란 우리에게 특정한 이미지, 곧 개인적, 공동체적 삶의 모든 사건을 이해 가능하게 만들어 주는 이미지를 제공하는 특별한 사건을 의미한다. (중략) 그러한 사건은 다른 사건들에 빛을 비추어주고 우리가 그 사건을 이해할 수 있도록 돕는다. (중략) 그러한 사건을 통해서 극적 통일성의 패턴이 명확해진다. 그리고 이 패턴의 도움으로 우리는 공동체 안에서 개인에게 무슨 일이 일어났고, 일어나고 있으며, 또 일어날 것인지 이해할 수 있게 된다."[15] 니버는 계시를 어려운 책을 읽다가 갑자기 '빛나는 문장'을 만나게 되는 순간에 비유한다. 이 문장은 책 전체에 빛을 던져주고 그것을 이해 가능하게 만든

---

13 Niebuhr, *The Responsible Self*, 126.
14 이 점과 관련한 제임스 넬슨의 해석을 참고하라. Nelson, *Thirst: God and the Alcoholic Experience* (Louisville: Westminster John Knox, 2004), 155-58.
15 H. Richard Niebuhr, *The Meaning of Revelation* (New York: Macmillan, 1941), 80.

다.¹⁶ 또한 그는 계시를 드라마에서 극적 행동의 전체적인 전개 과정을 조명해 줄 수 있는 결정적인 장면에 비유한다.¹⁷ 해석공동체로서 교회는 그 구성원들에게 이미지, 개념, 내러티브를 제공함으로써 그들의 상상력을 훈련시키고 그들의 인생과 세계의 사건들 속에서 하나님의 행동을 해석할 수 있는 능력을 길러준다.

니버는 "아무것도 하지 않아도 되는 은혜"(The Grace of Doing Nothing, 1932), "전쟁, 하나님의 심판"(War as the Judgment of God, 1942), "전쟁, 십자가 처형"(War as Crucifixion, 1943) 등 일련의 짧은 글들을 통해서 신학적 해석에 대한 자신의 접근 방법을 예시적으로 잘 보여준다.¹⁸ 여기에서 우리는 두 번째 글만 다룰 것이다. 그리고 이 글이 오늘날의 사건에 대한 신학적 해석과 관련해서 우리에게 무엇을 가르쳐줄 수 있는지 살펴볼 것이다.¹⁹

제2차 세계대전에 대한 니버의 신학적 해석

"전쟁, 하나님의 심판"은 진주만이 폭격당하고 미국이 전쟁에 참여한 이듬해 『기독교 세기』(*Christian Century*)라는 잡지에 실렸다. 니버 자신의 말에 따르면, 이 글의 목적은 "이 전쟁에서 하나님의 행위의 문제"를 다루는 것이다. 분명 많은 사람들과 국가들이 이 전쟁에서 행동하고 있었지만, 기독교와 유대교의 역사 해석은 "하나님께서 모든 사건 가운데 일하고 계신다는 확신에 초점을 맞추고 있으며, 이러한 유일신론적 공동체들의 윤리는 인간의 행동이 다른 유한한 행동이 아니라 언제나 하나님의 행동에 응답하는 것이어야 한다는 원칙에 의해 결정된다." 전쟁을 하나님의 심판으로 보는 해석은 "이스라엘이 앗수르를 하나님의 분노의 막대기로 볼 때 서

---

16 Niebuhr, *The Meaning of Revelation*, 68.
17 Niebuhr, *The Meaning of Revelation*, 94.
18 H. Richard Niebuhr, "The Grace of Doing Nothing," *Christian Century 49* (1932): 378-80; "War as the Judgment of God," *Christian Century 59* (1942): 630-33; "War as Crucifixion," *Christian Century 60* (1943): 513-15.
19 아래 단락에서 인용되는 모든 구절은 Niebuhr, "War as the Judgment of God," 630-33쪽에서 가져왔다.

있던 그곳, 예수님께서 십자가상에서 빌라도나 유대인들의 행동이 아니라 하나님의 행동을 보았을 때 서 있던 그곳에 서는 것"을 의미한다.

니버는 전쟁을 하나님의 심판으로 보는 해석과 관련해서 당시 그리스도인들이 흔히 활용하던 일부 방법을 배제시킨다. 특히 그는 이원론적 해석을 비판한다. 이러한 해석에 따르면, 하나님의 심판은 오로지 동맹국의 적들에게만 적용되고, 동맹국에게나 혹은 모든 인간의 공통적인 죄악에 대해서는 적용되지 않는다. 그리고 "전체주의에 맞서 민주주의의 상대적 정당성"을 주장한다. 이 같은 이원론적 해석은 그리스도인을 "예수 그리스도의 아버지와, 우리나라 혹은 민주주의"라는 두 신을 예배하는 사람들로 만든다. 국가와 민주주의는 높은 가치를 지니지만, 이것은 오직 그것이 하나님 아래 있을 때에만 그러하다. "하나님의 경쟁자가 될 때 그것은 삶의 반역자이다."

이러한 이원론적 해석과 달리 니버는 전쟁을 하나님의 심판으로 보는 해석이 다음 세 가지를 의미한다고 주장한다. 첫째, 이것은 하나님의 심판이 단순히 과거 죄에 대한 보복으로서 "고통을 가한 사람들이 고통을 당하게 만듦으로써 사람들 사이에 균형을 회복시키려" 한다고 보는 모든 생각을 우리가 포기해야 한다는 것을 의미한다. 이것은 두 가지 이유 때문에 그러하다. 전쟁으로 인한 고통은 대부분의 경우 무고한 사람들, "어린아이, 부녀자, 겸손하고 순종적인 군사, 농민" 등에게 돌아간다. 또한 하나님의 심판은 언제나 구속적이며, 범죄한 사람을 회개로 이끌고, 그들의 삶의 방식의 변화를 목표로 한다. 심판을 보복으로 보는 견해는 예수 그리스도 안에서 계시된 하나님의 모습과 어울리지 않는다.

둘째, 하나님의 심판을 "관련된 다양한 그룹의 상대적 정당성 혹은 부당성"과 일치시켜 다루는 것은 불가능하다. 이사야가 앗수르를 하나님의 막대기로 묘사했을 때, 그는 이 나라의 도덕적 의로움이나 그 대의의 정당성을 긍정하고 있는 것이 아니었다. 오히려 그는 앗수르를 하나님의 의지를 실행에 옮기는 하나님의 심판의 도구로 해석했다. 작금의 전쟁에서 하나님의 심판은 모든 편에 적용되며 어느 한 편을 정당화하기 위해 사용될 수 없다고 니버는 주장한다.

셋째, 전쟁에서 하나님의 심판은 삶의 모든 차원에 대해 주권을 가지신 "보편적인 한 분 하나님"의 심판이다. 이것은 "영적 삶의 주인의 심판도, 종교적 삶의 주인의 심판도, 기독교적 삶을 주관하는 주인의 심판도" 아니다. 하나님의 심판을 단순히 종교적인 차원에 국한시키고 정치적인 활동을 "본질적으로 회개를 거부하고 자기 확신으로 가득한, 우리의 이익을 지키기 위한 행동"으로 내버려두는 것은 삶의 모든 영역에 대한 하나님의 주권적 통치를 잘못 해석하고 있는 것이다.

이 글은 이상의 관점을 따라 그리스도인이 전쟁에 적절하게 응답하는 세 가지 방식을 기술하는 것으로 결론을 맺는다. 첫째, 그리스도인은 자신을 하나님의 위치에 두고 자신과 적들에 대해 심판을 내리는 태도를 버려야 할 것이다. 오히려 그리스도인은 "자신이 행한 부적절한 행위와 하나님께서 행하고 계신 일을 동시에 고려하는 가운데" 자신에게 주어진 임무를 성실하게 수행해야 할 것이다. 이웃 나라에 대한 침공과 유대인 학살에 대한 적절한 반응은 고통당하는 사람들의 편에서 개입하는 것이다.

이것은 두 번째 요점으로 우리를 인도한다. 그리스도인은 자신의 대의를 하나님의 대의와 일치시키면서 자신 혹은 자신의 국가의 행동을 정당화하려는 모든 시도를 포기해야 한다. 이와 같은 자기고양은 필연적으로 자기기만을 수반한다. 전쟁에 이르는 과정에서 모든 편의 행동과 정책이 자기중심성을 특징으로 가진다. 오랫동안 서구 국가들은 유럽의 작은 나라들뿐 아니라 "유대인들과 중국인들에 대한 십자가 처형"에 대해 안일하게 대처해 왔다. 니버는 이 점을 첫 번째 지적과 연관시킨다. "만약 우리가 우리의 자기중심성에 대한 하나님의 심판을 받아들인다면, 우리는 폭력적인 사람들의 손에서 건짐을 받아야 할 무고한 사람들을 위해서가 아니라 우리 자신과 우리의 가치를 지키기 위해서 전쟁에서 싸우며 자기방어적 행동으로 일관하는 행태를 계속할 수 없을 것이다."

셋째, 전쟁을 통한 하나님의 심판에 대한 적절한 응답은 희망과 신뢰로 가득해야 한다. 그리스도인은 전쟁에서 그가 대적하고 있는 사람들을 포기하지 말아야 한다. 그리스도인은 이 비극이 구속될 수 있다는 희망을 갖고 행동해야 한다. 그리스도인은 하나님의 심판의 구속적 의도에 초점을 맞추고서 전쟁의 악으로부터 선을 이끌어 내기 위해 일해야 한다.

하나님의 심판과 오늘날의 사건에 대한 신학적 해석

사고실험을 통해 니버가 심판에 대한 이 같은 이해를 테러와의 전쟁과 같은 오늘날의 사건을 해석하는 데 활용한다고 상상해 보자. 앞서 다룬 글과 마찬가지로, 그는 9·11 이후 많은 미국 그리스도인들 사이에 널리 퍼져 있는 일부 해석들을 수정하면서 자신의 논의를 시작할 것이다. 그는 아마도 테러와의 전쟁을 선과 악의 갈등으로, 혹은 기독교 민주정치와 이슬람 신정정치 사이의 갈등으로 보는 이원론적 해석을 거부할 것이다. 이러한 해석은 너무 쉽게 그들을 비판하게 만드는 한편, **우리의** 책임은 면제시킨다. 어쩌면 니버는 오사마 빈 라덴의 도덕적 의로움이나 그가 내세우는 대의의 정당성을 긍정하지는 않지만, 그를 '하나님의 막대기'로 보는 위험스런 해석을 단행할지도 모른다. 하나님은 서구 국가들의 쾌락주의, 물질주의, 정치적 교만을 심판하고 계신다. 서구 국가들의 이 같은 태도는 아랍의 많은 젊은이들을 가난과 정치적 부패의 악순환 속에 가두어놓음으로써 아랍이 테러리즘의 근원지가 되도록 내버려두고 있다.

우리는 니버가 허리케인 카트리나를 둘러싼 사건을 어떻게 해석할지 물음으로써 이 같은 사고실험을 계속할 수 있다. 전쟁에서와 마찬가지로 허리케인으로 인해 가장 심하게 고통받는 사람들은 무고한 사람들, 곧 가난한 사람, 노인, 흑인, 피난을 위한 돈과 수단이 없었던 사람들이었다. 그들은 2차 세계대전 중 유대인과 마찬가지로 무고한 고통 속에서 십자가형에 처해졌다. 그러한 고통 중에 있는 사람들에게 그리스도인이 전해줄 수 있는 말은 하나님의 깊은 동정심에 관한 메시지, 곧 예수님 시대에 정치적, 종교적 기득권층의 손에 의해 십자가 위에서 무고한 고통 속에 완전하게 들어가신 하나님에 관한 메시지밖에 없다. 하나님은 허리케인으로 인한 무고한 희생자들과 연대 속에서 함께 고통을 당하시며 이러한 비극적인 사건을 구속할 길을 찾고 계신다.

니버는 이와 같은 사건에 하나님의 심판에 대한 자신의 이해를 어떻게 적용시킬까? 아마도 그는 소비주의와 물질만능주의가 몰고 온 죄악상이 허리케인을 통해 어떻게 폭로되고 있는지 주목할 것이다. 과거에는 허리케인과 같은 자연재해가 통상적으로 자연적 악의 형태로 해석되었다. 하지만 오늘날 자연적 악과 도덕적 악 사이의 명쾌한 구분은 더 이상 가능하지 않다. 왜냐하면 산업기술체계가 인간을 비롯한 생명체가 살고 있는 환경을 근본적으로 바꾸어놓았기 때문이다. 아마도 대양의 온도 상승과 더불어 지구온난화가 이미 허리케인의 강도를 증폭시키고 있다고 보는 것이 옳을 것이다.[20]

또한 니버는 편파적인 정치적 싸움에서 책임전가를 위해 하나님의 심판을 끌어들이는 데 대해 우리에게 주의를 줄 것이다. 카트리나는 미국의 두 정치적 정당이 모두 가난한 사람들의 곤경에 오랫동안 무관심했다는 사실을 드러내 보여주었다. 그들의 무관심은 결국 파괴적인 허리케인 앞에서 가난한 사람들의 필요를 조직적으로 잘못 계산하는 결과를 초래했다. 카트리나는 부적절한 초기대응을 초래한 정치적 연고주의의 잘못과, 뉴올

---

20 Kerry Emanuel이 수행한 다양한 연구조사들을 참고하라. http://wind.mit.edu/~emanuel/cvweb/cvweb.html. Cf. P. J. Webster et al., "Changes in Tropical Cyclone Number, Duration, and Intensity in a Warming Environment," *Science 309*, no. 5742 (2005): 1844-46. Webster의 글은 http://webster.eas.gatech.edu/onlinepapers.html#2005에서 찾을 수 있다. 이 연구들에 따르면, 지난 30년간 허리케인의 발생건수는 거의 일정하게 유지되거나 약간 줄어들었다. 하지만 강도 높은 허리케인의 발생건수는 증가했다. 그 이유는 해수면 온도의 상승으로 허리케인이 생겨날 때 더 많은 양의 물이 허리케인에 흡수되기 때문이라는 분석이 있다.

리언즈 주변의 제방체계에 대한 소홀한 관리를 야기한 정치적 타협의 잘못을 폭로했다. 하지만 니버는 또한 하나님의 심판은 구속적 의도를 갖고 있다는 점을 우리에게 상기시킬 것이다. 우리는 이 재앙이 국가적 차원의 회개 가능성과 국가적 자원의 분배에 관한 새로운 접근의 가능성을 열 수 있다는 희망을 갖고 이 재앙에 응답해야 한다.

신학적 해석에서 신적 행위와 인간적 행위에 대한 이론

"전쟁, 하나님의 심판"에서 니버는 2차 세계대전을 둘러싼 역사적 사건을 해석하기 위해 주로 단일한 신학적 개념을 사용한다. 제임스 파울러(James Fowler)와 제임스 구스타프슨(James Gustafson)은 니버의 작품 전체에 걸쳐 발견되는 신적 행위와 인간적 행위에 관한 그의 포괄적 이론에 관심을 가진다.[21] 이 이론은 비록 구체적인 사건에 대한 그의 해석의 배후에 주로 자리하고 있지만, 그의 신학적 해석에서 중요한 한 부분이다. 신적 행위와 인간적 행위에 관한 이론에서 니버는 한 분 하나님에 관한 기독교의 유일신론적 확신과 세 분 하나님에 관한 기독교의 삼위일체론적 확신을 균형 있게 다룬다. 니버는 기독교의 유일신론적 확신을 하나님의 보편성과 주권이라는 주제와 연관시키는 경향이 있다. 즉, 하나님은 우리에 대한 모든 행동에서 행동하고 계신다는 것이다. 이러한 생각은 세계 내 하나님의 행동을 해석하기 위해 사용되는 세 가지 구별된 패턴 및 그에 상응하는 인간 응답의 세 가지 적절한 형태에 대한 논의에 의해 균형이 맞추어지고 있다.[22]

첫 번째 패턴은 **구속자 하나님**에 초점을 맞춘다. 그리스도 안에서 하나님은 언약에 충실하게 세상을 사랑하시며, 창조세계의 고통, 특히 무고한

---

21 Fowler, *To See the Kingdom*; James Gustafson, introduction to *The Responsible Self*, 6–41.
22 일반적으로 기독교신학에서 구속, 창조, 섭리의 패턴이 삼위일체의 개별 위격에 **배타적**으로 적용되는 일은 없다. 하지만 구속, 창조, 섭리의 패턴을 일차적으로 성자, 성부, 성령의 관점에서 논의하는 것은 흔히 있는 일이다. 게다가, 이 패턴에 대한 니버의 논의에서는 삼위일체론적 차원이 충분히 발전하지 못했다. 혹자는 심지어 그런 차원이 결여되어 있다고 말한다. 나는 니버의 사고 속에 잠재되어 있는 삼위일체론에 관해 온건한 주장을 내세우고 있다.

자들의 고통 속에 완전하게 들어오신다. 하나님의 구속적 의도는 하나님의 심판을 포함하며, 악으로부터 선을 이끌어 내려고 한다. 인간의 적절한 응답은 감사와 신뢰이다. 이것은 자신의 도덕적 의로움을 과정하거나 자신의 죄를 인정하길 거부하면서 자신을 정당화하려는 모든 시도를 배제한다. 또한 이것은 악으로부터 선을 이끌어 내고자 하는 하나님의 열망에 자신을 일치시키도록 우리를 인도한다. 이러한 패턴이 앞서 살펴본 2차 세계대전에 대한 니버의 해석의 밑바탕에 자리하고 있다.

두 번째 패턴은 모든 존재의 원천이신 **창조주 하나님**에게 초점을 맞춘다. 창조세계를 조성하신 분으로서 하나님은 창조세계와 질적으로 다른 질서에 속하신다. 하지만 바로 이 창조주 하나님은 창조세계의 선함을 긍정하고 생명의 모든 형태들에 가치와 존엄성을 부여하시는 분이다. 인간의 적절한 응답은 하나님만을 하나님으로 인정하고 다른 유한한 가치나 대의를 하나님의 위치에 두려고 하는 우리의 우상숭배 성향을 다스리는 것이다. 또한 우리는 하나님의 피조물을 거룩하게 여기고, 인간적인 목적을 위해 피조물을 대상화하고 착취하는 일을 그쳐야 한다. 인간공동체 안에서 우리는 모든 사람들이 하나님의 형상대로 창조되었다는 사실을 인정하고, 따라서 모든 사람들을 인격적 관계 속에서 존경으로 대해야 하고 사회질서 안에서 정의롭게 대해야 한다.

세 번째 패턴은 **생명을 다스리시고 지탱하시는 하나님**에게 초점을 맞춘다. 이때 하나님은 통상적으로 세상을 섭리 가운데 돌보시는 분으로 묘사된다. 하나님은 비인격적 체계와 인격적 관계를 통해서 창조세계에 질서를 부여하시고 그것을 유지하시는 한편, 창조세계의 우연적 자유를 존중하신다. 인간의 적절한 응답은 생명을 지탱하는 창조세계의 질서와 구조를 돌보고, 하나님의 목적에 맞게 자신을 맞추어가는 것이다. 이것은 삶의 구체적인 사건과 넓게는 계속적 창조의 과정 속에서 하나님의 뜻을 도덕적으로 분별하는 과정을 요청한다.

니버의 사상에 대한 이 간략한 묘사는 그 사상의 풍요로움과 복잡함을 다 보여주지 못한다. 하지만 나는 이것을 전쟁과 같은 구체적인 사건에 대한 보다 집중된 해석 이면에 자리하고 있는 신적 행위와 인간적 행위에 대한 포괄적 이론의 한 예로 제시하고자 했다. 신학적 해석에 대한 그의 니버의 접근법과 그가 활용하는 일반적인 패턴은 규범성에 대한 이러한 접근을 수행할 수 있는 단지 한 가지 방식에 불과하다.

예를 들어, 해방신학자들은 니버보다 출애굽과 해방자 그리스도의 해석적 패턴을 더 강조한다. 특히 그리스도는 소외되고, 가난하고, 불결한 사람들을 치유하고 자유롭게 만들기 위해서 당대의 정치적, 종교적 권력자들에 맞선 인물로 묘사된다.[23] 비판적 사회이론의 분석적 도구를 활용하는 가운데 해방신학자들은 오늘날 작용하고 있는 정치적, 경제적 억압의 구조들을 드러내 보이려고 시도한다.[24] 출애굽의 패턴을 따라 현재 상황을 해석하는 교회는 바로의 굴레에서 신음하고 있는 사람들의 편에 서며 억압당하는 자들을 자유로 인도할 '표적과 기사'에 주목할 것이다. 또한 그러한 교회는 그리스도께서 서셨던 자리, 곧 가장 취약한 사람들의 편에 설 것이다.

요컨대, 신학적 해석은 신적 행위와 인간적 행위와 관련해서 니버의 이론과는 다른 이론을 참고할 수도 있다. 다만 나는 그의 이론은 이러한 접근 방법의 한 예로 제시했다. 이 접근 방법은 다음 두 가지 활동을 포함한다. 1) 현재의 구체적인 사건, 정황, 상황에 대한 신학적 해석. 2) 보다 집

---

23 하나님의 행위와 인간의 행위에 대한 논의 가운데 출애굽을 크게 부각시키는 예로는 Gustavo Gutiérrez, *A Theology of Liberation: History, Politics, and Salvation* (Maryknoll, N.Y.: Orbis, 1973), 153-78쪽을 보라. 하나님의 구원 역사를 구체적으로 구현한 사건으로서 그리스도와 "하나님의 제안에 대한 인간 반응의 역사"에 초점을 맞춘 작품으로는 Leonardo Boff, *Jesus Christ Liberator: A Critical Christology for Our Time* (Maryknoll, N.Y.: Orbis, 1978)을 보라.

24 해방신학자들이 사용한 마르크스주의 비판이론은 1장 부록에서 다룬 프랑크푸르트학파의 비판이론과 다소 구분된다. 해방신학자들은 남반구 지역이 북반구 지역에 경제적으로 의존되어 있다는 사실과 이 같은 의존관계를 정당화하고 가리기 위해 종교가 이데올로기로 사용된 방식을 보여주는 이론에 관심을 가진다. 이러한 맥락에서 해방신학자들은 경제적, 사회적 해방뿐 아니라 "신학의 해방"에 관심을 가진다. Juan Luis Segundo, *The Liberation of Theology*, trans. John Drury (Maryknoll, N.Y.: Orbis, 1976); José Míguez Bonino, *Doing Theology in a Revolutionary Situation* (Philadelphia: Fortress, 1975), 5-8장을 보라.

중된 형태의 신학적 해석을 지도하는 신적 행위와 인간적 행위에 대한 포괄적 이론의 활용.

윤리적 해석

니버의 관점에 대한 통상적인 비판은 실천신학적 해석의 규범적 과제에 대한 두 번째 접근으로 나아가는 징검다리 역할을 수행한다. 일부 비평가들은 니버가 도덕적 삶에 있어 **윤리적 원칙**, **규칙**, **지침**에 적절한 주의를 기울이지 못했다고 비판한다.[25] 우리가 메리 조 제임스(Mary Jo James)와 마크 체이스틴(Mark Chastain)에 대한 이후의 논의에서 살펴보겠지만, 그러한 규범은 사람들의 선택과 행동을 지도할 때 중요한 역할을 수행할 수 있다.

단 브라우닝의 윤리적 규범

오늘날의 미국 실천신학자들 가운데 단 브라우닝(Don Browning)은 아마도 실천신학적 해석에 있어 윤리적 규범의 중요성에 대해 가장 지속적인 관심을 보인 학자이다.[26] 여기에서 나는 니버와 같이 브라우닝을 규범적 과제에 대한 이 같은 접근 방법의 한 **예**로 제시할 것이다. 브라우닝이 특별히 우리의 관심을 끄는 이유는 그가 해석학에 관한 한스 게오르그 가다머(Hans-Georg Gadamer)의 이해의 일부 특징들을 더욱 발전시키고 있기 때문이다. 서론에서 우리는 학문의 해석학적 차원에 대한 인식의 확산에 있어 가다머가 핵심적인 역할을 했다는 사실을 언급했다. 가다머는 이러한 인식을 해석학적 경험이라는 자신의 개념을 통해 발전시켰다. 해석학적 경험은 선이해, 중단의 경험, 지평의 상호작용과 융합, 오늘날의 삶에 적용되

---

25 James Gustafson, *Ethics from a Theocentric Perspective: Theology and Ethics*, vol. 1 (Chicago: University of Chicago Press, 1981), 53-56쪽에 언급된 비판을 참고하라.

26 Don S. Browning, *The Moral Context of Pastoral Care* (Philadelphia: Westminster, 1976); Browning, *Religious Ethics and Pastoral Care* (Philadelphia: Westminster, 1983); Browning, *A Fundamental Practical Theology*.

는 새로운 이해의 출현의 과정으로 묘사된다. 브라우닝은 가다머의 작품에서 흔히 간과되고 있는 한 가지 특징에 주목한다. 그것은 적용이 단순히 해석의 **마지막**에 일어나는 것이 아니라, 처음부터 존재하고 있으며 해석 과정 전체에 걸쳐 영향을 미친다는 점이다.[27]

예를 들면, 일상생활에서 우리는 사건이나 관계가 갑작스럽게 중단되고 앞으로 나아갈 길에 대해서 우리가 고민할 때 해석의 과정이 시작되는 것을 경험한다. 방금 학교에서 전화를 걸어 우리 아이가 아프다는 사실을 나에게 알려주었다. 하지만 나는 30분 뒤에 중요한 회의를 진행해야 한다. 이 상황에 어떻게 대처해야 할지 결정하는 과정(곧 적용)이 나의 모든 해석 전략에 영향을 줄 것이다. 지금 배우자에게 전화로 연락이 가능한가? 믿을 만한 이웃 중에 학교에 가서 아이를 데려올 사람이 있는가? 만약 그렇다면, 학교가 그 이웃사람에게 아이를 내어줄 것인가? 회의 일정을 조정할 수 있을까? 아니면 회의 참석자들 가운데 다른 지역에서 온 사람들도 있는가? 적용에 대한 관심은 단순히 해석의 말미에 부각되지 않고, 오히려 해석 과정 전체를 생동감 있게 만든다.

브라우닝은 이 통찰이 실천신학에 대해 가지는 두 가지 매우 중요한 함의를 도출해 낸다. 첫째, 만약 적용이 처음부터 해석에 영향을 미친다면, 실천신학적 해석은 실천-이론-실천의 모델을 따라 가장 잘 이해될 수 있다. 실천신학적 해석은 현재 우리의 실천의 어떤 차원에 문제가 생겼을 때 시작된다. 예를 들면, 설교가 교회공동체의 몇몇 구성원들의 화를 자극했다고 생각해 보자. 견신례를 받고자 한다면 견신례 수업에 의무적으로 참여해야 한다는 사실을 우리가 사전에 명확하게 알려주었는 데도 불구하고, 견신례 수업에서 빈자리가 눈에 보인다. 이와 같은 문제 상황은 실천신학적 해석의 과정을 개시하고 그 해석 과정 전체에 영향을 미친다. 적용은 단순히 마침표를 찍는 과정이 아니다.

---

27 Browning, *A Fundamental Practical Theology*, 39.

이와 관련해서 브라우닝은 가다머의 해석학에 대한 자신의 두 번째 생각을 발전시킨다. 적용이라는 개념은 우리의 현재 실천이 가치와 규범으로 가득 차 있다는 사실에 우리의 관심을 불러일으킨다. 우리는 견신례 대상자들이 대부분의 견신례 수업에 참석할 것이라고 기대한다. 왜냐하면 우리는 견신례가 그들의 삶에 있어 중요한 단계라고 믿고 있기 때문이다. 하지만 이러한 규범을 견신례 대상자들이나 혹은 그들의 가족들이 반드시 공유하고 있는 것은 아니다. 그들은 견신례 수업과 때로 시간이 충돌하는 운동이나 다른 교외활동에 참여하는 것을 더 중요하게 생각할 수 있다. 브라우닝의 주장에 따르면, 현재의 실천은 종종 갈등 속에 있는 이러한 유형의 가치와 규범으로 흠뻑 젖어 있다. 이러한 이유에서 그는 해석의 안내자가 실천신학적 해석의 규범적 과제에서 윤리적 원칙, 지침, 규칙을 발전시키는 것이 매우 중요하다고 생각한다. 이것은 현재 실천의 문제 상황 속에 윤리학을 개입시키는 문제가 아니다. 가치와 규범은 이미 현재 실천의 한 부분이기 때문이다.

가장 최근에 쓴 글에서 브라우닝은 실천신학적 해석의 실천-이론-실천의 모델에 있어 윤리적 규범의 역할을 기술하기 위해 폴 리꾀르(Paul Ricoeur)의 작품을 참고한다. 리꾀르는 『타자로서의 자기 자신』(*Oneself as Another*)에서 도덕적 삶에 대한 3단계 설명을 제시한다. 1) 고유한 실천, 내러티브, 관계, 모델에 뿌리내리고 있는 도덕공동체의 정체성 형성방식. 2) 도덕적 실천과 비전을 검증하고 공동체 바깥의 다른 사람들이 제기하는 도덕적 주장을 설명하기 위해 도덕공동체가 사용하는 보편적인 윤리적 원칙. 3) 구체적인 상황에 도덕적 원칙과 신념을 적용하는 데 요구되는 실천적 도덕적 추론, **프로네시스**(phronesis).[28] 여기에서 보편적인 윤리적 원

---

28 Paul Ricoeur, *Oneself as Another* (Chicago: University of Chicago Press, 1992). 리꾀르의 모델에 관한 유익한 해석을 위해서는 Johannes van der Ven, *Formation of the Moral Self* (Grand Rapids: Eerdmans, 1998)와 Don Browning, "The Family and Moral and Spiritual Development," in *Developing a Public Faith* (St. Louis: Chalice, 2003), 13장을 보라. 또한 Richard Osmer, *The Teaching Ministry of Congregations* (Louisville: Westminster John Knox, 2005), 10장을 보라.

칙을 통한 윤리적 성찰은 특별히 중요하다. 왜냐하면 이것은 도덕공동체가 보편적인 윤리적 원칙에 비추어 자신들의 현재 실천과 규범을 검증할 수 있도록 하기 때문이다. 그들은 다른 사람들의 도덕적 가치를 자신들의 도덕적 가치와 동등한 가치를 가진 것으로 여기는가? 그들이 속한 공동체의 이익이 다른 공동체의 이익과 충돌할 때, 그들은 공정하고 모든 공동체에 열려 있는 절차를 따라 행동하는가? 그들은 자신들과 다른 그룹의 관점에 공감할 수 있는가? 이런 식의 윤리적 검증 과정은 중요하다. 도덕적 갈등의 상황에서 사람들은 자신들의 가족과 공동체의 이익을 다른 사람들의 것보다 우선시하는 경향이 있기 때문이다. 뿐만 아니라 그들의 도덕적 실천과 해석이 그들이 속한 공동체 구성원의 구체적인 상황에 적절하게 어울리지 않을 수도 있다.

가정폭력과 윤리적 성찰

이 모델이 구체적인 상황 속에서 어떻게 활용될 수 있는지 함께 살펴보자. 앞선 장들에서 우리는 올리비아 포터의 이야기를 살펴보았고, 그 이야기는 우리를 알코올중독의 영역으로 인도했다. 알코올중독의 가장 부정적인 측면들 중 하나는 아버지가 알코올중독자인 가정 안에서 가정폭력과 성추행의 비율이 매우 높게 나타난다는 사실이다. 2장에서 우리가 보았듯이, 노만 덴친은 그러한 가정의 공통적인 패턴을 식별하고 거기에 "욕망이라는 이름의 회전목마"라는 이름을 붙였다. 가정폭력의 상황 속에서 이것은 암암리에 진행된다. 아내와 자녀는 한편으로는 감정적, 물리적, 성적 폭력을 경험하고, 다른 한편으로는 진심어린 사과, 애정, 친밀감을 경험한다.

올리비아 포터는 어린 시절 폭력을 경험하지는 않았다. 또한 그녀의 남편이 그녀에게 물리적 폭력을 행사한 일도 없다. 그렇다면 이런 상황을 생각해 보자. 교회공동체 내의 한 성인 여성이 자신의 남편에 대해서 음주가 심해지면서 점점 폭력적으로 변하고 있다는 사실을 우리에게 나누었다고

하자. 리꾀르의 모델을 전유한 브라우닝의 접근 방식은 이 상황에서 어떻게 실천신학적 해석을 인도할 수 있을까? 브라우닝은 우선 이 상황에서 이미 발견되는 도덕적 규범에 우리의 관심을 주목시킨다. 흔히 목사와 기독교인 친구들은 가정폭력의 희생자에게 "거기에 붙어 있고" "자녀를 위해서" 결혼생활을 유지하라고 조언한다. 때때로 그들은 이 충고를 뒷받침하기 위해 희생적 사랑의 규범에 호소한다. 예수님은 우리에게 자기 십자가를 지고 그를 좇으라고 말씀하셨다. 알코올중독자 남편과 함께 사는 일이 지금 이 여인이 짊어져야 할 그녀의 구체적인 십자가라는 것이다. 이 규범은 예수님에 관한 이야기와 희생적 사랑을 도덕적 이상으로 여기는 실천에서부터 비롯되었다. 이 규범은 청지기 캠페인, 결혼교육, 성만찬 및 성금요일에 관한 설교 등에서 흔히 발견된다. 예수님께서 우리를 위해 희생하셨듯이, 우리 또한 서로를 위해 희생해야 한다는 주장이다.

 브라우닝은 많은 교회들의 내러티브와 실천에 깊이 뿌리박혀 있는 희생적 사랑의 규범이 윤리적 검증의 과정(리꾀르 모델의 두 번째 부분)을 통과해야 한다고 주장한다. 이 규범은 기독교 전통에 충실한가? 이 규범은 물리적 폭력이 행사되고 있는 욕망이라는 이름의 회전목마와 관련해서 해석의 안내자에게 적절한 규범적 관점을 제공하고 있는가? 이 질문들에 대한 브라우닝의 대답은 단호한 부정이다. 여러 글에서 그는 "동등한 배려의 윤리"라는 관점에서 기독교적 사랑에 대한 대안적 이해를 발전시킨다. 우리는 마크 체이스틴의 논의에서 이 관점을 간략하게 살펴보았다.

 동등한 배려의 윤리는 모든 사람들의 고유한 존엄성과 가치를 가리키는 창조 이야기와 그리스도의 사역에 근거를 두고 있다. 창조 이야기에서 인간은 하나님의 형상으로 창조되었다고 묘사되며, 따라서 인격적 관계에서 존경을 받아 마땅하고, 사회적 제도 안에서는 공정한 대우를 받아 마땅한 것으로 여겨진다. 그리스도의 사역에 관한 이야기에 따르면, 그리스도는 자신의 제자들에게 적어도 여덟 번에 걸쳐 "네 이웃을 네 몸과 같이 사랑하라."고 말씀하시고, 황금률을 따르라고 권면하신다. 이러한 이야기를 바탕으로 브라우닝은 아가페 사랑의 윤리적 원칙이 기독교 성경 안에서 발견되는 가장 중요한 규범이라고 주장한다. 하지만 그는 아가페 사랑을 주로 자기희생과 자기부인의 관점에서 이해하는 기독교 전통의 특정한 흐름에 대해서는 비판적인 입장을 취한다. 오히려 그는 하나님의 형상(imago Dei) 및 이웃을 자신처럼 사랑하라는 예수님의 가르침의 논리는 동등한 배려의 윤리라는 관점에서 더 잘 포착된다고 주장한다. 이 윤리에 따르면 우리 이웃의 가치와 존엄성은 우리 자신의 가치 및 존엄성과 동등하게 간주된다. 다시 말해, 더 크거나 혹은 더 작게 여겨지지 않는다. 이 윤리는 인격적 관계 안에서 사랑을 상호성의 관점에서 묘사한다. 즉, 자신을 향한 존중은 다른 사람을 향한 존중과 균형을 이룬다. 또한 이 윤리는 사회적 관계와 제도 안에서 사람들에 대한 공정한 대우를 강조한다. 따라서 자기희생은 사랑의 일차적인 모습이 아니다. 오히려 그것은 죄악이 가득하고 유한한 세상에서 상호성과 공정성이 균형을 상실할 때 요구되는 특별한 노력이다. 그러한 상황에서 깨어진 관계를 상호적 관계로 회복하고 불의한 제도를 공정한 대우로 되돌리기 위해서 희생적 노력이 필요하다.

도움을 얻기 위해 해석의 인도자를 찾아온 여성의 특수한 상황에 동등한 배려의 윤리적 규범을 적용하는 일은 실천적 지혜(프로네시스)를 요구한다. 이것은 리꾀르의 모델의 세 번째 부분에 해당한다. 여기에서는 그녀가 처한 상황의 특수성과 복잡성을 헤아리는 수고가 필요하다. 하지만 그러한 도덕적 추론은 알코올중독자 남편에 의한 폭력을 그 여성의 고유한 존엄성을 훼손한 일로 보는 사랑의 이해에 의해 지도를 받아야 한다. 남편의 폭력은 사랑의 관계의 특징이 되어야 할 상호존중의 원칙을 위반하는 것이다. 브라우닝은 다음과 같이 기록하고 있다.

나는 동등한 배려의 사랑의 윤리가 가정폭력에 매우 적절하다고 생각한다.

이 윤리는 상호존중의 원칙 아래 모든 폭력적인 행위를 제약할 뿐 아니라, 약자에게 힘을 불어넣어 그들이 다른 사람들에게 자신들을 학대의 대상이나 수단이 아니라 그 자체로 목적으로 대할 것을 요구하게 만든다. 동등한 배려의 사랑의 윤리는 복종적이고 유약하고 짓밟힌 사람들을 위한 윤리가 아니다. (중략) 이것은 여성과 소수자와 학대받는 아이들이 동등한 존중을 요구할 수 있도록 그들에게 힘을 불어넣어 주는 윤리이다.[29]

이 예는 실천신학적 해석의 규범적 과제 수행에 있어 윤리적 성찰의 역할을 강조한다. 동등한 배려 등과 같은 일반적인 원칙 및 보다 구체적인 지침, 규칙은 리더로 하여금 구체적인 사건, 정황, 상황 속에서 문제가 되는 도덕적 문제에 관심을 갖게 할 뿐 아니라, 구체적인 상황 속에서 리더가 추구해야 하는 목표를 결정하는 데 있어 도움을 준다.

훌륭한 실천과 규범적 성찰

실천신학적 해석의 규범적 과제에 접근하는 세 번째 방식은 **훌륭한 실천**에 초점을 맞춘다. 훌륭한 실천은 다음 두 가지 방식으로 규범적 지도를 수행한다. 첫째, 교회공동체의 현재 활동을 개혁하는 데 도움을 줄 수 있는 훌륭한 실천의 모델을 제공한다. 둘째, 하나님, 그리스도인의 삶, 사회적 가치에 관하여 기존 전통의 이해와는 다른 새로운 이해를 가능하게 한다. 우리의 주된 초점은 두 번째 항목에 있기 때문에, 훌륭한 실천을 규범적 모델로서 활용하는 방법에 관해서는 간략한 논의로 만족할 것이다.

훌륭한 실천의 모델은 교회공동체가 일을 어떻게 하면 더 잘 혹은 색다르게 수행할 수 있을지 구상할 때 도움을 준다. 흔히 이와 같은 모델은 다

---

29 Don Browning, "Domestic Violence and the Ethic of Equal Regard," in *Equality and the Family: A Fundamental Practical Theology of Children, Mothers, and Fathers in Modern Societies* (Grand Rapids: Eerdmans, 2007), 378.

른 교회공동체에서 발견된다. 예를 들면, 청소년 사역, 영성지도, 선교, 소그룹 사역, 혹은 다른 사역 형태들에 있어 유난히 탁월하다고 소문난 교회들이 있다. 이러한 교회들을 관찰함으로써 리더는 훌륭한 실천의 모습에 대한 구체적인 그림을 갖게 될 뿐 아니라, 자신이 속한 공동체를 이 방향으로 이끌어 갈 때 필요한 자원을 얻을 수 있다. 교회공동체가 시간을 투자해 다른 교회공동체로부터 지도를 받기보다는 사전준비도 없이 서둘러 새로운 프로그램을 시작하려고 덤벼드는 경우가 적지 않다. 다른 교회공동체 안에서 훌륭한 실천을 관찰하는 것은 규범적 지도의 강력한 원천이다.

때로 훌륭한 실천의 모델을 과거에서부터 가져오는 경우도 있다. 그 한 예는 최근 많은 교회들이 부활시킨 성인세례자 교육제도이다. 이 제도는 예전신학자들과 실천신학자들이 3~5세기경 교회 입문예식(Initiation)을 특징짓고 있던 통합된 실천에 주목하면서 교회 리더의 관심을 불러일으켰다. 당시 세례자 교육제도에 따르면, 새로운 교인들에 대한 교육은 교단의 역사나 정책에 대한 간략한 교육으로 그치지 않았다. 그들은 예전의식, 요리문답, 축신, 기도, 도덕적 실천에 참여했다. 입문예식은 새로운 교인들이 그들의 과거 생활 방식과 단절하고, 기독교적 생활 방식의 실천을 시작하는 긴 과정이었다. 따라서 성인세례자 교육제도의 부활은 오늘날의 교회공동체에게 훌륭한 실천의 모델을 제공해 주었다. 많은 교회공동체가 입문예식에 관한 접근 방식을 개혁하기 시작했고, 로마가톨릭교회, 미국복음주의루터교회, 성공회 등 일부 교단들은 입문예식 프로그램을 교단 차원에서 발전시켰다.[30]

요컨대, 현재 혹은 과거의 훌륭한 실천은 오늘날의 교회공동체를 지도하는 규범적 모델로 기능할 수 있다. 훌륭한 실천은 리더가 교회공동체의

---

30 Jane Carew, *Making Disciples: A Comprehensive Catechesis for the RCIA Catechumenate* (Huntington, Ind.: Our Sunday Visitor, 1997). 미국복음주의루터교회의 예비신자 교육에 관해서는 *Welcome to Christ: A Lutheran Introduction to the Catechumenate; Welcome to Christ: A Lutheran Catechetical Guide; Welcome to Christ: Rites for the Catechumenate*를 보라. 이 모든 문건들은 1997년 Augsburg Fortress Press에서 출판되었다.

바람직한 모습을 구상할 때 도움을 줄 뿐 아니라, 그들이 바람직한 방향으로 교회를 이끌어 갈 때 필요한 자원과 지침을 제공한다. 규범적 과제와 관련해서 훌륭한 실천은 이러한 역할 외에 또 다른 중요한 역할을 수행한다. 그것은 훌륭한 실천이 하나님, 그리스도인의 삶, 사회적 가치에 대한 새로운 이해를 불러일으키는 원천이 될 수 있다는 말이다. 이때 훌륭한 실천은 단순한 모델이 아니다. 그것은 또한 인식적인 차원을 갖고 있다. 즉, 변혁적 실천에 참여함으로써만 획득할 수 있는 지식을 생산한다. 이전 단락에서와 마찬가지로 여기에서 나는 규범성에 대한 이 같은 접근 방식의 한 예를 살펴볼 것이다. 우리가 함께 살펴볼 예는 엘레인 그래함(Elaine Graham)의 『변혁적 실천』(Transforming Practice)이다.[31]

엘레인 그래함이 말하는 변혁적 실천

우리가 살고 있는 포스트모던 상황의 가장 두드러진 특징 중에 하나는 가치에 대한 합의가 결여되어 있다는 점이다. 미국에서 이것은 낙태와 동성애를 둘러싼 갈등에서 가장 잘 드러난다. 하지만 이 같은 현상은 미디어로부터 훨씬 더 적은 관심을 받는 이슈에서도 발견된다. 늦은 나이에 결혼하는 청년들의 혼전성관계 문제를 어떻게 볼 것인가? 부모가 자녀양육 책임을 함께 분담하는 일은 얼마나 중요하고, 이것은 그들의 직장생활과 관련해서 어떤 함의를 가지는가? 식물, 동물, 사람의 유전자를 조작하는 일에 사회가 얼마나 관대해야 하는가? 이러한 질문에 대답하는 방식이나 그러한 대답을 지도하는 근본 가치와 관련해서 어떠한 합의도 아직까지 존재하지 않는다. 근본주의적이고 보수적인 종교공동체는 종종 영원하고 초월적인 가치에 근거하고 있다고 그들이 믿고 있는 대답을 제공한다. 하지만 다른 많은 사람들은 그들의 주장에 대해 매우 회의적이다. 심지어 같은

---

31 Elaine Graham, *Transforming Practice: Pastoral Theology in an Age of Uncertainty* (Eugene, Oreg.: Wipf and Stock, 1996).

종교 전통에 속한 사람들조차도 근본주의자들이 인간의 본성이나 사회의 실재에 관한 영원하고 형이상학적인 설명에 자신의 가치를 근거시키는 방식에 대해 의구심을 나타낸다. 예를 들면, 여성은 '본성적으로' 남성에게 순종적이고, 아이들을 길러야 하고, 밖에서 일해서는 안 되고, 교회목사가 되거나 공적인 영역에서 리더가 될 수 없다는 주장은 정말 참된 것인가?

『변혁적 실천』에서 엘레인 그래함은 실천신학이 다원주의, 파편화, 회의주의 등을 특징으로 하는 포스트모던 상황의 도전에 직면해야 한다고 주장한다. 우리는 신학이 가치에 관한 사회적 합의에 의지하는 것이 더 이상 불가능한 불확실성의 시대에 살고 있다. 또한 신학은 교회의 전통적인 원천과 규범의 권위를 당연하게 생각할 수 없다. 신학은 회의적인 포스트모던 세상에 설득력을 가질 수 있는 진리 주장과 가치를 발전시킬 수 있는 새로운 방식을 발견해야 한다.

그래함은 **변혁적 실천**에 초점을 맞추어 규범성에 접근하는 방식을 발전시킨다. 특별히 그녀는 교회와 사회가 가부장제의 억압적 유산을 넘어서도록 도움을 줄 수 있는 변혁적 실천에 관심을 갖고 있다. 가부장제는 인간의 본성을 남성 중심주의적으로 규정하고, 남자다움과 남성성을 규범으로 여긴다. 그래함은 규범성에 대한 접근이 규정적이기보다는 **성찰적**이어야 한다고 주장한다. 즉, 변혁적 실천에 참여하고 있는 공동체 안에서 생겨나는 실천적 지혜에 대해 대화하고 성찰할 수 있어야 한다는 것이다. "진리와 가치의 원칙은 초월적이고 영원한 실재로 이해되어서는 안 된다. 그러한 원칙은 공유된 신념을 협상하고 실천하는 공동체의 잠정적인 (하지만 동시에 구속력을 갖고 있는) 전략으로 이해되어야 한다. 따라서 윤리와 정치는 형이상학적 이상의 적용이기보다는 과정이고 실천이다."[32] 그녀의 책에서 그래함은 기독교공동체 안에서 발견되는 변혁적 실천에 관해 세 가지 핵심적인 주장을 발전시킨다. 1) 변혁적 실천은 다른 방식으로는 형성될

---

32 Graham, *Transforming Practice*, 6-7.

수 없는 새로운 지식과 가치를 발생시킨다. 2) 그러한 실천은 인간의 자유와 사랑을 지향하고 있으며 여성 억압을 비롯해서 지배구조의 극복을 목표로 한다. 3) 변혁적 실천은 하나님을 계시하며, 포스트모던 상황에서 많은 사람들에게 설득력을 가진 초월성의 모델을 제공한다.

변혁적 실천의 인식적 차원

그래함은 유럽의 사회학자들인 안소니 기든스(Anthony Giddens)와 피에르 부르디외(Pierre Bourdieu)와 대화하는 가운데 변혁적 실천에 관한 자신의 이해를 발전시킨다. 두 사회학자 모두 실천이라는 개념을 발전시키면서 현대 사회학을 괴롭혀왔던 문제, 곧 구조(structure)와 행위(agency)의 관계를 어떻게 개념화할 것인가 하는 문제를 넘어선다. 구조는 사회제도가 사람들의 삶을 형성하는 방식을 가리킨다. 예를 들면, 근대 사회가 산업화되기 시작하면서, 노동이 가정으로부터 분리되었다. 일반적으로 이것은 남성이 집을 나가 공장이나 사무실에서 일을 하고, 여성은 집에 머무르면서 어린 자녀를 돌보게 되었다는 것을 의미한다. 이 같은 분업은 (교육기회, 재정적 독립, 법률상의 지위 등과 관련해서) 남성과 여성의 사회적 역할, 정체성, 삶의 기회에 다양한 방식으로 영향을 미쳤다. 요컨대, **구조**는 사회제도가 사람들의 삶에 미치는 영향을 가리킨다. 반면 **행위**는 개인이나 그룹이 자신들의 경험을 해석할 때 담당하는 능동적인 역할 및 사회제도에 다양한 방식으로 반응할 수 있는 그들의 자유를 가리킨다. 산업사회가 가정 안에서 특정한 방식으로 분업의 구조를 만들었지만, 많은 가정들은 이 패턴을 수정하거나 심지어는 그 패턴에 저항했다. 예를 들면, 어떤 가정에서는 여성이 집 밖으로 나가 공장 노동자나 교사 혹은 전문직 노동자로 일을 했다. 농사를 짓는 가정에서는 여전히 노동이 가정에 뿌리를 내리고 있었고 모든 가족의 공헌에 의지하고 있었다.

사회학자들은 구조와 행위의 관계를 개념화하고자 많은 시도를 했다. 칼 마르크스(Karl Marx)나 에밀 뒤르껭(Emile Durkheim)을 비롯한 많은 사회학자들은 사회제도의 구조화하는 힘을 지나치게 강조한 나머지 행위의 여지를 거의 남겨두지 않았다. 반대로, 조지 미드(George Mead)와 알프레드 슈츠(Alfred Schütz)를 포함한 다른 사회학자들은 행위를 지나치게 강조하고 제도의 사회화하는 힘에 대해서는 별다른 관심을 기울이지 않았다. 한편 안소니 기든스(Anthony Giddens)와 피에르 부르디외(Pierre Bourdieu)는 이 문제를 다루면서 실천의 개념을 발전시킨다. 그들은 실천이 구조와 행위를 매개한다고 본다.

두 학자 모두 사회제도가 강력한 방식으로 사람들의 삶을 구조화한다는 사실을 인정한다. 하지만 두 학자는 사회구조가 일상생활의 실천 속에서 그 구조를 재생산하는 사람들의 행위에 의존하고 있다는 사실 또한 긍정한다. 예를 들면, 학생들이 신학교 생활을 거쳐 가는 방식은 다양하다. 어떤 학생은 주어진 교과 과정을 단순히 따라가는가 하면, 다른 학생은 필수과목을 대학에서 들었던 수업이나 이전에 현장에서 활동했던 경험으로 대체하려고 시도한다. 어떤 학생은 학교 예배에 규칙적으로 참석하지만, 학교 예배에 한 번도 참석하지 않는 학생도 있다. 어떤 학생은 학교기숙사에서 살면서 풀타임으로 학업에 전념하지만, 자신이 섬기는 교회에서 학교로 등하교하면서 파트타임으로 공부하는 학생도 있다. 요컨대, 학생들은 신학교라는 사회제도에 다양한 방식으로 관계를 맺는다. 그들은 신학교교육의 매우 다양한 실천을 발전시킨다. 학생들은 신학교의 기존 패턴에 부딪히지만, 그들의 실천에 있어 이러한 패턴을 재생산하거나 수정하거나 변화시킴에 있어 자유의지를 사용한다.

기든스와 부르디외 모두 실천을 구조와 행위 사이를 매개하는 지점으로 묘사한다. 기든스가 이것을 기술하는 방식들 중 한 가지는 사회적 행위자를 "지식을 가진 사람"으로 묘사하는 것이다. 사회적 행위자가 신학교와 같은 사회제도에 참여할 때, 그는 그가 이 제도에 대해 성찰하는 데 도움을 주는 지식과 기술을 습득하고 그가 이 제도에 어떻게 관계할지에 대해 선택적인 결정을 내린다. 그는 이 같은 지식을 바탕으로 그가 대면한 사회적 패턴을 재생산하거나 수정하거나 혹은 그 패턴에 저항하는 실천을 만들어 낸다. 부르디외의 주장에 따르면, 사회제도는 영속적인 지식, 가치, 성향, 기술 등으로 구성된 **습관**(habitus)을 구성원들에게 주입시킨다. 하지만 이러한 **습관**은 결정론적으로 이해되어서는 안 된다. 오히려 습관은 창의적 행위의 원천이자, 사람들이 자신의 목표를 설정하고 직장, 가정생활, 교육 등의 영역에서 자신의 고유한 실천을 만들고자 할 때 그들이 활용하는 행동 전략의 원천이 된다. 요컨대, 기든스와 부르디외는 실천을 구조와 행위의 변증법적 상호작용으로 이해한다. 제도는 사람들의 삶을 강력한 방식으로 구조화한다. 하지만 사회적 행위자는 이러한 제도에 다양한 방식으로 관계하면서 그것들을 재생산하거나 수정하거나 변화시킬 수 있는 능력을 갖고 있다.

그래함은 기든스와 부르디외의 이 같은 이해를 바탕으로 젠더 실천에 관하여 다음 네 가지 주장을 펼친다.[33] 첫째, 인간 본성은 영원 전부터 존재론적으로 주어진 어떤 것이 아니라, 구체적인 사회역사적 상황 속에서 작용하고 있는 특정한 실천에 의해 사회적으로 구성된다. 이것은 여성과 남성의 '본성'을 형이상학적 토대 위에서 궁극적인 실재나 하나님이 정하신 '창조의 질서'에 근거를 둔 것으로 설명하려는 시도에 의구심을 갖게 만든다. 남성과 여성 각각의 정체성, 역할, 관계는 사회적 실천의 그물망을 통해 구성된다. 이것은 남성과 여성 사이의 본유적인(innate) 혹은 존재론적인(ontological) 차이를 반영하는 것이 아니다. 둘째, 사회 구조는 강력한 방식으로 인간 행위자를 형성하지만, 사람들은 이 구조에 관계하는 방식에 있어 고유한 행위를 실천할 수 있다. 그래함은 제도화된 젠더 패턴의 영향력을 인정하면서도 젠더 실천의 현재 그물망에 응답하는 과정에서 선택,

---

33 Graham, *Transforming Practice*, 104–5.

의심, 저항의 자리를 긍정한다. 셋째, 실천은 흔히 제도화된 구조를 재생산하지만, 동시에 이러한 구조를 변화시키는 잠재적 원천으로서 새로운 형태의 지식, 가치, 사회적 패턴을 만들어 내기도 한다. 가부장제의 사회적 구조를 극복하기 위해 애쓰고 있는 기독교공동체 안에서는 가정생활, 교우관계, 교회생활, 공적 생활 등에서 이루어지는 평등주의적이고 변혁적인 실천이 하나님과 그리스도인의 삶에 대한 새로운 이해를 가능하게 하는 강력한 원천이 된다. 넷째, 새로운 형태의 젠더 정체성과 관계 안에서 이루어지는 변혁적 실천은 신학의 구성적 작업을 위한 가장 중요한 원천들 중 하나이다. 그러한 변혁적 실천은 주어진 전통을 넘어서서 특정한 갈등 상황 속에서 교회다움의 새로운 방식을 구현하고 있는 지식과 규범을 신학에 제공한다. 신학은 두 번째 단계로서 변혁적 실천에 토대를 두고 있는 동시에 이 변혁적 실천을 지도한다.

변혁적 실천과 여성신학

그래함은 여성신학적 관점에서 변혁적 실천의 신학을 발전시킴으로써 신학적 성찰의 두 번째 단계에 착수한다. 그녀는 변혁적 실천을 행하는 공동체가 직면하고 있는 가장 어려운 질문 몇 가지를 다룬다. 어떻게 상대주의의 덫을 피할 수 있을까? 만약 절대적, 형이상학적 규범에 더 이상 호소할 수 없다면, 사회 변혁을 위한 투쟁에서 헌신과 희망을 지탱시켜 줄 규범을 어떻게 형성할 수 있을까? 실천을 평가하기 위해서는 어떤 기준을 활용할 수 있을까? 그래함은 이 질문에 세 가지 방식으로 대답한다. 이 과정에서 그녀는 변혁적 실천을 평가할 세 가지 기준을 발전시킨다.

첫째, 그래함은 변혁적 실천을 자유와 사랑을 추구하는 기독교적 실천에의 헌신 안에 위치시킨다. 여기에서 그녀는 해방신학의 길을 따른다. 해방신학에서는 "모든 가치, 원천, 규범이 해방이라는 목적을 가진 행위(프락시스) 안에서 정당화되고 생성된다."[34] 이와 관련해서 변혁적 실천에 관해 판단을 내릴 수 있는 한 가지 기준은 그것이 해방의 프락시스에 기여하는 정도이다. 이때 해방의 프락시스는 "기독교적 사랑을 특징으로 하고 그 사랑에 조명을 받은 변혁적 활동"으로 정의된다.[35] 비록 이 기준은 특정한 행동을 지도할 수 있는 구체적인 규범을 제공하지는 않지만, 변혁적 실천의 근본의도에 관해서 지침을 제시한다. 그러한 실천은 사회적, 경제적 억압에서 사람들을 해방시키기 위해 노력하는 교회 안팎의 투쟁에 공헌한다. 훌륭한 실천은 해방적이다. 교회 내의 많은 혁신적인 실천이 이 테스트를 통과하지 못한다.

둘째, 그래함은 해방의 프락시스의 이 같은 헌신을 오늘날의 페미니즘과 연계시킨다. 페미니즘은 젠더를 형성하는 사회적 실천의 재구성에 있어 **여성의 경험**에 특별한 우선순위를 부여한다. 가부장적이고 남성 중심주의적인 사회에서 기독교공동체는 젠더화된 사회적 패턴을 단순히 재생산하는 것으로 만족해서는 안 된다. 기독교공동체는 젠더 정체성, 관계, 역할의 새로운 실천을 형성하고자 하는 노력 속에서 여성의 경험과 리더십을 위한 공간을 만들어야 한다. 이것은 교회가 기독교적 자유와 사랑의 프락시스에 헌신하고 있다는 사실의 표현이다.

그래함은 변혁적 실천에 있어 여성의 경험과 관련하여 매우 중요한 주의사항을 언급한다. 교회공동체는 여성의 경험을 '본질화해서는' 안 된다. 다른 말로 하면, 여성 경험의 어떤 **한** 형태를 보고 그것이 **모든** 여성들이 원하고 필요로 하는 경험을 반영하고 있다고 일반화시켜 생각해서는 안 된다. 여성의 경험은 다양하며, 그들의 인종, 민족, 문화, 경제적 여건 등을 동시에 반영하고 있다. 이러한 인식에서 두 번째 기준이 출현한다. 실천은 그것이 교회 내에서 새로운 젠더 패턴을 만들기 위해 노력하는 과정에서

---

34 Graham, *Transforming Practice*, 114.
35 Graham, *Transforming Practice*, 132. 여기에서 그래함은 Gustavo Gutiérrez를 인용하고 있다.

여성의 경험을 고려하되 특정한 통찰이나 규범을 절대화하지 않는 한에서 변혁적이다. 이것은 그래함의 세 번째 요지와 긴밀하게 연결되어 있다.

셋째, 여성의 경험의 다양성이 모든 변혁적 실천을 위해 단일한 규범을 설정하는 것을 불가능하게 만들기 때문에, 그러한 규범은 특정한 기독교 공동체 안에서 새로운 젠더 패턴을 구현하고 있는 구체적이고, 국지적인 실천에 대해 성찰하는 가운데 형성되어야 한다. 진정한 실천은 대화를 위한 공간을 개방하고, 그 공간에서 사람들은 자신들의 경험에서 생성된 가치와 의미에 대해 성찰한다. 이 과정에서 그들은 자신들이 알게 된 지식과 소중하게 여기게 된 가치를 가다듬고 발전시키거나 혹은 비판한다. 이것은 변혁적 실천을 통해 얻어진 실천적 지혜를 통합하는 과정이다. 예를 들면, 오늘날 많은 부부들은 보다 평등주의적인 관계 형성을 통해 각자의 직업 생활 및 가사와 육아에 대한 책임에 있어 균형을 찾고자 애쓰고 있다. 그러한 부부들이 한자리에 모여 그들에게 공통적인 목표와 문제에 대해 함께 성찰한다면, 그들은 서로 많은 것을 배울 수 있을 것이다. 그들은 다른 부부들의 경험으로부터 실천적 지혜를 주워들을 수 있고, 또한 평등주의적 관계 형성에 도움이 되는 규범을 발견할 수 있을 것이다.

그러한 규범은 외부에서 강요되는 것이 아니다. 그러한 규범은 변혁적 실천에서 생성되며 그러한 실천에 참여하고 있는 사람들에게 설득력을 가진다. 그러한 규범이 구속력과 권위를 갖는 이유는 그 규범이 생명을 가져다주기 때문이다. 그래함은 이러한 방식으로 형성된 규범의 중요성을 강조하는 한편, 그 규범의 잠정적인 성격을 인식하는 것 또한 중요하다고 지적한다. 그 규범은 특정한 사람들과 공동체의 구체적인 경험과 실천 속에 자리 잡고 있다. 그 규범은 일부 가치와 통찰을 드러내지만, 다른 가치와 통찰은 덮어버린다.[36] 예를 들어, 평등주의적인 부부관계 형성을 위해 노력하는 부부들의 실천적 지혜는 직장, 육아, 다른 사람들과의 관계 등 모든 일

---

36 Graham, *Transforming Practice*, 162-64.

을 혼자서 해결해야 하는 싱글맘들에게 별다른 도움을 주지 못한다. 따라서 변혁적 실천의 규범은 타자성에의 헌신에 기초하고 있어야 한다. 이것은 자신과 다른 변화의 경험을 갖고 있는 다른 공동체와 개인 안에서 발견되는 '다름'을 기꺼이 인정하려는 자세를 말한다. 따라서 변혁적 실천의 세 번째 기준은 그것이 타자성에 헌신한 가운데 공동체의 실천적 지혜로부터 규범을 성찰적으로 구성하는 일에 얼마나 도움이 되는가 하는 것이다.

요컨대, 규범성에 대한 그래함의 접근에 있어 변혁적 실천은 핵심적인 중요성을 가진다. 변혁적 실천은 새로운 지식, 가치, 사회적 패턴을 생성하는 원천이다. 그래함은 교회 내 변혁적 실천을 지도하고 평가할 수 있는 세 가지 기준을 제시한다. 1) 그 실천은 자유와 사랑에 대한 기독교적 헌신의 표현으로서 인간 해방에 기여하고 있는가? 2) 그 실천은 여성의 경험을 '본질화하지' 않으면서도 그 경험에 정당한 관심을 기울이고 있는가? 3) 그 실천은 타자성에 헌신한 가운데 실천에서 비롯된 실천적 지혜를 성찰적으로 공고히 하는 과정에 기여하고 있는가? 그래함은 자신의 책의 거의 마지막 부분에서 이 기준을 바탕으로 여성해방을 위한 변혁적 실천의 여러 가지 예를 평가한다.

하나님을 드러내고 초월성의 모델로서 기능하는 변혁적 실천

그래함의 접근에서 실천신학적 해석의 규범적 과제는 변혁적 실천의 중심에 자리하고 있으며, 그 실천으로부터 비롯되는 통찰과 가치를 활용하는 동시에 그것들을 더욱 심화시키고자 한다. 한편 이것은 본질적으로 공동체적 활동이다. 해석의 인도자는 자신들이 속한 교회공동체 안에서 성찰을 독려하는 일에 있어 중요한 역할을 감당하지만, 이것은 전체 공동체가 모든 구성원의 실천적 지혜를 모으기 위해 서로 의사소통하고 함께 성찰하는 과정을 포함한다.

그래함은 자신의 책에서 변혁적 실천에 대한 자신의 이해를 형성하고 있는 몇 가지 신학적 주제를 함께 모아놓는다. 이중에서 다음 두 가지 주제가 특별히 중요하다. 첫째, 변혁적 실천은 하나님을 드러내 보여준다. 변혁적 실천은 다른 방식으로는 얻을 수 없는 하나님에 대한 지식과 이해를 가능하게 만든다. 변혁적 실천은 단순히 신앙공동체에 하나님을 드러내 보여줄 뿐 아니라, 세상에 대하여 하나님의 현존의 "매개, 표지, 증언"으로서 기능한다.[37] 둘째, 한 교회공동체의 변혁적 실천이 타자성을 구현할 때, 그 실천은 포스트모던 세상 속에서 초월성의 모델로 기능한다. 그래함의 말을 인용하면, "타자와의 만남 속에서 상황적이고 구체적인 한계를 넘어서는 과정은 인간의 초월성 경험에 대한 은유로 기능할 수 있다. 이 과정은 확실성과 자기 확신이 상실되는 지점에서 이루어지는 초월성과 진정한 신앙 사이의 만남에 대해 말한다. 다시 말해, 타자성의 신비 속에서 인간은 하나님의 활동과 현존을 대면한다."[38]

요약

요컨대, 이상의 세 가지 접근 방법은 실천신학적 해석의 규범적 과제를 수행하는 해석의 인도자에게 모두 열려 있다. 이 접근 방법은 서로 배타적이지 않다. 해석의 인도자와 실천신학자들은 흔히 이 세 가지 방식을 결합해서 활용한다.

규범성에 대한 세 가지 접근 방법

1. **신학적 해석**: 신적 행위 및 인간적 행위에 대한 포괄적 이론의 도움을 받으면서 구체적인 사건, 정황, 상황을 해석하기 위해 신학적 개념을 활용함.
2. **윤리적 성찰**: 도덕적 목적을 성취하는 행동을 지도하기 위해 윤리

---

[37] Graham, *Transforming Practice*, 205.
[38] Graham, *Transforming Practice*, 206-7.

적 원칙, 규칙, 지침을 활용함.
3. **훌륭한 실천:** 현재 혹은 과거의 훌륭한 실천의 모델을 살펴보거나 현재의 변혁적 실천에 참여하며 그것에 대해 성찰하면서, 훌륭한 실천으로부터 규범을 도출함.

규범적 과제와 교차학제적 대화

몇 해 전 나는 한국을 방문한 적이 있다. 그때 많은 한국학생들이 나에게 여러 가지 조언을 해주었다. 비빔밥과 불고기를 꼭 먹어야 한다고도 했고, 여러 가지 종류의 김치를 맛보라고도 했다. 내가 모든 학생들에게 들은 조언 한 가지는 남대문시장을 가보아야 한다는 것이었다. 1414년에 세워진 남대문시장은 세계에서 가장 큰 시장들 중 하나이다. 남대문시장의 골목길은 2만 평 이상의 대지에 펼쳐져 있고, 1천여 상점들과 노점들이 그 안에 자리하고 있다. 나는 한국 방문 전에 읽은 여행안내책자에서도 남대문에 관한 글을 발견할 수 있었다.

한국에 도착해서 거의 1주일을 지낸 다음, 나는 서울의 문화유적지를 방문하는 시간으로 하루를 가졌다. 내가 남대문에 도착한 것은 그날 오후 가장 분주한 시간이었다. 그곳의 광경과 소리와 냄새는 참으로 놀라웠다. 하지만 두세 시간 가량 시장의 골목길과 가게들을 돌아다닌 후 나는 길을 잃어버렸다. 내가 시장에 들어왔던 입구로 돌아가는 길을 찾을 수도 없었고, 지하철역이 어디에 위치해 있는지 알 길도 없었다. 그때 나는 안내책자를 꺼내 혹시 도움을 얻을 수 있을까 들여다보았다. 나는 이 책을 이미 읽은 적이 있었지만, 지금 남대문시장을 여행하는 중간시점에 그 책이 알려주는 지명과 골목길 이름들은 새로운 의미로 내게 다가왔다.

이 책에서 우리 또한 다양한 과제와 이론을 드나들었다. 이제는 '안내책자'를 꺼내들고서 지금까지 우리가 본 지명을 이해하려고 시도해야 할 시점이다. 여러 번에 걸쳐 나는 실천신학에 있어 교차학제적 대화의 중요성을 강조하였다. 교차학제적 대화는 실천신학적 해석의 모든 과제들에 있어 전면에 부각되었다. 여기에서 나는 우리가 만났던 일부 지명들을 여러분에게 상기시키면서 논의를 시작할 것이다.

기술적-경험적 과제에서는 우리가 제사장적 청취를 위한 공식적인 주목을 살펴볼 때 교차학제적 대화의 이슈가 부각되었다. 공식적인 주목의 단계에서 해석의 안내자는 다양한 탐구 전략과 연구조사 방법을 활용한다. 당연히 특정 연구조사 프로젝트의 목적은 활용되는 전략과 방법에 영향을 미친다. 그렇다면 프로젝트의 목적은 어떻게 결정되는가? 쟁점 연구조사는 사회 변화에 기여하기를 꾀하고, 민족지학적(ethnographic) 연구조사는 특정 공동체 구성원들의 삶의 경험에 대한 보다 나은 이해에 공헌하는 것을 목표로 한다. 이러한 다양한 전략 가운데 하나를 선택할 때에는 신학적 고려가 일정한 역할을 수행할 수 있다. 해방신학과 여성신학의 인간해방적 실천에 헌신한 사람들은 쟁점 연구조사가 다른 어떤 전략보다 더 우선적이라고 생각할 것이다. 어떤 사람들은 교회공동체 전체의 이해와 사역을 강조하는 만인제사장직의 신학에 근거하여 민족지학적 연구를 더 강조할 수도 있다. 요컨대, 경험적 연구조사 전략과 방법의 다양성은 해석의 인도자에게 선택을 요구하고, 이 선택의 과정에서 신학적 고려는 일정한 역할을 감당한다. 이때 교차학제적 대화가 요구된다.

해석적 과제는 특정 사건, 정황, 상황을 더 잘 이해하고 설명하기 위해서 다른 학문을 참고한다. 해석의 현자적 지혜는 세상에 대해 열려 있고 자연과 인간생활 속에서 발견되는 패턴의 의미에 대해 성찰하는 동시에, 하나님의 왕적 통치의 성육신으로서 예수 그리스도의 구속적 지혜도 함께 고려한다. 이때에도 교차학제적 대화가 요구된다. 어떻게 하면 일반 학문들의 세상적 지혜를 하나님의 지혜와 적절하게 연관시킬 수 있을까?

이 장에서 우리는 규범성에 대한 다양한 접근의 모범을 고찰하면서 교차학제적 대화의 다양한 예를 살펴보았다. 리차드 니버는 상징적 상호작용론과 대화하는 가운데 책임감 개념을 형성했다. 해방신학자들은 비판적 사회이론을 참고하는 가운데 억압의 현대적 형태를 폭로하고 구체적인 사회적 상황 속에서 해방의 과제를 구체화하고자 했다. 단 브라우닝은 한스 게오르그 가다머의 철학적 해석학과 대화하는 가운데 실천신학의 실천-이론-실천 모델을 발전시켰고, 또한 폴 리쾨르의 도덕철학과 대화하면서 그리스도인의 삶에 있어 보편적, 윤리적 원칙의 역할을 개념화할 수 있었다. 엘레인 그래함은 변혁적 실천에 대한 자신의 이해를 발전시킬 때 사회학자 안소니 기든스와 피에르 부르디외 및 여러 페미니스트 사상가들과 대화했다. 요컨대, 우리는 규범적 과제의 모든 모범들에서 교차학제적 대화에 참여하고 있는 분명한 표지를 발견한다.

우리가 실용적 과제를 다룰 다음 장에서도 상황은 동일할 것이다. 우리가 무엇을 해야 하는지 아는 것과 그것을 어떻게 해야 하는지 아는 것은 같은 것이 아니다. 후자와 관련해서 우리는 교육, 심리치료, 사회복지, 의사소통 연구, 조직이론 등 행동과학에서 도움을 받을 수 있다. 이것 역시 교차학제적 대화를 수반한다.

학문의 한 영역으로서 실천신학과 교회공동체들이 수행하는 실천신학적 해석이 본질적으로 교차학제적이라고 말하는 것은 지나친 말이 아니다. 이것은 다음 두 가지 함의를 가진다. 첫째, 실천신학은 **신학**의 한 형태이다. 실천신학은 사회과학의 한 분야가 아니다. 실천신학은 신학적 담론의 개념, 방법, 원천을 활용하여 고유한 신학적 관점을 구성하고 발전시킨다. 둘째, 실천신학은 이러한 신학적 관점을 다른 분야와의 대화 속으로 가져간다. 그것은 비단 성경 연구, 교회사, 교리신학, 윤리학 등 다른 신학학제뿐 아니라 다른 학문과의 대화도 포함한다.

의사소통적 합리성 모델에 있어 교차학제적 대화

2장에서 우리는 의사소통적 합리성 모델을 검토하면서 교차학제적 대화에 대한 성찰을 위한 토대를 놓았다. 이 모델에 따르면, 합리성은 사람들이 다른 사람들에게 자신들의 주장을 뒷받침하는 이유를 내어놓는 의사소통의 특별한 한 형태이다. 이러한 관점에 기초하여 우리는 다음과 같은 정의를 제시할 수 있다. **교차학제적 대화는 둘 이상의 분야의 관점을 서로 대화시키는 합리적 의사소통의 특별한 형태이다.** 이 대화는 다음 네 가지 형태를 취한다.[39]

학제내 대화(intradisciplinary dialogue)는 단일 분야 내 다양한 관점 사이의 대화에 초점을 맞춘다. 오늘날 사실상 대부분의 학제들이 하나 이상의 이론적 접근 방법을 갖고 있다. 예를 들면, 현대 심리학에서 우리는 심리분석, 인지심리학, 페미니스트심리학, 사회학습이론, 진화심리학 등 다양한 접근 방법을 발견한다. 심지어 특정한 한 심리학파 내에 다양한 입장이 공존하기도 한다. 예를 들어, 현대 심리분석은 고전적 본능이론, 대상관계이론, 자아심리학 등에 기초한 다양한 관점을 포함하고 있다. 학제내 대화에서는 해석의 안내자가 단일 분야 내의 논쟁과 토론 속에 들어가고, 그 분야 내부의 근거에 호소하여 그들이 가장 설득력 있다고 판단하는 관점에 관하여 판단을 구성한다.

학제적 대화(interdisciplinary dialogue)는 두 다른 분야의 관점을 대화 속으로 가져간다. 실천신학적 해석에서 이것은 통상적으로 학문적 실천신학의 관점과 다른 학문 분야의 관점 사이에서 이루어지는 대화를 말한다. 예를 들면, 기독교교육에서 이것은 교육목회에 관한 특정한 신학적 관점을 발달심리학이나 문화인류학과 같은 다른 분야와의 대화 속에 가져가

---

[39] 여기에서 나는 내가 쓴 글 "A New Clue for Religious Education in a New Millenium? Cross-Disciplinary Thinking and the Quest for Integrity and Intelligibility," in *Forging a Better Religious Education in the Third Millennium*, ed. James Michael Lee (Birmingham, Ala.: Religious Education Press, 2000)에 의존하고 있다.

는 것을 의미한다.

다학제적 대화(multidisciplinary dialogue)는 다양한 학문 분야를 동시에 대화 속에 가져간다. 이것은 다른 체계들에 깃들어 있는 체계와 다차원적인 문제를 이해하기 위해서는 많은 학제들이 필요하다는 인식에서 촉발되었다. 이전 장에서 나는 이런 식의 대화를 계층화된 실재 모델을 따라 기술하였다. 이 모델에 따르면, 다양한 분야의 이론은 삶의 그물망의 다양한 단계를 다룬다. 즉, 알코올중독에 관한 다양한 이론은 알코올중독의 다양한 단계를 해석하고 있는 것으로 간주된다.

메타학제적 대화(metadisciplinary dialogue)는 특정 학제의 본질에 관한 대화를 가리킨다. 이와 같은 대화는 흔히 과학철학, 지식사회학, 수사학/논증이론 등에서 발견된다. 그 학제를 인식론적으로, 사회학적으로, 수사학적으로 구성하고 있는 것은 무엇인가? 포스트모던 지적 상황 속에서 학제의 개념 자체가 엄밀한 검증의 과정에 들어섰다. 많은 학제들 안에서 발견되는 근본적인 다원성을 고려할 때, 이처럼 다양한 관점이 동일한 분야에 속한다고 말하는 것이 도대체 어떤 의미를 가질 수 있을까? 지식과 권력의 관계는 어떠하고, 학제의 제도적 장치와 관련해서 그 관계는 어떤 모습을 하고 있는가? 오늘날의 메타학제적 대화는 이와 같은 질문들을 진지하게 다루며, 학제의 위상을 지식의 형태, 권력의 교차점, 합리적 의사소통의 형태 등의 관점에서 설명한다. 메타학제적 대화는 다른 단계의 교차학제적 작업을 지도하고 있는 전제를 다룬다.

요컨대, 교차학제적 대화는 다양한 형태를 취할 수 있다. 여기에서 나는 학제적, 다학제적 대화에서 신학과 다른 학문 분야 사이의 대화를 지도하는 모델에 초점을 맞출 것이다. 우리가 앞서 살펴보았듯이, 모델, 즉 뿌리은유는 친숙하지 않은 삶의 영역을 이해하기 위해 친숙한 삶의 영역을 참고하며, 두 영역 사이의 유사점과 차이점에 주목한다. 현대 신학에서 우리는 신학과 다른 학문 분야 사이의 대화와 관련해서 세 가지 모델을 발견한다. 그것은 상관적(correlational) 모델, 변혁적(transformational) 모델, 횡단적(transversal) 모델이다. 물론 우리는 각 모델 안에 존재하는 다양성을 지적할 수 있다.

교차학제적 대화: 상관적 모델

상관적(correlational) 모델은 신학과 다른 분야 사이의 대화를 **상호영향**의 관계로 이해한다. 학문적인 관점에서 상관관계는 둘 혹은 그 이상의 힘들 사이에 존재하는 관계를 입증하기 위해 통계적 자료를 분석하는 방식을 가리킨다. 2장에서 우리는 음주와 다른 현상들 사이의 관계를 기술하기 위해 이 방법을 여러 번 활용하였다. 예를 들어, 우울증을 경험하는 여성은 그렇지 않은 여성보다 심각한 음주 문제에 빠지는 확률이 2.6배 더 높다. 어린 시절 학대를 경험한 여성은 그렇지 않은 여성보다 성인이 되어서 알코올에 중독되는 가능성이 더 높다. 이것은 우울증 혹은 학대와 음주 패턴 사이에서 발견되는 상관관계, 곧 상호영향의 관계이다.

상관관계를 대화의 모델로 활용할 경우, 학문적 상관관계의 양적 차원은 자취를 감춘다(부정적 유비). 반면, 대화의 두 당사자가 상호영향을 미치는 관계 속에 들어가는 방식은 더욱 강조된다(긍정적 유비). 대화 당사자들은 상대방의 말에 귀를 기울이며, 각자의 의견을 발전시킨다. 대화의 주제와 과정은 동시에 결정된다. 상관관계 모델을 합리적 의사소통에까지 확대 적용할 경우, 이러한 특징들은 단연 부각된다. 대화 당사자들은 각자 자신의 입장에 대한 이유를 제시하는 한편, 다른 사람들의 말에 귀를 기울이고 경청한다. 그들이 의견을 달리할 때조차 합리적 의견교환은 여전히 지속된다. 한 편에서 질문을 제기하면, 다른 편에서 그 질문을 진지하게 고려한 다음 답변을 내어놓는다.

교차학제적 대화의 상관적 모델에 따르면, 신학은 다른 학제들의 이론을 주의 깊게 듣고 그로부터 배움을 얻는다. 이 과정에서 신학은 전통적인 신념과 실천을 수정하기도 한다. 예를 들어, 일부 현대 신학자들은 우주의 진화이론을 받아들이면서 전통적인 창조교리를 수정한다. 그들은 하나님께서 계속적 창조의 과정에 창조적으로 관여하고 있다는 점을 전통신학자들보다 더욱 강조한다. 하지만 신학 또한 이 대화 과정에 기여하는 바가 있다. 예를 들어, 위르겐 몰트만은 오늘날의 진화이론으로부터 배움을 얻는 동시에, 신학이 근대 과학적 문화에 세상을 단순히 자연이 아니라 하나님의 피조세계로 바라볼 수 있도록 가르침을 줄 수 있다고 주장한다. 즉, 신학은 근대 문화에 세상의 모든 존재들이 고유한 가치와 존엄을 갖고 있으며 단순히 인간의 목적을 위해 수단으로 이용되어서는 안 된다는 점을 일깨울 수 있다는 것이다.[40] 요컨대, 신학과 다른 분야 사이의 대화에 관한 상관적 모델에 따르면, 대화는 일방적 독백이 아니라, 상호 영향과 비판의 관계 속에서 이루어진다. 현대 신학에서 우리는 상관적 모델의 세 가지 다른 형태를 발견한다. 그것은 상관관계 방법(method of correlation), 수정된 상관관계 방법(revised method of correlation), 수정된 프락시스 상관관계 방법이다(revised praxis method of correlation).

상관관계 방법은 폴 틸리히(Paul Tillich)의 신학작품과 밀접하게 연관되어 있다.[41] 틸리히는 일반 학문이 질문을 제기하고, 신학이 고유한 규범적 자원에 기초하여 그 질문에 대답한다고 주장한다. 틸리히는 다른 학문과의 대화 속에서 오늘날 우리가 씨름하고 있는 가장 깊은 질문을 구성하는 데 특별한 관심을 가지고 있다. 이와 관련해서 그는 초현실주의 예술, 심리분석 심리학, 실존주의 철학 등과 대화 속에 들어간다. 틸리히는 이러한 관점이 인간의 진보와 이성에 대한 근대 세계의 지나친 낙관주의와 갈등 관계에 있다고 생각한다. 이러한 관점들에 따르면, 인간의 의식이 이성의 통제를 벗어난 모종의 파괴적이고 위협적인 힘에 사로잡혀 있다. 이와 같

---

40 Jürgen Moltmann, *God in Creation* (Minneapolis: Fortress, 1985).
41 Paul Tillich, *Systematic Theology*, vol. 1 (Chicago: University of Chicago Press, 1951); cf. Tillich, *Theology and Culture* (New York: Oxford University Press, 1959).

은 부정적인 인간 묘사는 신학의 대답을 청하는 질문을 제기한다. 틸리히는 자신의 신학에서 하나님의 은혜가 비존재의 위협에 직면한 사람들에게 존재의 용기를 부여한다고 주장하면서 이 질문에 대한 대답을 제시했다.[42]

틸리히의 상관관계 방법은 일방적이라는 비판을 받아왔다. 일반 학문은 질문을 제기하고, 신학은 대답을 제시한다. 이러한 비판을 고려하는 가운데 데이비드 트레이시(David Tracy)와 단 브라우닝(Don Browning)은 **수정된 상관적** 모델을 발전시켰다.[43] 여기에서 대화는 틸리히의 경우보다 더욱 상호적이다. 예를 들어, 현대 페미니즘과 진화론적 사고가 가져다준 통찰은 단순히 기독교 전통의 대답을 요구하는 질문을 제기하는 데서 멈추지 않는다. 그러한 통찰은 기독교공동체 밖에서 얻어진 새로운 지식에 기초하여 기독교 전통에 중요한 수정을 가져올 수 있는 잠재력을 갖고 있다. 다른 한편, 신학 역시 그 대화 당사자들에게 비판적 질문을 제기할 수 있다. 예를 들어, 단 브라우닝은 많은 인본주의 심리학에서 발견되는 인간에 대한 낙관주의적 평가에 대해서 통렬한 질문을 제기한다.[44] 인간을 순전히 자기실현의 잠재력이라는 관점에서 이해하는 것이 과연 적절한 시도인가? 수정된 상관관계 모델에 따르면, 신학과 다른 분야 사이의 대화는 대화 당사자들이 동등하게 참여하는 상호 비판적 대화의 형태를 취한다. 대화에 참여하는 당사자들 모두 질문과 대답을 제시할 수 있다.

이상 두 가지 형태의 상관관계 모델에 대해 인지적 의미의 질문에 사로잡혀 있고 학문공동체 내의 대화에 특권을 부여하고 있다는 비판이 제기되었다. 이러한 비판을 제기한 사람들은 신학이 직면한 실제 문제는 의미의 문제가 아니라 인간 고통의 문제이며, 따라서 신학과 다른 분야 사이에

---

42 Paul Tillich, *The Courage to Be* (New Haven: Yale University Press, 1952).
43 David Tracy, *Blessed Rage for Order: The New Pluralism in Theology* (New York: Seabury Press, 1979); Browning, *A Fundamental Practical Theology*.
44 Don Browning, *Generative Man: Psychoanalytic Perspectives* (Philadelphia: Westminster, 1973); Browning, *Religious Thought and the Modern Psychologies: A Critical Conversation in the Theology of Culture* (Philadelphia: Fortress, 1987).

서 이루어지는 대화의 목표는 이 고통을 경감시키는 사회 변화에 기여하는 것이어야 한다고 주장한다. 이러한 맥락에서 매튜 램(Matthew Lamb)과 레베카 찹(Rebecca Chopp)은 **수정된 프락시스 상관관계 방법**을 발전시키면서, 신학과 다른 분야 사이의 대화를 학문적 학제들 사이의 합리적 의견교환보다 더 광범위한 대화 속으로 가져간다.[45] 여기에서는 인간 해방에 헌신한 새로운 사회운동의 프락시스와 기독교공동체의 프락시스가 상호 영향의 관계 속에 들어간다. 프락시스란 구체적인 형태의 억압에 대항해서 싸우는 투쟁을 말하며, 이것은 이 투쟁을 지도하는 이론적 성찰을 포함하고 있다. 예를 들어, 비판적 사회이론은 기존의 사회적 패턴을 정당화하는 이데올로기를 비판하는 한편, 사회운동이 그 목표를 분명하게 설정하도록 돕는 일에 있어 중요한 역할을 수행한다. 요컨대, 수정된 프락시스 상관관계 모델에 따르면, 최초의 가장 중요한 대화는 인간 해방이라는 목표를 공유하는 운동과 공동체 사이에서 이루어진다. 신학과 다른 학문 분야 사이의 대화는 이차 단계에 속하며, 프락시스를 변화시키고 이러한 프락시스를 지도하는 데 도움을 주는 과정에서 이루어진다. 이 모델의 탁월한 예는 우리가 앞서 살펴본 엘레인 그래함의 작품에서 발견된다.

교차학제적 대화: 변혁적 모델

변혁적(transformational) 모델은 신학과 다른 분야 사이의 대화를 다른 언어를 사용하는 사람들 사이의 대화로 묘사한다. 만약 이 대화가 매우 다른 세계관을 가진 문화에 속한 사람들 사이에서 이루어진다면, 상호 이해는 어려울 것이다. 예를 들어, 일부 원주민들은 서구의 단선적인 시간 개념을 갖고 있지 않고, 자연의 리듬에 뿌리를 두고 있는 순환적 시간 속에

---

[45] Matthew Lamb, *Solidarity with Victims: Toward a Theology of Social Transformation* (New York: Crossroad, 1982), chapter 3; Rebecca Chopp, "Practical Theology and Liberation," in *Formation and Reflection: The Promise of Practical Theology*, ed. Lewis Mudge and James Poling (Philadelphia: Fortress, 1987), 120-38. Cf. Chopp, *The Power to Speak: Feminism, Language, God* (New York: Crossroad, 1989).

서 살고 있다. 또 어떤 원주민들은 신들이 세상을 만들었던 '꿈속 시간' 개념을 갖고 있다. 그들은 예식, 축제, 꿈, 영적 순례, 비전 등을 통해 이 시간 속으로 되돌아갈 수 있다고 생각한다. 서구인들이 이러한 시간 개념을 이해하기 위해서는 원주민들이 살고 있는 전혀 다른 언어세계 속으로 (문자적인 의미 그대로든 혹은 상상력을 통해서든) 들어가야 한다. 나중에 그들이 이 과정에서 배운 내용을 다른 사람들에게 설명하려고 할 때, 그들은 원주민들의 생각을 자국어에서 발견되는 등가치한 용어(equivalent terms)로 번역하는 것이 매우 어렵다는 사실을 깨닫게 될 것이다. 왜냐하면 등가치한 용어가 사실상 존재하지 않기 때문이다. 말하자면, 그들은 한 언어세계를 다른 언어세계로 옮기는 과제에 직면하게 될 것이다.

신학과 다른 분야 사이의 대화에 관한 변혁적 모델은 다른 언어를 말하는 사람들 사이의 대화와 유사하다. 다양한 학문 분야는 심지어 동일한 자연언어를 사용할 때조차(부정적 유비) 고유한 문법과 어휘를 가진 다른 언어게임에 참여하고 있다(긍정적 유비). 개별 학제는 실재의 특정한 단계에 속한 고유한 주제를 다루고 있다. 즉, 개별 학제는 그 분야의 고유한 사회적, 자연적 '대상'을 탐구하기 위해 고유한 언어와 실천을 활용하며, 그러한 언어와 실천을 통해 그 같은 '대상'을 구성하고 파악한다. 따라서 한 분야에서 다른 분야로 옮기는 일은 두 분야에서 등가치한 용어들을 찾아내는 단순한 번역의 문제가 아니다(긍정적 유비). 오히려 이것은 다른 분야에서 배운 내용을 다른 학문적 상황 속에 가져놓음으로써 그 내용을 변화시키는 문제이다. 최근 신학에서 우리는 변혁적 모델의 두 가지 형태를 발견한다. 그것은 칼케돈적(Chalcedonian) 접근 방법과 임시 상관관계(ad hoc correlational) 접근 방법이다.

칼케돈적 모델은 제임스 로더(James Loder)와 드보라 밴 듀젠 헌싱어(Deborah van Deusen Hunsinger)의 작품에서 다소 다르게 발전했다. 여기에서 나는 로더의 관점을 살펴볼 것이다.[46] 로더에 따르면, 신학과 다른 분야들 사이의 대화는 칼케돈공의회에서 공인된 기독론적 고백의 신학적 문법의 지도를 따른다.[47] 이 문법은 예수 그리스도 안에서 인성과 신성 사이의 관계를 특징짓는 세 가지 규칙으로 구성되어 있다. 그 규칙들은 혼합될 수 없는 구별, 분리될 수 없는 일치, 파괴될 수 없는 질서이다.

첫째, 그리스도 안에서 신성과 인성은 구별되어 있으며, 서로 환원되지 않으면서 공존하고 있다. 예수님은 단순히 몇몇 신적인 속성을 가진 매우 훌륭한 한 인간이 아니다. 또한 예수님은 겉으로만 인간인 것처럼 보이는 신도 아니다. 예수님은 인간적인 동시에 신적이며, **구별된**(differentiated) 전체 속에서 공존하고 있다. 둘째, 신성과 인성은 분리될 수 없는 **일치**(unity) 속에 함께 속해 있다. 하나님과 인간 사이의 중재자로서 그리스도는 필연적으로 인간적이고 또한 신적이다. 그리스도는 하나님 앞에 선 참 인간으로서, 그리고 사람들과 함께하는 참 하나님으로서 세상에 구원을 가져온다. 셋째, 인성과 신성의 관계는 **비대칭 순서**(asymmetrical order)를 따른다. 즉, 신성이 인성에 대하여 논리적, 존재론적 우선성을 가진다. 그리스도는 그의 신앙의 삶 때문에 하나님의 아들이 된 것이 아니라, 하나님의 아들로서 유한한 실존 안에 완전히 들어오신 것이다.

로더는 이 신학적 문법의 세 가지 규칙이 신학과 다른 분야 사이의 대화에 지침을 줄 수 있다고 주장한다. 첫째, 신앙에 주어진 지식은 고유하며 인간 지식의 다른 형태와 혼동되어서는 안 된다. 따라서 신학은 다른 학문

---

46 Deborah van Deusen Hunsinger, *Theology and Pastoral Counseling: A New Interdisciplinary Approach* (Grand Rapids: Eerdmans, 1995). 헌싱어와 로더의 신학 방법론에 대한 최근 논의와 관련해서는 다음 글을 보라. Theresa F. Latini, "From Community to Communio: A Practical Theology of Small Group Ministry" (Ph.D.diss., Princeton Theological Seminary, 2006), 316-18; Dana R. Wright, "Ecclesial Theatrics: Toward a Reconstruction of Evangelical Christian Theory as Critical Dogmatic Practical Theology: The Relevance of a Second 'Barthian Reckoning' for Reconceiving the Evangelical Protestant Educational Imagination at the Metatheoretical Level" (Ph.D.diss., Princeton Theological Seminary, 1999).

47 James Loder and Jim Neidhardt, *The Knight's Move* (Colorado Springs: Helmers and Howard, 1992); James Loder, *The Logic of the Spirit: Human Development in Theological Perspective* (San Francisco: Jossey-Bass, 1998).

으로부터 구별되어야 한다. 둘째, 신학은 인간 지식의 다른 형태와의 대화 속에 들어가지 않고서는 고유한 작업을 수행할 수 없다. 왜냐하면 그 둘이 양극성의 통일성 안에서 서로 분리될 수 없는 관계 속에 결합해 있기 때문이다. 셋째, 신학과 다른 분야 사이의 관계는 비대칭적 순서를 따른다. 즉, 신학은 다른 분야의 지식에 대해 "한계를 설정하는 권리"를 가진다. 요컨대, 신학은 다른 분야에 귀를 기울이고 배움을 얻는 동시에, 고유한 신학적 문법의 규칙에 따라 그들의 통찰을 변화시킨다.

한스 프라이(Hans Frei)는 교차학제적 대화와 관련해서 **임시(ad hoc) 상관관계** 모델을 제시한다.[48] 프라이가 '상관관계'라는 용어를 사용할 때, 그는 앞서 살펴본 것처럼 동등한 대상들 사이의 상호영향의 관계를 의미하지 않는다. 신학이 다른 분야와의 대화 속에 들어갈 때, 다른 분야의 통찰을 신학이라는 전혀 다른 언어게임 속에 위치시킴으로써 그 통찰을 변화시킨다. 이것은 신학이 기독교 신앙과 실천의 일차적 진술이 형성되는 기독교 공동체라는 고유한 문화적-언어적 모체 속에 근거하고 있기 때문이다. 신학은 이차적 담론으로서 일차적 언어의 문법 혹은 내적 논리를 기술하고 그 언어를 비판적으로 평가한다. 기독교신학의 이 같은 문화적-언어적 모체는 신학을 학문의 다른 형태로부터 구분시킨다.

따라서 신학이 다른 분야와 대화에 들어갈 때, 신학은 그 분야의 통찰을 임시적 방식으로 전유한다. 이것은 다음 두 가지 의미를 가진다. 첫째, 다른 분야의 지식과 방법은 체계적으로 전유되기보다는, 부분적으로, 파편적으로 전유된다. 이것은 마치 다른 언어로부터 단어만 가져오고 그 전체 언어체계는 가져오지 않는 것과 비슷하다. 둘째, 다른 분야의 지식은 기독교의 자기이해와 평가라는 신학의 고유한 과제 수행을 돕는 데 활용된다. 예를 들어, 프라이는 자신의 여러 글에서 현대 문학이론과 해석학 이

---

[48] Hans Frei, *Types of Christian Theology*, ed. George Hunsinger and William Placher (New Haven: Yale University Press, 1992).

론을 참고한다.⁴⁹ 하지만 그의 신학은 그러한 이론으로부터 체계적인 절차나 중심적인 개념을 끌어오지는 않는다. 체계적인 절차나 중심적인 개념은 신학적으로 도출되어야 한다. 문학이론과 해석학이론은 신학에 유익할 경우에는 활용되지만, 그렇지 않을 경우에는 폐기된다. 다른 말로 하면, 그러한 이론은 체계적인 방식이 아니라 임시 상관관계 방식으로 전유된다.

교차학제적 대화: 횡단적 모델

이것은 신학과 다른 분야 사이의 대화와 관련해서 가장 최근에 대두된 모델이다. 이 모델은 캘빈 슈랙(Calvin Schrag)의 횡단성(transversality) 이해로부터 영향을 받은 철학적 신학자 벤첼 밴 호이스틴(Wentzel van Huyssteen)의 작품과 밀접하게 관련되어 있다.⁵⁰ 횡단성 개념은 다양한 분야에서 동시에 출현했다.⁵¹ 수학에서 이 개념은 한 직선이 둘 이상의 직선이나 표면과 일치되지 않고 교차하는 것을 가리킨다. 생리학에서 이 개념은 섬유들 사이의 관계망을 묘사할 때 활용된다. 여러 학제에서 횡단성은 "~을 가로질러 놓임, ~을 넘어 확장됨, ~을 교차하며 가로지름, ~과 일치하지 않으면서 만나고 수렴함" 등을 의미한다.⁵²

펠릭스 과타리(Felix Guattari)는 정신병원에 있는 그룹들의 상호작용을 기술하면서 횡단성이라는 뿌리은유를 대화에까지 확장시킨다.⁵³ 그러한 환경에서 권력, 의사결정, 의사소통은 치료팀, 환자 가족, 병원 행정실, 물리

---

49 Hans Frei, *The Eclipse of Biblical Narrative: A Study in Eighteenth and Nineteenth Century Hermeneutics* (New Haven: Yal University Press, 1974); Frei, *Theology and Narrative: Selected Essays*, ed. Goerge Hunsinger and William Placher (New York: Oxford University Press, 1993); Frei, *The Identity of Jesus Christ: The Hermeneutical Basis of Dogmatic Theology* (Philadelphia: Fortress, 1975).
50 J. Wentzel van Huyssteen, *The Shaping of Rationality: Toward Interdisciplinarity in Theology and Science* (Grand Rapids: Eerdmans, 1999); van Huyssteen, *Alone in the World? Human Uniqueness in Science and Theology* (Grand Rapids: Eerdmans, 2006); Calvin Schrag, *The Resources of Rationality: A Response to the Postmodern Challenge* (Bloomington: Indiana University Press, 1992), chapter 6; Schrag, "Transversal Rationality," in *The Question of Hermeneutics*, ed. T. J. Stapleton (Dordrecht: Kluwer Academic, 1994).
51 Schrag, *The Resources of Rationality*, 148.
52 Schrag, *The Resources of Rationality*, 149.
53 Schrag, *The Resources of Rationality*, 153-54.

치료사들 혹은 미술치료사들, 억류 중인 환자들 등 다양한 그룹 사이의 관계망 안에서 발생한다. 모든 그룹들이 치료 프로그램과 치료 과정에 공헌할 수 있지만, 이것은 이 그룹들 사이의 의사소통이 어느 정도의 횡단성을 갖고 있느냐에 의존하고 있다. 이것은 이 사회적 관계망을 가로질러 이루어지는 대화의 문제이다. 즉, 이러한 대화는 치료팀과 환자 사이에서, 환자 가족과 병원 행정실 사이에서, 환자와 간호사 사이에서 등등 다양한 방향에서 이루어진다. 의사소통은 이 그룹들 사이의 횡단적 관계망의 위로, 아래로, 또한 그 관계망을 가로질러 진행된다. 과타리의 표현을 빌리자면, "횡단성은 순수한 수직성과 단순한 수평성 사이의 양자택일적 곤경을 극복하고자 시도하는 차원이다. 횡단성은 의사소통이 다양한 단계 사이에서, 그리고 무엇보다도 다양한 의미를 통해 극대화되는 곳에서 실현되는 경향이 있다."[54]

교차학제적 대화의 횡단적 모델은 이 같은 횡단성 개념을 다양한 분야에 속한 사람들 사이의 대화에까지 확대 적용시킨다. 이 모델은 학제들 사이의 관계를 다양한 분야가 상호작용하는 관계망으로 묘사하고, 이해 가능성을 향한 인간의 추구가 이 관계망을 가로질러 이루어지는 합리적 의사소통을 통해 강화될 수 있다고 주장한다(긍정적 유비). 서로 다른 분야에 속한 사람들이 대화할 때, 대화 당사자들의 가치나 관점이 어떤 지점에서 겹칠 수도 있다. 성서학자는 사회학자와 더불어 페미니즘에 대한 헌신을 공유할 수 있다. 하지만 동시에 그들은 종교에 대한 평가나 연구 수행 방식에 있어 날카롭게 대조를 이룰 수도 있다. 따라서 교차학제적 대화는 여러 단계에서 교차점과 분기점을 검토한다(긍정적 유비). 이러한 유의 합리적 의사소통은 다양한 분야에 속한 사람들이 그들의 차이점에도 불구하고 합리성의 공동자원을 공유하고 있기 때문에 가능하다.[55] 그들은 해석 전략

---

[54] Schrag, *The Resources of Rationality*, 152-53쪽에서 인용.
[55] 공동자원이라는 개념은 앞서 인용한 슈랙과 호이스틴의 글에서 가져왔다.

을 활용하고, 논증을 통해 자신들의 주장을 정당화하고, 논박되거나 재고될 수 있는 진리를 드러낸다. 이러한 특징들은 합리성의 모든 형태에서 공통적으로 발견된다. 이 때문에 서로 다른 분야에 속한 사람들도 학제의 경계선을 넘어 합리적인 의사소통에 참여하는 것이 가능하다.

교차학제적 대화의 모델들

- 상관적(correlational): 상호영향
  상관관계 방법
  수정된 상관관계 방법
  수정된 프락시스 상관관계 방법
- 변혁적(transformational): 구별된 언어세계는 단순한 번역이 아니라 변화를 요구한다.
  칼케돈
  임시 상관관계
- 횡단적(transversal): 합리성의 자원을 공유하는 학제의 교차와 분기

우리는 이 모델을 앞서 살펴본 다른 모델들과 비교함으로써 이 모델에 대한 더 많은 통찰을 얻을 수 있다. 변혁적 모델과 달리 횡단적 모델은 학제 사이의 관계에 대한 보다 유동적이고 역동적인 이해를 전제하고 있다. 학제는 서로 구별된 언어게임으로 이해되지 않고, 서로 횡단하고 합리성의 공동자원을 공유하는 관계망으로 이해된다. 이 모델은 상관적 모델과 많은 공통점을 갖고 있지만, 상관적 모델보다 오늘날 사실상 모든 분야에서 발견되는 다원성에 더 주목한다.[56] 이 같은 다원성의 관점에서 볼 때, 교차학제적 대화는 상관관계 모델에서 가정하고 있는 것보다 더 구체적이어야 한

---

56 슈랙과 호이스틴의 글 외에 Wolfgang Welsch, *Vernunft: Die zeitgenössische Vernunftkritik und das Konzept der transversalen Vernunft* (Frankfurt: Suhrkamp, 1995)를 보라. Welsch의 글 중 일부는 http://www2.uni-jena.de/welsch/start.html에서 영문으로 찾아볼 수 있다.

다. 예를 들어, 이것은 신학과 심리학 사이의 대화에 대해서 말하지 않는다. 오히려 특정한 방식으로 신학 연구를 수행하고 있는 한 특정한 심리학자 사이에서 이루어지는 대화에 대해서 말한다. 요컨대, 횡단성은 개인에 따라, 관점에 따라 특수하다. 횡단성은 구체적인 사람 혹은 관점 사이에서 이루어지는 구체적인 대화 속에서 겹치는 영역과 분리되는 영역을 검토한다.

실용적 과제로 나아가며

이 장에서 우리는 실천신학적 해석의 규범적 과제와 교차학제적 대화의 다양한 모델을 살펴보았다. 신학과 다른 분야 사이의 대화는 실천신학적 해석의 모든 과제에 있어 중요한 부분이다. 우리가 이 장에서 이 주제를 다룬 이유는 실천신학과 다른 학제 사이의 관계가 가장 극명하게 이슈화되는 곳이 바로 규범적 과제이기 때문이다. 규범적인 신학적 관점은 해석의 안내자가 그가 해야 하는 일을 결정할 때 도움을 제공한다. 하지만 이 관점은 그가 구체적인 사건, 정황, 상황을 어떻게 바람직한 목표로 이끌어 갈 수 있는지에 대해서는 아무런 조언도 하지 않는다. 이것은 우리가 다음 장에서 다룰 실천신학적 해석의 실용적 과제에 속한다.

제4장
실용적 과제: 섬김의 리더십

PRACTICAL THEOLOGY:
AN INTRODUCTION

제4장
실용적 과제: 섬김의 리더십

1990년부터 2000년 사이에 미국장로교회(PCUSA)의 교인수가 41만 1,769명 줄었다. 이것은 전체 교인의 11.6퍼센트에 달하는 수치이다.[1] 이것은 또한 1960년대 이후 계속되고 있는 교인수 감소 현상의 연장선상에 있다. 이 같은 현상은 다른 주류 개신교단들에서도 동일하게 발견된다. 같은 기간 동안 성공회의 교인수는 5.7퍼센트, 연합감리교회의 교인수는 6.7퍼센트, 미국복음주의루터교회의 교인수는 2.2퍼센트, 그리스도연합교회의 교인수는 14.8퍼센트 줄어들었다. 비록 이러한 통계가 상대적으로 저조한 출산율과 노령 교인의 사망으로 인한 자연적 감소를 반영한다 하더라도 심각한 질문이 제기되지 않을 수 없다. 이 같은 통계는 위 교단들 내 공동체

---

[1] 여기에 인용된 수치는 John Marcum이 2002년 11월 유타주 솔트레이크에서 있었던 종교연구협회(Religious Research Association) 연례 모임에서 발표한 문서인 "Trends and Changes in Mainline Denominations"에 근거한 것이다.

의 활기 부족을 반영하는 것인가, 아니면 공동체 수준의 문제를 훨씬 넘어선 사회적 경향을 반영하는 것인가? 침체되어 가는 교단 내의 낮은 수준의 헌신을 보여주는 표지인가, 아니면 점점 보수화되어 가는 미국사회 속에서 그러한 교단들이 민감한 사회적 이슈를 다루려고 하기 때문에 발생한 결과인가? 주류 교단에 속한 교회공동체가 여전히 문화적 영향력을 행사하던 옛 시절을 동경하고 있는 것인가, 아니면 미국문화 안에서 '소수자' 교회공동체로서 새로운 자리매김을 시작한 것인가?

이 장은 실천신학적 해석의 실용적 과제에 초점을 맞춘다. 실용적 과제란 바람직한 방향으로 사건에 영향을 미칠 수 있는 행동 전략을 구상하고 실행하는 것을 가리킨다. 실천신학은 종종 실천모델과 행동강령을 제시함으로써 유용한 도움을 제공한다. 실천모델은 리더에게 그들이 활동하고 있는 분야에 대한 전반적인 그림을 제시하고, 아울러 그들이 이 분야를 바람직한 목적지로 이끌기 위해 행동해야 할 방식을 알려준다. 행동강령은 그들이 구체적인 행동 혹은 실천을 어떻게 수행해야 할지에 관한 보다 구체적인 지침을 일컫는다. 앞서 언급한 경향을 고려하여 이 장에서 나는 **변화를 주도**하는 실용적 과제에 초점을 맞출 것이다. 주류 교회공동체의 리더가 직면하고 있는 문제는 단순히 변화하는 사회적 상황과 관련된 외적인 도전만이 아니다. 그들은 또한 교회가 문화적 영향력의 중심에 서 있던 시대가 지난 오늘날 회중이 정체성과 선교의 문제에서 새로운 토대를 발견할 수 있도록 도와야 하는 내적인 문제도 안고 있다. 우리는 사례 연구를 통해 리더십 모델을 살펴보면서 논의를 시작할 것이다. 그런 다음 이러한 모델을 섬김의 리더십이라는 관점에서 재구성할 것이다. 마지막으로 조직변화의 열린 체계 모델을 검토하고 한 구체적인 교회공동체 안에서 변화 주도의 과정에 살과 뼈를 입히는 사례 연구로 이 장을 마무리할 것이다.

리더십의 세 가지 모델

우선 리더십이론에서 흔히 이야기되고 있는 리더십의 세 가지 모델부터 살펴보자.[2] 첫 번째 살펴볼 모델은 **탁월한 과제 수행**(task competence)의 리더십이다. 이것은 조직 내 리더에게 요구되는 과제를 탁월하게 수행하는 능력을 말한다. 예를 들면, 대부분의 공동체 안에서 교회 리더는 교육, 설교, 위원회 운영, 예배 인도, 병자 심방 등의 과제를 수행한다. 이러한 과제를 탁월하게 수행하는 것은 리더십의 중요한 한 부분이다.

두 번째 모델은 **변환적**(transactional) 리더십이다. 이것은 타협 과정을 통해 다른 사람들에게 영향력을 행사하는 능력을 가리키며, 상호교환의 형태를 취한다. 말하자면, 내가 당신을 위해서 이것을 할 테니, 당신은 나를 위해 저것을 해달라는 식이다. 조직을 이끌어 가는 리더십에 있어 이것은 다음 두 가지 기본적인 방법을 채택한다. 즉, 1) 조직 구성원이 조직에 기여하는 만큼 그에 상응하여 그들의 필요를 만족시켜 주거나, 혹은 2) 조직 내 다양한 이익집단 간에 상충하는 쟁점을 다룰 때 그 이익집단들 사이에 정치적 타협을 이끌어 냄으로써 리더가 자신의 고유한 목적을 성취하는 것이다. 기업 세계에서 이러한 리더십은 계약이라는 형식을 취한다. 즉, 고용인들의 노동에 상응하여 그들의 재정적 필요를 만족시켜 주는 것이다. 자원봉사 조직에서는 법적 계약이 수반되지 않을 수 있지만, 여전히 계약과 유사한 모종의 상호교환이 이루어진다. 리더는 사회 환원의 기회, 친교의 기회, 혹은 자신을 받아들여 주는 공동체의 일원이 될 수 있는 기회 등 구성원의 필요에 응답함으로써 조직에 대한 그들의 참여와 지지를 이끌어

---

2   변환적 리더십과 변혁적 리더십을 처음 구분한 것은 James M. Burns, *Leadership* (New York: Harper and Row, 1978)이다. 이 구분은 이후 다른 사람들에 의해 더욱 발전되었다. Michael Hackmann and Craig Johnson, *Leadership: A Communication Perspective* (Prospect Heights, Ill.: Waveland Press, 1996); W. Warner Burke, *Organization Change: Theory and Practice* (Thousand Oaks, Calif.: Sage, 2002), 4, 9장; Robert Quinn, *Deep Change: Discovering the Leader Within* (San Francisco: Jossey-Bass, 1996); Quinn, *Building the Bridge as You Walk on It* (San Francisco: Jossey-Bass, 2004)를 보라.

낸다. 교회공동체 안에서 리더는 다양한 방식으로 이와 같은 식의 거래를 수행한다. 교회 리더는 자녀를 훌륭하게 기르고 싶어 하는 부모의 기대에 부응하여 수준 높은 교육 프로그램과 주일학교 사역을 실시한다. 또 의미 있고 친밀감 있는 공동체를 찾는 사람들의 필요를 만족시켜 주기 위해 소그룹 사역을 주도한다. 이에 상응하여 리더는 그 구성원들이 물질과 시간을 헌납함으로써 교회공동체를 세워주길 희망한다.

변환적 리더십은 또한 정치적 타협을 수반하기도 한다. 리더는 자신이 속한 공동체 내 다양한 이익집단 사이의 상충하는 쟁점을 다루어야 한다. 특별히 예산을 편성하는 과정에서 이 같은 충돌은 더욱 가시화된다. 음악 사역에 열정을 갖고 있는 교인들은 부활절이나 성탄절에 가질 특별음악회를 위해 음악인을 고용할 예산을 책정할 것을 요청한다. 반면 학생을 자녀로 둔 부모들은 학생을 위한 전임사역자를 청빙하는 데 교회 예산을 사용할 것을 희망한다. 리더는 설득과 거래를 통해 상충하는 쟁점들 사이에서 타협점을 이끌어 내어야 한다. 하지만 변환적 리더십과 관련한 정치적 측면은 단순히 예산 편성 문제에 국한되지 않는다. 종종 다양한 이익집단이 교회공동체의 구체적인 활동이나 추구하는 가치와 관련해서 다양한 생각을 내어놓기도 한다. 변환적 리더십에서 리더는 그들 사이의 논쟁 속에 들어가 그들이 교회의 사역을 위해 최선의 타협점을 찾아내도록 영향력을 발휘한다.

마지막으로 **변혁적**(transforming) 리더십은 로버트 콰인(Robert Quinn)이 말한 '깊은 변화'를 추구한다.[3] 이것은 공동체의 정체성, 선교, 문화, 운영절차 등에 있어 근본적인 변화를 이끌어 내는 리더십이다. 특정 교회공동체 안에서 이러한 리더십은 예배, 친교, 선교 사역, 다른 새로운 교인의 초청 등 다양한 분야에서 변화를 수반할 수 있다. 그것은 또한 공동체가 나아가야 할 방향과 관련해서 교회의 새로운 비전을 설정하고 구성원들이 이

---

3 Quinn, *Deep Change*.

비전에 헌신하도록 설득하고 동기 부여하는 일을 포함한다.

> **리더십의 세 가지 모델**
> - **탁월한 과제수행의 리더십**: 공동체 내에서 리더에게 요구되는 과제를 탁월하게 수행하는 것
> - **변환적 리더십**: 타협의 과정을 통해 구성원들에게 영향력을 행사하는 것
> - **변혁적 리더십**: 공동체의 정체성, 선교, 문화, 운영절차 등에 있어 '깊은 변화'를 이끌어 내는 것

깊은 변화를 이끌어 내는 일은 비싼 대가와 위험 감수를 요구한다. 리더는 자신의 핵심 가치를 분별해야 할 뿐 아니라, 자신이 지도하고 있는 공동체의 목소리를 들을 수 있어야 한다.[4] 리더는 자신이 지향하는 가치를 스스로 구현하지 못하는 자기 자신의 위선을 직시해야 하고, 자신의 행동을 바꾸어 그들이 공동체 안에서 이끌어 내고자 하는 변화의 모델로 만들어야 한다. 또한 그러한 리더십은 거의 필연적으로 저항에 부딪히기 마련이어서 대가와 위험을 감수해야 한다. 조직의 핵심 구성원들은 특별히 깊은 변화에 거부감을 갖는 경향이 있다. 왜냐하면 깊은 변화는 그들이 권력과 통제력을 상실한다는 것을 의미하기 때문이다. 더군다나 깊은 변화는 혼란을 수반한다. 그러한 변화는 통상 합리적인 계획에 따라 일관성 있는 과정으로 전개되지 않는다. 어떤 조직이 과거의 패턴이 더 이상 작동하지 않고 새로운 패턴이 아직까지 출현하지 않은 시기를 지날 때, 그 조직은 종종 혼돈을 경험한다. 많은 경우 그러한 시기는 새로운 활력과 실험뿐 아니라 갈등, 실패, 불만으로 가득 차 있다. 그러한 혼돈의 시기를 지날 때, 변화를 주도하는 리더는 다른 사람들의 비전을 새롭게 형성하는 가운데 자

---
4 Quinn, *Deep Change*, 201.

신의 내적 비전에 흔들림이 없어야 한다.

교회공동체를 이끌어 갈 때에는 세 가지 형태의 리더십이 모두 필요하다. 목사와 교사와 부서장과 봉사자는 그들이 각기 맡은 책임을 다하는 데 탁월한 수행능력을 갖추어야 한다. 또한 교회공동체는 교회를 찾아오는 사람들의 필요에 민감하게 반응할 뿐 아니라 다양한 그룹 간에 상충하는 이해관계를 정치적으로 조율해서 모두가 함께 일할 수 있도록 만들 수 있는 변환적 리더십을 가진 리더도 필요로 한다. 하지만 오늘날 특히 주류 교회공동체 안에서 가장 필요로 하는 형태의 리더십은 변혁적 리더십, 즉 교회공동체를 깊은 변화의 과정으로 이끌어 갈 수 있는 리더십이다.

보보의 장례

수년 전 나는 신학교 2학년과 3학년 과정 사이에 교회공동체에서 1년간 인턴 과정을 갓 마친 학생들을 위한 강의를 개설한 적이 있다. 이 수업에서 한 학생이 특별히 기억에 남는 한 사례 연구를 발표했다. 이 이야기는 앞서 언급한 세 가지 형태의 리더십이 가진 중요성을 잘 표현해 준다.

낸시 윌슨은 미국 남동부 지역에서 자라고 그 지역에서 대학교와 신학교를 다녔다. 미국 중서부 지역에 위치한 한 교회에서 인턴으로 배움의 기회를 갖게 되었을 때 낸시는 무척 기뻐했다. 낸시는 세인트루이스에서 동쪽으로 어림잡아 일백 마일쯤 떨어진 곳에 위치한 한 작은 마을에서 약 150명의 교인들이 출석하는 노동자 중심의 장로교회를 섬겼다. 사실 낸시는 미국의 다른 지역을 두루 다녀보고 싶은 마음이 너무도 간절했다. 그래서 인턴 과정이 끝나기까지 3주도 채 남지 않았을 무렵 인턴으로 있던 교회의 담임목사가 교회를 떠났음에도 불구하고 낸시는 아무튼 자신도 교회를 떠나기로 결심했다. 그때 당시의 심경을 낸시는 다음과 같이 표현했다. "나는 지난 1년간 내내 사택에서 지내야 했다. 그리고 매주일 설교하는 것이 어떤 것인지 경험했다. 나는 나의 경험을 그 어떤 것과도 바꾸고 싶지 않았다. 심지어 '그 사건' 이후에도."

낸시의 사례 연구는 '그 사건'에 초점을 맞추고 있었다. 그 일은 낸시가 그 교회에 도착한 후 3개월 후에 일어났다. 처음 수개월 동안 낸시는 교회의 모든 식구들의 형편을 살피기 위해 가정심방 계획을 체계적으로 세우고 그 계획대로 가정들을 돌아보았다. 그녀가 특별히 호감을 갖게 된 한 가정은 하비와 블랜쉬 남매의 가정이었다. 하비와 블랜쉬 모두 60대 후반이었고, 5년 전 어머니가 돌아가신 후 물려받은 집에서 함께 살고 있었다. 사적인 대화에서 블랜쉬는 낸시에게 하비가 어린 시절 교통사고를 당했고, 그 사고로 인해 뇌손상을 입어 말과 행동이 '늦어졌다'고 일러주었다. 블랜쉬는 말했다. "하비를 돌보는 일은 상당 부분 내 몫이었다. 어머니께서 한 번 쓰러지신 후 어머니를 돌보는 일 또한 내 몫이었다." 블랜쉬는 초등학교 선생으로 일하다 7년 전에 은퇴했다. 그리고 평생 독신으로 살았다.

낸시가 그 교회를 방문하기 직전 해에 블랜쉬는 유방암 판정을 받았다. 이후 블랜쉬는 두 번에 걸친 유방절제술과 광범위한 화학요법 치료를 받았다. 이 기간 동안 교회는 블랜쉬가 퇴원 후 집에서 살기 위해 필요한 것을 마련해 주기 위해 사회사업가와 긴밀하게 협조했다. 낸시가 블랜쉬를 방문할 무렵 블랜쉬는 스스로 "정상생활로 돌아왔다."고 말했다. 블랜쉬는 매주일 예배에 참석했으며, 주일학교 선생으로, 또 여전도회 리더로 봉사했다. 낸시가 그녀를 처음 방문했을 때 블랜쉬는 자신의 건강상의 어려움에 대해 이야기했다. 그리고 병원에 입원해 있으면서 7천 불의 빚을 지게 되어 그들의 고정 수입으로는 생활을 연명하기가 힘든 처지에 놓이게 되었다고 털어놓았다.

첫 방문 후 이어지는 수주 동안 낸시는 블랜쉬와 하비의 상황에 대해 교회 리더에게 조용히 알리기 시작했다. 목사가 재량껏 사용할 수 있는 재원 일부와 입소문을 통해 조용하게 모금한 돈을 모두 모아 한 달 뒤 낸시는 블랜쉬에게 2,500불 수표를 전달할 수 있었다. 보고서에서 낸시는 "그때 그녀의 얼굴에 띤 미소를 여러분이 직접 보셨어야 해요."라고 썼다. "그것은 순전한 기쁨의 미소였어요. 이제까지 블랜쉬가 다른 사람들을 위해 정말 많은 일을 해왔다면, 이제는 그 사람들이 그녀를 위해 특별한 일을 하고 있었어요."

여러 주가 지난 뒤에 낸시는 블랜쉬로부터 전화 한 통을 받았다. 블랜쉬가 눈물 젖은 목소리로 말했다. "보보가 방금 차에 치였어요. 내일 저희 집에 오셔서 함께 보보를 묻어주실 수 있으세요?" 보보는 블랜쉬 집에서 기르는 애완견이었다. 낸시가 볼 때, 하비와 블랜쉬는 보보를 마치 "가족의 일원처럼, 집의 어린아이처럼" 대했다. 이튿날 낸시가 보보의 장례와 관련한 일정을 의논하기 위해 전화했을 때, 블랜쉬는 그녀에게 오후 2시 롱뷰 공동묘지에서 만나자고 제안했다. 그곳에는 블랜쉬 남매가 소유한 가족부지가 있었고, 그녀의 어머니도 그곳에 묻히셨다. 낸시가 그 묘지에 도착했을 때, 몇몇 친구들이 방금 파둔 묘 자리 옆에 둘러서 있었고, 그 옆에는 곧 바닥에 내려질 작은 어린아이용 관이 준비되어 있었다. 어떤 형식이든 장례식을 단 한 번도 치러본 적이 없었던 낸시는 장로교예식서에 나온 장례예식을 대체로 따라가면서 애완견을 포함한 모든 피조물에 대한 하나님의 사랑을 덧붙여 언급하기로 했다. 장례식은 특별한 무리 없이 부드럽게 진행되었다. 장례식 후 낸시는 블랜쉬와 하비 남매와 함께 그들의 집에 돌아가 잠시 그들과 대화를 나누었다.

늦은 오후 교회 사택에 돌아온 낸시는 자동응답기에 무려 열 개에 달하는 음성메시지가 남겨 있는 것을 확인했다. 상황은 이렇다. 보보의 장례식에 참석했던 한 교인에게 블랜쉬가 보보에게 이 같이 근사한 장례식을 치를 수 있도록 배려해 주어서 정말 고맙다는 인사를 남겼다. 낸시가 나중에 알게 된 바에 따르면, 블랜쉬가 교회에서 받은 돈의 상당 부분을 보보의 관과 묘지를 준비하는 데 사용했던 것이다. 소문이 퍼지면서 성난 교인들의 전화가 낸시에게 쇄도했다. 낸시의 보고서에 따르면, "이 모든 전화통화 내용의 핵심은 상당 부분 교회가 '이용당했다'는 것이다. 즉, 만일 자신의 돈이 그렇게 부질없는 일에 사용될 것을 미리 알았더라면 하비와 블랜쉬를 돕는 일에 참여하지 않았을 것이라는 내용이다." 구제비를 모금하기 위해 애썼던 교회 리더 역시 비슷한 전화를 받았다.

순식간에 "보보의 장례"는 마을의 화두가 되었다. "처음에 나는 이 일로 인해 매우 부끄러움을 느꼈다." 낸시가 보고서에 기록했다. "나로 인해 교회가 어려운 곤경에 처하게 되었다는 생각이 들었다. 하지만 사람들이 우리를 '강아지를 장사하는 교회'라고 부르고 나를 '애완견 설교자'라 조롱하는 소리가 들리기 시작할 무렵 나는 화가 났다. 하비와 블랜쉬에게 재정적인 도움을 주면서 우리가 정말 그렇게 나쁜 짓을 한 것인가?"

이 사건에 대해서 낸시는 어떤 형태의 리더십을 선보일 수 있었을까? 그것은 분명 탁월한 과제수행의 리더십이다. 이 이야기를 기술하면서 낸시는 이 일이 일어날 무렵의 자기 자신을 "어린 나무처럼 푸릇푸릇하다."고 묘사했다. 그녀는 아직 신학교를 졸업하지도 않았고, 낯선 지역, 낯선 교회에서 홀로 비행하고 있었다. 그녀는 아직 경험도 부족하고 이제 목회 사역의 과제를 하나하나 수행하는 방법을 익히기 시작하는 단계에 있었다. 낸시와 함께 수업을 들은 동료들은 그녀의 과제수행과 관련해서 두 가지 이슈를 제기했다.

상당수의 학생들이 낸시가 하비와 블랜쉬에게 재정적인 도움을 준 방식에 대해 지적했다. 그들은 교회 정책의 지도를 받지 않고 돈을 주는 것이 과연 지혜로운 일인지 의문을 제기했다. 한 학생의 표현에 따르면, "물론 우리는 도움이 필요한 사람들을 사랑하고 그들에게 친절하기를 원한다. 하지만 우리는 그들에게 진정 도움이 될 수 있는 지원을 해주어야 한다. 만일 그들이 약물이나 알코올을 구입하는 데 그 돈을 쓴다면 어떡할 것인가?" 다른 한 학생은 자신이 인턴으로 봉사했던 교회의 목사님이 교회 사무실이나 목사관을 찾아오는 사람들에게 직접 돈을 주는 일을 엄금하는 방침을 세우고 있었다는 이야기를 들려주었다. 그 목사님은 그런 사람들은 인근 주유소나 식당으로 보내고, 그곳에서 지출되는 금액에 대해 교회가 보상하도록 했다고 한다. 토론이 진행되면서 낸시는 자신의 행동에 대해 다시 생각하기 시작했다. "아마도 그때 내가 병원으로 직접 보내는 수표를 써주도록 회계담당자에게 당부했어야 하는 건데……."라며 낸시가 한걸음 물러섰다.

낸시의 수업 동료들은 보보가 블랜쉬에게 가지는 심리적인 중요성을 낸시가 간파했다는 점을 높이 평가했다. 그들은 또한 블랜쉬가 자신이 속한 교회공동체에서 소외되거나 조롱받게 되지 않을까 염려했다. 그래서 이런 일이 없도록 낸시가 어떤 조치를 취했는지에 대해서 낸시의 이야기를 경청했다. 그들은 이 일과 관련해 하비와 블랜쉬에게 목회적 돌봄의 과제를 탁월하게 수행하고 교회가 그들 남매를 잘 돌보도록 인도한 낸시의 능력을 칭찬했다.

이런 식의 탁월한 과제수행의 리더십은 중요하다. 이 같은 리더십은 교회 사역의 과제를 지속적으로 수행할 때뿐 아니라 낸시가 맞닥뜨린 것과 같은 문제를 해결할 때에도 꼭 필요하다. 하지만 만약 낸시가 이 교회공동체를 이끌어 가는 데 이보다 더 많은 것이 필요하다고 판단하게 되었다면, 만약 보보의 장례 사건을 통해서 낸시가 이 교회의 문화, 정책결정 과정, 선교에 있어 근본적인 문제를 발견하게 되었다면, 만약 당면한 위기를 해결하고 과거의 안정적인 상태를 회복하는 것만으로는 충분하지 않다고 낸시가 생각하게 되었다면 어떤 일이 벌어질까? 만약 낸시가 변화의 과정을 이끌어 내고자 했다면, 그녀는 변환적 리더십과 변혁적 리더십 또한 필요로 했을 것이다.

물론 낸시의 리더십에는 실질적인 제약이 분명하게 존재했다. 하지만 우리는 종종 오직 한계를 테스트함으로써만 그 한계가 얼마나 제약적인지 인식하게 된다. 낸시는 그 교회에 단지 짧은 시간 머물렀다. 그렇지만 리더들이 뿌린 변화의 씨앗들이 그들이 떠난 다음에서야 비로소 싹을 틔우는 경우가 더러 있다. 낸시의 어린 나이와 경험 부족은 어떠한가? 이것이 낸시가 교인들의 신뢰를 얻는 데 실질적인 장애가 된다는 사실에는 의문의 여지가 없다. 특별히 가족 같은 소규모 교회공동체에서는 목사와 새가족들이 종종 외부인으로 인식되기도 한다. 하지만 이 같은 제약을 낸시의 이점으로 바꾸는 것이 전혀 불가능하지는 않다. 예를 들면, 목사의 리더십이 아니라 평신도 리더십을 개발하는 방법을 생각해 볼 수 있다. 교회 규모와 자산의 제약은 어떠한가? 제한적인 재정 안에서 움직이는 150명 교인의 교회에서 낸시는 얼마만큼의 실질적인 변화를 기대할 수 있을까? 하지만 이 정도 규모의 교회는 미국 내 대다수 주류 개신교 교단 내에서는 일반적인 수준이다. 예를 들어, 전체 미국장로교회 가운데 70퍼센트의 교회가 200명 이하의 교인으로 구성되어 있으며, 그 평균은 109명이다. 만약 낸시가 출석한 교회와 비슷한 규모의 공동체에서 변화가 불가능하다면, 미국 주류 교단 전체가 사양길에 접어들었다고 해도 틀린 말이 아닐 것이다.

변화의 과정을 추진하기 위해 낸시가 활용할 수 있는 전략에는 어떤 것들이 있었을까? 그녀가 가장 먼저 해야 하는 일은 공동체가 직면하고 있는 위기를 보다 정확하게 이해하는 일이었을 것이다. 이 같은 이해는 변화를 필요로 하는 주된 대상을 명확하게 해준다. 실제로 낸시는 벌써부터 이 위기를 간파하기 시작했다. 그녀는 다음과 같이 회상했다. "나이 많으신 어르신들의 가정을 처음 심방하던 때 한분이 나에게 이렇게 말했다. '만약 특별한 일이 일어나지 않는다면 이 교회는 20년 내에 문을 닫게 될 거예요. 교회 문이 닫히는 안타까운 일을 직접 보지 않아도 되어서 저는 그나마 위안이 됩니다.' 여러분도 짐작하시다시피 그 다음 주일에 내가 강단에 서서 회중석을 가득 메운 백발의 머리들을 보았을 때 이 어르신의 말이 기억났다. 이분들 모두 20년 후에는 돌아가고 안 계실 텐데, 어떤 식으로든 변화와 갱신이 일어나지 않는다면 이 교회는 어떻게 될까?"

보보의 장례 사건으로 큰 충격을 받았던 낸시는 그 덕분에 교회공동체의 상황을 보다 꼼꼼하게 들여다보게 되었다. 그녀는 교회문화 속에 깊이 자리하고 있는 일정한 패턴을 분별하기 시작했다. 이전에 이 교회를 15년간 섬겼던 목사는 이 가족 같은 공동체에서 든든한 신뢰를 받고 있었다. 그래서 교인들은 '마차 수레바퀴' 식의 리더십 패턴을 편안하게 생각하고 있었다. 말하자면 목사가 모든 의사결정의 중심에 서 있었고, 목사의 결정은 수레바퀴의 살과 같이 교인들에게 전해졌다. 결국 낸시가 교회 리더들에게 블랜쉬와 하비를 위해 모금하자고 제안했을 때 그들이 이 서툰 인턴 목사의 판단을 신뢰했다는 사실은 그렇게 놀라운 일이 아니다. 그들은 모든 의사결정을 목사에게 일임하는 데 익숙해 있었다. 만약 이 교회공동체가 깊은 변화의 과정을 거쳐야 한다면, '마차의 수레바퀴' 식의 리더십 패턴 또한 바뀌어야 할 것이다. 내가 만약 낸시의 인턴 목사 기간 중 그녀의 지도목사였다면, 나는 그녀에게 변환적 리더십과 변혁적 리더십과 관련한 아래의 질문들에 대해 생각해 보도록 조언했을 것이다.

- 변화의 필요와 관련해서 그 심각성을 어떻게 교인들에게 일깨울 수 있을까? 아마도 앞서 인용되었던 어르신이 장기적인 관점에서 교회공동체의 미래를 염려하는 유일한 사람은 아니었을 것이다.
- 바람직한 미래 방향설정과 관련해서 어떠한 비전을 교인들에게 심어줄 수 있을까? 이때 비전은 설득력 있을 뿐 아니라 실현 가능해야 한다.
- 보보의 장례 사건에서 드러난 미숙함을 어떻게 하면 유익한 방향으로 전환시킬 수 있을까? 이 사건을 단적인 예로 들어 교인들이 교회를 이끌어 가는 일에 보다 적극적인 역할을 감당하고 자신들의 판단을 신뢰하도록 그들을 독려하는 방법을 생각해 볼 수 있다. 그 과정에서 평신도들의 리더십을 강화하는 프로그램을 시작하는 것도 한 방법이 될 수 있을 것이다.
- 잠재적인 새 교인들은 어떤 사람들이고, 교회가 그들에게 제공해 줄 수

있는 것은 무엇인가? 교회가 폐쇄된 가족 같은 공동체에서 새로운 식구들을 환영하는 공동체로 변화되기 위해서는 어떤 노력이 필요한가?
• 교회에서 청빙하는 목사에 대한 교회의 기대와 관련해서 변화를 가져올 수 있는 전략은 무엇일까? 만약 교인들이 과거와는 다른 미래를 꿈꿀 수 있도록 돕는 데 성공한다면, 새로운 미래를 향해 그들과 함께 여정을 공유할 목사를 선정하는 일에 있어서도 교인들의 생각을 지도할 수 있지 않을까?

섬김의 리더십의 영성

세 가지 형태의 리더십, 곧 탁월한 과제수행의 리더십, 변환적 리더십, 변혁적 리더십의 구분은 변화 주도에 대한 우리의 생각을 정리하는 데 일차적인 언어를 제공해 준다. 하지만 그러한 구분이 변화의 목표, 곧 변화의 결과와 목적에 대해서 말해 주는 것은 거의 없다. 그것은 어떤 조직의 목적과 특정한 상황 속에서 이 목적을 성취할 수 있는 그 조직의 능력에 대해 성찰하는 가운데 결정된다. 교회조직 안에서 이것은 다음 몇 가지 핵심 질문들에 대한 신학적 반성을 수반한다. 교회공동체의 사명은 무엇인가? 현재 상황에서 그 같은 사명을 가장 잘 수행할 수 있는 방법은 무엇인가? 사명 완수를 위해 교회공동체를 이끌어 갈 때 리더의 역할은 무엇인가? 이러한 일이 가능하기 위해서는 어떤 변화들이 요구되는가?

여기에서 나는 종의 형태로 하나님의 왕적 통치를 몸소 구현하신 예수님에 대해 이야기하면서 이 질문들에 대한 나의 대답을 대신하고자 한다. 하나님의 '고난받는 종'이라는 이미지는 신약성경에서 그리스도의 제사장적 직무를 묘사할 때 주로 언급되지만, 하나님의 왕적 통치의 성격을 표현할 때에도 분명 사용되고 있다. 그리스도는 스스로 종의 형태를 취함으로써 힘과 권위의 성격을 재규정하신다. 그리스도의 가르침에 따르면, 섬김은 제자공동체의 사명 및 그 공동체 내의 리더십에 있어서 근본적인 중요성을 가진다. 두 제자가 예수님께 나아와 영광에 오르실 때 그 좌우편에 자신들이 앉게 해달라고 부탁하자, 예수님은 다음과 같이 대답하셨다. "이방인의 집권자들이 그들을 임의로 주관하고 그 고관들이 그들에게 권세를 부리는 줄을 너희가 알거니와, 너희 중에는 그렇지 않을지니, 너희 중에 누구든지 크고자 하는 자는 너희를 섬기는 자가 되고 너희 중에 누구든지 으뜸이 되고자 하는 자는 모든 사람의 종이 되어야 하리라. 인자가 온 것은 섬김을 받으려 함이 아니라 도리어 섬기려 하고 자기 목숨을 많은 사람의 대속물로 주려 함이니라"(막 10:42-45).

이스라엘의 왕

이스라엘 백성들이 하나님께 다른 민족들과 같이 왕을 세워달라고 요청했을 때, 이스라엘 가운데 처음부터 이견이 분분했다(삼상 8:4-7). 그리고 결국에 왕정은 이스라엘에게 주어진 애매한 축복이었음이 역사를 통해서 분명하게 입증되었다. 다윗과 솔로몬의 통치 하에 이스라엘이 전례 없는 번영과 평화와 '수준 높은' 문화의 시기를 맞이한 반면, 그 이면에서 왕궁과 성전을 중심으로 한 권력의 집중은 시작부터 심각한 권력 남용의 문제를 불러일으켰다. 다윗이 밧세바를 탐내 그 남편 우리야를 죽음에 내몰았을 때, 다윗은 선지자 나단으로부터 책망을 받았다(삼하 12장). 이 사건은 이스라엘 왕정에 앞으로 일어날 일의 전조에 불과했다. 다윗과 밧세바에게서 난 '지혜로운' 왕 솔로몬의 통치 하에 사태는 더욱 심각하게 악화되었다. 확장과 건축에 필요한 자금을 충당하기 위해 솔로몬은 과거 부족 경계를 열두 구역으로 재편했다. 이것은 세금징수와 왕권강화를 위한 조치였다. 또한 솔로몬은 이스라엘이 정복한 다른 민족들을 노예노동에 활용하기 시작했다. 심지어 그는 자신의 일을 위해 3만 명의 이스라엘 백성을 징집하고 세 달에 한 달씩 부역에 종사하게 했다(왕상 5:13-18). 솔로몬이 죽자 백성들은 부역의 경감을 요구했다. 하지만 솔로몬의 아들 르호보함은 백성들에게 그들의 짐이 자신의 통치 하에 더욱 무거워질 것이라고 대답했다(왕상 12장). 결국 이 일은 내전으로 확대되었고, 이스라엘은 두 왕국으로 분열되었다.

백성들은 다른 민족들과 같이 왕을 갖기 원했고, 그들이 얻은 결과는 결국 이러했다. 하지만 우리는 왕궁과 성전의 권력 집중을 정당화하기 위해 사용된 왕정 이데올로기 안에서 이상적인 왕의 신학 또한 발견할 수 있다. 이 이상적인 왕은 이스라엘 안에서 성실한 언약 관계와 정의의 실현을 위해서 하나님께서 친히 세운 왕으로 묘사된다. 시편 72편 1~2, 12~14절은 그 한 예를 보여준다.

> 하나님이여, 주의 판단력을 왕에게 주시고
> 주의 공의를 왕의 아들에게 주소서.
> 그가 주의 백성을 공의로 재판하며,
> 주의 가난한 자를 정의로 재판하리니…….
> 그는 궁핍한 자가 부르짖을 때에 건지며,
> 도움이 없는 가난한 자도 건지며,
> 그는 가난한 자와 궁핍한 자를 불쌍히 여기며,
> 궁핍한 자의 생명을 구원하며,
> 그들의 생명을 압박과 강포에서 구원하리니,
> 그들의 피가 그의 눈앞에서 존귀히 여김을 받으리로다.

이상적인 왕에 대한 이런 식의 묘사는 후에 이스라엘의 종말론적 소망의 한 부분이 된다. 이스라엘의 종말론적 소망은 메시아 왕이 일어나 이스라엘 가운데 하나님의 정의와 공의를 실현하는 미래에 대한 하나님의 약속에 근거하고 있다. 이사야 9장 6~7절은 이러한 하나님의 약속과 그에 근거한 이스라엘의 소망을 잘 표현하고 있다.

> 이는 한 아기가 우리에게 났고,
> 한 아들을 우리에게 주신 바 되었는데,
> 그의 어깨에는 정사를 메었고,
> 그의 이름은 기묘자라, 모사라, 전능하신 하나님이라,
> 영존하시는 아버지라, 평강의 왕이라 할 것임이라.
> 그 정사와 평강의 더함이 무궁하며,
> 또 다윗의 왕좌와 그의 나라에 군림하여
> 그 나라를 굳게 세우고,
> 지금 이후로 영원히 정의와 공의로 그것을 보존하실 것이라.
> 만군의 여호와의 열심이 이를 이루시리라.

메시아 예수: 종의 형태를 입은 하나님의 왕적 통치

신약성경의 기독론에서 가장 주목할 만한 특징 가운데 하나는 예수님을 메시아로 묘사할 때 이사야서의 고난의 종 본문(사 40-55장)을 사용했다는 점이다. 고난의 종 본문이라 하면 일반적으로 이사야 42장 1~4절, 49장 1~6절, 50장 4~9절, 52장 13절~53장 12절 등을 가리킨다. 도날드 주엘(Donald Juel)이 올바르게 지적하듯이, 기독교 이전 유대교 전통에서는 통상적으로 이러한 본문들이 메시아를 가리키고 있다고 보지 않았다.[5] 하지만 그리스도인들은 예수님의 죽음과 부활의 관점에서 전통적인 메시아 개념을 다시 생각하기 시작하면서 고난의 종 본문들에 이끌렸다. 그리고

---

5 Donald Juel, *Messianic Exegesis: Christological Interpretation of the Old Testament in Early Christianity* (Philadelphia: Fortress, 1988), chapter 5.

그들은 메시아를 굴욕을 당하셨다가 다시 존귀하게 여김을 받게 되신 분으로, 자신의 백성들을 위해 대신해서 고통을 당하신 분으로 묘사했다. 우리의 목적과 관련해서 특별히 관심을 끄는 대목은 그들이 고통받는 종의 이미지를 예수님의 메시아적 생애와 죽음에서 나타난 하나님의 왕적 통치와 연관시켰다는 점이다. 십자가는 그리스도께서 메시아적 소명을 성취함에 있어 하나님에 대한 신실함을 단적으로 보여주는 예로 받아들여졌다.[6] 오래도록 기다려왔던 메시아로서 예수님은 병든 자를 치유하고 사회적으로 소외된 자를 영접하고 정의를 부르짖는 가운데 하나님의 통치를 구현했다. 그러한 과정 속에서 예수님은 권력을 가진 사람들로부터 저항과 핍박에 직면해야 했다. 하지만 그는 하나님의 왕적 통치를 구현함에 있어 하나님을 신뢰하고 그분에게 순종했다. 심지어 십자가에 달려 죽으시기까지 그러했다. 이것은 고통 자체를 위한 고통이 아니었다. 그 고통은 자신에게 주어진 메시아적 소명을 완수하는 가운데 자신을 내어주는 사랑이었다. 예수님은 제자들에게 자기들의 십자가를 지고 자신을 따르며(막 8:34), 자신의 고난에 동참(koinonia)할 것을 종용했다(빌 3:10). 제자들의 공동체 내에서 힘과 권위는 그들의 스승이 그러했던 것처럼 종의 형태를 취해야 했다.

우리는 신약성경 전반에 걸쳐 이러한 주제를 발견할 수 있다. 하지만 여기에서 우리는 마가복음과 바울서신에만 집중해서 그것들을 살펴볼 것이다. 마가의 기사에 따르면 그리스도의 참된 정체성과 관련한 '메시아 비밀'은 다만 점진적으로 드러난다. 마가복음의 첫 부분에서 예수님은 기적을 일으키는 사람으로 묘사된다. 이 점에 있어서 예수님은 그 시대의 다른 유사한 인물과 사실상 거의 구별이 되지 않는다. 하지만 이야기가 전개되면서 기적의 비중은 줄어들고 갈등은 점차 부각된다. 이즈음 예수님은 세 차례에 걸쳐 자신의 제자들에게 자신이 고난을 당하고 죽게 될 것이라

---

6 Richard Hays, *The Moral Vision of the New Testament: A Contemporary Introduction to New Testament Ethics* (San Francisco: HarperSanFrancisco, 1996), 197.

고 말한다. 예수님이 자신의 임박한 죽음에 대해서 이야기하지만 제자들은 그것이 무엇을 의미하는지 이해하지 못한다. 오직 예수님이 죽고 부활한 이후에야 비로소 제자들은 예수님의 수난과 죽음의 의미가 '많은 사람들을 위한' 대속제물이자 하나님과 맺은 새 언약의 봉인이라는 사실을 깨닫기 시작한다(14:22-24). 이 깨달음은 제자도에 대한 그들의 이해에 변화를 가져왔다. 마가복음에 대해 리처드 헤이스(Richard Hays)는 다음과 같은 글을 남겼다. "제자도의 **규범**은 십자가에 의해 정의된다. 섬김이라는 관점에서 해석된 예수님 자신의 순종(막 10:45)은 신실함이 무엇인지를 보여주는 유일한 패턴이다."[7]

바울의 십자가 신학은 신약성경 안에서 그리스도의 수난과 죽음 및 그것이 그리스도의 제자공동체에 대해 가지는 의미에 관해서 가장 심오한 해석을 제공해 준다. 빌립보서 2장 6~11절은 바울의 십자가 신학이 가장 잘 표현된 구절들 중 하나이다. 여기에서 바울은 이사야서의 고난의 종 노래를 끌어와 하나님의 왕적 통치의 성격을 묘사한다.[8] 리처드 버캠(Richard Bauckham)에 따르면, 이 구절은 열방이 보는 앞에서, 또한 열방을 위해서 이스라엘을 구속하시기 위해 하나님께서 새로운 종말론적 출애굽을 준비하시는 장면에 대한 비전을 담고 있는 이사야서 40~55장의 내용을 전제하고 있다.[9] 이에 비추어 바울은 그리스도 사건을 고난받는 종의 형태로, 이러한 종말론적 구원을 완성한 사건으로, 열방의 회합을 시작하면서 유

---

7 Hays, *Moral Vision*, 84.
8 여기에서 나는 이 구절에 대한 아래 저서들의 해석을 따른다. Richard Bauckham, *God Crucified: Monotheism and Christology in the New Testament* (London: Paternoster Press, 1998), 3장; Richard Hays, *Moral Vision*, 28-31쪽; Gordon Fee, *Philippians*, IVP New Testament Commentary Series (Downers Grove, Ill.: InterVarsity, 1999), 83-112쪽을 보라. 이 구절에 대한 해석을 둘러싸고 많은 논쟁이 있었다. 예를 들어, N. T. Wright와 James Dunn은 이 구절은 종 기독론이 아니라 아담 기독론의 관점에서 해석한다. N. T. Wright, *The Climax of the Covenant: Christ and the Law in Pauline Theology* (Minneapolis: Fortress, 1991), 4장; James Dunn, *The Theology of Paul the Apostle* (Grand Rapids: Eerdmans, 1998), 281-88쪽을 보라.
9 버캠은 히브리 성경과 예수님의 역사를 서로 연관시켜 해석하려는 기독교공동체 안에서 이사야서의 이 자료가 널리 사용되었다는 점을 설득력 있게 논증했다. 버캠은 빌립보서뿐 아니라 요한계시록과 요한복음에서 이 자료가 어떻게 사용되고 있는지 검토한다. *God Crucified*, 3장을 보라.

대인과 이방인의 새로운 공동체를 만든 사건으로 묘사한다. 버캠은 빌립보서 2장 6~11절과 제2이사야서의 연관관계를 다음과 같이 지적한다.[10]

빌립보서 2:6-11	이사야 52-53장, 45장
[예수 그리스도]는 근본 하나님의 본체시나, 하나님과 동등됨을 취할 것으로 여기지 아니하시고, 오히려 **자기를 비워** 종의 **형체**를 가지사, 사람들과 같이 되셨고 사람의 모양으로 나타나사, **자기를 낮추시고** **죽기까지** 복종하셨으니 곧 십자가에 죽으심이라. **이러므로** 하나님이 그를 **지극히 높여** 모든 이름 위에 뛰어난 이름을 주사, 하늘에 있는 자들과 땅에 있는 자들과 땅 아래에 있는 자들로	53:12 이는 그가 자기 영혼을 버려 (52:14, 53:2 모양이 상하였고, 고운 모양도 없고) (53:7 끌려 가는) 53:12 사망에…… 53:12 그러므로…… 52:13 보라, 내 종이 형통하리니 받들어 높이 들려서 지극히 존귀하게 되리라.
모든 무릎을 예수의 이름에 **꿇게 하시고,** **모든 입**으로 예수 그리스도를 주라 **시인하여** 하나님 아버지께 영광을 돌리게 하셨느니라.	45:22-23 땅의 모든 끝이여, 내게로 돌이켜 구원을 받으라. 나는 하나님이라. 다른 이가 없느니라. 내가 나를 두고 맹세하기를 내 입에서 공의로운 말이 나갔은즉 돌아오지 아니하나니, "내게 모든 무릎이 꿇겠고 모든 혀가 맹세하리라." 하였노라.

우리는 이 구절을 다음과 같이 해석할 수 있을 것이다.[11] 선재하신 그리스도는 자신과 하나님의 동등함을 자기의 유익을 위해 사용하려고 하지 않았다. 오히려 그리스도는 인간 조건 속에 완전하게 들어오셨고, 섬김과

---

10 Bauckham, *God Crucified*, 59.
11 특히 Bauckham, *God Crucified*, 57-58; Fee, *Philippians*, 89-102; Hays, *Moral Vision*, 28-31쪽을 보라.

순종과 자기비하의 형태로, 심지어 부끄러운 죽음을 당하면서까지 자기를 내어주시는 하나님의 사랑을 몸소 드러내 보이셨다. 이로써 그리스도는 하나님에 의해 높이 들림을 받으시고 만물을 다스리시는 하나님의 주권에 참여하며 하나님의 거룩한 이름과 창조세계의 경배를 받게 되었다. 이 구절에서 하나님의 주권과 종의 형태는 긴밀하게 연관되어 있다. 버캠은 이렇게 말한다. "제2이사야에 대한 바울의 해석에 따르면, 주님의 종의 생애, 곧 그분의 수난, 모욕, 죽음, 부활의 역사는 유일하게 참되신 하나님의 주권이 모든 민족 가운데 인정 받게 되는 방법을 보여준다."[12] 이것은 다음 두 가지 사실을 내포한다. 주님은 종이시다. 하나님은 자기를 내어주시는 사랑의 형태로 다스리신다. 또한 그 종이 바로 주님이시다. 종의 형태로 오신 그분이 이제 하나님의 다스림에 참여하신다. 이제 그분은 제2이사야서에서 오직 하나님께만 귀속되는 표현으로 묘사된다. 즉, 하나님의 거룩한 이름을 가지고 있으며 창조세계의 경배를 받을 만한 분으로 기술된다.

빌립보서 전체에 걸쳐 바울은 그리스도를 따르는 제자공동체의 삶을 묘사할 때 종의 형태를 취한 하나님의 왕적 통치에 호소한다. 두 번에 걸쳐 바울은 자신이 그리스도의 고난에 참여한 경험을 언급하며 빌립보 교인들이 본받아야 할 모범으로 제시한다. 하나는 자신이 감옥에 갇히는 곤경에 처함으로써 복음이 진보하였다는 사실이고(1:7, 12), 다른 하나는 자신이 비록 경건한 유대인의 혈통에 속해 있으나 그리스도의 복음을 위해 그 지위를 포기했다는 것이다(2:2-11). 바울은 자신의 이러한 본을 따라 빌립보 교인들이 복음으로 인해 당하는 핍박 속에서도 확고히 서며(1:27-30, 2:17) 불평을 그치고 자신의 유익보다 서로의 관계 속에서 일치와 사랑을 추구하도록(2:14, 2:2-4) 권면한다. 이런 모습으로 빌립보 교인들은 종의 형태로 다스리시는 그분의 통치에 참여한다.

바울은 그리스도의 왕적 통치를 묘사하기 위해 이사야서의 고난의 종

---

12 Bauckham, *God Crucified*, 59.

노래를 끌어들임으로써 힘에 대한 전통적인 이해를 거꾸로 뒤집어 놓는다. 진정한 힘은 자원이나 완력이나 신분의 문제와 관계가 없다. 또한 그것은 자신의 유익을 위해 영향력을 행사하는 것을 가리키지도 않는다. 진정한 힘은 무엇보다도 다른 사람들과 공동체의 필요를 우선시하는 가운데 자기를 내어주는 사랑과 다를 바 없다. 그것은 다른 사람들과 더불어, 또한 그들을 위해 기꺼이 고난을 감내하려는 사랑의 문제이다. 전통적인 힘 개념의 이 같은 전복은 바울 서신 전반에 걸쳐 발견된다. 바울은 교회공동체의 구성원들에 대해 그들이 세례를 받으면서 그리스도의 죽음에 참여하였고, 또한 서로와 이웃에 대한 관계 속에서 자기를 내어주신 그리스도의 사랑을 본받도록 부름 받았다는 점을 강조한다. 여기에서 나는 바울이 종의 형태를 취한 힘 개념을 회중을 위한 규범으로 제시하는 방식과 관련해서 다음 세 가지 점에 주목한다.

첫째, 교회공동체는 그리스도의 몸을 세우는 상호 돌봄과 섬김의 관계로 특징지어진다. 공동체 내의 이 같은 상호성을 바울은 사람들이 서로 돌보고 섬기고 위로하고 세우고 평화롭게 지내는 방식에 빗대어 기술한다. 바울이 교회의 재정적인 지원과 관련한 자신의 마땅한 '권리'를 포기했듯이, 권력과 사회적 지위를 가진 사람들은 '약한 자들'의 필요를 채워주기 위해 자신의 '권리'를 자발적으로 포기하도록 권면받는다(롬 15:1-3; 고전 8:1-11:1). 바울은 서로를 향한 사랑을 규범으로 삼아 한편으로 교인들이 스스로 영적으로 진보했다고 여기는 영적 교만을, 다른 한편으로 교회 내 파당들이 그들만의 유익을 추구하는 파벌주의를 경계한다.

둘째, 기독교공동체는 주변문화에서 발견되는 권력의 위계질서와 사회적 현상태를 답습하지 않는다. 왜냐하면 기독교공동체의 하나됨은 그리스도로부터 기원하기 때문이다. 이것은 아마도 바울의 교회들에서 사용된 세례문구에서 가장 잘 표현되었다. "너희는 유대인이나 헬라인이나 종이나 자유인이나 남자나 여자나 다 그리스도 예수 안에서 하나이니라"(갈라디아서 3장 28

절, 고린도전서 12장 13절과 골로새서 3장 9~11절을 참고하라).[13] 바울의 많은 교회들에서 보다 주목할 만한 특징은 그 안에서 그리스로마 문화의 일반적인 사회적 경계가 무너졌다는 점이다. 그러한 교회공동체 안에서는 다양한 그룹에 속한 사람들이 함께 모여 새로운 '가족'을 이루었으며 상호성과 동등성에 기초해서 서로 관계를 맺었다. 이러한 공동체 안에서 리더십과 사역 형태를 결정하는 것은 관습적인 사회적 역할이 아니라, 한 몸을 세우시는 한 분 성령님의 몫이었다. 바울은 그리스도 안에서 공동체가 하나라는 규범에 의지하여 주변문화의 위계적인 신분질서를 교회 안으로 가져오려는 시도를 꾸짖었다.[14] 예를 들어, 바울은 주의 만찬에 앞선 공동체 식탁교제에서 사회적 신분이 높은 사람들에게 더 좋은 자리를 배치하는 고린도교회 공동체를 책망했다(고전 11:17-28). 또한 바울은 고린도교회 안에서 신자들이 동료 신자들을 법정에 고소하고 재물과 신분에 의해 편파적인 판단을 내리는 사법제도를 이용하려는 시도에 대해서도 단호하게 책망했다(6:1-11).

셋째, 바울은 폭력과 징벌 형태의 권력 사용을 금하고 비폭력적 사랑을 실천할 것을 교회공동체에게 가르쳤다. 로마서 12장 14~21절에서 바울은 예수님께서 산상수훈에서 역설하셨던 비폭력적 사랑의 가르침을 되풀이한다. 바울이 여기에서 그리스도인들이 그들의 이웃들과 맺는 관계를 주로 염두에 두고서 말하고 있다. 그리스도인들은 주변문화에서 발견되는 호혜적인 권력 형태를 거부해야 한다. 즉, 이웃이 해를 가하면 그에 상응하여 그 이웃에서 해를 돌려주어야 한다는 생각에 저항해야 한다. 이런 식의 호혜적 권력이 양산하는 폭력과 보복의 악순환은 바울이 살던 시대뿐 아니라 우리가 살고 있는 오늘날에도 어디에나 존재한다. 이에 맞서 그리스도

---

[13] 이 구절이 세례문구로 사용되었다는 주장과 관련해서는 J. Louis Martyn, *Galatians*, Anchor Bible (New York: Doubleday, 1997), 373-83; Donald Juel, "Multicultural Worship: A Pauline Perspective," in *Making Room at the Table: An Invitation to Multicultural Worship*, ed. Brian Blount and Leonora Tisdale (Louisville: Westminster John Knox, 2000), 42-59쪽을 보라.

[14] 관련 구절들에 대한 해석과 관련해서는 Richard Hays, *First Corinthians*, Interpretation (Louisville: Westminster John Knox, 1997)을 보라.

인들은 보복의 문제를 하나님께 맡겨야 한다(19절). 그들은 오히려 그들에게 해를 가한 사람들을 축복하고(14절), 이해하고(15절), 그들의 필요를 채워주어야 한다(20절). 그러한 행동은 그들에게 해를 가한 사람들의 머리에 '숯불'을 올려놓게 될 것이다. 그리고 어쩌면 그들 사이의 적대적인 관계를 상호존중의 관계로 바꾸어놓을 것이다. 이런 식으로 기독교공동체는 자기를 내어주신 그리스도의 사랑을 가시적인 형태로 구현한다.

신약성경의 다른 많은 부분에서도 우리는 그리스도의 힘과 권위를 고난받는 종의 이미지로 묘사하는 구절을 발견할 수 있다.[15] 하지만 나의 기본적인 주장을 뒷받침할 만큼 이미 충분히 논의가 이루어졌다고 나는 생각한다. 주님이 종이 되셨고, 그 종이 바로 주님이시다. 따라서 힘과 권위의 개념이 재규정된다. 전복이 일어난다. 더 이상 힘은 지배 혹은 강제를 의미하지 않고, 상호 돌봄과 자기 내어줌을 의미한다. 진정한 힘은 더 이상 자신의 유익을 구하지 않고 다른 사람들의 유익과 공동체의 공공선을 추구한다.

힘과 권위에 대한 이 같은 혁신적인 개념을 구현하는 교회공동체를 묘사함에 있어 신학자들은 두 가지 유용한 개념을 발전시켰다. 그것은 대조사회로서의 교회 개념과 사회 변화의 촉매로서의 교회 개념이다.[16] **대조사회**로서 교회공동체는 공동체 내의 관계 및 이웃과의 관계 속에서 세상과는 다른 대안적인 힘과 권위를 실현한다. 지배나 폭력은 진정한 힘이 아니다. 하나님의 힘은 종의 형태, 곧 자기를 내어주고 고난을 감내하는 사랑의 형태를 취한다. 종의 형태를 취하는 교회공동체는 세상과는 다른 존재방식을 선보인다. 그러한 공동체는 사회 변화의 **촉매**가 될 수 있는 새로운 가능성을 열어준다. 갈등을 해결하는 데 폭력이 반드시 필요한 것은 아니

---

15 요한은 제자들의 발을 씻으신 예수님에 대해 기술할 뿐 아니라 그리스도가 십자가 위에 '높이 들린' 사건을 하나님의 영광이 드러난 사건으로 묘사한다. 한편 요한계시록은 하나님의 전에 자리한 그리스도를 도살당한 양의 모습으로 그리고 있다.

16 교회를 대조사회로 보는 견해는 Gerhard Lohfink, *Jesus and Community: The Social Dimension of Christian Faith* (Philadelphia: Fortress, 1984)에서 발견된다. Jürgen Moltmann은 Lohfink의 작품을 인용하면서 거기에 교회를 사회 변화의 촉매로 보는 견해를 덧붙인다. Moltmann, *The Church in the Power of the Spirit: A Contribution to Messianic Ecclesiology* (New York: Harper and Row, 1977), 3, 4장을 보라.

다. 행복이란 자신의 유익을 강요함으로써 얻어지는 것이 아니다. 또한 지배가 안전을 보장하지도 않는다. 지역공동체와 국가공동체를 이 같은 대안적인 방향으로 움직여갈 수 있도록 교회가 영향력을 행사할 수 있을지의 여부는 확실하지 않다. 하지만 한 가지 분명한 점은 교회공동체가 그 고유한 삶에서, 그리고 이웃들과의 관계 속에서 이 같은 대안적인 가능성을 먼저 구현하지 못한다면 그러한 가능성이 대안으로 부각되는 일도 거의 없을 것이라는 사실이다. 대조사회로서 교회공동체는 종의 형태를 입은 하나님의 왕적 통치를 가리키는 표지이자 증거이다. 사회 변화의 촉매로서 교회공동체는 새 창조의 가능성을 가리키는 표지이자 증거로서 하나님의 왕적 통치의 완성을 잠정적으로 예기한다.

섬김의 리더십

교회공동체를 대조사회와 사회 변화의 촉매로 보는 이 같은 이해에서 우리는 앞서 제기된 질문에 대한 대답을 찾을 수 있다. 만약 주류 교회의 리더가 변화를 주도해야 하는 도전적 과제에 직면하게 된다면, 그 변화의 목표와 결과와 목적은 무엇일까? 교회의 사명은 무엇인가? 주류 교회공동체는 이미 사양길에 접어들었을 수도 있지만, 다른 한편 공동체의 사명에 대한 새로운 이해를 발견할 수도 있다. 그런 교회들이 힘과 영향력을 상실하고 있는 현실은 역설적이게도 성경적이고 참된 의미에서 진정한 힘과 영향력을 다시 찾을 기회가 주어졌다는 것을 내포한다. 교회공동체는 더 이상 그들이 힘과 권위의 중심에 있던 과거 시절을 그리워하지 말아야 한다. 오히려 종의 형태를 입으신 주님을 본받아 세상과는 다른 힘과 권위를 보다 성실하게 구현하면서 변화를 이끌어 내야 한다. 지역공동체와 국가공동체가 나아갈 방향에 교회가 영향력을 행사한다면, 그것은 교회의 사회적 지위나 재원 때문이 아니라, 교회가 사회 변화의 촉매로서 대안적 가능성을 펼쳐 보이기 때문이다.

따라서 섬김의 리더십을 다음과 같이 이해하면 좋을 것이다. **섬김의 리더십은 그리스도의 섬김의 본을 보다 충실하게 구현하는 방식으로 교회공동체의 변화에 영향력을 발휘하는 리더십이다.** 섬김의 리더십은 자기를 낮추거나 사람들에게 부드럽게 대하거나 혹은 과도하게 책임감을 느끼는 등의 개인의 성격과는 상관이 없다. 반대로 교회공동체가 대조사회와 사회 변화의 촉매로서 그 고유한 사명에 충실하도록 변화를 이끄는 일은 용기와 결단, 그리고 다른 사람들을 세워주는 능력을 필요로 한다. 섬김의 리더십이 고통을 수반하는 경우도 있지만, 그것은 단순히 고통을 위한 고통이 아니다. 그것은 자신의 소명을 추구하는 가운데 갈등과 저항에 직면하면서 겪게 되는 고통이다. 섬김의 리더십에서 실제로 요구되는 일과 관련해 실질적인 도움을 얻기 위해서 우리는 이 장의 서두에서 언급했던 리더십의 세 가지 형태를 다시 살펴볼 필요가 있다. 섬김의 리더십과 관련해서 과제수행의 리더십, 변환적 리더십, 변혁적 리더십은 과연 어떤 모습을 취하게 될까? 아래 연속선은 이 개념을 이해하는 데 도움을 줄 것이다.

섬김의 리더십의 영성

겸손으로 무장한 탁월한 과제수행의 리더십		깊은 변화를 이끌어 내는 변혁적 리더십
	"가장 깊은 필요"를 만족시키며 경계를 넘나드는 변환적 리더십	

과제수행 능력과 겸손

과제수행 능력을 획득하는 데에는 헌신과 노력, 경험이 요구된다. 사역의 과제와 관련해서 전문성을 확보하는 데에는 다른 방법이 없다. 하지만 변화를 주도하는 일에 있어 과제수행 능력은 이보다 더 많은 것을 요구한다.

무엇보다 요구되는 것은 겸손이다. 겸손을 잘못된 겸양이나 온유와 혼동해서는 안 된다. 오히려 겸손은 자기를 내어주신 그리스도의 사랑의 본을 따라 힘과 권위를 이해하는 대조사회의 덕목이다. 고든 피(Gordon Fee)는 다음과 같이 말한다. "겸손은 기독교의 고유한 덕목이다. 그것은 십자가에 달리신 메시아의 메시지와도 같이 겸손을 미덕이 아니라 결점으로 보는 그리스로마 세계의 가치관과 완전히 대조를 이룬다."[17]

진정한 겸손의 뿌리는 구약성경의 '피조성' 이해에서 발견된다. 고든 피가 말하듯이, "그것은 피조물이 창조주 앞에서 그분에게 전적으로 의존적인 자기 지위를 바르게 인식하는 일과 관련된다. 이때 피조물은 자신의 결점과 영광을 동시에 인식하지만 그중 어느 것도 지나치게 이해하지 않는다."[18] 그리스도의 섬김의 본이라는 관점에서 볼 때 겸손은 그보다 더 나아간다. 그것은 다른 사람들의 필요와 공동체의 공공선이 자신의 행동에 대해 정당한 요구를 갖고 있다고 여기는 것이다.[19]

겸손을 동반한 과제수행 능력은 다음 두 가지를 포함한다. 첫째, 그것은 공동체 구성원들의 구체적인 필요와 공동체 전체의 유익이 리더의 자질 개발에 영향을 행사하도록 한다. 변화를 주도하는 과정은 종종 리더가 자신에게 익숙한 영역을 넘어 새로운 기술을 배우도록 요구한다. 겸손한 리더는 자신이 이미 잘하고 좋아하는 일뿐 아니라, 공동체가 필요로 하는 일도 함께 고려한다. 둘째, 겸손을 동반한 과제수행 능력은 고든 피가 말했듯이 피조물로서 자신의 위치를 인정하는 자세를 수반한다. 모든 리더는 각기 고유한 한계를 안고 있다. 변화를 주도할 때 리더가 중요한 역할을 감당하는 것은 분명하지만, 리더가 모든 일을 처리하는 것은 아니다. 겸

---

17 Fee, *Philippians*, 88.
18 Fee, *Philippians*, 88.
19 신약성경의 많은 구절들은 겸손에 대해 이야기하면서 그리스도인들이 자신의 필요보다 다른 사람들의 필요를 더 크게 보도록 권면하고 있지만, 이것은 상호성이 더 크게 부각되는 서로 간의 복종과 돌봄이라는 주제에 의해 보완될 필요가 있다. 따라서 겸손은 다른 사람들의 필요나 공동체의 유익은 전혀 고려하지 않은 상태에서 순전히 자신의 유익이나 필요만을 고집하는 태도를 포기하는 것을 의미한다.

손한 리더는 다른 사람들에게 의지할 때를 알고 있다. 부분적으로 이것은 그들이 리더로서 자신의 고유한 강점과 약점을 안고 있기 때문이다. 리더는 자신의 고유한 능력과 한계에 대한 현실적인 이해를 가질 필요가 있다.

변환적 리더십: 설득과 경계 넘어서기

앞서 우리가 살펴보았듯이, 변환적 리더십은 다음 두 가지 형태의 타협을 포함한다. 1) 리더는 구성원들이 공동체에 참여하고 공동체를 세우는 과정에서 그들의 필요가 채워질 수 있도록 노력한다. 2) 또한 리더는 공동체 내 다양한 그룹의 상충하는 쟁점들 사이에서 정치적 타협을 이끌어 냄으로써 교회공동체가 그 사명을 감당하도록 돕는다. 변환적 리더십에 내포된 이 두 가지 차원을 대조사회와 사회 변화의 촉매로서 교회공동체의 비전에 헌신한 리더가 어떻게 다룰 수 있을까? 피상적으로 볼 때 계약이나 타협이 교회공동체 안에서 위치할 자리는 없어 보인다. 하지만 이것은 너무 단순한 판단이다. 우리는 공정거래 계약관계 모델에서 하나님과의 언약관계 모델로 전환할 필요가 있다.

이 같은 전환이 교회공동체에 참여하고 후원하는 구성원들의 필요를 채워주는 변환적 과제수행을 어떻게 바꾸어놓을 수 있을까? 섬김의 리더십을 실천하는 리더는 자신이 속한 공동체가 다른 사람들의 필요에 응답할 수 있는 공동체가 될 수 있도록 노력한다. 하지만 그들은 사람들이 피부로 느끼는 필요와 그들의 '가장 깊은' 필요를 구분한다. 사람들이 피부로 느끼는 필요는 그들이 살고 있는 사회에 의해 형성된다. 예를 들어, 오늘날 많은 사람들은 노동, 의료, 보험, 교육, 정책 등과 관련해서 사람을 소외시키는 비인격적인 관료조직을 경험하며 살아간다. 사람들은 서로의 이름을 불러주고 인격적인 방식으로 서로 관계를 맺을 수 있는 공동체를 갈망하고 있다. 그들이 피부로 느끼는 이 같은 필요는 실제적이며, 섬김의 리더는 공동체가 그러한 필요를 만족시킬 수 있도록 노력한다. 하지만 그들은 여기에서 멈추지 않는다. 사람들이 피부로 느끼는 필요가 그들의 '가장 깊은' 필요와 반드시 일치하는 것은 아니다. 수차례에 걸쳐 예수님은 사람들이 자신에게 가져온 필요와 질문을 새롭게 구성함으로써 그들이 하나님과의 관계 속에서 갖고 있는 가장 깊은 필요를 그들이 직시하게 만들었다. 주님, 내가 영생을 얻기 위해서는 무엇을 해야 합니까? 사람들의 도덕적 기준에 비추어볼 때 우리가 이 간음한 여인을 돌로 쳐 죽여야 하지 않을까요? 예수님의 방식과 같은 방식으로 섬김의 리더는 사람들이 피부로 느끼는 필요에 응답한다. 하지만 그들은 또한 자기를 내어주시는 하나님의 사랑에 대해 증언하는 사명을 부여 받은 언약공동체의 일원으로서 사람들이 자신들의 '더 깊은' 필요를 깨닫도록 돕는다. 이때 그들은 특별히 다음 두 가지 방식을 활용한다.

첫째, 섬김의 리더는 공동체 구성원들에게 다른 사람들의 필요가 점차 자신의 필요만큼이나 중요하게 여겨지게 되는 제자도의 길에 대해 일깨워준다. 여기에서 사용되는 논리는 다음과 같다. 우리가 여러분의 필요에 민감하게 반응하는 공동체인 것처럼, 이 공동체의 일원인 여러분도 이제는 다른 사람의 필요에 민감하게 반응해야 한다는 것이다. 자기 관심은 여러분의 가장 깊은 필요가 아니다. 오히려 여러분은 다른 사람을 돌아보는 가운데 자신을 잃어버릴 때 비로소 자신을 발견하게 될 것이다.

둘째, 섬김의 리더는 자신이 속한 공동체의 구성원들이 그들과 다른 사람의 필요를 돌아보도록 지도한다. 예수님은 계속해서 사회적 경계를 넘어섰다. 예수님은 이스라엘의 '선한 백성'에 속하지 않은 사람들, 곧 병든 자, 소외된 자, 가난한 자, 심지어 삭개오와 같이 부패한 자에게 하나님의 사랑을 전해주었다. 초대 기독교공동체는 이와 같은 경계 넘어서기를 몸소 실천했다. 그 안에서는 그리스로마 세계에서 사회적 신분이 근본적으로 다른 사람들이 함께 모였다. 거기에는 노예와 자유인, 남자와 여자, 그리스인과 유대인, 부유한 자와 가난한 자가 함께 있었다. 바로 이 지점에서 대조사회로서 교회공동체는 계약 거래의 논리를 깨고 그리스도 안에서 하나됨에 기초한 언약공동체가 된다. 변환적 리더십이 계약 거래의 형태를 취한다면, 구성원들은 교회의 목적이 '우리와 같은' 사람들의 필요를 만족시켜 주는 것이라고 생각하게 된다. 교회가 우리의 필요를 만족시켜 주는 한에서 우리는 교회에 참여하고 후원한다. 여기에는 우리와 전혀 다른 사회적 환경 속에 사는 다른 사람의 필요에 대한 배려가 없다. 반대로 언약공동체는 경계를 넘어 다른 사람의 필요를 돌아본다. 기쁨과 감사 속에서 그 공동체의 구성원들은 자기를 내어주신 하나님의 사랑의 선물을 받고, 또한 자신과 다른 사람을 환영하고 섬기는 가운데 그 사랑을 다른 사람에게 나누어준다.

변환적 리더십에 내포된 정치적 차원은 어떠한가? 섬김의 리더는 이 문제를 어떻게 다룰 것인가? 물론 그들은 정치적인 책략이나 타협에 물들지는 않을 것이다. 이 문제와 관련해서 우리는 바울에게서 지도를 받을 수 있다. 대체로 바울은 자신의 사도적 권위가 가진 '정치적 영향력'을 행사할 때 설득이라는 방법을 사용한다.[20] 그 단적인 예를 우리는 고린도전서 8~10장에서 바울이 고기 먹는 문제를 둘러싼 논쟁을 다루는 방식에서 찾아볼 수 있다. 우상에게 희생 제물로 바쳐졌던 고기를 먹는 것을 둘러싼 문제는 초대 기독교공동체 안에서 큰 논쟁을 불러일으켰다. 이것은 마치 오늘날 많은 교회들에서 동성애 문제를 둘러싸고 찬반 논쟁이 분명하게 나뉘는 것과 유사한 상황이었다. 바울은 이 문제를 다룰 때 논쟁에 참

---

[20] 예를 들면, 고린도교회 내에 의붓어머니와 성관계를 가진 교인을 책망할 때와 같이(고전 5:1-13) 바울이 보다 직접적으로 자신의 권위를 행사하는 때도 더러 있다. 이때 바울은 고린도교인들이 해야 할 일을 단도직입적으로 언급한다. 그는 고린도교인들이 그 교인을 교회 밖으로 쫓아내고 그가 행실을 돌이키고 이로써 구원을 받길 소망해야 한다고 충고한다(5절). 이런 식으로 바울이 자신의 권위를 직접적으로 행사하는 경우는 그의 서신에서 매우 드문 일이다. 그리고 이런 일은 오늘날의 교회 리더에게서는 더욱 찾아보기 힘들다. 하지만 변화로 인한 갈등과 저항이 지나쳐서 리더가 직접 간섭해서 상황을 마무리시켜야 하는 때도 있을 수 있다. 어떤 교회가 다른 인종, 다른 문화, 다른 성적 지향, 혹은 다른 계급의 사람들을 공동체 안으로 받아들이기 시작했다고 생각해 보자. 교인들 중에는 그들을 불결하게 여기고 못마땅해 하는 사람들도 있을 것이다. 이때 리더는 단호하게 그들의 태도를 꾸짖어야 한다. 그럴 경우 일부 교인들이 교회를 떠날 수도 있다. 리더는 다만 바울과 같이 이 일로 인해 그들이 언젠가 마음을 돌이키게 될 것을 희망할 뿐이다.

여하고 있는 양편의 입장을 '약한 자'와 '강한 자'로 규정했다. 그는 개인이 논쟁의 다른 편에 서 있는 사람의 필요를 고려하는 가운데 자신의 양심에 따라 자유롭게 판단할 수 있도록 하는 입장을 고린도교회 공동체가 채택하도록 설득했다. 다른 말로 하면, 바울은 정치적 논쟁으로부터 스스로를 멀리하지 않았다. 오히려 그는 그러한 논쟁 속에 뛰어들었고, 자기 유익만을 구하지 않는 상호 돌봄의 원칙 위에서 이 문제가 원만하게 해결될 수 있도록 모든 사람들을 설득하려 했다.

변혁적 리더십과 그리스도의 고난에 동참함

우리가 앞서 보았듯이, 변혁적 리더십은 교회공동체를 깊은 변화의 과정으로 이끄는 리더십이다. 이 과정을 통해 공동체의 정체성, 문화, 운영절차, 사명 등에 있어 근본적인 변화가 일어난다. 변혁적 리더십은 오늘날 주류 교회공동체 안에서 가장 필요로 하는 형태의 리더십이다. 그러한 리더십에는 대가와 위험이 따른다. 저항과 갈등, 실패와 실망 등이 이어질 것이다. 하지만 예수님이 보여준 섬김의 리더십에 가장 가까이 다가선 이들이 바로 변혁적 리더십에 헌신한 사람들이다. 그리스도와 같이 그들은 하나님이 원하시는 공동체를 만들기 위해 수고하는 가운데 온갖 고난을 감내한다. 말하자면, 그들은 그리스도의 고난에 동참한다. 여기에서 나는 그들이 그리스도와 함께 또한 그리스도를 위해 고난받는 이 일과 관련해서 세 가지 역설을 살펴보고자 한다.

여러분은 오직 자신을 잃어버림으로써만 여러분의 길을 발견하게 될 것이다. 이 책의 여러 곳에서 나는 실천신학적 해석의 과제를 설명하기 위해 지도의 유비를 사용했다. 특히 2장에서 나는 특정 사건, 정황, 상황을 해석하기 위해서 이론적 지도에 의존하는 것이 얼마나 중요한지 다루었다. 그 같은 지도가 없다면 교회공동체 리더는 "길도 잃고 지도도 없고 부적절한 옷을 입고 있는" 상황에 놓이게 된다. 나는 깊은 생각과 풍부한 지식이 갖추어진 리더십에 대한 확고한 긍정을 철회할 생각이 전혀 없다. 하지만 여기에서 나는 깊은 변화를 이끌어 가는 실제적인 과정에 있어 그와 같은 지도의 부적절성을 강조하고자 한다. 사실상 리더가 길을 잃을 의향이 전혀 없다면, 그들은 결코 자신들이 나아가야 할 길을 발견할 수 없을 것이다. 왜 그러한가?

가장 기본적인 이유는 깊은 변화가 과거와의 불연속성을 전제하기 때문이다. 옛 지도들이 다른 교회 혹은 다른 시대에는 유용했을지 몰라도 미지의 영역으로 우리를 인도할 수는 없다. 여러분의 길을 찾는 일은 한 길을 따라가다가 그 길이 막혀 있는 것을 알게 되고서 다른 방향으로 선회하는 과정을 포함한다. 말하자면, 그것은 앞에 어떤 길이 놓여 있는지 미리 알지 못하고, 그래서 위험을 감수하고, 길을 잃어버리고, 그렇지만 미지의 영역으로 모험을 계속하는 과정의 연속이다. 많은 리더들은 "미리 알지 못하고" 그래서 통제할 수 없는 상황에 직면하는 것을 두려워한다. 이것은 진정한 의미에서 무력함의 경험이다. 이 경험은 그리스도 안에서 우리가 발견하는 하나님에 대한 신실한 믿음을 요구한다. '알지 못하는' 가운데 하나님을 신뢰하는 것, 이것이 바로 섬김의 리더십의 영성에 있어 핵심이다.

여러분은 다른 사람들에게 힘을 불어넣음으로써 여러분 자신의 힘을 얻게 될 것이다. 깊은 변화는 통상적으로 공동체의 가장자리에서 시작해서, 회중이 변화의 필요를 인식하고 목적하는 변화를 성취할 능력을 갖게 될 때 비로소 공동체의 목표로 자리 잡게 된다. 따라서 변화를 주도하는 리더는 소외될 위험을 기꺼이 감수할 용의가 있어야 한다. 종종 이 같은 소외는 공동체 내 지도그룹이 공동체의 '조직 실재'를 규정함에 있어 막강한 영향력을 행사하고 공동체의 일이 다른 방식으로 처리될 수도 있다는 가능성에 저항하는 데서 비롯된다. 크리스 아기리스(Chris Argyris)는 그와 같은 세력이 "논의의 여지가 없는" 전제를 고수하고 있다고 설명한다.[21] 이 같은 전제는 현재 조직의 삶 속에 너무도 깊숙이 자리하고 있기 때문에, 그러한 전제를 문제 삼는 사람들은 다른 사람들로부터 무모하다거나 어리석다는 등의 부정적인 반응을 감수해야 한다. 깊은 변화는 논의의 여지가 없는 이 같은 전제를 문제 삼고 그로 인해 다른 사람들로부터 소외되는 과정을 포함한다. 따라서 깊은 변화를 가져오는 입장은 일반적으로 그 시초에 상대적으로 무력하다.

다른 사람들이 변화의 필요성을 인식하고 그 변화의 과정에 동참하도록 리더가 그들을 설득시키지 못한다면, 변혁적인 리더는 공동체의 가장자리에 계속해서 머무를 수밖에 없다. 섬김의 리더는 자신을 변화의 중심으로 만들지 않는다. 오히려 그들은 자신이 가진 힘을 내려놓는다. 예수님은 소수의 제자집단에 집중하셨고, 그들은 결국 초기 기독교공동체 안에서 복음을 전파하고 리더십을 발휘하는 데 결정적인 역할을 감당했다. 마찬가지로 바울 역시 새 교회공동체를 만나면 리더를 훈련시키기 위해 잠시 머물렀다가 그 공동체를 떠났다. 이것이 바로 섬김의 리더십을 통해 힘이 작용하는 방식이다. 리더는 다른 사람들을 세움으로써 힘을 얻는다. 이것 역시 섬김의 리더십 영성에 있어 핵심적인 차원에 속한다.

여러분이 교회공동체에 덜 집착할수록 여러분과 공동체의 관계는 더욱 깊어진다. 여기에서 '집착'은 무엇을 의미하는가? 이것이 핵심이다. 나는 집착이라는 용어를 제랄드 메이(Gerald May)가 규정한 의미를 따라 이해한다.[22] 여기에서 나는 리더가 자신의 직업적 성취나 권력뿐 아니라 자기 긍

---

21 Chris Argyris, *Increasing Leadership Effectiveness* (New York: Wiley, 1976), 16.
22 집착에 대한 제랄드 메이의 글을 참고하라. May, *Addiction and Grace: Love and Spirituality in the Healing of Addictions* (San Francisco: Harper and Row, 1988). 메이의 주장에 따르면, 인간은 사랑을 위해 창조되었지만, 하나님을 향한 열망을 바꾸어 하나님이 아닌 다른 대상에 집착한다(92쪽). 그러한 집착은 중독의 성격을 띤다. "사람들이 그들의 진정한 열망이 아닌 대상들에 에너지를 쏟도록 내적 강제를 경험하는 곳이 있다면 그곳에 중독이 자리하고 있다. (중략) 집착이란 열망을 노예로 만듦으로써 중독 상태를 일으키는 과정을 일컫는다"(14쪽). 그는 자신의 이 같은 주장을 안전중독의 예를 들어 설명한다. 안전중

정, 안전, 가치 등을 위해 공동체에 의존하는 경향을 염두에 두고 있다. 그와 같은 집착은 중독의 특징을 가지고 있으며, 리더가 스스로 사고할 수 없게 만들거나 그들을 갈등 상황으로 내모는 의존 형태를 창출한다. 이런 식으로 교회공동체에 의존적인 리더는 자기 긍정과 안전과 가치의 궁극적인 원천인 하나님을 향한 갈망을 바꾸어 결국 이러한 필요를 전혀 만족시켜 줄 수 없는 공동체에 집착하게 된다.

변혁적 리더는 이런 식으로 공동체에 집착해서는 안 된다. 왜 그런가? 한 가지 이유는 깊은 변화는 거의 필연적으로 갈등과 저항을 불러일으키기 때문이다. 자기 긍정과 직업적 지위를 위해서 교회공동체에 의존하고 있는 리더는 깊은 변화가 요구하는 시련과 어려움을 견뎌낼 수 없다. 왜냐하면 그들의 결정과 행동은 두려움이나 개인적인 필요, 혹은 직업적 성공을 위한 열망 등에 의해 좌지우지될 때가 많기 때문이다. 말하자면, 그들의 결정과 행동은 교회공동체가 하나님의 백성으로서 그 사명을 완수하기 위해서 필요한 변화에 기반하고 있지 않다. 갈등과 저항에 직면한 섬김의 리더는 다른 사람들로부터 부정적인 피드백을 받을 때에조차 그들이 변화의 과정을 시작하도록 동기 부여한 처음의 비전과 가치를 굳게 붙든다. 이것은 변혁적 리더가 완고하다거나 고집불통이다거나 다른 사람들로부터 단절되어 있다는 것을 의미하지 않는다. 역설적이게도, 사실은 그 정반대이다. 그들이 다른 사람들을 설득해서 변화의 과정에 그들이 참여하도록 만들 때, 새로운 활력이 방출되고 새로운 관계가 형성된다. 사람들은 자유롭게 서로를 지지할 수 있을 뿐 아니라 자유롭게 서로를 도전할 수도 있다. 나아가 변화를 주도하는 사람들 사이의 관계는 앞으로 교회공동체가 만들어 갈 공동체 유형의 모델이 되기도 한다. 집착 대신 서로 돌아보는 관계가 자리 잡는다. 이것 역시 섬김의 리더십 영성의 한 차원이다.

독이란 사람들이 자신의 재산, 권력, 대인관계, 군사제도, 감시체계 등에 있어 강박적으로 안전을 추구하는 증세를 가리킨다(31-36쪽). 그러한 것들에 대한 집착은 알코올중독만큼이나 강력하다.

조직 변화: 열린 체계이론

지금까지 우리는 변혁적 리더십의 역할에 주로 초점을 맞추었다. 그렇다면 공동체 전체의 변화는 어떠한가? 공동체 안에서 변화는 어떻게 일어나는가? 다른 한편, 우리의 초점은 교회공동체의 내적 삶에 맞추어져 있었다. 곧 하나님의 백성으로서 교회공동체를 그 고유한 사명에 충실한 대조사회로 만드는 데 초점이 맞추어져 있었다. 그렇다면 사회 변혁의 촉매로서 교회의 역할은 어떠한가? 이 질문들에 대한 대답을 찾는 데 있어 우리는 조직 변화에 관한 문헌에서 도움을 얻을 수 있다. 특별히 나는 조직을 열린 체계로 이해하는 이론에 주목한다.

열린 체계이론: 개관

열린 체계이론은 생명의 그물망 개념에 기초한 생명과학의 '새로운 종합'이 제시하는 이론군의 한 부분이다. 열린 체계이론은 유기체를 생존을 위해 외부 환경과 상호작용하는 열린 체계로 묘사한다. 따라서 "열려 있다."는 말은 모든 생명체들이 그들이 살고 있는 환경에 의존하고 있고, 또한 그 환경과 지속적인 상호작용 속에 있다는 사실을 가리킨다. 모든 생명체는 환경으로부터 에너지와 자원을 가져오고, 그것을 변화시켜 자신을 유지시키며, 후에 그것을 배설한다. '체계'라는 말은 한 생명체의 경계 내에 있는 다양한 부분, 곧 하위체계가 서로 연결되어 있음을 지칭한다. 예를 들어, 인간의 몸의 각 부분은 매우 다양하고 전문화되어 있지만, 통합된 방식으로 함께 움직이며 피드백 고리에 의해 연결되어 있다. 거꾸로 이 같은 내적 체계는 유기체와 환경 사이의 피드백 고리에 연결되어 있고, 이때 피드백 고리는 유기체가 환경에 선택적으로 응답할 수 있도록 도와주는 인식 메카니즘에 의해 지도 받는다. 내적, 외적 피드백이 균형을 이루면, 유기체는 환경과의 상호작용에서 항상성(homeostasis) 혹은 평형 상태에 도달한다. 평형 상태는 다음 두 가지 방식으로 깨어질 수 있다. 첫째, 내부적으로 하위체계들 간의 균형이 깨어질 수 있다. 암이 몸의 중요한 기관을 공격해서 그 기관이 더 이상 제 기능을 수행할 수 없을 때, 전체 체계는 비평형 상태에 들어가게 된다. 유기체와 환경 사이의 균형관계가 틀어질 수 있다. 가뭄이 들어 유기체가 음식을 더 이상 확보할 수 없게 되는 경우도 있고, 새로운 종이 유입되어서 기존의 종을 먹이로 삼는 경우도 있다. 지금까지 우리는 개별 생명체를 열린 체계의 예로 언급했다. 하지만 개별 생명체는 더 큰 다른 체계 안에 자리하고 있다. 예를 들어, 대부분의 포유동물은 재생산, 보호, 음식 확보 등을 위해 체계를 구성한다. 이러한 체계는 또한 생명의 그물망을 구성하는 더 큰 자연적, 사회적 체계 안에 깃들어 있다.

열린 체계이론을 조직에 적용했을 때, 우리는 한편으로 상호연관된 하위체계로 구성된 조직의 내적 체계와, 다른 한편으로 조직과 그 조직이 자원을 교환하는 다른 체계들로 구성된 환경 사이의 상호작용에 관심을 갖게 된다. 여기에서도 변화는 내적, 외적 요소에 의해 유발될 수 있다. 우선 내적으로 하위체계의 성장이 불균형을 이루어 변화가 요청되는 경우가 있다. 예를 들면, 새로운 목사가 예배 형식을 보다 비형식적으로 만들고 오늘날의 복음성가를 예배 중에 도입했다고 가정해 보자. 그 결과 아이들을 가진 젊은 가정들이 대거 교회에 들어오게 되었다. 하지만 교회의 교육체계는 예배 형식의 변화로 인한 이 같은 변화에 전혀 준비되어 있지 않았다. 주일학교를 위한 공간 배정 및 교사 수급은 주일학교에 몰려드는 아이들을 모두 수용할 능력을 갖추지 못했다. 따라서 교회공동체 내의 한 하위체계에서 일어난 변화가 다른 하위체계에 위기를 초래한 것이다. 이 같은 상황은 조직체계를 일시적인 불균형 상태로 만든다. 새로운 평형 상태에 도달하기 위해서는 새로운 구조와 새로운 피드백 고리가 형성되어야 한다.

한편 조직 내의 변화는 외부적인 요인에 의해서 발생하기도 한다. 즉, 그 조직이 자원을 교환하는 다른 체계 내에서 일어난 변화가 조직 변화를 촉발하기도 한다. 예를 들어, 지난 수십 년간 인근의 모든 공장들이 문을 닫고 다른 지역으로 옮겨간 도시에 위치한 교회를 가정해 보자. 공장 문 폐쇄는 노동자들에게 좋은 직장을 별로 남겨두지 않았다. 결과적으로 그 지역의 많은 젊은 사람들이 직장을 찾아 그 도시를 떠났다. 지역의 재정적, 인적 자원이 감소하면서, 교회공동체의 규모 역시 줄어들었다. 다른 체계와의 관계 속에 있는 체계로서 교회공동체는 이제 세계적 경제체계의 변화 속에서 함께 변화하고 있는 인근 지역의 경제체계의 변화에 어떻게 대처해야 할지 결단해야 한다.

열린 체계이론은 리더십에 초점을 맞추었던 이 장의 첫 부분 논의를 보완한다. 다시 말해, 열린 체계이론은 교회공동체를 하위체계로 구성되어 있으면서 주변 환경의 다른 체계와 상호작용하는 조직체계로 이해하고, 리더십을 그러한 열린 조직체계 안에 위치시킨다. 또한 이 이론은 조직 내적, 외적 요인 및 그 요인들 사이의 상호작용을 함께 고려하는 변화 모델을 제공한다. 교회공동체를 열린 체계로 이해하는 이 같은 관점은 여러 가지 이슈에 통찰을 제공한다. 여기에서 나는 공동체 변화를 주도하는 리더가 당면하는 문제와 관련해서 다음 세 가지 이슈에만 초점을 맞출 것이다.

공동체 변화에 대한 어떠한 비전이 구체적인 상황 속에 있는 공동체의 사명을 가장 잘 포착하고 있는 것일까?

열린 체계이론은 교회공동체 리더가 상황에 충실하게 생각하도록 독려한다.[23] 만약 교회공동체가 주변 다른 체계와 상호작용하는 조직체계라면, 교회공동체의 사명은 주변 상황과의 관계 속에서 구체적인 모습을 취하게 될 것이다. 변화 주도의 핵심은 교회공동체의 미래 모습, 곧 상황에 충실하게 고유한 사명을 성취해 가는 교회의 모습에 대한 비전을 형성하는 일이

---

23 상황신학적 사고에 대한 다양한 접근을 효과적으로 개관하려면, Stephen Bevans, *Models of Contextual Theology* (Maryknoll, N.Y.: Orbis, 1992)를 보라.

다. 이 책 전체에 걸쳐 나는 상황이라는 말을 유동적으로 사용하며, 교회공동체가 상호작용하고 있는 지역과 지방과 국가와 세계의 체계를 가리키는 것으로 이해한다. 따라서 교회공동체는 미시적 상황 혹은 거시적 상황에 맞추어 그 바람직한 미래에 대한 비전을 형성할 수 있다. 어떤 교회공동체는 세계 경제체제가 아프리카 국가들에 미치는 영향에 깊은 관심을 가지고서 그곳에 있는 교회들과 파트너십을 형성하고 교육과 의료와 관련한 자원을 제공하는 한편, 가난의 문제를 해결하려는 노력을 기울일 수도 있고, 혹은 교회 인근 지역에 관심을 집중하고 유사한 이슈를 다루려고 애쓸 수도 있을 것이다. 선교 열정이 강한 교회공동체는 종종 미시적인 상황과 거시적인 상황에 동시에 응답하려고 한다.

이런 유형의 선교 사역으로 교회공동체를 이끌어 가기 위해서는 공동체의 미래에 대한 설득력 있고 실현 가능한 비전을 형성하고 전달하는 일이 필수적으로 요구된다. 여기에서는 상황적인 사고와 체계적인 사고가 동시에 요구된다. 리더는 종종 후자보다는 전자에 초점을 맞추는 경향이 있다. 아래 소개할 사례 연구에서 이 점은 분명하게 드러날 것이다. 이 사례는 주일 오전에 사역을 집중하던 교회공동체를 주변 도시 상황의 필요를 채워주는 일에 헌신된 교회공동체로 변화시키려는 리더십을 보여준다. 하지만 이 사례에서 보여주는 리더십에서는 체계적인 사고 형태가 덜 발달되어 있다. 체계적인 사고란 구체적인 문제의 원인에 대한 체계적인 성찰을 말한다. 교회공동체가 도움이 필요한 사람들에게 재정적인 지원을 제공하는 일은 중요한 일이다. 하지만 교회공동체가 그들을 가난하게 만드는 경제체계, 교육체계, 사회체계에 대해 성찰하는 것 역시 중요한 일이다. 도움의 손길을 제공하는 것과 정의를 구현하는 것은 함께 가야 한다. 아래 사례 연구를 읽으면서 리더가 변화의 과정에서 체계적 사고를 어떻게 활용하는지 여러분이 눈여겨보기 바란다.

교회공동체 안에 필요한 변화의 과정은 어떤 유형의 것인가? 혁명적 변

화인가, 아니면 진화적 변화인가?

  조직 변화이론은 일반적으로 변화의 두 가지 패턴을 구분한다. 그중 하나는 혁명적 변화이고, 다른 하나는 진화적 변화이다.[24] 두 가지 패턴 모두 교회공동체 체계 안에 깊은 변화를 가져올 수 있다. 코니 거식(Connie Gersick)은 조직의 혁명적 변화를 중단된 평형 상태라는 개념으로 설명한다.[25] 첫째, 모든 조직은 '깊은 구조'를 갖고 있다. 이때 깊은 구조란 조직을 구성하는 상호연관된 하위체계 및 그 조직이 환경과 관계 맺는 방식을 가리킨다. 둘째, 이 깊은 구조는 평형기간 동안 유지된다. 셋째, 이 평형 상태가 중단되고 조직의 깊은 구조가 변화할 때 혁명적 기간이 시작된다. 이 기간은 그 조직체계에 있어 큰 충격으로 경험되며, 중대하고 급격한 변화를 동반한다. 과거의 구조들이 붕괴되고, 새로운 집단과 리더가 권력을 갖게 되고, 정체성과 운영절차에 있어 가시적인 변화가 나타난다. 따라서 혁명적 변화는 일반적으로 조직 내 큰 위기를 동반하고, '이전'과 '이후' 사이를 명확하게 구분하는 전환기를 지난다.

  반대로 진화적 변화는 점진적이다. 점진적 변화는 일반적으로 조직의 하위체계 내에서 발생한 변화로부터 시작한다. 이것은 과거와 연속적이면서 동시에 현재 체계를 개선하고 수정하는 작은 변화를 창출한다. 진화적 변화가 깊은 변화로 이어지는 경우는 많지 않다. 하지만 많은 조직이론가들은 진화적 변화가 깊은 변화를 가져올 잠재력을 갖고 있다고 주장한다. 칼 웨익(Karl Weick)과 로버트 콰인(Robert Quinn)은 이러한 관점을 "구성단위 전반에 걸쳐 동시에 발생한 작은 연속적인 변화는 축적되어 근본적인 변화를 가져올 수 있다고 보는 견해"로 규정한다. 그들의 주장에 따르면, "이 같은 시나리오는 긴밀하게 결합된 상호의존성을 가정하고 있다."[26]

---

24 Burke, *Organization Change*, chapter 4.
25 Connie Gersick, "Revolutionary Change Theories: A Multilevel Exploration of the Punctuated Equilibrium Paradigm," *Academy of Management Review 16*, no. 1 (1991): 10-36. 버크는 *Organization Change*, 64-67쪽에서 이 글을 요약하고 있다.
26 Karl Weick and Robert Quinn, "Organization Change and Development," *Annual Review of Psychology 50*

"긴밀하게 결합된 상호의존성"이란 조직의 하위체계가 상당한 정도로 상호작용하며 영향을 주고받고 있음을 의미한다. 다른 말로 하면, 체계의 한 부분에서 일어난 변화는 필연적으로 체계 전체에 걸쳐 반향을 불러일으킨다는 것이다. 하지만 교회공동체 체계 안에서 이것이 항상 맞아떨어지지는 않는다. 예를 들어, 청소년부는 제직회와 '긴밀하게 결합되어' 있지 않다. 청소년부의 변화가 제직회에 필연적으로 영향을 미치지는 않는다. 따라서 교회공동체 내의 점진적인 변화는 일반적으로 그 변화가 일어나는 하위체계에 국한되어 있는 경우가 많다. 물론 항상 그런 것만은 아니다. 리더가 한 하위체계에서 일어난 혁신을 다른 하위체계에 확대 적용함으로써 결과적으로 교회공동체 체계 전체에 영향을 미치는 결과를 가져올 수도 있다. 내가 개인적으로 잘 알고 있는 한 교회공동체의 리더는 형식적이고 서먹서먹한 관계의 문화를 보다 친밀하게 교제하는 문화로 바꾸고자 결단했다. 그들은 먼저 모든 새가족 모임을 소그룹 형식으로 바꾸면서 변화의 과정을 시작했다. 이어서 그들은 소그룹 사역을 공동체 전체에 확대 적용하고 이 사역을 이끌 인물을 한 명 고용했다. 또한 운영위원이 정기적으로 바뀔 시점에는 가능한 소그룹에 참여하고 있는 사람들이 새로운 운영위원으로 선발되도록 모든 노력을 다했다. 그들은 운영위원들이 내규를 바꾸어 운영위원 모임에 친교와 교제의 시간을 반드시 포함시키도록 그들을 훈련시키고 격려했다. 시간이 지나면서 한 하위체계 안에서 일어난 혁신이 전체에 번지게 되었다.

요컨대, 깊은 변화는 혁명의 경로를 따를 수도 있고, 진화의 길을 따를 수도 있다. 리더가 스스로에게 물어야 할 질문들 중에 하나는 이 두 가지 경로 중 어떤 경로가 자신들이 속한 공동체에게 가장 잘 맞아떨어지는가 하는 것이다. 교회공동체 체계는 큰 충격이 필요한가? 아니면 한 하위체계에서 일어난 작고 점진적인 변화가 시간이 지나면서 교회공동체 전체에

(1999): 375, quoted in Burke, *Organization Change*, 68.

영향을 미칠 수 있을까? 아래 사례 연구를 읽을 때 여러분은 이 두 가지 패턴 중 어떤 패턴이 이 교회공동체에서 일어나고 있는 변화를 더 잘 포착하고 있는지 스스로 물어보기 바란다.

어떻게 하면 내가 교회공동체의 여러 단계에서 변화를 후원할 수 있을까?

워너 버크(Warner Burke)는 포괄적인 변화의 과정에 의해 영향을 받는 조직의 세 가지 단계를 구분한다. 그 세 단계는 개인, 그룹, 전체 체계를 말한다.[27] 이 세 단계 모두에서 저항과 후원이 동시에 발견된다. 따라서 리더가 변화를 교회공동체 체계 전체의 관점에서만 생각할 것이 아니라, 변화의 과정에 각기 다른 방식으로 참여하는 특정 개인과 그룹의 관점도 함께 고려하는 것은 중요한 일이다.

개인 단계. 개인은 조직 변화의 과정에 매우 다양한 방식으로 반응한다. 이것은 그의 인성, 인생사, 조직투자, 가치관, 신념 등과 관계되어 있다. 리더가 조직 변화의 이 단계에 주목하는 것은 매우 중요한 일이다. 우리는 리더가 그렇게 하는 가장 중요한 방법들 중 하나를 살펴보았다. 즉, 개인이 변화의 과정을 형성하도록 그에게 힘을 실어주는 것이다. 개인의 관심과 참여는 변화의 과정에 대한 더 큰 헌신으로 이어진다. 흔히 이것은 리더십 교육이나 '코칭', 곧 개인적인 대화를 통한 비공식적인 후원과 성찰에 의해 이루어진다. 우리는 이미 개인에게 힘을 실어주는 일의 중요성을 살펴보았으므로, 여기에서 우리는 개인적인 단계에서 변화에 저항하는 공통적인 원천, 곧 상실의 경험에 초점을 맞추고자 한다.

많은 개인들이 공동체의 변화를 일종의 상실로 경험한다. 흔히 공동체에 가장 강한 결속을 느끼는 사람들이 이와 같은 방식으로 반응한다. 그들은 가치 있는 무언가, 곧 좋아하는 찬양을 부르거나 모든 구성원들의 이름을 아는 등 친숙한 일상을 잃어버리고 있다고 느낀다. 그들은 자신들에게 개인적으로 큰 의미를 부여해 주었던 영향력 있는 지위를 잃어버리고

---

27 Burke, *Organization Change*, chapter 5.

있다고 느낄 수 있다. 혹은 그들은 현재 상태에 만족하지만 변화가 목적에 닥쳤을 때 선택의 여지가 없다고 느낄 수도 있다.

리더는 개인이 느끼는 이러한 상실감과 그로부터 비롯되는 저항감을 인식할 필요가 있다. 우리는 슬픔에 관한 성찰에서 유익한 관점을 얻을 수 있다. 사랑하는 사람을 잃고 슬퍼하는 개인은 많은 경우 그의 슬픔을 그치기 전에 자신의 고통과 분노를 표현할 필요가 있다. 너무 서둘러 그러한 감정을 억누르고 잠재운 사람은 그 후 수년 동안 해결되지 못한 슬픔을 계속해서 경험하곤 한다. 이것은 개인이 변화에 저항하는 것처럼 보일 때 그 상황을 이해할 수 있는 유익한 방법이다. 그는 변화를 상실로 경험하고 있으며, 그가 변화에 참여하기에 앞서 고통과 분노를 표현해야 할 필요가 있다는 사실을 두려워하지 않는 리더를 필요로 하고 있을 수 있다.

물론 이것은 개인의 저항의 모든 형태를 설명하지는 못한다. 현재 상태의 상황에서 기득권을 누리고 있는 사람들은 변화에 대하여 완전히 부정적인 입장을 취하며, 변화를 뒤엎으려고 하거나 그 변화로 인해 투덜댄다. 그러한 사람들을 설득할 수 있는 비책 같은 것은 없다. 때로 시간이 지나면서 혹은 변화의 열매를 보면서 그들이 마음을 돌리기도 하지만, 항상 그런 것은 아니다. 리더는 그러한 개인을 돌아보는 데 최선을 다해야 하지만, 그렇다고 해서 그들이 변화 과정을 되돌리는 것을 그대로 묵과할 수는 없다. 리더는 그들의 비전에 내적으로 헌신되어 있어야 한다.

아래 소개할 사례 연구에서, 변화의 개인적인 단계에 주목하라. 이 이야기에서 여러분은 일부 개인들이 변화 과정에 깊이 관여하게 되는 이유들 중 몇 가지를 파악할 수 있을 것이다.

그룹 단계. 모든 조직은 그룹을 포함하고 있다. 그룹은 조직의 목적과 관련해서 특정 측면을 성취하기 위해 구성된 전문화된 하위체계이다. 버크에 따르면, 그룹은 다음 세 가지 이유에서 조직에서 가장 중요한 하위체계이다. 1) 그룹은 개인과 조직이 만나는 일차적인 접촉점이다. 2) 그룹은 사회적 관계와 개인의 후원의 초점이다. 3) 그룹은 조직의 실재에 관한 개인의 일차적인 이해를 결정한다.[28]

그룹이 많은 교회공동체에서 이와 같은 역할을 수행하고 있지만, 모든 교회에서 그러한 것은 아니다. 교회공동체에서는 주일 오전예배가 첫 번째, 세 번째 역할을 성취하는 경우가 많다. 더구나 가족교회에서는 조직의 실재에 대한 이해가 무언중에 전제되어 있고 널리 퍼져 있으며, 그룹에 뿌리를 두고 있지는 않다. 하지만 많은 교회공동체에서 그룹이 실제로 이러한 역할을 감당하고 있는 것도 사실이다. 교회학교 학급과 소그룹성경공부 모임이 종종 개인의 후원의 일차적인 원천이다(#2). 또한 많은 어린이들과 청소년들에게는 교회공동체와의 일차적인 접촉점이 주일 오전예배가 아니라, 주일학교 모임이나 중고등부 모임이다(#1). 그리고 일부 성인들은 위원회/선교회 일이 너무 지루하거나 너무 힘들다고 느낄 수 있으며, 이것은 교회공동체 조직의 실재에 관해 매우 중요한 사실을 드러내 보여줄 수 있다(#3).

따라서 변화를 주도해 갈 때 교회공동체 조직의 그룹 차원을 염두에 두는 것은 중요한 일이다. 만약 그룹이 때로 버크가 말한 역할을 수행하고 있다면, 그 그룹은 깊은 변화에 강력한 저항세력을 형성할 수 있다. 혹은 반대로 그 그룹이 변화의 핵심 원천으로 기능할 수도 있다. 아래 사례에서 목사가 변화를 유도하기 위해서 그룹에 의지하는 방식을 주목해서 보라. 이 그룹 중 일부는 이미 오랫동안 있어 왔지만, 변화 과정에서 형성된 그룹도 있다.

전체 체계 단계. 마지막으로 리더는 교회공동체 체계 전체의 관점에서 변화의 과정을 생각할 필요가 있다. 즉, 교회공동체가 어떤 국면을 지나고 있는지, 이 과정을 지나기 위해서 리더는 어떠한 단계를 밟아야 하는지 등에 대해 생각해야 한다. 아래 사례 연구를 읽을 때, 여러분이 이러한 국면과 단계를 식별할 수 있는지 보라.

---

28 Burke, *Organization Change*, 97.

로버트 콰인(Robert Quinn)은 조직 변화의 4단계 모델을 제시한다. 그는 이것을 변화주기(transformational cycle)라고 부른다.[29] 1) **입문**(initiation) - 리더 개인 혹은 리더 그룹이 변화의 필요성을 강하게 느끼고 바람직한 미래에 대한 비전을 형성하기 시작한다. 이 비전을 좇아 행동하고 이에 따르는 위험을 감수하기 시작한다. 2) **불확실성**(uncertainty) - 변혁적인 사람들이 보다 진지한 형태의 실험과 쇄신을 추진하기 시작한다. 이러한 새로운 시도들 중 적어도 일부는 실패로 돌아가고, 이로 인해 변혁적 세력 안에 의구심과 불확실성이 자라나고 저항 세력이 강화된다. 리더는 방향감각을 상실한다. 하지만 리더와 조직이 이 불확실한 시기를 견뎌낸다면, 이 시기는 그들의 비전을 심화시키고 새로운 행동모델을 가능하게 만든다. 3) **변화**(transformation) - 혁신이 점차 조직 전체로 확산되고, 조직의 정체성, 사명, 문화, 운영절차에 있어 깊은 변화를 이끌어 낸다. 새로운 에너지가 방출되고 새로운 관계가 형성된다. 4) **일상화**(routinization) - 조직이 새로운 평형 상태로 나아간다. 새로운 역할과 구조가 개발되고 안정된다. 세부적인 문제는 이제 새로운 조직체계에 의해 해결된다.

깊은 변화의 과정을 의도하고 시작했던 100여 개의 조직을 연구한 존 코터(John Kotter)는 변화의 시도가 종종 실패로 돌아간다는 결론에 이르렀다.[30] 그는 자신의 연구결과로부터 두 가지 교훈을 이끌어 냈다. 첫째, 깊은 변화는 상당한 시간과 에너지가 요구되는 일련의 국면을 거쳐야 한다. 과정을 빨리 하기 위해 단계를 건너뛰는 것은 장기적인 관점에서 볼 때 통상적으로 바람직하지 못한 결과를 낳는다. 둘째, 어느 단계에서든지 이미 발생한 결정적인 실수는 변화의 전체 과정에 치명적인 영향을 미친다. 그는 아래와 같이 변화의 8단계를 구분하고 각 단계에 고유한 잠재적 실수를 기술한다.

---

29 Quinn, *Deep Change*, 167-69.
30 John Kotter, "Leading Change: Why Transformation Efforts Fail," in *Harvard Business Review on Change* (Boston: Harvard Business School Publishing, 1991), 1-20; Kotter, *Leading Change* (Boston: Harvard Business School Press, 1996).

1. 절박한 필요를 느끼도록 만듦(실수: 다른 사람들에게 변화가 필요하다거나 혹은 조직이 위기 상황에 직면하고 있다는 사실을 설득하는 데 실패함).

2. 강력한 지도그룹을 형성함(실수: 변화를 이끌어 갈 그룹을 형성하고 그들이 자신들의 은사와 창의력을 활용하여 이 변화의 과정을 만들어 가도록 동기를 부여하는 데 실패함).

3. 비전을 창출함(실수: 바람직한 미래에 대하여 상대적으로 쉽게 전달할 수 있고 아울러 설득력 있고 실현 가능한 그림을 개발하는 데 실패함).

4. 비전을 전달함(실수: 모든 가능한 수단을 동원해서 비전을 전달하는 데 실패함, 변혁적인 리더가 단순히 말뿐 아니라 행동을 통해 이 비전을 구현하는 데 실패함).

5. 다른 사람들이 비전을 따라 행동하도록 힘을 불어넣음(실수: 사람들이 필요한 지식과 기술을 갖추도록 준비시키고, 적절한 방식으로 그들에게 보상을 지급하고, 그들이 직면할 수 있는 걸림돌을 제거함으로써 그들이 변화 과정에 적극적으로 동참하도록 후원하는 데 실패함).

6. 단기적인 목표를 계획하고 성취함(실수: 모든 것을 한꺼번에 바꾸려고 시도하거나, 혹은 변화에 대한 확신을 불러일으킬 수 있는 작은 변화에서부터 시작하지 않고 유난히 어려운 문제부터 시작함).

7. 개선된 사항을 공고히 하고 더 많은 변화를 양산함(실수: 너무 일찍 성공을 자축함, 조직의 문화를 바꾸는 일은 오랜 시간을 요구하며 때 이른 자축은 절박함에 대한 인식과 추진력을 상실하게 만듦).

8. 새로운 접근을 제도화함(실수: 초기 변화 과정에 참여했던 사람들 외에 이미 이루어진 패러다임의 전환을 이해하고 구현할 새로운 리더를 양산하는 데 실패함).

이 단락에서 우리는 열린 체계와 조직 변화에 관한 이론과 대화하면서 교회공동체의 변화 과정에 대해 살펴보았다. 이와 관련된 문헌들은 매우 많다. 우리는 교회공동체 변화와 관련해서 리더의 생각에 도움이 될 만한 세 가지 방식만을 다루었다. 하지만 아래 사례 연구에서 볼 수 있듯이, 이 세 가지 방식은 매우 중요하다. 이 사례 연구는 목회학 박사 과정에 있던 한 목사가 작성했던 프로젝트 보고서를 바탕으로 하고 있다.

교회공동체 변화의 사례 연구

올드유니온 회중교회는 북동부의 한 대도시 내 금융지구에 위치하고 있다. 이 보고서가 작성될 당시, 올드유니온 회중교회의 등록교인은 527명이었고, (유일한 주일예배였던) 주일 오전 11시 예배의 평균 출석인원은 성인 기준 225명이었다. 오전 9시 30분 주일학교에는 115명의 아이들이 참석하고 있었고, 매주 수요일 저녁에 모임을 가진 중고등부 모임에는 45명의 청소년들이 참여했다. 올드유니온 회중교회는 오래되고 특별한 역사를 갖고 있다. 남북전쟁 이전에 이 교회는 그 도시에서 노예해방운동을 주도하던 사람들의 집결지였다. 이 사실은 교회건물 정면의 한 장식판에서, 그리고 150주년을 기념하여 작성된 교회 역사에서 자랑스럽게 언급되고 있다. 대다수 장년 교인들은 교회 인근에 살지 않고, 교외에서 교회를 오고간다.

또한 이 교회는 상대적으로 큰 규모의 청년부 모임을 자랑한다. 이것은 1980년대에 시작된 독신자 사역의 결과이다. 당시 이 사역은 원래 슬럼가였던 교회의 동쪽이 고급 주택지로 바뀌면서 그곳으로 이주한 청년들을 교회로 이끌기 위해 시작되었다. 대략 125명의 청년이 매주 다양한 프로그램에 참여하고 있다. 대표적인 프로그램에는 주중 교회체육관에서 이루어지는 배구경기와 농구경기, 금요일 저녁 교회체육관에서 가지는 롤러스케이트 파티 및 뒤이어 인근 맥주집에서 가지는 친교시간, 평균 50명의 청년이 참여하는 주일 성경공부 모임 등이 있다. 구성원들 중에는 상당수의 게이와 레즈비언도 환영을 받으며 모임에 참여하고 있다. 이 독신자 사역을 담당하고 있는 사람은 벳시 에버딩이라는 이름의 풀타임 간사이다. 벳시는 기독교교육으로 유명한 한 학교에서 레크리에이션 사역 전공으로 석사학위를 받았다. 매년 벳시는 이 모임을 위한 '친교여행'을 기획한다. 이 여행에는 대체로 50여 명이 동참한다. 2년 전 청년들은 캘리포니아 북부 지역에서 태평양 연안을 따라 산행을 하고 소노마 지역에서 포도주를 만드는 한 여관에서 여행을 마쳤다. 작년에는 청년들이 북부 이탈리아의 호수 주변을 자전거로 여행했다.

교회에서 서쪽으로 얼마 떨어지지 않은 곳에는 실업자, 빈곤층, 편부모 가정 등이 밀집한 지역이 위치하고 있다. 이 지역은 파커힐로 많이 알려져 있다. 전통적으로 아프리카계 흑인들이 주로 살았던 파커힐은 지난 10년간 라틴아메리카 가정과 청년들이 상당수 유입되면서 인구 구성에 변화를 경험했다. 이렇게 유입된 라틴아메리카 사람들 중 많은 수는 건설회사, 제빵회사, 식당 등에서 일하거나, 다른 사람의 집안일을 도와주면서 생계를 유지한다. 아프리카계 흑인들과 라틴아메리카 출신 사람들은 그들의 문화적, 경제적 차이에도 불구하고 최근까지 별다른 문제없이 사이좋게 지내왔다. 하지만 최근이 지역에서 마약거래 주도권을 둘러싸고 아프리카계 조직인 크립스와 라틴아메리카계 조직인 라틴킹즈 사이에 폭력사고가 발생했다.

3년 전 폴 데이비스 목사가 올드유니온 회중교회의 담임목사로 부임했을 때, 몇 가지 도전이 그를 기다리고 있었다. 목회학 박사 과정 보고서에서 데이비스 목사는 다음과 같이 썼다. "올드유니온 회중교회는 자연과 전통이 풍부하지만, 리더십과 사역에 있어서는 취약했다." 데이비스 목사의 전임자는 배리 오그래디 목사였다. 오그래디 목사는 이 교회에서 은퇴하기 전까지 15년간 교회를 섬겼다. 데이비스 목사가 볼 때, 오그래디 목사의 사역의 주된 초점은 설교에 있었다. "그는 이야기를 탁월하게 잘하는 능력을 갖고 있었고, 설교 중에 유머를 많이 사용했다. 나는 그의 설교가 종교적 유희에 근접해 있다는 인상을 받았다. 그의 설교는 쉽게 들을 수 있는 설교였다. 재미있고, 따라가기 쉽고, 하나님께서 일상생활의 문제 해

결과 개인의 행복 증진 및 관계 개선을 돕는 방식에 전적으로 초점을 맞추고 있었다." 매년 여름이면 오그래디 목사는 운영위원회에서 가장 유력한 몇 사람과 함께 두 차례에 걸쳐 골프데이트를 가졌다.

주일 오전예배에 초점을 맞춘 사역은 높은 수준의 음악 프로그램을 통해 더욱 강화되었다. 이것은 교인 중에 한 분이 오로지 음악 프로그램을 위해 사용해 달라고 요청하면서 기증한 5백만 불의 기금을 바탕으로 시작되었다. 교회는 풀타임 찬양대 지휘자, 파트타임 오르간 연주자, 30명의 찬양대원을 확보하고 있었다. 찬양대원들 중 7명은 인근 지역에서 재능 있는 성악 전공자들로 교회에서 소정의 사례비를 주면서 초청했다. 사례비를 받는 성악 전공자들 가운데 이 교회 등록교인은 아무도 없었다. 데이비스 목사의 보고서에 따르면, "그들은 와서 노래를 부르고 떠났다." 교회는 최초 기금에서 벌어들인 수입을 아껴서 사용하고 지혜롭게 관리했다. 결국 그 기금은 거의 6백만 불에 육박하는 수준까지 커졌다.

올드유니온 회중교회에서 보낸 첫 해를 반추하면서 데이비스 목사는 다음과 같이 기록했다. "나는 주일 아침에 들어가는 엄청난 양의 에너지에 충격을 받았다. 일부 청년들 모임과 청소년들 모임을 제외하면 대부분의 공동체 활동은 주일에 이루어졌고, 예배, 설교, 음악, 기독교교육에 초점을 맞추고 있었다." 봄, 가을로 세 차례씩 교회는 "위원회를 위한 날"을 가졌다. 이 날에는 예배 직후 조달된 음식을 교인들에게 제공하고, 이어서 음악, 교육, 선교, 건물 등 특정 영역에 초점을 맞춘 위원회 모임을 가졌다. 그리고 이 위원회들의 회장들은 오후 2시 30분에 별도로 교회운영위원회 모임을 가졌다. 데이비스 목사에 따르면, "대부분 교외에 사는 성도들이 자가용으로 출석하는 교회에서 이것은 교회 사업을 관리하는 효과적인 방법이었다. 하지만 이것은 교회가 주일에만 활동한다는 생각을 강화시켰다. 일주일의 나머지 시간 동안 하나님과 흩어져 사는 개인들, 곧 교회와 시내에서 멀리 떨어져 살고 있는 교인들 사이에 어떤 일이 벌어지고 있었을까? 대부분의 교인들은 교회 가까운 곳에서 살고 있는 아프리카계 흑인들과 라틴아메리카 출신 사람들에 대해서 잘 모르고 있었다. 그들은 신문지상에서 갱단 폭력에 대한 글을 읽어보았을 수는 있지만, 그것을 자신들의 문제로 심각하게 여기지는 않았다."

올드유니온 회중교회를 둘러싼 도심 상황에 대한 전반적인 무관심 속에 주목할 만한 예외도 있었다. 교외에서 살지만 금융지구에서 일하는 몇몇 교인들은 갱단 폭력 사건에 대해 깊이 염려하고 있었다. 그중 한 사람인 서렌 해스팅스는 시장 직권 하에 갱단 문제를 집중해서 다루는 전담팀의 일원이었다. 청년부를 담당하는 벳시 에버딩 간사는 데이비스 목사에게 얼마 전 독신자 사역의 리더인 피터 하드웍이 자신을 찾아와 청년들이 "재미있게 놀고 교제하는 것" 외에 다른 것을 하도록 해야 하지 않겠냐고 제안했던 일을 보고했다. 남자 게이인 피터는 고등학교 시절 자신의 성적 지향 때문에 많은 조롱과 비난을 경험했으며, 수년 전에는 폭력적인 게이학대의 희생자가 되어 병원에 입원한 적도 있다. 피터는 벳시에게 다음과 같이 말했다. "개인적으로 저는 잘 알고 있습니다. 만약 사람들이 곁에 서서 차별과 폭력이 자행되는 것을 방치한다면, 희생자들은 실제로 고통을 경험합니다. 저는 우리가 그런 방관자가 되는 걸 원치 않습니다."

선교위원회 또한 교회가 시정에 보다 적극적으로 관여할 것을 오랫동안 주장해 왔다. 선교위원장 토니 마르코가 말했다. "좌절감을 느끼게 만듭니다. 가톨릭교회에서 운영하는 노숙자를 위한 쉼터와 식당, 그리고 벧엘침례교회에서 운영하는 위기센터에서 자원봉사 활동을 열심히 하는 사람들이 다수 있습니다. 하지만 우리 교인들 중 단지 소수에 불과합니다. 우리 교회가 **교회로서** 무슨 일을 할 수 있도록 우리가 시도할 때면 항상 우리는 벽으로 돌진하는 것 같은 느낌을 갖습니다. 교회운영위원회는 '그거 좋은 생각이네요. 가서 해보세요.'라며 항상 똑같은 말만 반복합니다. 하지만 7명의 사람만으로는 어떤 프로그램도 시작할 수 없습니다. 특별히 그 사람들 모두 이미 다른 프로그램에 참여하고 있습니다."

폴 데이비스 목사는 올드유니온 회중교회의 담임목사로 부임한 지 3년째 되는 해부터 4년간에 걸쳐 깊은 변화의 과정을 이끌었다. 그는 올드유니온 회중교회를 주일 아침에 집중하는 개교회 중심주의적 공동체에서 교회의 건물, 재정, 리더십 자원을 주변 도심의 문제를 해결하는 데 사용하는 선교지향적인 공동체로 변화시키는 데 주도적인 역할을 했다. 이 과정에서 데이비스 목사가 감당한 리더십을 상세하게 기술하기 위해서는 한 장 전체가 필요할 것이다. 하지만 여기에서 나는 지면 제약으로 인해 이러한 변화를 가져온 전략과 계획을 연차별로 요약하는 것으로 만족해야 할 것 같다. 아래 부제는 내가 붙인 것이다.

1년차: 비전 구상 및 절박성에 대한 인식 조성

1. **지도그룹 형성.** 데이비스 목사는 교회를 도시 일에 더 깊이 관여시키는 일에 헌신한 사람들과 강한 인격적 관계를 형성했다. 그는 그들과 개인적으로 만나 그들의 의견을 구했다. 마지막으로 어느 토요일 저녁에 그는 이 사람들을 자신의 집으로 초청했다. 식사 후에 그는 참석한 사람들에게 자신과 함께 교회가 도심 지역 문제에 더 깊이 관여하도록 만드는 '혁명'에 참여하겠느냐고 물었다. 참석자들은 열정을 표현했고, 의견을 나누기 위해 한 달에 두 번씩 저녁식사 모임을 갖기로 결정했다. 이 '지도그룹'에서 올드유니온 회중교회의 변화에 관한 비전을 구상하고 변화 과정을 개시함에 있어 핵심적인 인물들이 배출되었다. 그리고 이들은 개인적으로 매우 가까워졌다.

2. **사회적 관계망 형성 및 최초 비전 구상.** 데이비스 목사는 의도적으로 교회 인근에서 활동하고 있는 모든 공동체 리더들, 목사들, 프로그램 기획자들을 만나기 시작했다. 그들에게 그는 다음 두 가지 질문을 던졌다.

1) 지금 이 지역이 당면하고 있는 가장 중요한 문제는 무엇인가? 2) 이 문제를 다루려면 요구되는 것이 무엇인가? 그는 반복해서 똑같은 대답을 들었다. 그 대답은 갱단 폭력의 문제가 가장 큰 문제이고, 젊은이들을 이 갱단으로부터 지키는 일이 가장 시급하다는 것이었다. 데이비스 목사가 자신이 듣고 있는 내용을 지도그룹에 전달하기 시작하면서, 교회가 파커힐의 젊은이들에게 초점을 맞추어야 한다는 공감대가 지도그룹 구성원들 사이에 점점 확산되기 시작했다. 이즈음 그들은 이것을 단순히 "선한이웃 프로젝트"라고 부르기 시작했다.

3. 예배와 기독교교육 중에 변화를 위한 씨앗 심기. 데이비스 목사는 설교 중에 성서정과 사용을 멈추고, 선교, 이웃사랑, 교회 인근 약자들을 위한 돌봄 등의 이슈를 다루는 성경본문을 선별하기 시작했다. 또한 그는 예배 중에 새로운 요소를 도입했다. 교인들 중 한 사람이 교회선교와 관련한 과거 혹은 현재의 개인적인 경험을 이야기하는 선교시간을 한 달에 한 번 예배 중 5분씩 배정했다. 봄 기간 중 한 달 동안 그는 교회학교의 모든 학급에서 예레미야서의 네 구절을 공부하게 했다. 그리고 같은 기간 동안 그는 같은 구절을 설교본문으로 채택했다. 그해 봄 어느 주말에 가진 가족캠프는 예레미야 31장 31~34절과 고린도후서 3장 1~6절에 초점을 맞추었고, 세대를 통합하는 활동을 실시했다. 데이비스 목사는 교회에서 가장 창의적인 교사들을 함께 모아서 이 교육활동을 위한 교과 과정을 작성하도록 부탁했으며, 그들에게 지도그룹에서 형성되기 시작한 비전을 소개했다.

4. 인사위원회에 대한 영향력 확보. 인사위원회는 모든 교회위원회의 회장과 위원들, 그리고 운영위원회의 위원들을 임명한다. 인사위원회에서 두 명의 위원이 교체될 때, 데이비스 목사는 이제 형성되기 시작한 변화의 비전에 동정적인 사람들이 새로운 위원에 선임하도록 위원회를 독려했다.

2년차: 위험 감수, 실험, 쇄신

1. **"블루리본 패널" 구성.** 데이비스 목사는 선교위원회 회장 토니 마르코에게 운영위원회 모임에 참석해서 선교위원회가 파커힐 지역의 젊은 이들을 도와주고 싶다고 말하고, 갱단들이 어린이들과 청소년들을 모집하는 방법과 관련해 데이비스 목사가 들은 내용을 전달할 것을 부탁했다. 만약 운영위원회에서 이 생각에 동의한다면, 선교위원장 토니는 지지 여부를 묻는 투표를 공식적으로 제안하고 그 결과를 회의록에 기록하게 하려고 했다. 예상했던 대로, 별다른 반대 의견 없이 운영위원회는 선교위원회가 이 프로젝트를 진행하는 데 동의했다. 얼마 후 예배 중 선교시간에 마이크를 잡은 선교위원장 토니가 이 프로젝트를 시작하기 위해 "블루리본 패널" 구성을 알리고 그 패널에 참여하고 있는 사람들의 이름을 열거했을 때, 일부 운영위원들은 놀라움을 감추지 못했다. 패널 구성원의 절반만이 지도그룹에 속해 있었고, 나머지 절반은 청소년 대표를 비롯하여 폭넓은 스펙트럼의 교인들로 구성되어 있었다.

2. **최초 계획 구상.** 이 패널은 프로젝트를 진지하게 생각했으며, 세 가지 대담한 계획을 구상했다. 첫째, 교회체육관과 친교실을 과외학습, 레크리에이션, 다과 등 방과후 활동을 위해 활용하기. 둘째, 음악기금을 활용하여 녹음실을 파커힐 청소년들에게 개방하고, 교회 아이들과 이웃의 아이들을 함께 포함하는 어린이합창단을 시작하기, 참가를 장려하기 위해 교회 기금으로 매년 피서와 연주를 병행하는 합창단 여행을 기획하기. 셋째, 서렌 해스팅스를 연락책임자로 해서 시장 직권 전담팀과 협력하기, 지역공동체 모임을 위해 교회를 개방하고, 전담팀에서 기획하는 지역 프로그램을 위해 사무실 공간을 빌려주기. 패널은 데이비스 목사가 예레미야서에 대한 설교에서 강조한 주제를 참고하면서 이 계획을 예레미야 프로젝트라고 불렀다. 프로젝트의 모토는 예레미야 9장 23~24절에서 가져왔다. "지혜와 부

함을 자랑하지 말고, 여호와의 사랑과 정의를 자랑하라."[31]

3. 교회 직원들의 역할을 재조정하고 새로운 직원을 고용하기. 교회 직원들, 블루리본 패널, 인사위원회 대표자가 함께 모여서 임시계획위원회를 조직하고, 예레미야 프로젝트를 돕기 위해서 교회 직원들이 일하는 시간과 내용을 어떻게 재조정할 수 있을지 의논했다. 벳시는 방과후 프로그램을 이끌어 가는 일을 기대하고 있었다. 합창단의 책임자로는 벳시를 찾아와 프로젝트를 제안했던 피터 하드윅의 친한 친구가 임명되었다. 그 친구는 누군가 다른 사람이 아이들을 모집한다면 자신이 새 어린이합창단을 지도하겠다는 데 동의했다. 또한 이 그룹은 교회가 새 직원을 고용하고, 노동시간의 삼분의 일은 교회 청소년들을 위해, 그리고 나머지 삼분의 이는 지역공동체 청소년간사로 일하도록 할 것을 주문했다. 또한 녹음실을 관리, 감독하는 책임도 새 직원에게 부여되었다. 인사위원회는 다음 모임에서 이 같은 주문들을 문서화하고, 벳시 에버딩과 에버트 무얼리의 연봉을 5천 불씩 인상하고 새 직원 자리를 만들기로 했다. 새 직원의 월급과 에버트 무얼리의 월급인상분은 음악기금에서 충당하기로 했다. 1월에 열린 교회공동체 특별공동의회에서 이 주문들이 가결되었다. 봄 기간 중에 교회는 새 직원 고용을 광고하고, 5월에 신학교를 졸업하는 아프리카계 흑인 로웰 존스를 고용했다.

4. 영성과 아웃리치의 연계. 데이비스 목사는 이러한 변화들에 잔뜩 고무되었다. 하지만 동시에 그는 교회공동체 구성원들이 사역에 직접 참여하기보다 오히려 그들을 **대신해** 사역할 교회 직원을 고용하는 잘못을 범하지 않을까 우려했다. 그의 염려는 무엇보다도 교회가 전통적으로 주일 오전 사역에 집중해 왔다는 사실에 기인하고 있었다. 영성과 사회봉

---

[31] 예레미야 9장 23~24절의 전문은 다음과 같다. "여호와께서 이와 같이 말씀하시되, '지혜로운 자는 그의 지혜를 자랑하지 말라. 용사는 그의 용맹을 자랑하지 말라. 부자는 그의 부함을 자랑하지 말라. 자랑하는 자는 이것으로 자랑할지니, 곧 명철하여 나를 아는 것과 나 여호와는 사랑과 정의와 공의를 땅에 행하는 자인 줄 깨닫는 것이라. 나는 이 일을 기뻐하노라.' 여호와의 말씀이니라."

사를 결합하고 있는 로마가톨릭의 정의구현 프로그램을 잘 알고 있었던 데이비스 목사는 이 프로그램이 올드유니온 회중교회에 유익한 모델을 제공해 줄 것이라는 믿음을 갖게 되었다. 그는 비록 영성지도나 선교그룹과 관련해서 아무런 상황도 없었지만, 다가오는 수년간 이 같은 관심을 그의 리더십의 주된 초점으로 삼기로 결정했다. 그는 초등학생 둘을 자녀로 둔 가정주부 잰 스탈링에게 이 프로젝트와 관련해서 자신을 도와줄 것을 부탁하고, 함께 정의구현 프로그램을 소개하는 워크숍에 참석했다. 잰은 곧 탁월한 리더로서 자신의 자질을 드러내보였다. 이후 3년간 그녀는 교외 지역에 살고 있는 교인들 사이에서 10개의 선교그룹을 조직했다. 그중 일부는 여성으로만 구성되었고, 일부는 부부들로 구성되었다. 잰과 데이비스 목사는 기도, 성경공부, 나눔 등을 포함하는 모임의 기본적인 틀을 마련했다. 모든 참가자들은 적어도 한 달에 한 번 어떤 형식으로든 자원봉사 활동에 참여하기로 동의했고, 선교그룹의 나눔 시간에는 주로 이러한 경험들을 함께 나누었다. 잰은 교인들이 교회공동체의 새로운 선교 프로그램에 참여하도록 설득하는 데 많은 재능이 있었고, 이를 통해 방과후 프로그램과 녹음실 관리를 위해 필요한 자원봉사자를 꾸준히 충당할 수 있었다. 데이비스 목사는 금융지구에서 일하는 교인들을 위해 점심시간에 시내에서 모이는 두 개의 그룹을 조직했다.

5. 방과후 프로그램 개시. 벳시는 2월에 방과후 프로그램을 개시했다. 이 프로그램은 일주일에 이틀간 운영되었다. 데이비스 목사는 이 프로그램을 진행하기 위해 자신이 마련했던 사회적 관계망을 활용했다. 그해 봄 모두 30명의 초등학교, 중학교 아이들이 이 프로그램에 참가했다.

6. 운영위원회 내 리더십의 변화. 교회운영위원 2명이 교체되는 1월 인사위원회는 서렌 해스팅스와 피터 하드윅을 새로운 운영위원으로 임명했다.

3년차: 방향감각 상실, 지도 분실, 부적절한 옷차림

1. **방과후 프로그램의 확대.** 3년차 가을 방과후 프로그램은 주 5일로 확대되었다. 이 프로그램은 **너무도** 성공적이었다. 지원한 150명의 아이들 중에 우선적으로 75명을 받아들였고, 조만간 모든 아이들이 프로그램에 참여하게 할 수 있을 것이라는 희망을 갖고 있었다. 벳시는 이미 자신이 감당하고 있는 일들이 너무 많아서 프로그램을 더 확대한다는 생각은 도저히 하지 못했다. 벳시는 이렇게 말했다. "처음에는 내가 어떻게 다루어야 할지 아는, 그래서 재미있고 별로 힘들지 않은 일이었는데, 이제는 내가 어떻게 해야 할지 전혀 알지 못하는 일이 되어 버렸어요. 만약 내가 우리가 성취하고자 했던 목표에 그토록 헌신되어 있지 않았다면, 또한 내가 데이비스 목사로부터 그 같은 격려와 후원을 받지 못했다면, 아마도 나는 그 일을 계속하지 못했을 거예요." 그녀가 직면한 가장 큰 어려움들 중 하나는 충분한 자원봉사자들을 안정적으로 확보하는 문제였다. 또 다른 문제는 훈육과 관련한 문제였다. 벳시는 아이들이 자신에게 심한 말을 하거나 혹은 아이들의 행동을 교정할 때 아이들이 자신을 비웃는 것을 보고 당혹스러움을 느꼈다. 몇몇 중학교 소녀들은 교회 화장실에서 마리화나를 피다가 적발되었다. 벳시는 이와 비슷한 일들이 자신이 알고 있는 것보다 더 많이 일어나고 있을 것이라 짐작했다. 어느 날에는 갱단의 폭력배들 몇몇이 나타나 체육관 주변을 서성이더니 벳시 앞에 멈춰 서서 다음과 같이 말했다. "야, ○○○! 네가 우리를 좋아하지 않는다는 말을 들었어. 우리 일에 끼어들지 마! 알았어?" 그들이 거들먹거리며 나가자, 침묵이 체육관을 뒤덮었다. 교회 벽면에 폭력배들이 낙서를 하기 시작했다. 낙서를 지우면 이내 다시 낙서가 다시 등장했다. 12월 운영위원회 모임에서는 매우 긴장감이 감돌았다. 일부 보수적인 사람들이 몇 가지 우려를 표명했다. 데이비스 목사는 이 모임을 다음과 같

이 묘사한다. "사실 그들은 내가 지금 느끼고 있는 것을 단지 큰 소리로 말하고 있었습니다. 즉, 우리가 씹어 삼킬 수 있는 것보다 더 많은 것을 물었다는 지적이었습니다. 블루리본 패널이 새로운 계획을 들고 나왔을 때에도 그것은 실패로 돌아갔고, 우리는 프로그램 전체를 운영할 수 있는 내적 기반을 갖고 있지 않았습니다. 마치 우리가 하나의 위기를 지나면 다른 위기를 만나는 것 같았습니다. 운영위원회가 지적한 내용도 바로 이것이었습니다."

2. 프로그램 성공 사례. 하지만 나쁜 소식만 있었던 것은 아니었다. 잰 스탈링의 지도 아래 선교그룹들은 계속해서 커져갔고, 새로운 프로그램에 꾸준히 자원봉사자를 공급했다. 지역공동체 아이들로 구성된 합창단은 매주 연습하고 매달 공연하고 매 여름 선교/레크리에이션 여행을 가지는 두 번째 해에 접어들었다. 하지만 녹음실의 경우는 사정이 달랐다. 로웰 존스는 교회 청소년들과 한 번 접촉했을 뿐이고, 파커힐의 청소년들과 연결점을 찾는 데에는 더 큰 어려움을 느끼고 있었다.

3. 변화에 대한 저항. 데이비스 목사는 처음으로 자신의 리더십에 대해 불평하는 목소리를 듣기 시작했다. 불만의 요점은 그가 자신의 "애완견 프로젝트"에 너무 많은 시간을 사용해서 교회 일을 제대로 돌아보지 않는다는 것이었다. 그는 자신의 병원심방을 도와줄 '심방팀'을 조직하려고 시도했다. 교인들이 입원한 병원들은 시내와 교외에 걸쳐 두루 흩어져 있었고, 종종 환자 한 사람을 방문하는 데에만 반나절이 걸렸다. 데이비스 목사가 자신을 도와 병원심방을 담당할 심방팀 조직에 대한 생각을 내어놓았을 때, 그는 강력한 저항에 부딪혔다. 현재 운영위원으로 위촉된 서렌 해스팅스와 피터 하드윅마저도 시기가 적절하지 않다며 부정적인 의견을 내어놓았다. 한 운영위원은 적어도 일부 교인들이 느끼고 있는 것을 통명스럽게 뱉어놓았다. "목사님, 보세요. 세상을 구원하는 것도 다 좋은 일이지만, 목사님은 이곳 일도 돌보셔야 하잖아요. 그렇지 않

으면 헌금을 내는 교인들이 목사님을 후원하는 걸 중단할 수도 있어요."

4. **데이비스 목사와 벳시가 도움을 구하다.** 지나친 과로와 스트레스에 지친 데이비스 목사와 벳시는 치료 과정에 들어갔다. 여기에 더하여 데이비스 목사는 영성리더를 찾아 매달 한 번씩 교제했다. 벳시는 자신에게 할당된 전문성개발비용을 위기에 처한 아이들을 돕고 있는 시내 교사들을 위한 컨퍼런스에 참가하는 데 사용했다.

4년차: 거대한 변화

1. **교회운영위원회가 변화의 주도권을 쥐다.** 교회운영위원회의 구성원들 가운데 상당수가 교체되었고, 이 과정에서 잰 스탈링의 선교그룹에 참여하고 있는 두 사람을 포함하여 변화의 과정에 깊이 헌신하고 있고 또한 참여하고 있는 사람들이 대거 운영위원회에 들어왔다. 그해 가을 운영위원회는 처음으로 변화 과정을 주도하는 중심에 서기 시작했다. 운영위원들은 앞으로 2년간 위원회의 운영절차를 바꾸기로 결정했다. 그들은 앞으로도 위원회를 위한 날에 모여 위원회 보고서 및 일상적인 교회 업무들을 다룰 것이다. 여기에 더하여 운영위원들과 관련 교회 직원들은 한 달에 한 번 (청소년들이 모임을 가지는) 수요일 저녁에 함께 모여 예레미야 프로젝트와 관련된 일들을 처리하기로 했다. 시간이 지나면서 운영위원회는 문제들을 매우 창의적으로 해결하기 시작했다. 예를 들어, 운영위원회는 벳시가 방과후 프로그램에서 자신을 도울 수 있는 싱글맘 4명을 파커힐 지역에서 고용할 것을 추천했다.

2. **오순절 교인들을 환영하다.** 어느 날 라틴아메리카 출신의 한 오순절 교회 목사가 데이비스 목사를 찾아와서 혹시 자신이 속한 교회가 주일 저녁예배를 위해 교회 예배당을 사용할 수 있는지 물었다. 그 목사는 데이비스 목사에게 올드유니온 회중교회가 지역공동체와 연계하기 위해 노

력하고 있다는 소식을 들었다고 말했다. 데이비스 목사는 그 목사의 제안을 다음 운영위원회 모임에 가져가기로 약속했다. 그리고 운영위원회는 오순절교회가 시험적으로 1년간 예배당을 사용할 수 있도록 허락했다. 한 해가 지날 즈음 이 교회는 125명 규모의 공동체로 성장했고, 그중에 5명은 방과후 프로그램에서 정규적으로 자원봉사 활동을 하고 있었다.

3. 잰 스탈링의 지속적인 리더십. 잰의 선교그룹들은 계속해서 번성했다. 그녀는 인근 퀘이커교회의 영성수련 프로그램에 참여했고, 교회의 재정지원을 받아 소그룹 영성지도 워크숍에 참석했다. 데이비스 목사는 그녀에게 교회의 파트타임 직원이 되는 것을 고려해 보라고 제안했다. 그는 잰이 선교그룹 외에 개인영성지도와 수련회 등을 책임감 있게 이끌 수 있다고 판단했다. 잰은 이 제안을 진지하게 생각해 보기로 했다.

4. 랩앤롤. 로엘 존스는 마침내 녹음실을 대중에게 알리고 파커힐 청소년들이 녹음실 활용에 참여하도록 만드는 방법을 알아냈다. 아프리카계 라디오방송국과 라틴아메리카계 라디오방송국에서 일하는 디스크자키 두 명과 함께 로엘은 13~18세 사이의 지역 음악가들을 위한 랩앤롤 콘테스트를 열기로 하고, 교회의 후원을 얻는 데 성공했다. 이 대회를 위해 음악기금에서 총상금 일만 불을 준비하고, 입상자에게는 음반을 제작할 기회를 주기로 했다. 그리고 그 음반은 두 방송국에서 전파를 탈 수 있었다. 도시 주변에서 35개의 그룹이 콘테스트에 참여했고, 모두 파커힐 지역의 한 공원에서 축제 같은 분위기 속에 공연을 실시했다. 이 대회 이후 녹음실에 대한 수요가 급증했다. 로엘은 음악가들을 여러 명 모집하고서 음악 작곡, 라이브 연주 등에 관해서 녹음실에서 수업을 열도록 했다. 또한 로엘은 금요일 오후에 '말대답' 프로그램을 시작했다. 이 프로그램에 참가하는 사람들은 로엘이 매주 인근에 써둔 낙서에 '말대답하는' 형식의 노래를 창작해 와야 했다. 그 노래들은 그 그룹의 평가를 받았으며, 우수자는 교회에서 제공하는 비용으로 이튿날 저녁 가족과 함

께 외식할 수 있는 기회를 얻었다. 이 비용 역시 음악기금에서 가져왔다.

5. **변화를 축하하다.** 서렌 해스팅스가 데이비스 목사를 찾아와 지난 4년간 있었던 새로운 시작을 축하하는 특별한 주일 저녁예배를 갖자고 제안했다. 그녀는 시장을 초청해서 도시의 감사인사를 전하게 하고, 지역미디어를 초대해 이 일을 다루게 했다. 한 신문은 주일아침신문 종교란에 이 교회에 관한 글을 실었다. 모든 합창대가 찬양했고, 데이비스 목사는 교회의 노예해방운동 유산에 대해 설교했다. 여전히 그 교회 예배당을 사용하고 있던 오순절교회 교인들도 그 자리에 함께 초대 받았다. 예배는 놀랄 만큼 성공적이었다.

5년차: 우리가 얼마만큼 갈 수 있을까?

데이비스 목사가 목회학 박사 프로젝트를 위해 이 사례 연구 보고서를 작성할 당시 변화 과정이 막 5년차에 접어들었다. 지난 4년간의 변화 과정 중에 올드유니온 회중교회의 전체 교인수는 약간 늘어났다. 5가정이 일어나고 있는 변화를 못마땅하게 여겨서 교회를 떠나갔다. 하지만 17가정이 새롭게 교회에 들어왔다. 대부분 잰 스탈링의 선교그룹들의 부산물이었다. 올드유니온 회중교회의 구성원은 여전히 대다수가 백인들이었고, 데이비스 목사는 이 상황을 어떻게 다루어야 할지 고민하기 시작했다.

결론적 성찰

이 사례 연구는 이 장의 앞부분에서 우리가 살펴본 리더십의 모델과 조직변화의 패턴에 뼈와 살을 입힌다. 폴 데이비스 목사와 벳시 에버딩은 변혁적 리더십의 모든 어려움을 경험했다. 그들은 나아갈 길을 찾기 전에 길을 잃고 방향감각을 상실한다는 것이 무엇인지, 다른 사람들에게 힘을 불어넣어 줌으로써 힘을 얻는다는 것이 무엇을 말하는 것인지, 자신의 개인적, 직업적 가치를 주어진 시간에 올드유니온 회중교회 안에서 일어나는 일들로부터 발견하지 않는 것이 얼마나 중요한지 등을 몸으로 직접 느끼고 알았다. 지도그룹, 블루리본 패널, 임시계획위원회는 비전을 형성하고 변화 과정을 시작함에 있어 중요한 역할을 수행했다. 이 변화의 과정은 올드유니온 회중교회의 변두리에서 시작되었지만 점차 중심으로 번져갔으며, 교회공동체의 자원 활용 방식, 정체성 인식, 사명 인식, 심지어 교회운영위원회의 운영절차까지 새롭게 바꾸어놓았다. 데이비스 목사와 벳시의 지도 아래 교회의 사명에 대한 상황적으로 적절한 비전이 형성되었고, 점차 교회공동체에 의해 공유되었다.

나는 데이비스 목사가 올드유니온 회중교회에서 조용한 혁명을 성취했다고 생각한다. 데이비스 목사에 의해 시작된 이 과정은 상대적으로 짧은 기간 안에, 그리고 상대적으로 미약한 저항과 갈등을 불러일으키고서 교회공동체 안에 깊은 변화를 가져왔다. 교회는 주일 중심의 개교회 중심주의적인 공동체에서 주중에 주변 도심환경의 필요를 돌아보는 데 헌신한 공동체로 바뀌었다. 이 짧은 요약에서 우리는 조직변화의 여러 단계, 곧 개인, 그룹, 전체 체계에 데이비스 목사가 기울인 관심을 다만 언뜻 볼 수 있을 뿐이다. 하지만 우리는 특정 개인이 수행한 중요한 역할, 데이비스 목사가 그룹 단계에서 변화를 이끌어 낸 방식, 교회공동체 체계에서 이루어진 변화의 국면들에 관해 몇 가지 통찰을 얻을 수 있었다.

이 사례에 대한 나의 기술은 변화의 실제 과정보다 훨씬 더 단순화되고 단선적이다. 변화가 내부에서 어떻게 느껴지고 있는지에 대해서는 전혀 표현하지 못하고 있다. 벳시 에버딩이 쓴 시의 한 구절은 이것을 훨씬 더 잘 표현해 주고 있다. 그녀는 변화 과정의 3년차에 교회 체육관에서 폭력배를 만난 직후 이 시를 작성했다. 그녀의 시는 섬김의 리더십을 실천하는 리더가 변화를 이끌어 갈 때 흔히 경험하는 고통을 잘 표현해 주고 있다.

증오로 활활 타오르는,

악의로 가득 찬 눈빛들.

돌아볼 때면 나의 온몸이 전율한다.

나의 비전은 점점 희미해지고 어두움이 나를 둘러싼다.

오, 주님! 나를 인도하소서. 길이 더 이상 눈에 보이지 않습니다.

주님께서 내 길을 비추지 않으시면

나는 넘어지고 쓰러질 수밖에 없습니다.

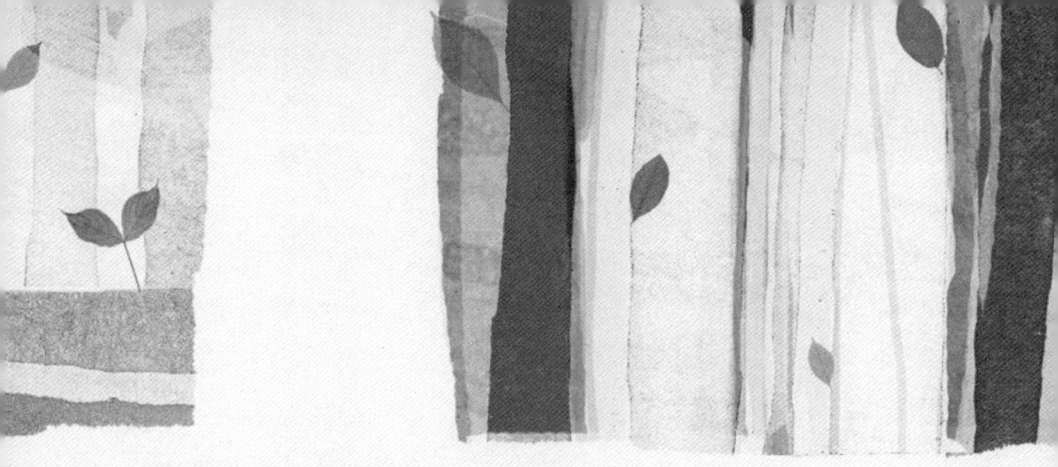

에필로그
신학교에서 실천신학을 가르치기

PRACTICAL THEOLOGY:
AN INTRODUCTION

에필로그
신학교에서 실천신학을 가르치기

　에필로그에서 나는 신학교육의 문제에 초점을 맞출 것이다. 특별히 현재 신학교에서 실천신학을 가르치고 있는 교수들을 나는 염두에 두고 있다. 앞서 논의된 내용들이 신학교에서 실천신학을 가르치는 일과 관련해서 어떤 함의를 가지는가? 이 질문에 대답하기 위해서 우리는 두 가지 이슈를 다룰 것이다. 첫째, 우리는 실천신학 관련 수업들을 통해 학생들이 실천신학적 해석과 관련한 지식, 태도, 기술을 발전시킬 수 있는 방법들을 살펴볼 것이다. 둘째, 오늘날 신학교육에서 실천신학의 역할이 어떻게 변화하고 있는지 고찰할 것이다. 이때 나의 질문은 이것이다. 신학백과사전 마지막에 위치한 실천신학이 신학 연구 전반에 고유하게 기여할 수 있는 부분은 무엇인가?

실천신학의 교수법

우리의 첫 번째 질문은 실천신학 수업을 통해서 어떻게 하면 학생들이 실천신학적 해석과 관련한 지식, 태도, 기술을 습득하도록 도울 수 있는가 하는 것이다. 그들이 특정 사건, 정황, 상황에 직면하여 기술적-경험적, 해석적, 규범적, 실용적 과제를 효과적으로 수행하도록 돕기 위해서는 어떤 교육학적 전략이 유효할까? 오늘날 실천신학자들이 흔히 사용하는 구체적인 전략을 고찰하기에 앞서 세 가지 일반적인 교육학적 이슈를 먼저 살펴보는 것이 유익할 것이다. 아래 논의에서 나는 하워드 가드너(Howard Gardner)와 그의 동료들의 교육학이론에 의존하고 있다.

일반적인 교육학적 이슈

실천신학의 교과 과정이 지향하는 목표 상태에 대한 명확한 이해

가드너는 '최고 발달수준'(endstates)이라는 표현을 특정 공동체에서 가치 있게 여기는 지식, 태도, 기술을 지칭하기 위해 사용한다. 그러한 지식과 태도와 기술은 공동체의 성인 구성원들이 특정한 역할을 수행하거나 특정한 결과물을 얻기 위해 요구되는 것들이다.[1] 최고 발달수준은 교육의 불가피한 취사선택에 영향을 미친다. 그것은 교육과 학습의 가치가 있는 지식, 태도, 기술의 내용을 결정한다. 이 책의 핵심적인 주장 중 하나는 실천신학 교과과정의 최고 발달수준을 실천신학적 해석의 네 가지 상호연관된 과제, 곧 기술적-경험적, 해석적, 규범적, 실용적 과제의 관점에서 개념

---

1 Howard Gardner, *Frames of Mind: The Theory of Multiple Intelligences* (New York: Basic Books, 1983); Gardner, *The Unschooled Mind: How Children Think and How Schools Should Teach* (New York: Basic Books, 1991); Gardner, *Multiple Intelligences: The Theory in Practice-a Reader* (New York: Basic Books, 1993); Gardner, *The Disciplined Mind: What All Students Should Understand* (New York: Simon and Schuster, 1999).

화하는 것이 중요하다는 점이다. 각각의 과제는 고유한 어려움을 내포하고 있으며, 집중력 혹은 사고력과 같은 개인의 타고난 자질뿐 아니라 지식과 기술의 습득을 통해 개발된 능력도 요구한다. 종종 실천신학의 특정 수업들은 이 네 가지 과제 중 단지 하나 혹은 둘에 주요 초점을 맞춘다. 예를 들어, 회중 연구에 관한 수업은 기술적-경험적 과제와 해석적 과제에 초점을 맞추고, 소그룹 성경공부에 관한 수업은 실용적 과제에 집중하는 경향이 있다. 수업을 계획함에 앞서 실천신학적 해석의 과제들 중 어디에 초점을 맞출지 분명히 하는 일은 매우 중요하다.

개별 수업의 초점이 선별적이라면, 실천신학적 해석의 최고 발달수준은 실천신학 교과 과정 전체를 통해서 도달될 수밖에 없다. 이것은 실천신학 분과의 의도적이고 체계적인 계획을 요구한다. 아래에서 우리는 학생들이 실천신학적 해석 능력을 익힐 수 있도록 도와주는 교육경로(educational pathways)라는 개념을 검토할 것이다. 교수들이 한 분과에서 함께 작업하기 위해서는 신학백과사전에 대한 '영역 구분의식'(silo mentality)을 극복하는 일이 시급하다. 말하자면, 교수들이 학생들의 전반적인 학습 목표에 대한 고려 없이 수업을 순전히 특수한 과제수행 능력의 개발이라는 관점에서 이해하는 태도를 시정해야 한다. 에필로그의 마지막 단락에서 우리는 신학백과사전의 패러다임에서 이 같은 의식이 어떻게 생겨나게 되었는지 살펴볼 것이다. 실천신학 분과 전체가 지향하는 최고 발달수준을 염두에 두고서 개별 수업을 계획한다는 것은 다음 네 가지 함의를 가지고 있다.

1. 실천신학적 해석의 보다 광범위한 최고 발달수준을 염두에 둔 상태에서 개별 과제수행 능력을 개념화함. 이 책의 여러 곳에서 나는 실천신학 내 세부분과의 수업들에서 과제 수행능력에만 초점을 맞추는 태도가 지나치게 협소한 이해에 기초하고 있다는 점을 다각도로 설명하였다. 그러한 태도는 학생들이 교회공동체 조직체계 전체 안에서, 그리고 삶의 복잡다단한 그물망 속에서 사역의 상호연관성을 파악하는 데 도움을 주

지 못한다. 또한 그러한 태도는 과제 수행능력 외에 리더십에 요구되는 다른 이슈를 전혀 다루지 못한다. 오로지 과제 수행능력의 관점에서만 사고하는 리더는 교회공동체의 **현재** 모습 안에서 주어진 역할에만 충실하려고 한다. 그러한 리더는 변환적 리더십 및 변혁적 리더십과 관련한 이슈를 다루지 못한다.

이것은 개별 수업이 특정 분야의 전문지식과 기술을 학생들에게 가르치는 일을 하지 않아야 된다는 말이 아니다. 설교, 교육, 목회상담 등은 각기 고유한 방식으로 복잡한 이슈를 안고 있다. 따라서 이 분야의 수업은 학생들이 이 분야의 사역에서 요구되는 언어와 기술을 습득할 수 있도록 도와주어야 한다. 하지만 이 같은 과제 수행능력을 실천신학적 해석의 포괄적인 과제와의 관련 속에서 가르치는 일 역시 중요하다. 이것은 학생들이 비록 특정 사역 형태와 관련해서 전문화된 개념과 기술을 배울지라도 그들이 공통의 언어와 사고습관을 습득하도록 돕는다. 결국 학생들은 다양한 사역 형태들 사이에 존재하는 깊은 연관성을 파악하게 된다. 또한 이것은 구체적인 상황과의 접촉점 없이 과제수행 능력을 가르치는 일이 없도록 한다. 구체적인 상황 속에서 어떤 일이 일어나고 있는지에 관해 주목하지 않고서, 또한 왜 이 일이 계속해서 일어나고 있는지, 교회공동체가 이 일에 어떻게 대처해야 하는지에 대해 비판적으로 반성하지 않은 상태에서, 시의적절한 가르침과 설교를 한다는 것이 과연 가능한 일일까? 고통 속에 있는 개인 혹은 가정을 돌봄에 있어 그들의 고통을 야기한 상황적 요소를 고려하지 않고서도 그들을 보살필 수 있을까? 전문성은 반드시 필요하다. 하지만 그것은 실천신학 분과 전체에서 목표하는 실천신학적 해석의 상호 연관된 그물망의 한 부분으로 이해되어야 한다.

2. **실천신학적 해석의 네 가지 과제를 통합하는 일의 중요성.** 이 같은 통합은 다음 두 단계에서 이루어질 수 있다. 과제수행 능력 및 이 과제와 관련한 실천신학적 해석의 한두 가지 과제에 주로 초점을 맞추는 수업

에서 적어도 얼마간 다른 과제를 함께 다루는 것이 중요하다. 예를 들어, 만약 어떤 수업이 회중 연구에 기초한 설교를 강조한다면, 따라서 실천신학적 해석의 기술적-경험적 과제와 실용적 과제를 강조한다면, 학생들이 다른 수업에서 배운 지식과 기술을 끌어들이도록 유도함으로써 이 같은 통합을 이루어 낼 수 있다. 학생들이 특정 교회공동체에 관한 연구조사에서 느슨하게 결합되고 매우 개인주의적인 에토스를 발견했다고 가정해 보자. 교수는 학생들에게 다음과 같은 질문을 던질 수 있다. 여러분이 성경 연구와 조직신학을 통해 배운 바에 비추어볼 때, 교회공동체의 이 같은 패턴이 얼마나 바람직하다고 생각하는가? 다른 수업에서 여러분은 오늘날 미국사회에 만연한 개인주의의 사회적 뿌리에 대해 무엇을 배웠는가?

통합은 두 번째 단계에서도 일어날 수 있다. 실천신학의 교과 과정은 이 같은 통합의 이슈를 중점적으로 다루는 보다 높은 수준의 강의를 개설해야 한다. 그러한 수업들은 실천신학적 해석의 네 가지 과제 사이의 상호작용에 대해 다룸으로써 교회 리더가 교회공동체 조직체계와 삶의 복잡다단한 그물망 안에서 수행되는 사역의 다양한 형태 사이의 상호연관을 이해할 수 있도록 지속적인 관심을 기울일 수 있다.

3. **교차학제적 사고능력 배양의 중요성.** 이 책의 일관된 주제 중 하나는 다양한 신학분과 사이의 대화를 포함하여 신학이 예술과 과학 등 다른 분야와 대화하는 일의 중요성이다. 실천신학의 개별 과제는 고유한 교차학제적 이슈를 갖고 있다. 게다가, (앞서 우리가 알코올중독의 문제에 대해 다루면서 보았듯이) 교회공동체 리더는 종종 다양한 분야의 도움을 필요로 하는 다차원적인 문제에 직면한다. 뿐만 아니라 교회공동체는 열린 체계로서 다른 체계들과 함께 엮여 있기 때문에 교회 밖 다른 체계 및 관련 학문들에 대해 식견이 있는 리더를 필요로 한다. 나로서는 교차학제적 이슈가 다루어지지 않는 실천신학 수업을 상상할 수 없다. 교차학제적 사고

가 주된 초점이 되는 수업은 그리 많지 않겠지만, 어떻든 모든 수업에서 교차학제적 사고를 최소한 얼마만이라도 다루는 것은 꼭 필요한 일이다.

4. 학생 개개인의 상태에 주목함. 실천신학적 해석은 단순히 테크닉을 배우는 문제가 아니다. 오히려 그것은 매우 구체적인 상황 속에서 올바른 판단을 내리는 문제와 관련되어 있다. 따라서 실천신학적 해석은 열린 마음을 가지고 다른 사람들에게 관심을 가지는 자세, 어려운 규범적 질문들을 던지고 변화를 주도하는 위험을 '감내하고자' 하는 태도 등을 요구한다. 학생들 **개개인**에게 관심을 가지는 일, 곧 그들이 성장하고 변화하고 새로운 자기이해에 도달하고 자신의 강점과 약점에 대해 현실적인 이해를 가질 수 있도록 돕는 일은 실천신학 교회에 있어 중요한 부분이다. 이것은 매우 인격적인 방식의 교육, 코칭, 멘토링을 필요로 한다. 교실, 특히 학생들이 많은 수업이라는 환경 속에서 이 같은 목표를 성취하는 일은 실천신학 교수들이 직면해야 하는 가장 큰 도전 중 하나이다. 이 과제는 적어도 다음 두 가지 피드백 메커니즘, 곧 1) 교수와 동료에 의한 학생의 수행 평가, 그리고 2) 자신의 강점, 약점, 성장 가능성에 대해 보다 현실적인 이해를 가질 수 있도록 돕는 학생의 자기반성을 필요로 한다.

실천신학 수업의 목표로서 이해를 위한 교육

가드너(Gardner)와 그의 동료들에 따르면, 이해란 어떤 한 상황에서 배운 지식, 태도, 기술을 가지고 다른 상황에서 만나게 되는 상대적으로 새로운 문제들을 해결하는 능력을 일컫는다.[2] 간단히 말하면, "이해란 자신이 알고 있는 내용에 기초해 융통성 있게 사고하고 행동할 수 있는 능력이다."[3] 이해는 단순암기식 학습이나 시험에 제출된 문제에 정답을 쓸 수 있는 능

---

2 Martha Stone Wiske, ed., *Teaching for Understanding: Linking Research with Practice* (San Francisco: Jossey-Bass, 1998); cf. Tina Blythe and Associates, *The Teaching for Understanding Guide* (San Francisco: Jossey-Bass, 1998).
3 이것은 데이비드 퍼킨(David Perkins)의 정의이다. Cf. Wiske, *Teaching for Understanding*, 40.

력 이상의 것을 요구한다. 이해는 학생들이 배운 바를 처음 지식과 기술을 습득한 최초의 상황을 뛰어넘어서 확대 적용할 수 있다는 것을 의미한다. 이해를 위한 교육이 실천신학 수업에서 중요한 목표가 되는 데에는 명백한 이유가 존재한다. 실천신학의 수업은 학생들이 복잡하고 특수한 사건, 정황, 상황을 해석하고 거기에 대처할 수 있도록 준비시킨다.

교육에 있어 이해의 주된 적은 범위에 대한 욕심이다. 이 욕심은 필수적인 읽기과제와 강의를 통해 해당 주제의 모든 측면을 심도 있게 다루려는 시도를 말한다. 이러한 태도는 학생들이 계속해서 다음의 새로운 것을 배우기 위해 경주하도록 부추긴다. 따라서 학생들은 자신들이 배운 내용을 통합적으로 사고하거나, 자신의 처음 이해를 심화시키기 위해 이미 다루었던 자료나 활동으로 돌아갈 기회를 가지지 못한다. 이해의 주된 동무는 공개적으로 형성된 기준에 따라 평가되고 나선형 방식으로 반복되는 학생들의 수행이다.[4] 이 과정을 통해 학생들은 이전 학습에서 자신의 부족한 점을 수정하고, 또한 자신이 배운 내용을 새로운 상황에 확대 적용하는 법을 배운다.

학생 수행은 필기시험, 보고서, 수업토론 참가, 결정적 사건 혹은 사례연구 기록, 설교나 교육이나 목회상담 등의 실전연습 등 다양한 형태를 취할 수 있다. 수행이 전통적인 학습과 구별되는 점은 학생들이 주어진 정보를 넘어서 가야 한다는 요구사항이다. 말하자면, 학생들은 이미 배운 지식과 기술을 가지고 사고력과 창조력을 요구하는 상대적으로 낯선 환경 속에서 그 지식과 기술을 활용할 수 있다는 것을 보여주어야 한다. 또한 피드백은 단순히 학생들의 수행을 요약하지 않고 학생들의 자기발전에 공헌한다. 즉, 학생들은 피드백에 기초해서 자신들의 실수를 고치고 자신들의 수행을 개선할 수 있는 기회를 갖게 된다.

---

4 Wiske, *Teaching for Understanding*, 41-44, 51-54, 72-76.

교육 경로의 발전

가드너에 따르면, **교육 경로**(educational pathways)란 학생들이 시간이 지나면서 자신들의 지식, 태도, 기술을 심화 발전시킬 수 있도록 돕는 교과 과정 내의 세부단계를 말한다.[5] 교과 과정에서 다루어지는 모든 것을 한 번에 다 배울 수는 없다. 왜냐하면 복잡한 지식과 기술은 누적적 방식으로 점진적으로만 습득 가능하기 때문이다. 그러한 경로들을 계획적으로 발전시키기 위해서는 실천신학 분과 전체가 함께 협력해야 한다. 이 과정에서 우리는 한편으로 설교, 교육, 목회상담 등 구체적인 과제수행 능력의 향상과, 다른 한편으로 실천신학적 해석 능력의 증진이라는 두 가지 목표를 동시에 고려하는 가운데 개설 수업들을 체계적으로 배열하는 법을 발견할 수 있다. 이 두 가지 목표를 동시에 성취하기 위해서는 실천신학 입문 수업들이 단순히 과제수행 능력에 초점을 맞추어서는 안 될 것이다. 오히려 입문 수업들은 구체적인 과제와 관련하여 실천신학적 해석의 기본적인 구조를 학생들에게 소개시켜 주어야 한다. 그래서 상위 단계의 수업들이 학생들이 이 같은 구조를 이미 알고 있다는 전제 위에서 진행될 수 있도록 해야 한다.

분과 전체가 교육 경로를 고안하기 위해서 함께 협력한다면 다른 수업에서 이미 배운 내용을 발판으로 그것을 심화시키는 수업을 개설하는 일도 가능해진다. 예를 들어, 설교와 목회상담과 관련한 상위 단계의 수업은 회중 연구에 관한 개론수업에서 습득된 연구조사 기술을 전제로 한 상태에서 진행할 수 있을 것이다. 혹은 기독교교육에 관한 상위 단계의 수업을 계획하는 교수는 학생들이 설교 관련 필수 과목에서 이미 의사소통 모델을 배웠다는 사실을 전제할 수 있을 것이다. 이와 같이 수업들이 서로를 풍족하게 만드는 일은 사실 실천신학 분과 안에서 (나아가 일반적인 신학교육 안에서) 매우 드문 일이다. 이것은 신학백과사전의 '영역 구분' 의식상태를 반영하고 있다.

---

5 하워드 가드너는 *The Disciplined Mind*, 215-17쪽에서 '이해의 경로'라는 표현을 전문적으로 사용한다.

교육 경로를 구조화함에 있어 해당 분과가 비판적 사고, 판단력, 창의력, 기술 등의 습득과 관련한 발전 단계를 도표화한 모델을 활용할 수 있다면 큰 도움이 될 것이다.[6] 예를 들어, 허버트 드라이퍼스(Hubert Dreyfus)와 스튜어트 드라이퍼스(Stuart Dreyfus)는 신참자, 발전한 초보자, 유능한 수행자, 숙련된 수행자, 전문가 등 기술 습득의 다섯 단계를 구분한다.[7] 신참자들은 경험 많은 '권위자들'이 그들의 행동을 지도하면서 알려주는 규칙에 상당한 정도로 의존하며, 자신들이 그 규칙을 얼마만큼 정확하게 따랐느냐에 따라 자신들의 수행 정도를 평가하는 경향이 있다. 유능한 수행자의 경우 이와 같은 방식으로 규칙을 의식적으로 따라가는 것은 능숙한 수행에서 별다른 역할을 하지 못한다. 그들에게 있어 그러한 규칙은 이미 내면화되었고 당연한 상황지식의 한 부분이 되었다. 오히려 그들은 이제 분류체계와 과거 경험에 기초하여 다양한 유형의 상황을 인식하고 그것을 구분하는 데 있어 자신의 능력을 배양하는 데 초점을 맞춘다. 예를 들어, 유능한 수행자는 특정 사람에게서 나타나는 우울증 혹은 알코올중독의 여러 가지 징후를 포착하는 법과, 그러한 사람을 대할 때 과거 효과적이었던 방법을 끌어오는 법 등을 배운다. 능숙한 수행의 가장 높은 단계에 있는 사람은 매우 직관적이고 통전적인 판단에 의존하기 시작한다. 분류체계와 과거 경험보다는 이 구체적인 사람을 둘러싼 구체적인 정황에 정확하게 맞아떨어지는 판단과 행동이 중요하게 부각된다. 행동하는 과정에서 즉석 평가와 수정이 이루어진다. 예를 들면, 설교가 청중에게 잘 받아들

---

6 예를 들어 다음 글을 보라. William Perry, *Forms of Intellectual and Ethical Development in the College Years: A Scheme* (Troy, Mo.: Holt, Rinehart and Winston, 1970); Hubert Dreyfus and Stuart Dreyfus, *Mind over Machine: The Power of Human Intuition and Expertise in the Era of the Computer* (New York: Free Press, 1986); J. Mezior and Associates, *Fostering Critical Reflection in Adulthood: A Guide to Transformative and Emancipatory Learning* (San Francisco: Jossey-Bass, 1990); Patricia King and Karen Strohm Kirchener, *Developing Reflective Judgment: Understanding and Promoting Intellectual Growth and Critical Thinking in Adolescents and Adults* (San Francisco: Jossey-Bass, 1994); Darcia Narváez et al., eds., *Post-conventional Moral Thinking: A Neo-Kohlbergian Approach* (Mahwah, N.J.: L. Erlbaum Associates, 1999).

7 Dreyfus and Dreyfus, *Mind over Machine*, chapter 1.

여지지 않고 있다고 느낀 설교자가 도중에 설교 내용을 바꾼다거나, 자신에게 상담 받고 있던 사람이 어느 순간 통찰을 얻었다는 것을 인식한 목회상담자가 그 사람으로 하여금 그 통찰을 잘 붙잡을 수 있도록 돕는 등의 일을 생각해 볼 수 있다.

능숙한 수행에 관한 드라이퍼스 모델은 실천신학 분과에서 교육 경로를 계획할 때 유익한 도움을 제공할 수 있다. 이 모델은 실천신학 분과에서 교과 과정을 시작하는 학생들의 일반적인 숙련도 및 개별 수업을 통해 학생들이 보다 복잡한 단계로 나아가도록 돕는 방법 등을 고려할 수 있도록 틀을 제공해 준다. 유사한 모델이 비판적 사고, 창의력, 판단력 등의 발전 단계를 도식적으로 설명하고 있다. 이러한 모델들 역시 교육 경로를 구상할 때 도움을 줄 것이다.

실천신학의 교육 전략

실천신학 교육 과정의 이 같은 일반적인 교육 목표 외에 개별 수업에서 실천신학적 해석의 특정 측면을 가르치기 위해서 다양한 교육 전략을 활용하기도 한다. 여기에서 나는 오늘날 실천신학자들이 통상적으로 사용하는 교육 전략을 살펴볼 것이다.[8]

1. 실용적 과제를 가르침에 있어 모델 제시와 학생 수행 사이의 상호작용. 이 전략은 훌륭한 실천의 모델을 제시한 다음 학생들이 이 모델의 특징을 구현하는 수행을 실시한다. 이때 모델을 교수가 몸소 수행해 보여주기도 한다. 예를 들면, 교수가 목회상담의 예를 직접 보여줄 수도 있고, 학생들이 배우고 있는 방법으로 직접 학생들을 가르칠 수도 있다. 혹은 녹음하거나 녹화한 자료 혹은 인터뷰 기사나 사례 연구 등 문서화된 자료를

---

[8] 2년에 한 번씩 열리는 미국실천신학회(American Association of Practical Theology)의 정기모임이 2006년에는 실천신학의 교육 방법을 주제로 밴더빌트신학교에서 열렸다. 여기 언급된 전략들 가운데 상당수는 이 모임에서 발표된 훌륭한 글들에 빚을 지고 있다

모델로 제시할 수도 있다. 이와 같이 훌륭한 수행의 모델을 접하고 그것을 분석한 학생들은 개별적으로, 혹은 팀을 이루어 이 모델의 특징을 구현하는 수행을 선보인다. (학생 수행은 흔히 읽기과제를 동반한다.) 학생 수행은 실습 수업 중에 이루어질 수도 있고, 교회, 병원, 유아원 등 생활현장에서 이루어질 수도 있다. 그리고 여기에서 이루어지는 수행을 녹음하거나 녹화하거나 문서화할 수 있을 것이다. 또는 학생 수행이 교육 전략, 교육 계획, 설교문 등을 포괄하는 행동계획 작성의 형태를 취할 수도 있다.

훌륭한 실천의 모델은 학생들이 실천에 대해 단순히 생각하는 것 이상의 것을 할 수 있도록 돕는 효과적인 방법이다. 그 모델을 통해 학생들은 실천을 실제로 경험한다. 또한 모델은 단순한 모방만으로는 충분하지 않다는 사실을 학생들이 깨달을 수 있도록 돕는다. 수업 중에 방금 들려준 마틴 루터 킹 주니어 목사의 설교를 따라하려고 시도해 보라. 혹은 비디오로 본 경험 많은 목회상담가의 상호작용 패턴을 모방하려고 시도해 보라. 학생들은 그러한 모델들로부터 많은 것을 얻을 수 있다. 하지만 시간이 얼마 지나지 않아 학생들은 자신들의 수행이 구체적인 상황에 응답하는 것이어야 할 뿐 아니라, 자신의 인성, 성정체성, 문화적 상황, 고유한 장점/약점 등에 의해 상당한 영향을 받는다는 사실을 깨닫게 된다. 따라서 훌륭한 실천의 모델을 기술의 규칙 혹은 열려 있는 지침과 함께 제시하는 것이 유익하다. 말하자면, 어떤 활동을 수행함에 있어 방향을 제시해 주되 구체적인 상황에서 수행자의 창의력, 기술, 판단력 등을 요구하는 지침을 함께 가르치는 일이 필요하다. 그러한 규칙들은 특히 학습 과정 초기에 중요한 역할을 감당한다.

2. **구체적인 사건, 정황, 상황과의 관계 속에서 실천신학적 해석을 실천하기 위해 사례 연구와 결정적 사건에 관한 보고서를 활용하기.** 이것은 임상목회교육 등 전문교육에서 이미 잘 확립되어 있는 교육 전략이다. 이 전략은 실천신학에서 요구되는 상황적 사고를 가르칠 때 특별히 유용한

방법이다. 이 방법을 활용하면 학생들이 실천신학적 해석의 과제들 각각의 고유한 이점을 인식하게 될 뿐 아니라, 이 과제들의 상호영향에 대해 성찰할 수 있는 기회를 갖게 된다. 가장 기본적인 단계의 학생들은 어떤 사건 혹은 결정적 사건에 대해 성찰할 때 한 번에 한 가지 과제를 다루는 방식으로 실천신학적 해석의 해석학적 원 주위를 움직인다. 가장 발전된 단계에 속한 학생들의 성찰은 원보다는 타원 구조를 이루며, 원 위의 다른 지점에서 새로운 통찰이 생겨날 때 관련 과제들에 반복해서 돌아간다.

종종 수업에 참여하고 있지 않은 다른 사람이 작성한 사례 연구서나 결정적 사건 보고서를 활용하는 것도 도움이 된다. 이 방법은 학생들에게 훌륭한 연구 보고서를 작성하는 방법을 배울 수 있는 기회를 제공한다. 또한 이 방법은 학생들이 동료 학생이 어떻게 반응할지 신경 쓰지 않고 자유롭고 정직하게 피드백을 교환하며 실천신학적 해석의 과제에 집중할 수 있도록 도움을 준다. 학생들이 자신들이 관여한 사례나 사건에 대해 직접 연구 보고서를 작성하도록 과제를 부여하는 것 역시 많은 유익을 갖고 있다. 이 과정에서 학생들은 자신들이 참여하고 있는 사건으로부터 한걸음 물러서는 법을 배울 뿐 아니라, 현재 진행되고 있는 사건에 접근하는 체계적인 방법을 배울 수 있는 기회도 갖게 된다. 학생들이 구체적인 본문을 석의하는 가운데 성경 해석의 요령과 기술을 습득하게 되듯이, 여기에서 학생들은 자신들이 참여하고 있는 구체적인 사례나 사건을 석의하면서 실천신학적 해석의 요령과 기술을 배울 수 있다.

3. 과제수행 능력과 실천신학적 해석을 통합하도록 반복해서 질문하기.
캐서린 터핀(Katherine Turpin)은 미국실천신학회의 최근 모임에서 반복적 질문의 역할에 대해서 설득력 있는 논증을 펼쳤다. 그녀의 주장은 이해를 위한 교육의 기본적인 생각과 잘 맞아떨어진다.[9] 가드너와 그의 동

---

9 Katherine Turpin, "On Teaching and Religious Education" (paper presented at the Biennial Meeting of the American Association of Practical Theology, Vanderbilt University Divinity School, Spring 2006).

료들은 이해를 위한 교육이 공개적으로 형성된 평가기준을 활용해야 한다고 주장한다.[10] 학생들은 그들의 수행을 평가하는 기준을 사전에 알고 있어야 한다. 이것은 단순히 공정성을 위해서만 그러한 것이 아니라, 학생들이 훌륭한 수행의 핵심 요소를 일깨워주기 위해서 그러해야 한다. (예를 들어, "여러분의 교육, 설교, 목양에서 우리가 찾고 있는 것은 바로 이것이다.") 이러한 방법은 학생들이 주어진 표준에 맞추어 자신들의 수행을 사전에 준비할 수 있도록 동기 부여하는 한편, 수행 형성을 돕는 피드백을 제시할 수 있는 능력을 강화시켜 준다. 그러한 기준에 근거해서 평가자는 학생들의 장점, 약점, 그들의 수행을 개선할 수 있는 방법 등에 대해 구체적인 평가를 제시할 수 있다.

터핀은 공적 평가 기준이라는 개념을 학생 수행을 평가하는 맥락을 넘어서 확대시킨다. 특정 실천의 표준을 질문으로 바꾸고, 그 질문을 수업 중에 있을 수 있는 다양한 수행, 곧 훌륭한 실천의 모델, 사례 연구, 학생 수행 등을 검토하는 데 반복해서 적용할 수 있기 때문이다. 한 가지 예로 우리는 훌륭한 설교의 기준을 살펴볼 것이다. 우리는 이 기준을 프레드 크래독(Fred Craddock)의 『설교』(Preaching)와 『권위 없는 자처럼』(As One without Authority)에서 가져올 수 있다.[11]

이 책들에서 크래독은 훌륭한 설교를 다음과 같이 기술한다. 훌륭한 설교는 성경적이고 귀납적이고 상황적이고, 적절한 형태를 만들어 내고, 청중에게 생각하거나 느끼거나 실천할 바를 제공한다. 우리는 이것을 다음과 같은 질문으로 바꿀 수 있다. 설교가 본문에 대한 충실한 석의에 기초하고 있는가? 설교가 청중으로 하여금 설교자가 설교의 핵심 주제에 도달하기 위해 걸었던 여정을 경험할 수 있도록 유도하고 있는가? 설교가 시대

---

10 Wiske, *Teaching for Understanding*, 71, 76-81.
11 Fred Craddock, *Preaching* (Nashville: Abingdon, 1985); Craddock, *As One without Authority: Revised and with New Sermons* (St. Louis: Chalice, 2001), 『권위 없는 자처럼』, 김운용 역 (서울: 예배와 설교 아카데미, 2003).

와 상황에 적절하게 관계하고 있는가? 설교의 형태는 어떠하고, 이 형태는 청중의 기대를 어떻게 형성하고 있는가? 설교는 청중으로 하여금 설교 시간 동안 무엇을 생각하고 느끼고 실천하도록 요청하고 있는가? 학생들은 그들이 듣고 쓰고 전달하는 설교에 이 질문을 반복해서 적용한다. 시간이 지나면서 이 질문은 학생들의 제2의 본성이 되고 그들이 장래에 설교를 준비할 때 활용할 수 있는 범주를 제공한다.

반복적 질문은 교육, 목양은 물론 실천신학 수업에서 초점이 될 수 있는 모든 형태의 수행과 관련해서 유용하게 활용될 수 있다. 하지만 그러한 질문을 구성할 때 과제수행 능력 외에 다른 요소도 함께 고려하는 것이 중요하다. 그러한 질문은 실천신학적 해석을 고려하는 가운데 설교와 같은 과제에 접근하는 방법을 학생들에게 가르쳐 주어야 한다. 예를 들어, 크래독의 책들에서 이끌어 낸 질문은 이 방향을 지시하고 있다. 본문과 귀납적 연구에 대한 질문은 근본적으로 규범적이다. 설교가 상황에 적절한지의 여부를 묻는 질문은 기술적-경험적, 해석적 판단을 요청한다. 설교의 형태와 행동에 대한 질문은 실용적 성격을 지닌다. 만약 과제와 관련된 질문이 실천신학적 해석의 보다 기본적인 구조의 특수화된 형태로 이해된다면, 학생들은 실천신학의 다양한 수업 기저에 놓여 있는 통일성을 인식할 뿐 아니라 다양한 수업에서 배운 내용을 통합하기에 더욱 용이한 위치를 확보하게 될 것이다. 또한 학생들은 사역의 다양한 형태 사이의 상호연관을 이해할 수 있는 능력을 갖게 될 것이다. 이것은 단순히 과제수행 능력의 관점에서 사고하는 것뿐 아니라 체계적으로 사고하는 일과 관련해서 중요한 단계이다.

4. **사례 연구, 결정적 사건, 실천 등과 긴밀하게 연결된 해석이론.** 실천신학 수업은 통상적으로 타학문의 이론을 공부한다. 예를 들어, 기독교 교육 관련 수업은 일반적으로 인간발달, 다중지능이론, 성정체성이론 등에 관한 독서과제를 포함하고 있고, 설교 관련 수업은 의사소통이론,

해석학, 회중 연구 등에 관한 책을 함께 다룬다. 또한 목회상담 관련 수업은 심층심리학, 가족체계, 사회분석, 성정체성이론, 문화인류학 등에 관한 글을 활용한다. 이와 같은 글은 해석적, 실용적 과제와 관련해서 중요한 역할을 감당한다. 즉, 사역을 둘러싼 상황에 대한 학생들의 이해를 깊이 있게 할 뿐 아니라, 실천의 모델을 제시한다. 어떤 책이 수업 중에 담당하는 역할을 실천신학의 과제와 관련해서 명시적으로 언급하는 것은 좋은 방법이다. 예를 들어, 교수는 학생들에게 다음과 같이 말할 수 있다. "종교다원주의에 관한 다이애나 에크(Diana Eck)의 책 『새로운 종교적인 아메리카』(A New Religious America)는 학생들을 가르치는 방법(실용적 과제)과 관련해서는 여러분에게 그다지 도움을 주지 못할 것이다. 하지만 여러분이 오늘날 미국사회 안에서 사역을 둘러싼 상황을 해석하는 데에는 큰 도움이 될 것이다. 우리가 수업 중에 이 책을 읽는 이유도 바로 그 때문이다."

학생들이 실천신학적 해석에서 다양한 이론을 참고하는 방법을 습득할 수 있도록 돕는 가장 좋은 방법 두 가지는 첫째, 그들이 구체적인 사건 사례를 접하도록 하는 것이고, 둘째, 학생 수행을 계획하고 평가하는 것이다. 예를 들어, 지역공동체 안에서 벌어지고 있는 많은 변화들 앞에서 스스로를 닫아버린 한 시골 교회공동체에 대해 성찰할 때, 에크의 책은 그 공동체가 직면하고 있는 도전을 해석하는 데 유익한 도움을 줄 수 있다. 이 사례에서 왜 특정 패턴이 반복해서 발생하는지 이해하고 설명할 때 이론을 활용할 수 있다. 실용적 과제와 관련해서는 학생 수행을 구상하고 평가할 때 활용 가능한 실천 모델을 제공해 주는 다른 책들이 더 유익할 수 있다. 예를 들어, 머레이 보웬(Murray Bowen)은 가족체계에 관해서, 그리고 그 체계 안에서 자아구분의 중요성에 대해서 많은 책을 썼다. 보웬의 책은 학생들이 교회 내 문제청소년을 둔 가정을 위해 어떻게 사역해야 할지 생각하도록 유도하는 행동 계획을 수립할 때 출발점으로 활용할 수 있을 것이다.

이론은 실천을 형성하며, 이론의 적절성은 이내 명백해진다.

5. 수행과 자기성찰의 포트폴리오. 비록 일반적이지는 않지만, 일부 실천신학자들은 수업 중에 학생 포트폴리오를 활용하기도 한다. 포트폴리오 하면 우리는 통상적으로 한 예술가가 시간을 두고 만든 그림이나 사진 모음을 생각한다. 비슷한 맥락에서, 교육에 있어 학생 포트폴리오는 학기를 지나면서 학생들이 수행한 결과를 함께 모아놓은 것이다.[12] 예를 들어, 설교문 포트폴리오, 혹은 수업계획서 포트폴리오 등은 학생들이 수업 중에 무엇을 배웠는지 스스로 돌아보게 만들 뿐 아니라 교수가 학생들을 종합적으로 평가할 수 있는 토대를 제공한다.

또한 이러한 포트폴리오는 수업에 참여한 학생들 개개인에게 관심을 가지는 효과적인 방법이 될 수 있다. 예를 들어, 내가 알고 있는 한 교수는 학생들이 수업 중에 배우는 모든 기독교교육 이론에 대해서 개인적인 성찰 보고서를 쓰도록 요구한다. 신앙토착화 이론에 관한 글을 읽은 후에 학생들은 자신들의 신앙토착화에 관해 성찰한다. 비판적 교육 방법을 공부할 때 학생들은 자신들의 가치관, 대인관계, 자신들이 처한 사회적 상황에 대해 비판적으로 생각할 수 있도록 도움을 준 상황이나 사람들에 관해 성찰한다. 학기가 마칠 무렵 학생들은 개인적인 성찰 보고서를 모아둔 자신의 포트폴리오를 돌아본다. 이 포트폴리오는 학생들이 자기 자신에 관해 배운 바를 모아놓고 있을 뿐 아니라, 그들의 경험에 비추어 수업에서 공부한 이론을 평가할 수 있도록 돕는다.

---

12 입문서를 위해서는 Steve Seidel et al., *Portfolio Practices: Thinking through the Assessment of Children's Work*, NEA School Restructuring Series (Washington, D.C.: National Education Association, 1997)를 보라.

신학백과사전의 마지막에 위치한 실천신학

오늘날 대부분의 개신교 신학교들은 여전히 신학백과사전 패러다임(encyclopedic paradigm of theology)을 따라 학생들을 교육하고 있다. 이 패러다임은 근대 시대에 등장한 신학의 패턴으로 성경 연구, 교회사, 교리신학/기독교윤리, 실천신학 등 네 가지 전문적인 분야에 초점을 맞추어 신학백과사전(theological encyclopedia)을 구성하고 있다.[13] 신학교는 각 분야를 전공하는 학과들로 구성되어 있고, 학생들은 각 분야에서 수업을 듣도록 요구받는다. 이 같은 사중적 패턴은 근대 시대의 연구대학 안에서 신학이 직면했던 특수한 문제에 의해 형성된 특수한 역사의 산물이다.

신학백과사전의 유산

신학백과사전 패러다임은 근대 시대에 있었던 두 가지 광범위한 지적, 제도적 변화에 응답하는 가운데 출현했다. 그 두 가지 변화는 1) 연구, 기술 혁신의 추진력으로서 근대과학의 발흥과 2) 일상생활을 형성하는 제도의 세속화를 가리킨다. 이 두 가지 흐름이 근대적 삶의 모든 측면에 영향을 미쳤지만, 근대 대학 안에서 두 흐름이 합류했다. 서구 역사의 대부분의 시간 동안 신학은 대학이라는 제도 안에서 중요한, 심지어는 특권적인 지위를 차지했다. 예를 들어, 중세 대학에서 신학은 모든 학문의 '여왕'으로 간주되었다. 16세기 종교개혁으로부터 비롯된 인문주의 교육 안에서도 신학은 모든 교육단계에서 중요한 역할을 감당했다. 예를 들어, 초등교육에서 요리문답이 가르쳐졌고, 대학 교과 과정에서 신학은 여전히 특별한 위치를 차지하고 있었다.

---

[13] 신학백과사전의 역사에 관해서는 Edward Farley, *Theologia: The Fragmentation and Unity of Theological Education* (Philadelphia: Fortress, 1983)을 보라.

이 모든 상황은 근대 대학의 출현과 더불어 변화하기 시작했다. 첫째, 이제 근대 과학이 연구와 대학교육의 한계를 설정했다. 대학은 더 이상 과거의 문화적, 종교적 유산을 전수해야 할 과제를 떠안지 않았다. 오히려 대학은 현재 새로운 지식을 산출하는 학문적 연구를 수행해 가야 할 과제를 부여 받았다. 특별히 자연과학은 이러한 연구의 모범적인 사례로 간주되었다. 자연과학은 자연세계의 비밀을 풀어준다고 여겨졌으며, 산업화 사회 속에서 가시적인 결과물을 내는 새로운 기술의 발전을 가능하게 했다. 둘째, 근대 대학은 이제 세속화하고 있는 많은 사회제도들 가운데 하나였다. '과학적인' 학자들의 공동체인 대학 안에서 신학은 더 이상 특권적인 지위를 주장할 수 없었다. 사실 당시 신학이 당면했던 질문은 과연 신학이 근대 연구 대학 안에서 설 자리가 있느냐 없느냐 하는 것이었다. 신학백과사전의 패러다임은 이 같은 질문에 대답하는 한 방식이었다.

'백과사전 패러다임'(encyclopedic paradigm)은 이 시기에 출현한 특수한 문학 장르인 신학백과사전(theological encyclopedia)에서 따온 말이다. 우리는 많은 다양한 분야의 지식을 함께 모아놓은 백과사전(encyclopedias)에 대해서 잘 알고 있다. 초기 백과사전은 단순히 광범위한 정보를 제공하는 데 만족하지 않았다. 백과사전은 '지식의 나무'에 대한 그림을 제공하면서 다양한 학문과 그 학문들 사이의 상호관계를 설명했다. 신학백과사전은 이 장르의 한 아종이다. 신학백과사전 역시 신학의 다양한 분야에 대한 개관을 제공하면서 각 분야의 전문화된 초점과 분야들 사이의 상호관계를 설명했다. 신학백과사전은 흔히 1년차 신학생들에게 신학 전반에 관한 개론을 가르칠 때 사용되었다. 여기에서 나는 신학백과사전의 장르보다 그 장르가 반영하고 있는 신학 패턴에 더 관심을 갖고 있다.

프리드리히 슐라이어마허(Friedrich Schleiermacher)는 『간략한 신학연구개관』(*Brief Outline on the Study of Theology*)에서 가장 이른 시기에 작성된,

그리고 가장 영향력 있었던 신학백과사전 중 하나를 제시하고 있다.[14] 슐라이어마허는 1819년에 설립된 베를린대학교 안에서 중요한 역할을 감당했다. 그 연속선상에서 그는 근대 대학 안에서의 신학의 위치를 변호하기 위해 이 책을 썼다. 슐라이어마허의 변호는 두 가지 논증으로 구성되어 있다.

첫 번째 논증에서 슐라이어마허는 신학이 법학이나 약학처럼 '실정(實定)적인' 학문이라는 점을 강조한다. 어떤 실정학문은 사회의 유익에 공헌하는 직업을 돕기 위해 보다 과학적인 다른 분야의 연구를 활용한다. 예를 들어, 의사들은 직접 연구를 수행하지는 않지만, 그들의 의료실천은 그러한 연구에 의해 형성되어 있다. 반면, 약학은 법학이나 신학처럼 그 자체로 실정학문이다. 여기에 근거해서 슐라이어마허는 사회가 의사와 변호사를 필요로 하듯이 성직자도 필요로 한다는 주장을 펼친다. 왜냐하면 종교가 개인의 삶과 공동체의 공공선에 중요한 공헌을 하기 때문이다.

슐라이어마허의 두 번째 논증은 신학이 연구 대학 안에서 학문적 활동으로서 조직되는 방식에 관한 것이다. 신학의 연구대상은 기독교의 종교로 항상 동일하지만, 신학은 전문화된 세 분야로 나누어진다. 그것은 철학적 신학, 역사적 신학, 실천적 신학이다. 그리고 신학의 각 학제들은 인접 학문(곧 '가깝게 연결된' 혹은 '유사한' 학제)에서 발견되는 형태의 학문성에 충실해야 한다. 철학적 신학은 철학의 고유한 방법을 활용해서 기독교의 '본질'을 확정해야 한다. 역사적 신학의 세부영역으로 성경 연구와 교회사는 역사 연구의 학문적 방법을 사용해야 한다. 슐라이어마허가 이 책을 쓸 때에는 아직까지 사회과학이 발전하지 않았기 때문에, 실천적 신학의 학문적 방법을 설명할 때 슐라이어마허는 큰 어려움을 느꼈다. 때로 그는 실천적 신학의 방법을 '실천의 이론'을 제공하고, 연구와 이론에 기초한 사역의 실천을 위한 모델을 제공하는 것으로 묘사한다. 다른 곳에서 그는 실천신

---

14 Friedrich Schleiermacher, *Brief Outline on the Study of Theology*, trans. Terrence Tice (Richmond: John Knox, 1966).

학의 과제를 '기술의 규칙', 곧 성직자들이 설교와 교육 등과 같은 구체적인 과제를 수행할 때 도움을 주지만 동시에 그들의 창의력과 판단력을 요구하는 열려 있는 지침을 개발하는 것으로 기술한다. 우리가 앞으로 살펴보겠지만, 실천신학의 학문적 과제에 대한 슐라이어마허의 불확실성은 순수학문과 응용학문, 보다 일반적으로는 이론과 실천 사이의 관계에 대한 그의 특수한 이해를 반영하고 있다. 우리의 목적을 위해서는 핵심 요점을 강조하는 것만으로 충분하다. 여기에서 우리는 전문화의 시작과 함께 인접학문의 방법을 차용하는 가운데 신학의 고유한 합리적 방법이 사라지고 있음을 목도한다.

신학의 세 학제에 대한 슐라이어마허의 제안은 널리 받아들여지지 않았고, 얼마 지나지 않아 오늘날 우리에게 친숙한 사중적 패턴으로 대체되었다. 하지만 근대 연구 대학 안에서 신학을 특징짓는 전문적인 학문성의 유형에 관한 그의 논증은 사실상 이후 유럽과 북미에서 신학백과사전 패러다임의 표준이 되었다. 이 패턴은 다음 네 가지 핵심적인 특징을 가진다.

1. 신학은 전문화되고 상대적으로 자율적인 분야로 나누어진다.
2. 각 분야는 근대 연구학문의 모델을 따라 고유한 과제를 수행하며, 전문화된 언어, 탐구 방법, 탐구 주제 등을 갖고 있다. 따라서 신학의 표준과 연구 방법은 당시 대학의 다른 연구학문들과 동일하다.
3. 신학적 학문성의 목표는 새로운 지식의 산출이다. '과학적인' 신학은 적용에 직접적으로 관계하지 않고, 고유한 학문성의 추구에 관심을 갖는다.
4. 실천적 신학의 구체적인 과제는 다른 신학 학제들의 학문성을 성직자와 교회공동체의 활동에 연계시키는 것이다.

이 중 세 번째 요점은 슐라이어마허의 원래 주장에서는 발견되지 않는 부분이다. 신학을 '실정적인' 학문으로 묘사한 그의 근본적인 목적은 신학의 학문성이 기독교 종교의 리더로서 사회의 유익에 중요한 공헌을 하는 성직자들의 교육에 도움을 주어야 한다는 점을 주장하기 위해서였다. 하지만 이 주장은 서구의 국가들이 적어도 명목상이나마 기독교 국가들로 존재하고 있을 때에만 설득력을 갖는다. 근대 시기를 지나면서 세속화 과정은 그러한 주장에 대한 설득력을 앗아갔다. 종교다원주의라는 오늘날의 현실은 위의 주장을 변호하는 일을 더욱더 어렵게 만들고 있다. 따라서 점차적으로 전문화된 신학 학제들은 새로운 지식의 양산 자체를 목적으로 삼고, 교회공동체보다는 오히려 학자들의 공동체와 학문적 서적들의 출판에 더욱 초점을 갖게 되었다.

요약하자면, 신학백과사전 패러다임 안에서 신학의 각 학제는 전문화되고 상대적으로 자율적인 분야로 인식되고, 인접 분야의 방법을 활용하고, 새로운 지식의 양산에 초점을 맞추고, 교회의 실천에 간접적으로만 관계하고, 그 분야를 실천신학에 맡겨둔다. 시간이 지나면서 이 패러다임은 신학교 안에서 '영역 구분의식'을 불러일으켰다. 농부들이 밀의 저장고와 옥수수의 저장고를 구분하듯이, 각 분야 역시 전문화된 연구의 수확물들을 각 학제의 고유한 영역으로 구분했다. 신학의 다양한 분야 사이의 상호관계와 그 분야 내의 다양한 세부학제 사이의 상호관계는 더욱 약화되었다. 이 패턴이 근대 연구 대학의 도전에 대처하는 데 있어 중요한 한 방식이었다는 것은 사실이지만, 동일한 패턴이 오늘날의 포스트모던 상황이 제기하는 도전에 대처하는 데 있어 여전히 유효할지는 의문스럽다.

이 패턴을 따라 조직된 신학교들은 사회학자 앤서니 기딘스(Anthony Giddens)가 말한 '껍질 제도'(shell institutions)의 특징을 가진다.[15] 외부에서 볼 때 '껍질 제도'는 과거와 동일한 겉모습을 갖고 있다. 하지만 내적으로 볼

---

15 Anthony Giddens, *Runaway World: How Globalization Is Reshaping Our Lives* (New York: Routledge, 1999), 18-19.

때 그러한 제도들은 주어진 일을 수행할 능력을 더 이상 갖고 있지 않다. 예를 들어, 오늘날 국가 정부는 세계 경제체제 앞에서 자국민의 경제적 이익을 확보하는 데 큰 어려움을 겪고 있다. 또한 가족공동체는 교육 제도, 미디어, 또래집단 등이 발휘하는 영향력으로 인해 일차적인 사회화의 과제를 수행하는 데 어려움을 겪고 있다. '껍질'은 남아 있지만, 내부 조직은 새로운 상황의 도전에 대처할 준비가 되어 있지 않다. 신학백과사전 패러다임을 따라 조직된 신학교들의 상황도 이와 마찬가지이다.

신학백과사전 패러다임을 넘어서

근대 연구 대학을 가능하게 했던 두 가지 사회적 힘이 근대 과학과 세속화였다면, 그 두 가지 힘은 오늘날 포스트모던 상황 속에서 각기 다르게 평가되고 있다. 근대 시기 동안 근대 과학의 성취를 통해 경제적 결핍과 질병의 문제들이 궁극적으로 해결된 새로운 시대가 도래할 것이라는 낙관주의적 분위기가 대세를 이루었다. 하지만 오늘날 우리는 훨씬 더 조심스러운 눈으로, 심지어는 두려움을 갖고 과학을 바라본다. 사회학자 울리히 벡(Ulrich Beck)은 이 새로운 분위기를 우리가 '위험 사회'에 살고 있다는 의식이라는 관점에서 묘사한다.[16] 과학의 성취는 과거 인류가 직면했던 그 어떤 위험보다 잠재적으로 더 큰 파괴력을 가진 힘을 양산했다.

근대 시기 동안 사회 제도의 점진적인 세속화가 장차 종교의 영속적인 소멸을 함축하고 있는 것으로 이해되었다면, 이 같은 생각은 오늘날 의문에 붙여지고 있다. 미국의 인권운동, 남아프리카의 인종차별정책 반대 투쟁, 동유럽의 공산주의를 몰락시킨 '조용한 혁명' 등에서 볼 수 있듯이, 종교는 사회 변화에 있어 지속적으로 중요한 역할을 수행해 왔다. 여기에 더하여 경제적, 문화적 세계화의 폭력에 맞서 전세계적으로 지역 종교 전통

---

16 Ulrich Beck, *Risk Society: Towards a New Modernity* (Thousand Oaks, Calif.: Sage, 1992).

의 회복과 갱신 운동이 일어났다. 이러한 현상은 세속화에 관한 근대의 주장을 정면으로 반박한다. 세속화 주장은 전세계의 상황보다 서유럽의 상황을 더 잘 묘사하고 있는 것 같다. 비슷한 맥락에서 기독교, 이슬람교, 힌두교 내 보수적인 운동의 성장과 공적, 정치적 제도에 대한 영향력 행사 역시 세속화 주장을 의심스럽게 만든다. 상대적으로 온건한 세속화 주장, 곧 종교가 사적인 영역 안에 국한될 것이라는 주장 역시 더 이상 설득력이 없어 보인다. 오늘날 많은 종교공동체가 한편으로는 다양한 사회에 대한 신정통치를 위해서, 다른 한편으로는 다원주의적 사회 내 합법적인 공적 존재를 위해서 서로 경쟁하고 있기 때문이다.

사회 내 과학과 종교의 역할에 대한 새로운 고려는 근대 신학백과사전 패러다임이 대응하고자 했던 문제를 의문에 부친다. 실제로 우리는 근대와는 전혀 다른 포스트모던적 지적 상황 속에서 살고 있다. 우리는 이 상황 변화를 다음 네 가지 관점에서 정리해 볼 수 있다.

1. 과학을 신학을 포함한 모든 학문 분야의 본보기로 규정하던 시대에서 신학을 포함하여 학문적 연구를 수행하는 다양한 방식을 긍정하는 시대로의 전환. 이러한 전환에 있어 핵심은 근대 과학, 특별히 자연과학이 이제는 더 이상 합리성과 학문적 연구의 전형적인 사례로 여겨지지 않는다는 것이다. 과거에는 과학이 가진 지적 권위의 상당 부분이 객관성과 보편성에 대한 과학의 주장에 근거하고 있었다. 오늘날의 포스트모던적 지적 상황 속에서 그러한 주장은 과학이 해석적 활동으로서 시간과 함께 변화하는 특정한 연구 전통의 모델과 방법을 활용한다는 보다 명확한 이해로 인해 설 자리를 잃어버렸다. 예술, 인문학, 사회과학 등 다양한 분야는 더 이상 자연과학을 학문적 지향점으로 보지 않는다. 이것은 신학이 인접 분야의 표준과 연구 방법을 차용해야 한다고 본 신학백과사전 패러다임의 기본적인 인식에 심각한 의문을 제기한다. 오히려 오늘날 신학은 고유한 주제 및 고유한 학문 형태를 결정할 수 있는 자유와

의무를 동시에 갖고 있다.

2. 상대적으로 고립된 분야들 안에서 학제의 전문화를 강조하던 시대에서 교차학제적 사고를 학문 연구의 중심에 두는 시대로의 전환. 상대적으로 자율적인 학제에 의한 고도의 전문성을 강조하던 경향은 오늘날 교차학제적 연구와 사고, 즉 한 가지 연구 프로젝트 혹은 이슈를 두고 여러 학제를 함께 대화시키는 과제의 중요성에 대한 인식에 자리를 내어주고 있다. 오늘날 일부 분야가 고도로 전문화되어 있다는 지적은 사실이다. 하지만 그러한 전문화가 일어나고 있는 더 포괄적인 지적 상황은 학제적(interdisciplinary), 다학제적(multidisciplinary) 접근을 포함하는 교차학제적(cross-disciplinary) 연구 쪽으로 방향을 선회하였다.

예를 들어, 인간 DNA 안에 존재하는 약 20,000~25,000개의 유전자들과 인간 DNA를 구성하는 30억 개 염기들의 서열을 밝혀낸 인간게놈 프로젝트(Human Genome Project)는 분명 유전학 내의 연구 프로젝트였다. 하지만 이것은 미생물학, 화학, 컴퓨터과학, 윤리학 등 다른 학제들과의 대화 속에서 형성된 유전학이었다. 오늘날 연구 문제와 사회체계는 단일 학제가 완전히 파악하기에는 너무 복잡한 실재로 여겨지고 있다. 이것은 학제의 전문성과 고립을 지향하는 신학백과사전 패러다임의 경향에 심각한 의문을 제기한다. 신학의 학제들이 오늘날 고유한 목소리와 관점을 주장하고자 한다면, 그것은 오직 신학의 다른 분야 및 신학 외의 다른 학문과의 교차학제적 대화 속에서만 가능한 일이다.

3. 보편성, 의견일치, 진보를 이상으로 삼던 시대에서 다원성, 합리적 의견불일치를 중요시하는 시대로의 전환. 근대 연구 대학의 학문적 이상은 보편성, 의견일치, 진보의 가치 등에 기초하고 있었다. 이와 관련해서도 자연과학을 모범적인 사례로 간주했다. 자연과학의 실험 방법은 자연세계의 '법칙'에 대한 설명의 토대가 될 수 있는, '관찰'에 기초한 '사실'을 양산한다고 생각했다. 또한 그러한 방법과 발견은 다른 학자들에게도 공

개적으로 접근 가능했으며, 다른 과학자들에 의해 반복되고 확증되었을 경우 보편성을 가진 지식, 곧 발견의 맥락을 넘어서도 참된 지식을 생산한다고 보았다. 아울러 그러한 지식은 과학자공동체 안에서의 의견일치와 누적적인 진보의 토대가 된다고 여겨졌다.

오늘날 이 같은 학문적 이상은 많은 영역에서 포기되었다. 심지어 자연과학 안에서조차 그러한 이상은 재구성되었다. 그 한 가지 이유는 서론에서 언급했던 해석의 '전환' 때문이다. 즉, 과학이 시간과 함께 변화하는 특정한 연구 전통 안에서 작업을 수행한다는 인식 때문이다. 하지만 우리가 함께 보았듯이, 이것은 과학의 진보로 해석될 수 있는 뉴턴 물리학에서 양자 물리학으로의 전환의 경우처럼 단순히 시간과 함께 변화한다는 것만을 가리키지는 않는다. 오히려 우리는 오늘날 같은 분야 **안에서** 동시에 다양한 패러다임이 서로 경쟁하고 있는 것을 목격한다.

뿐만 아니라, 오늘날에는 보편성과 의견일치가 아니라, 다원성과 합리적인 의견불일치(곧 다양한 관점 사이에 존재하는 합리적인 근거를 가진 의견 차이)를 오히려 해당 분야 안에서 강점과 활력의 표지로 간주한다. 또한 학문이 단선적이고 누적적인 방식이 아니라, 오히려 창의적인 도약과 패러다임 전환을 통해 진보한다고 생각한다. 그리고 강한 의미에서 진보라는 개념은 많은 분야에서 더 이상 별다른 역할을 수행하지 못한다. 문학, 윤리학, 인류학 등의 분야에서 활동하고 있는 학자들은 오히려 누적적 발전이나 해결의 가능성이 없는 주제와 문제를 자신들이 다루고 있다고 생각한다. 그들은 한편으로는 상황과 관련한 특수한 이슈를 다루고, 다른 한편으로는 영구적인 이슈를 다룬다.

4. 순수과학과 응용과학을 날카롭게 구분하던 시대에서 학문이 실천에 근거하고 또한 실천을 지향하며 가치, 이익, 권력 등을 반영한다는 사실을 인식하는 시대로의 전환. 순수과학과 응용과학의 구분은 신학백과사전 안에서 실천신학이 개념화되는 방식에 큰 영향을 미쳤다. 사중적 패턴

안에서 성경 연구, 교회사, 교리신학/윤리학은 순수연구에 관여하고, 실천신학은 적용에 관여하는 것으로 이해되었다. 이것은 마치 릴레이 경주에 비견될 수 있다. 신학백과사전 안에서 각 학제는 주어진 거리를 달리고, 그것으로 고유한 공헌을 한다. 실천신학은 맨 마지막 주자로 달린다. 실천신학의 과제는 바통을 가지고 결승선을 넘어 교회에 전달하는 것이다. 즉, 실천신학은 다른 분야의 학문적 발견을 실천적 적용의 관점에서 교회 리더에게 전달하는 것이다. 이러한 릴레이 경주 모델은 오늘날 다음 세 가지 측면에 의해 도전을 받고 있다.

첫째, 신학의 고유한 주제 및 고유한 학문 형태의 회복은 많은 기독교 신학자들로 하여금 신학적 작업과 기독교 실천 사이의 관계를 다시 생각하게 만들었다. 그 결과 많은 신학자들은 자신들의 학문이 교회공동체와 공적인 삶 속에서 이루어지는 기독교 실천에 근거하고 있고, 또한 그러한 실천을 지향하고 있다는 사실을 인식하게 되었다.[17] 따라서 실천은 더 이상 단순히 실천신학만의 영역이 아니다. 이 같은 인식은 기독교 학자들이 생산하는 학문의 유형에 중요한 함의를 가진다. 기독교 학자들은 계속해서 학자공동체를 염두에 둔 전문적인 책과 글을 쓰면서, 동시에 사회 변화에 참여하고 있는 교회공동체와 기독교공동체에게 자원을 공급한다.

예를 들면, 성서학자들은 설교자들과 교사들이 활용할 수 있는 주석서

---

17 아래 목록은 성서학자들 중에 자신의 연구를 오늘날의 기독교 실천에 명시적으로 연관시키는 학자들 중 일부만을 뽑은 것이다. 다른 신학학제들에서 이와 같은 방식으로 활동하는 학자들의 목록을 뽑을 수도 있을 것이다. Brian Blount, *Cultural Interpretation: Reorienting New Testament Criticism* (Minneapolis: Fortress, 1995) and *Can I Get a Witness: Reading Revelation through African American Culture* (Louisville: Westminster John Knox, 2005); Richard Hays, *The Moral Vision of the New Testament* (San Francisco: HarperSanFrancisco, 1996); Stephen E. Fowl, *Engaging Scripture: A Model for Theological Interpretation* (Oxford: Blackwell, 1998); Luke Timothy Johnson, *Scripture and Discernment: Decision Making in the Church* (Nashville: Abingdon, 1983) and *Living Jesus: Learning the Heart of the Gospel* (San Francisco: HarperSanFrancisco, 1999); Beverly Roberts Gaventa, *Mary: Glimpses of the Mother of Jesus* (Columbia: University of South Carolina Press, 1995); Fernando Segovia and Mary Ann Tobert, eds., *Reading from This Place*, vol. 1, *Social Location and Biblical Interpretation in the United States* (Minneapolis: Fortress, 1995); Elisabeth Schüssler Fiorenza, *In Memory of Her: A Feminist Theological Reconstruction of Christian Origins* (New York: Crossroad, 1983); Gerald West, *Biblical Hermeneutics of Liberation: Modes of Reading the Bible in the South African Context* (Maryknoll, N.Y.: Orbis, 1995).

를 집필하고, 기초공동체, 흑인여성공동체, "가난한 자들의 대학"[18] 등에서 발견한 통찰을 활용한다. 교회역사가들은 교회공동체 리더에게 교회 전통에 대한 간략한 소개와 더불어 여성과 같이 기존에 간과되었던 인물이나 그룹이 역사에 공헌했던 부분을 복원시키는 새로운 이야기를 제공한다. 교리신학자들은 교회공동체 리더를 위해 요리문답과 요리문답에 대한 주석서, 기독교교리에 관한 입문서 등을 집필한다. 그들은 또한 교리가 기독교인의 삶을 형성하고 사회 변화를 지도해야 한다고 생각한다.[19]

둘째, 오늘날 학문 자체가 실천의 한 형태라는 인식이 널리 확산되고 있다. 학자들은 자신들의 연구에서 특정한 활동을 수행한다. 그들은 본문, 작품, 오늘날의 공동체를 조사한다. 그들은 그들이 발견한 사실과 그들이 다른 학자들 및 대중과 의사소통하는 방식에 형식을 부여하는 언어적 실천을 활용한다. 학문을 '순수하다'고, 즉 실천과는 무관하다고 생각하는 것은 무익할 뿐 아니라 기만적이다. 학문은 물리적, 언어적 실천의 독특한 조합이다.

셋째, 두 번째 요점과 관련해서, 학문의 실천이 학문영역의 구조를 결정하고 있는 가치관과 이해관계와 권력관계의 조합, 학자들이 활동하고 있는 제도, 그리고 오늘날의 세계에서 인간 및 다른 생명체의 삶의 기회에 영향을 미치는 사회체계에 깊이 뿌리내리고 있다는 인식 역시 널리 확산되고 있다. 예증을 위해 학자들이 활동하고 있는 제도에 초점을 맞추어 보자.

오늘날 고등교육에서 이루어지는 많은 연구는 기업, 정부, 장학기관 등으로부터 재정을 후원 받고 있으며, 동시에 그러한 기관들의 이해관계를 반영하고 있다. 뿐만 아니라 모든 대학공동체는 (정년보장, 승진, 월급 등) 보상체계, (학생들, 교수진, 행정가들이 인식하는) 학과의 위상, (행정서열, 학과장, 비공식

18　Gerald O. West, *The Academy of the Poor: Towards a Dialogical Reading of the Bible* (Sheffield, U.K.: Sheffield Academic Press, 1999).
19　Ellen Charry, *By the Renewing of Your Minds: The Pastoral Function of Church Doctrine* (New York: Oxford University Press, 1997)와 Jon Sobrino, *Christology at the Crossroads: A Latin American Approach*, trans. John Drury (Maryknoll, N.Y.: Orbis, 1978)는 전혀 다른 관점을 보여준다.

리더 등) 의사결정구조 등의 형태로 특정한 권력관계를 특징으로 가지고 있다. 학문이 특정 가치를 다른 가치보다 우선시하는 이러한 권력관계들로부터 영향을 받지 않는다고 생각하는 것은 지나치게 순진한 생각이다. 만약 공동체를 위한 자원이 아니라 학문적 연구에만 정년보장의 보상을 허용한다면, 학자들은 그러한 유형의 연구를 수행해야 한다는 압박감을 받는다. 또는 그 반대의 경우를 생각해 볼 수도 있다. 따라서 학문의 실천은 가치관, 이해관계, 권력관계의 조합에 깊이 연루되어 있다. 학문의 실천이 누구의 이익을 추구하고 있는가? 누구의 목소리에 우선권을 부여하고 있는가? 어떤 가치를 장려하고 있는가?

이러한 인식은 실천을 실천신학의 적용에만 국한시키는 신학백과사전 패러다임의 릴레이 경주 모델에 결정적인 타격을 가한다. 우리가 살고 있는 포스트모던 상황 속에서 학자들은 '이중적 반성'의 과제를 안고 있다. 첫째, 학자들은 학문적 실천의 한 형태로서 자신의 고유한 영역 및 이 영역 안에서 자신의 고유한 관점에 대해 성찰해야 한다. 둘째, 학자들은 자신의 영역과 자신의 연구가 생명의 그물망, 곧 함께 연동되어 있는 자연체계와 사회체계에 어떻게 공헌하는지 성찰해야 한다.

신학백과사전의 마지막에 위치한 실천신학

이것은 우리에게 마지막 질문을 남겨놓는다. 만약 신학을 포함하여 학문의 모든 형태가 실천의 다양한 형태에 연루되어 있다면, 소위 실천적 분야에 남아 있는 것은 과연 무엇인가? 신학백과사전 패러다임의 마지막에 위치한 실천신학을 이해하는 데 어떤 모델이 가능할까? 이 책에서 나는 오늘날 많은 실천신학자들이 내어놓고 있는 대답을 고찰하였다.

실천신학은 학문 분야의 하나로서 고유한 연구 프로그램을 갖고 있으며, 신학적 활동 전체는 물론 이해 가능성을 추구하는 인류의 계속적인 대화에 고유한 방식으로 공헌한다. 실천신학은 상호연관된 네 가지 지적 활동을 수행한다. 그것은 기술적-경험적, 해석적, 규범적, 실용적 과제이다. 이 점에서 실천신학은 한편으로 신학의 다른 형태로부터, 다른 한편으로 사회과학으로부터 구별된다.

동시에 실천신학은 오늘날의 다른 분야와 마찬가지로 신학의 다른 분야 및 다른 학문과 견실한 대화를 추구한다. 실천신학은 폐쇄적이지 않다. 교차학제적 사고는 실천신학의 네 가지 과제 모두에 있어 본질적인 부분이다. 경험적 과제에 있어 실천신학은 필연적으로 사회과학을 참고하며, 해당 연구에 가장 적합한 연구 방법과 접근 방법에 관한 선택을 한다. 해석적 과제에서 실천신학은 특정 사건, 정황, 상황을 보다 포괄적인 해석틀 안에 위치시키기 위해 사회과학, 자연과학, 철학 등을 참고한다. 규범적 관점을 형성함에 있어 실천신학은 교리신학, 기독교윤리, 철학적 윤리, 규범적 사회이론과의 대화 속에 들어간다. 실용적 과제에 있어 실천신학은 교육, 치료, 조직변화이론, 의사소통이론 등 행동과학을 활용한다. 따라서 실천신학은 모든 과제수행에서 교차학제적 사고에 관여한다. 하지만 그 어떤 과제수행에서도 단순히 인접학문의 방법과 틀을 차용하지 않는다. 실천신학은 그러한 방법과 틀에 비판적으로 관계하며, 교차학제적 대화 속에서 실천신학의 신학적 관점은 고유한 목소리를 유지한다.

내가 이 책에서 여러 차례 지적했듯이, 오늘날 실천신학은 매우 다원화된 분야이다. 실천신학자들은 매우 다양한 방식으로 네 가지 과제를 수행한다. 그들은 이 네 가지 중 일부 과제에 다른 과제들보다 더 큰 관심을 기울인다. 또한 그들은 이 네 가지 과제가 상호관계 맺는 방식을 서로 다른 방식으로 이해한다. 그들은 다양한 분야에서 각기 다른 대화 상대자를 발견한다. 이 같은 다원성은 활력의 표지이다. 하지만 우리가 살고 있는 다원주의적이고 포스트모던적인 지적 상황 속에서는 철학적 신학자 벤첼 밴 호이스틴(Wentzel van Huyssteen)을 비롯한 여러 사람들이 광범위한 성찰의 평형 상태(wide reflective equilibrium)라고 부른 상태를 주기적으로 회복하는 것이 유익하다.[20] 특정 분야 안의 매우 다양한 관점에도 불구하고 현재 그 분야에서 활동하는 사람들이 공유하고 있는 것은 무엇인가? 그들이 다른 부분에서 날카롭게 의견을 달리할지라도, 의견을 같이하는 부분이 있다면 그것은 어디에서인가?

이 책에서 나는 서로 연관된 실천신학의 네 가지 지적 활동, 곧 오늘날의 실천신학자들이 그들의 작업에서 실제 수행하고 있는 네 가지 과제를 고찰하는 가운데 이 질문들에 대답하려고 했다. 우리가 살펴보았듯이, 평형 상태는 중단될 수 있으며, 성찰의 평형 상태 역시 예외가 아니다. 평형 상태는 깨어지기 쉽다. 하지만 평형 상태는 한 분야의 사람들이 서로 대화할 수 있도록 도움을 준다. 만약 이 책이 실천신학이라는 학문 분야 내에서, 그리고 실천신학과 교회공동체 사이에서 이와 같은 대화 가능성을 강화했다면, 이 책은 그 목적을 성취한 것이다.

---

20 J. Wentzel van Huyssteen, *Alone in the World? Human Uniqueness in Science and Theology* (Grand Rapids: Eerdmans, 2006), 31-34. 또한 Kai Nielsen, "Searching for an Emancipatory Perspective: Wide Reflective Equilibrium and the Hermeneutical Circle," in *Anti-foundationalism and Practical Reasoning*, ed. Evan Simpson (Edmonton: Academic Press, 1987); Calvin Schrag, *The Resources of Rationality: A Response to the Postmodern Challenge* (Bloomington: Indiana University Press, 1992); Francis Schüssler Fiorenza, *Foundational Theology: Jesus and the Church* (New York: Crossroad, 1984).